明清史学术文库

清代边疆民族研究

成崇德 著

故宫出版社
The Forbidden City Publishing House

《明清史学术文库》
编辑委员会

成崇德，山西祁县人，生于1949年12月。历史学博士，教授，博士生导师。1967年10月内蒙古东乌珠穆沁旗插队知青，1978年毕业于内蒙古大学，1978年12月任教于中国人民大学清史研究所至今。曾任中国蒙古史学会会长、北京市史学会副会长、中国史学会副秘书长、教育部历史学教学指导委员会委员、中国人民大学清史研究所所长、历史系主任等。现任国家清史编纂委员会副主任。主要著作有《清代蒙古高僧传译辑》《18世纪中国与世界·民族边疆卷》等多部著作和论文。

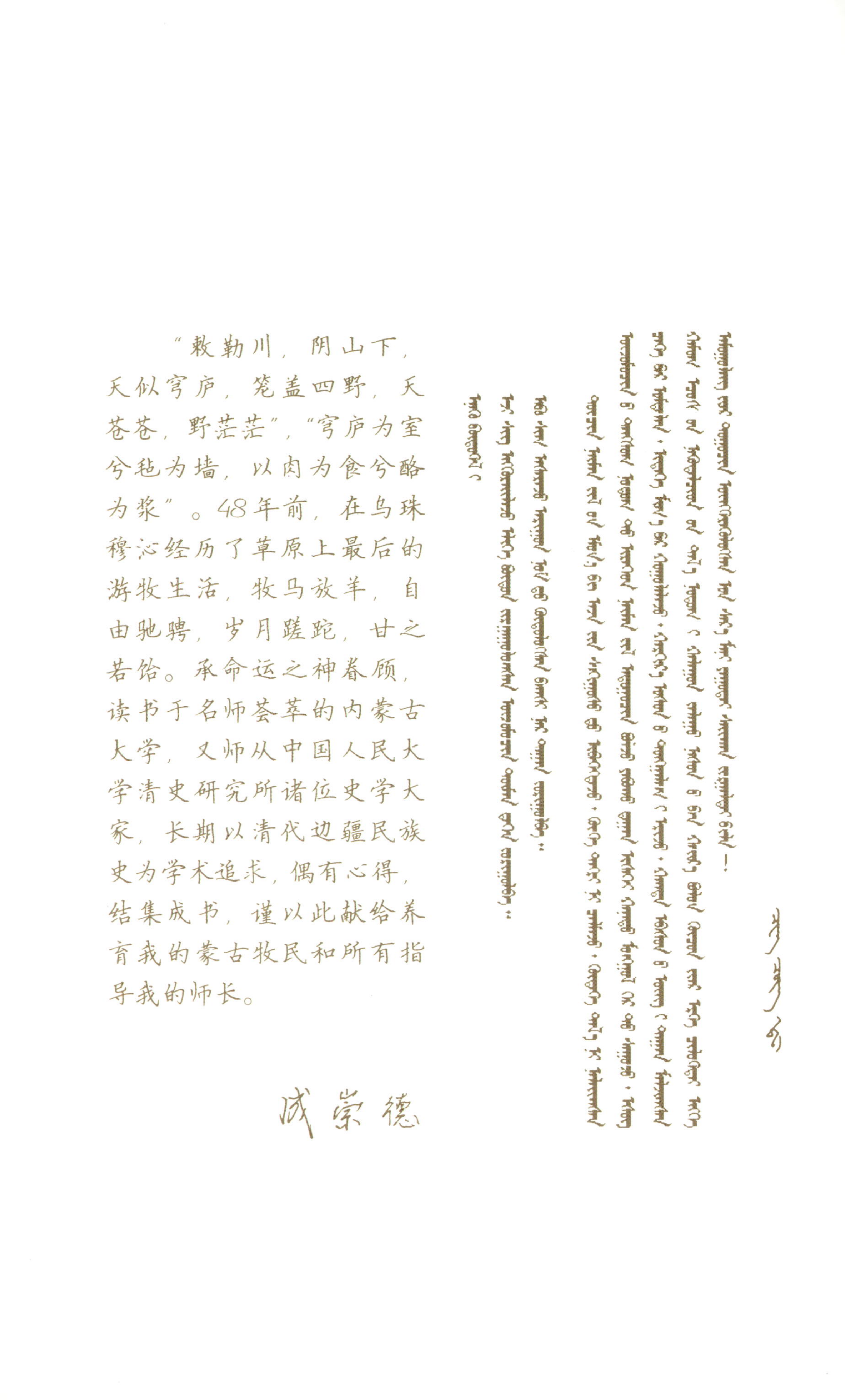

“敕勒川，阴山下，天似穹庐，笼盖四野，天苍苍，野茫茫”，“穹庐为室兮毡为墙，以肉为食兮酪为浆”。48年前，在乌珠穆沁经历了草原上最后的游牧生活，牧马放羊，自由驰骋，岁月蹉跎，甘之若饴。承命运之神眷顾，读书于名师荟萃的内蒙古大学，又师从中国人民大学清史研究所诸位史学大家，长期以清代边疆民族史为学术追求，偶有心得，结集成书，谨以此献给养育我的蒙古牧民和所有指导我的师长。

成崇德

总序一

2012年是清帝退位一百周年，明清史研究也走过了百余年的风雨历程。出于总结和促进发展的目的，故宫出版社将百年来明清史专题研究的重要的甚至经典性著作，遴选四十余部再版发行，以期对当前的明清史研究有所裨益，这是令人高兴和值得肯定之举。

长达五百余年的明清两代，是中国历史上两个重要的王朝，既处于我国封建社会行将灭亡的衰落时期，又处在中国封建专制主义发展的巅峰时期。盛世与没落，帝王的文治武功与社会的演进变革，殖民者的“福音”传播与列强的坚船利炮，此起彼伏的农民起义与先进的中国人的图强探索，以及革命与改良，等等。这是一个多姿多彩且天翻地覆的历史时期。这一时期又连接着今天，影响着今天。因此，研究明清两代的历史，就有着十分重要的意义。

现代意义上的明清历史研究开始于20世纪初。面对清王朝的腐朽没落，半殖民地半封建社会的奴役屈辱，资产阶级革命的风起云涌，以梁启超、夏曾佑、严复、孟森、章太炎、向达、谢国桢、萧一山等学者为代表的中国知识界，继承中国古代社会“鉴古知今”的历史传统，吸收近代科学理论知识，开始对清先世、明满关系、南明史、学术史，后渐扩大到秘密社会史、华侨史、晚清史（这是一大热点）、民族史、历史地理、财政史、盐业史等明清历史的多个方面，进行系统研究，筚路蓝缕，取得了丰硕的成果。

新中国成立以后，特别是改革开放以来，学术界在马列主义理论指导下，继承老一辈学者的信实学风，汲取西方学术研究的科学方法，解放思想，大胆探索，推动了明清史研究的不断深入。研究领域在不断扩大，研究水平在不断提高，明清史学逐渐形成充满朝气、欣欣向荣的繁荣景象。经过数十年的发展与积淀，时间已为我们留下了一些有价值的学术著作，这些著作资料翔实，论述严密，条理贯通，至今仍为许多学者所推崇。因此，将多年以来明清史研究著作纳入《文库》，重新修订再版，可使我们回顾明清史学研究的发展轨迹，促进21世纪明清史学术研究的深入发展。

故宫博物院和故宫出版社推出这套《明清史学术文库》还有一层特殊的意义，这就是故宫和故宫博物院在明清史研究中的特殊地位。故宫作为明清两代的皇宫紫禁城，在明清两朝的统治历史中，共有24位皇帝在此生活执政，使之在五百多年中成为全国的政治中心、文化中心，演绎出一幕幕兴衰史剧，几乎明清时期的每一个重大历史事件，都与宫廷发生着密切的联系。故宫几乎每一座宫殿、每一个院落、每一处山石，甚至每一口水井、一床一案，都有一段传奇经历，蕴含着独特的、浓厚的历史文化信息，涉及建筑、园林、历史、地理、文献、文物、考古、美术、宗教、民族、典制、礼俗等诸多学科与门类。这也是研究明清时期典章制度、宫廷建筑、宫廷生活等历史问题的专家学者不能不予以关注、不能不去考察体验的诸多社会历史领域。建立在以明清两代皇宫“原址保护”基础上的故宫博物院，兼容建筑、藏品与其中蕴含丰富的宫廷历史文化为一体，这一特点及优势，决定了它在整个明清史研究中有着独特的、不可替代的重要地位。而故宫的一切研究工作也离不开明清史学术界的辛勤劳动。

正是基于这种独特关系，故宫博物院与清史编纂委员会联合举办清史研讨会，与北京大学联合主办《明清论丛》，成立明清宫廷史研究中心和故宫学研究所，组织编纂明清史研究丛书，并资助出版一大批重要的明清史学术研究成果，受到学界的广泛赞许。以突出皇宫、皇权和皇帝等皇家文化研究的“故宫学”学术概念，也得到了学界的广泛关注。浙江大学、中国社会科学院研究生院等高校已开始招收这方面的硕士研究生，浙江大学成立了故宫学研究中心，南开大学成立了明清宫廷史与故宫学研究中心，台湾清华大学开设了“故宫学概论”课程等。所有这些，必将对故宫博物院的日常工作和学术研究，以及明清史学界的进一步发展，产生重要的推动作用。

故宫出版社作为故宫博物院的重要部门，一直把促进明清史和故宫学的研究作为自己义不容辞的责任和义务，做出了积极的努力，也取得了重要的成果。本次推出这套《明清史学术文库》，在整合、出版既有学术成果的基础上，通过深入地与专家、学者沟通，对明清史及故宫学研究涉及的一些问题进行专题探讨，以提高明清史和故宫学研究的理论水平，并向成为我国明清史研究成果的出版重镇不断迈进，其精神也值得赞扬。我们相信，通过故宫出版社与明清学术界的不断努力，明清历史研究必将取得更大的发展。

郑欣淼

2012年 7 月

总序二

一百年前的1912年，清朝覆亡，宣统帝退位，中华民国建立，标志着统治中国长达两千多年封建帝制的终结。中国历史迈开了前进的脚步，中国人民觉醒奋起，在近代化的征途上努力前进。

伴随着清王朝的覆灭，中国的一大批学者对中国封建社会的最后两个王朝——明朝和清朝的历史进行了认真、系统的研究，章太炎、梁启超、孟森、钱穆、萧一山、蒋廷黻、郭廷以、郑天挺、吴晗、罗尔纲、王钟翰等学术前辈在明清史处女地上披荆斩棘、辛勤耕耘，为明清史学的发展奠定了基础。改革开放以来，学术界百花齐放、百家争鸣，以马克思主义为指导不断地解放思想，积极吸收外国的研究思想和方法，使我国明清史的研究出现了前所未有的长足进步，涌现出一批有价值的学术著作。但在当时，中国或者尚在战乱时期，或者尚在建设的探索时期，经济贫穷，文化欠发达，学术著作的印刷数量不多，流传不广，不利于学术交流和明清史研究更深入的发展，故而故宫出版社将多年来明清史专题性研究著作纳入《明清史学术文库》，重新修订再版，力求涵盖民国以来各个时期的学术大家及其代表性著作，目的就在于将涉及政治、经济、文化、社会生活等方面的研究著作汇集一起，以此反映明清社会的整体状况，为学者深入研究明清时期的社会状况提供学术平台。

明清两代，时间长达五百多年之久，道路崎岖，变化迅速，人物和事件丰富繁多，是最接近今天现实的历史，生产力已有相当发展，居于当时世界各国的前列，社会结构和各种关系已相当复杂，人口众多，经济繁荣，交流频繁，财富充盈，各种事业兴旺发达。至康雍乾时期，中国历史发展到最高峰。但社会中的各个领域存在着缺陷，各种主客观条件尚未具备，整个社会难以协同推进，阻力重重，举步维艰，所以未能进入近代化的轨道。中国坐失了西方世界在18世纪所抓住的社会进步的良好时机，这是中国的不幸，也是我们前几辈先人痛心扼腕、力图奋起直追的动力和原因。今天，我们正在建设中国特色的社会主义，成绩辉煌，但前途还有许多艰难曲折，需要我们奋斗拼搏，晚近明清历史上先辈们走过的崎岖道路值得我们回顾、反思、探索、研究，以利于后人的继续快步前进。

在中华民国成立以前，明清史虽已编纂了许多重要的档案资料，但研究尚在起步阶段，历史编纂中充斥着对本朝的歌功颂德和对前朝的诋毁。民国以后的明清史研究则有了重大的进步。

其进步主要可举出三个方面：

第一，改变了形而上学和英雄史观，逐渐以社会进步史观和马克思主义唯物史观来研究历史；改变了停滞不动、堆砌史料、罗列历史事实，不讲究前因和后果，不揭示历史发展的客观规律，强调英雄创造了历史而忽视人民群众的生产斗争、阶级斗争，不能给人以真实的历史知识的做法。历史是人类进步的活动，是人民群众艰辛创造和英勇斗争的进程。经济活动是人类社会的基础，而政治、军事、法制、文化、思想都是其上层建筑，将会或早或迟地随着经济基础的变化而变化。20世纪初进步史观和马克思主义唯物史观的出现，大大改变和推动了中国历史研究，明清史研究领域出现了许多高水平的、科学的、实证的明清史著作。

第二，研究领域的扩大。自民国以来，明清史研究的领域不断扩大，不仅着重于帝王将相活动，不仅有内外战争、官场升贬、刑律惩治，也不仅宣扬封建的纲常伦理，还涉及到中央和地方的典章制度、兴废沿革、官阶序列、财政收支、赋税征收，人口的增减迁移，城镇的设置变迁；经济方面有农林牧副各业的状况，开垦和耕作记录，各种传统的手工业和商业，以至近代工厂、矿场的兴起，电报的设置，火车轮船的建造；军事方面，有八旗、绿营、团练、湘军、淮军以至北洋水师、小站练兵等；文化方面，既有诗文词赋、绘画书法、人物传记，又有昆曲、京剧、小说、唱本各种民间艺术；加之民族、法制、科学、宗教、城市、乡镇、风俗习惯、生态海洋等方面。各种研究无所不包，覆盖了各个社会历史领域，使得每朝的史书类似于百科全书型的著作，可以阅读和寻找到各种各样的知识。

第三，史料的整理和发展大为进步。民国以后，大内档案公之于世，其数量达一千万件以上，其中尤以清朝的档案与史料为多，它们的大量公开出版为后人提供了无穷的研究宝藏。档案和各种史料是认识和研究历史的重要载体，只有对它进行积累、分析、辨识、考证，才能揭示出历史的真相。近百年来，收集、保存、整理和利用这些珍贵的历史资料取得了很大的成绩，使我们对五百多年的明清历史有了许多新的重要的发现和认识。

故宫出版社作为故宫博物院的下属部门，把服务和促进明清史和故宫学研究作为自己的责任和义务，并为此做出了不懈的努力，坚持资助出版《明清史论丛》，还抽出人力、物力出版了《明代宫廷史研究丛书》等一批颇具特色的明清史著作，逐渐成为明清史研究成果的一个重要的出版阵地，为明清史研究的深入发展，作出了积极贡献。相信本丛书的出版，无论对史学工作者还是普通的史学爱好者，都是一个极大的便利，必将对明清史学术知识和研究的深入发展与广度普及，产生积极的影响。

戴逸

2012年 7 月

目　录

中国民族边疆史简论

一　历史上的民族关系

在中国古代文献典籍中，《尚书》里有“民”字，《左传》里有“族”字，近代学者将二字合一，组成复音词，以翻译英文中的 nation 一词。

1913 年，斯大林在《马克思主义和民族问题》一文中指出：“民族是人们在历史上形成的一个有共同语言、共同地域、共同经济生活以及表现在共同文化上的共同心理素质的稳定的共同体。”[1] 斯大林对民族所下的这个定义对我国民族学理论影响甚大。此外，斯大林在同一文中还曾对这条定义做过两条重要补充：“只有一切特征都具备时才算是一个民族。”[2]“封建制度消灭和资本主义发展的过程同时就是人们形成民族的过程。”[3] 对斯大林的这个定义和补充，我国学者长期以来存在意见分歧，多次进行讨论。有的学者坚持说这条定义迄今无懈可击，问题出在人们理解有误；有的学者认为应该对这条定义进行补充和修正，因为斯大林虽然提出了“特殊的心理素质”这一概念，

1　斯大林：《马克思主义和民族问题》，见中共中央马克思恩格斯列宁斯大林著作编译局编《斯大林选集》，上卷，第 64 页，北京，人民出版社，1979 年。

2　斯大林：《马克思主义和民族问题》，见中共中央马克思恩格斯列宁斯大林著作编译局编《斯大林选集》，上卷，第 64 页，北京，人民出版社，1979 年。

3　斯大林：《马克思主义和民族问题》，见中共中央马克思恩格斯列宁斯大林著作编译局编《斯大林选集》，上卷，第 69 页，北京，人民出版社，1979 年。

但其解释只是“表现在民族文化特点方面的精神面貌不同”[1]，没有涉及“民族意识”这一概念。近二三十年来，一些研究者对民族意识十分重视。我们认为，民族意识是人们对自己归属于某个民族共同体的认识，对形成和维持民族这一共同体至关重要。斯大林的四个特征缺一便不成其为“民族”之说，显得过于机械绝对。例如，我国的回族一开始就没有一个单独的共同地域和共同经济生活，裕固族有尧呼尔语和恩格尔语两种民族语言而不具有共同的语言。有人常把“种族”误为“民族”，实际上这是两个不同的概念。“民族”是人们在历史上形成的共同体，“民族学”属于社会科学的范畴，而“种族”是纯粹生理或血统的问题，“人种学”以人类体质特征为研究对象，则属于生物学的范畴。

我国是一个多民族国家，除汉族外，现已确认的有55个少数民族。据第六次全国人口普查统计数据，占总人口91.51%的汉族大多居住在中原和沿海，而占总人口8.49%的少数民族大多居住在边疆地区。这种被一些学者概括为汉族“人口众多”、少数民族“地大物博”的分布格局是长期以来历史演变的结果。关于“我国自古以来就是一个统一多民族国家”的提法，我国学术界在20世纪50年代曾展开过讨论。我们认为，应当反对以下两种偏颇或倾向：其一，一些史学家仅仅着眼于我国某一历史时期有些民族自行割据或单独立国的史实，大加渲染这些民族向来不是多民族中国的一个成员，从而根本否定我国各民族曾经几度结合成为多民族国家的历史。其二，一些史学家从其善良的主观愿望出发，无视某一时期有些民族自行割据或单独立国的史实，抽掉了我国形成一个“统一多民族国家”的漫长曲折的历史过程。上

1　斯大林：《马克思主义和民族问题》，见中共中央马克思恩格斯列宁斯大林著作编译局编《斯大林选集》，上卷，第63页，北京，人民出版社，1979年。

述两种倾向都不是实事求是的科学态度。我国作为一个多民族国家，既非自古以来就长期保持大一统的局面，亦非始终处于分立割据的状态，而是逐渐结合、统一到一起的。

关于中华民族起源，过去长期存在着本土说和外来说、多元论和一元论的争论。自 17 世纪起，欧洲开始有人认为中国人种与文化来自埃及。这是欧洲人主张中华文明“西来说”的滥觞。20 世纪 20~30 年代，曾对中国新石器时代考古学作出过重要贡献的瑞典学者安特生亦断言我国的仰韶文化系从西方传播过来，首先开化于中国的新疆，然后才东移并发达于中原地区。此为中华文明、中华民族的“新西来说”，曾流行一时。中华人民共和国成立后，经过广大考古工作者的辛勤劳动，大量资料推翻了形形色色的“外来说”。结果表明：中华大地是人类起源的地区之一，是蒙古人种的故乡；中华民族起源于中国大地，并非来自今日中国域外任何一方。在遥远的古代，中国大地上生活着不同的人群，最早的如云南元谋人（距今 170 万年）、陕西蓝田人（距今 100 万年）、北京人（距今 50 万年）以及山西丁村人、广东马坝人等。中国传统史学的观点认为，中华民族与文化起源于黄河中下游，然后向四周扩散。但中华人民共和国成立后的考古资料使中华民族起源一元说得到了修正。从我国新石器时代文化的分布和特征来看，我们中华民族的文化摇篮不是一处而是多处，是多元起源、多区域不平衡发展。黄河中下游的古文化则是其中最先进的一支。源头如此众多，在尔后数千年中，中华民族生生不息，中华文明累世不竭，便不能不说是其来有故了。

恩格斯在论证人类的发展问题时说：“从部落发展成了民族和国家。”[1] 这是马克思主义关于民族形成的一般规律。从民

1 恩格斯：《自然辩证法》，见中共中央马克思恩格斯列宁斯大林著作编译局编《马克思恩格斯选集》，中文 2 版，第 4 卷，第 381 页，北京，人民出版社，1995 年。

族、部落发展成民族，是原生民族形成的一种方式。此外，民族形成还有民族演化这种类型。也就是说，通过民族分裂、民族融合等过程形成新的民族。按照恩格斯的观点，民族形成的时间，最早应该是在原始社会末期。它早于国家和阶级的形成。马克思、恩格斯多次使用“野蛮民族”“蒙昧民族”“游牧民族”等概念，这些概念即指那些尚处于原始社会后期的人们共同体。

进入文明时代，大约距今五千至三千年间，相当于炎帝、黄帝至夏、商、周三代，黄河中下游出现了一个文明程度较高的华夏族，所以称“华夏”，是因夏朝而得名。其周围则有许多不同族类的人群，即所谓“东夷、南蛮、西戎、北狄”，他们和华夏族长期交往、斗争、融合。华夏族在吸收周围的不同族群中得以发展壮大，故华夏族已非单一血统的民族。《孟子》中载：“舜，东夷之人也，文王，西夷之人也。”民族融合不断在进行。至春秋战国时，华夏族已成为较稳定的民族共同体，但政治上尚无巩固的统一，经秦汉四百多年的发展，华夏族成为统一的民族，中国也逐渐发展为统一的多民族国家。“华夏”的称呼也因汉朝国力强大，声名远播而改称为“汉”。华夏族改称汉族，不是这一共同体的质的变化，更不是新民族的形成，仅仅是名称的改变。当然，名从实变。这一名称的改变也显示了其发展进入一个新阶段。华夏族吸收了众多的民族成分，扩大和发展了族体，形成比原来更大、更强盛的族体。

到20世纪初，也就是清末辛亥革命运动以前，出现了“中华民族”这个名词。中华民族是中国各民族的总称，包括历史上和现在的各民族在内。“中华民族”这个名称体现了中国各民族整体上的民族认同。有人认为：中华民族并不构成一个民族，因为各族的语言文字、宗教信仰、风俗习惯各不相同。另有人则认为：中华民族已构成一个民族，虽其族源、语言、宗教、习俗不同，但长期处在一个统一国家中，经济联系密切，政治上、文化上相互认同。汉族和各少数民族既有不同的特性，又有相同的特性。中华民族是更高层次上的民族构成，但不排斥各民族的差异性。费孝通先生称之为“中华民族的多元一体格局”。我国台湾省有一位边疆民族学专家林恩显，他在和祖国大陆学者进行交流时，建议大陆学术界开展民族关系研究时吸收台湾学术界族群研究的理论。我国台湾学术界习惯上认为：中华民族可以称为“民族”（nation），其中包括的数十个兄弟民族称“族群”（ethnic group）。所谓“族群”，是指同一民族中具有不同地区性或其他特殊从业、生活方式等特点的人们群体，所以这种“族群”不一定是目前大陆所确认的56个民族。我们对台湾学术界的理论应该予以关注，作进一步的研究探讨。回顾大陆学术界近五十年来研究民族关系的历史，我们认为中华人民共和国成立后，五六十年代主要围绕民族识别这个中心，以研究民族关系的“民族差异”为主，70年代末以来主要以中华民族整体性为研究的重点，这样民族关系中的“求同研究”便十分突出。费孝通先生把现存的民族关系概括为“中华民族的多元一体格局”这一理论，引起国内外学术界的瞩目，把大陆学术界关于民族关系的研究大大推进了一步。中华民族作为一个自觉的民族实体，是近百年来中国各族人民反抗外国侵略的血与火的斗争淬砺而成的，但作为一个自在的民族实体，则是几千年的历史过程中的客观存在。中华民族是“多元”和“一体”的辩证统一，“一”存在于“多”中，“多”使“一”绚丽而丰富，“一”使“多”团结而巩固。

费孝通先生关于“中华民族的多元一体格局”的理论，是在确认各民族平等和共同繁荣的原则上对现实民族关系的判断，为研究我国历史上的民族关系提供了一个清晰的轮廓。循此线索而继续探究，便涉及这种“多元”结构中有无主体民族、各民族之间是否平等的问题。这是民族关系的又一层面。我们认为，应该承认汉族是中国历史上的主体民族。因为汉族在全国各民族中，在中国几千年的历史长河中，都是人数最多的民族，分布地域最为广阔，对我国统一多民族国家的形成和发展影响力最大。如果否认汉族作为主体民族的历史地位，则中国历史就仿佛成为由许多民族组成的一幅百衲被，中华民族是不会成为“一体”的。同时，在中华人民共和国成立之前，民族平等是根本不可能存在的，即使在某些条件下，有民族均势、民族对等和民族协作，然而这些也不是民族平等。只有在社会主义条件下，民族平等才真正出现并成为处理民族关系的准则。我们只有用民族平等的观点去研究不平等的民族关系史，才能认识历史上真实的民族关系和今天社会主义制度下的民族平等。

尽管汉族在全国各民族中的历史影响最大，但必须指出，中国的历史是我国境内各民族共同创造的。各族人民理蓁辟莽，手足胼胝，开拓着疆野，创造着文明，奠定了中华人民共和国960万平方公里的广袤国土，泽被后世，功炳千秋。其中，各少数民族和汉族都有重大贡献。据历史记载，汉族最先开发了黄河流域的陕甘及中原地区；东夷族最先开发了沿海地区；苗族、瑶族最先开发了长江、珠江和闽江流域；藏族最先开发了青海、西藏；彝族和西南各族最先开发了西南地区；东胡最先开发了东北地区；匈奴、鲜卑、柔然、突厥、回纥、蒙古各族先后开发了东北和北部地区，回族和西北各族最先开发了西北地区；黎族最先开发了海南岛，高山族最先开发了台湾。过去，学术界在阐述民族关系时往往具有“汉族文化中心论”的倾向，强调汉族文化先进于边疆少数民族文化。这样在汉族正史作家的笔下，总是以我为主，我即文明，其余皆蛮荒。汉族成了“先进”的代名词，边疆少数民族成了“落后”的标志。这种偏向应予纠正。随着民族问题研究的深入，文化发展的多极化和多元化逐渐为世人所认同，从生产力发展水平来看，各民族的历史发展是不均衡的。中华人民共和国成立前，有些民族还处于农奴制阶段，有些还处于奴隶制阶段，甚至有些还处于原始公社阶段，但汉族在明清时期就达到封建农业文明成熟的阶段。不过我们应该看到，各民族的文化都是与其生存环境相适应的，有相对独立性，是其生存环境和历史传统的产物。有些文明幼稚阶段所创造的文化成果为文明成熟阶段所难以模仿和不可企及，各地区各民族的文化各有其优点和特色，难以区分其优劣高下。例如，汉族和藏族，从文字上看，藏文是拼音文字，汉文是象形文字，按汉字要走拼音化之路的观点，藏文字应该算先进者。若按单位土地面积的农产量来说，汉族发达地区比藏族山南地区的产量几乎多十倍，应该是先进的，但从另一角度看，藏族能够在青藏高原上正常地进行农业生产，而汉族的任何先进农业技术却办不到这一点。汉族对自己的文献总是引以为自豪，但不要忘记藏文佛经的浩瀚程度比汉文佛典还略胜一筹。汉族拥有《史记》《红楼梦》等许多流传百世的伟大作品。同样，藏族的《格萨尔》也是光辉灿烂，堪称中华民族的文化瑰宝。

“儒家文化圈”是目前学术界流行的术语。有些人把中原汉族文化与边疆少数民族文化仅仅看成“儒家文化圈”向边缘地区扩散的过程。实际上，中原汉族文化和边疆少数民族文化应当是一种文化互动的关系，一种双向沟通的关系。各民族文化异彩同烂，交光互影。边疆少数民族文化绝不是儒家文化的被动受体。在秦汉以前，中原地区的农作物种类并不很多，古书中记载的五谷指稻、黍、稷、麦、菽（豆），这是古人最主要的食粮。西汉时张骞通西域，带回的植物品种有芝麻、胡豆（蚕豆）、胡瓜（黄瓜）、胡萝卜、苜蓿、葡萄、石榴。我国北方的重要粮食作物高粱，大概是西南少数民族首先种植，宋以后开始推广于全国的。在秦汉，不但用稻黍做饭，即是麦也用来做饭。据考证，九经中没有“面”字和“糕”字。东汉光武帝在遭受危困时，冯异向其进麦饭，是历史上有名的故事。用麦磨面的方法，是秦汉以后由西域少数民族传入内地的。少数民族对汉族服饰文化也有巨大贡献。赵武灵王胡服骑射的典故为众所共知，旗袍至今为汉族女性所青睐。原来汉族衣着的原料主要是丝、麻和毛制品。汉朝时，新疆已使用棉布。元、明两朝期间，棉花种植与织棉技术就已从天山南北普遍传入内地。起初，内地人称之为“种骨羊”，殆因棉花的纤维近似羊毛而误认为是种在田里的羊长出毛的缘故。元朝耶律楚材在诗中风趣地写道“无衣垄种羊”。著名的黄道婆的织棉技术乃师承黎族人民。在唐以前，汉族人都是席地而坐，西域的“胡床”传入中原，汉族便普遍地坐椅凭桌，几千年来的起居文化习俗为之丕变。遥想当年唐朝的长安，仕女们梳起少数民族的高髻发式，穿起少数民族的服装，婀娜多姿，顾盼生辉。由少数民族地区传来的胡旋舞、柘枝舞美妙动人，令人目不暇接。还有绚丽的灯彩，丰富的“百戏”，或者直接由“胡”人献艺，或者在“胡”人倡导下风靡一时。史载，唐代十部乐中，就有西凉、龟兹、安国、疏勒、康国、高昌六部属于“胡乐”。

在古代，由于自然条件的限制，交通不发达，生产力水平低下，各民族之间的交往受到的束缚较大。加之统治阶级设置的障碍，各族劳动人民之间也不可能没有民族偏见，因此，民族冲突和隔阂是十分严重的。但我们还应注意到民族关系的另一面，即通过长期的经济文化交流，许多民族逐渐地、自然地相互融合。民族融合是历史发展的必然，是进步的现象。

征诸史籍，我国历史上出现过三次大规模的民族融合：第一次在春秋战国时期，第二次从两晋南北朝到唐代，第三次从五代十国到明朝初期。春秋战国时期，列国年年攻伐无虚日，汉族的活动范围仅限于黄河中下游，在北方有北狄、猃狁，在甘肃、陕西有氐、羌，在四川有巴族和蜀族，在湖南、湖北、安徽有楚族，在江苏、浙江有吴、越族。这时期的民族融合，南方各族是以楚国为中心，东方各族是以齐国为中心，北方各族是以晋国和燕国为中心，西方各族是以秦国为中心，相互进行融合的。秦汉时期民族关系的主流是中原汉族王朝与匈奴的关系。从两晋南北朝时期的所谓“五胡乱华”开始，许多强悍的北方民族大量向南迁移，进入黄河流域地区与当地汉族人民形成杂居状态。匈奴、鲜卑、羯、氐、羌等少数民族的统治者还在中原地区建立了前赵、后赵、前燕、前秦、后秦、北魏、北齐、北周等十多个国家，前后统治了三百余年。正如马克思所说，野蛮的征服者总是被那些他们所征服的民族的较高文明所征服，这是一个永恒的历史规律。中原地区好似一座融化民族的大熔炉，使那些来似排山倒海的游牧民族，去却无影无踪地融合于中国古代农耕文化中。从两晋南北朝以后，就再也没有见到匈奴、鲜卑、羯、屠各、卢水胡等族的活动了，他们已主要同化于汉族和其他一些民族之中。唐朝皇室姓李，自称是陇西李氏，并以自己是李耳的后裔相标榜，但高僧法琳却对唐太宗直言不讳地说，你姓的那个“李”，不是陇西李，而是拓跋达阇的那个李，达阇就是汉语的李字。隋唐时期，边疆少数民族主要有突厥、回纥、吐蕃、靺鞨和契丹等。历史学家认为，古汉族经过西晋末年的“永嘉之乱”、唐代中期的“安史之乱”以及北宋后期的“靖康之乱”，汉族分布重心南移。建立在黄土高原旱地农业基础之上的古汉族文化由于中原震荡，如蜩如螗，在南移后吸取古越族江东文化，创建了植根在滨水稻作农业之上的现代汉文化，古汉族随之演化为现代的汉民族。到了元朝初年，契丹人、女真人和西夏人都已经丧失了自己的民族特点，多被汉人同化了，所以元朝把辽、金、西夏的人民统称为“汉人”，而把南宋的人民称为“南人”。元朝败亡以后，“蒙古、色目（指西北地区少数民族）之人多改为汉姓，与华人无异”。中国历史上的民族组合，到了元代，可以说基本上稳定下来了，其后虽有满族的入关，但变动并不太大。汉族人口至今占绝大多数，并非单纯的人口自然增长，而是吸收了少数民族。毛泽东指出：汉族人口多，也是长期内许多民族混血形成的。过去人们对汉族融合于其他民族的事实注意不够，因而容易产生汉族较杂而其他民族成分较纯的片面性印象。事实上，少数民族中的汉人成分未必低于汉人中的少数民族成分。目前拉萨郊区的以种菜为生的藏族居民中，很多是清代驻藏绿营兵的遗胤。

民族关系与民族生存环境息息相关。中国的北部和西北有广阔的草原，居住着游牧民族，以畜牧为生，逐水草而居，勇敢尚武。中国的中部和南部，沃野千里，河渠纵横，居住着人口众多的汉族，过着定居务农的生活。北方游牧民族几次南下的时间，恰好都是中国历史上气温偏低的时期，这绝非偶然的巧合，实由游牧经济的脆弱性所致。他们因受寒冷气候的侵袭，为谋求生存而南下，另外，北方民族经常迁徙，易于联合，又擅长骑射，有长距离运动和作战的能力，故而常和农耕定居的汉族发生激烈的战争，举兵南伐，入主中原，如北朝、辽、金、元、清等。而当汉族强大时也出塞耀武，设官治边，如汉、唐、明等。北方游牧民族和农耕汉族的对峙、冲突，贯穿于整个中国历史。而中国南方的少数民族往往局限于山地，交通困难，不利于联系与迁移，所以北方民族曾一次又一次地南下和入主中原，南方民族却很少有过类似的活动。汉族农耕文化扩展的界线受雨量的限制，长期以来，汉族人口迁移都是自北而南，至清代出现转捩，人口迁移呈向四周辐射状态。汉族移民进入少数民族聚居区后就难免存在与少数民族争夺有限的自然资源和生存空间的矛盾。

例如清代苗民起义时提出“逐汉民，复客田”的口号。目前人们通常用“大杂居，小聚居”这一命题来概括民族分布特征。从民族学角度来看，民族的族际分布有毗邻、杂居、包裹等类型。民族关系本身受生存环境的制约，各民族只能在既存的自然和社会环境之下发展和创造新的民族关系。

中国历史上曾发生过许多次民族战争。但他们又密切联系，相互依存，逐渐融合。秦汉以后，全国统一，许多民族长期处在一个统一国家中，共同生活，接受中央政府的管辖。在几千年的历史长河中经历无数次冲刷、磨洗、锤炼，民族之间的差异、对立、界限逐渐淡褪。雄健绝代、武功盖世的一些民族衰落了，甚至消失了；累世游牧、衣裘枕毡的一些民族，学习了农耕技术，在草原上开辟阡陌田畴，进行播种耕耘。到了清代，满族建立了全国政权。因其是少数民族，比较理解少数民族的处境、心态、要求，执行比较适当的民族政策，因此得到了分布很广的其他少数民族的认同；又因为满族统治者尊儒崇学，纂辑古籍，弘扬传统文化，因此也得到汉族知识界的拥护。这样，在清乾隆时，亦即英国侵略者用坚船利炮打开中国大门之前不到一百年，清朝在全国范围实现了前所未有的稳固的统一，确立了多民族统一的中国的版图。

各民族都产生过本族的杰出人物和民族英雄，在讨论民族英雄时发生了意见分歧：如岳飞、文天祥、史可法，或者阿骨打（女真）、成吉思汗（蒙古）、努尔哈赤（满族），在各民族中的评价差异较大，但从统一多民族国家立场来说，他们都是中华民族的民族英雄。因为，无论女真、蒙古还是满族都是中华民族的成员。国内民族矛盾是中国内部的事情，不是国际冲突，和近代外国侵略中国不可等同而语。但国内民族之间的战争也有是非问题，何者是正义的、进步的自卫战争，何者是非正义的、压迫战争，应作具体分析，不可一概而论。国内民族之间发生战争，这并不排斥斗争双方的民族都有推动历史进步的功绩。中国许多民族都产生过中华民族的民族英雄。戏曲中往往有丑化少数民族的地方，这是传统习惯问题，应予改进，应尊重兄弟民族，避免伤害其民族感情。

二　统一与分裂

大一统是中国历史的鲜明特点。中世纪欧洲分为许多小的封建城邦，中国则很早就统一，而且越来越走向大一统、大融合的趋势。自周代的诸侯千百，变为战国七雄，到秦始皇统一全国后，中国统一时间之长久，在世界各国无与伦比。

秦并六国，行中央集权制，置三十六郡，后又发展为四十郡，在我国建立了统一的多民族的国家。这时候，在我国领域内，与秦并存的还有东北部地区的东胡、北部地区的匈奴、西北部地区的乌孙和西域诸城国，西部地区的氐羌，西南氐羌汉藏语系与南亚语系的众部落。汉朝在秦统一的基础上，进行了更大规模的统一。北战匈奴，南平众越，西通西域，郡县西南夷，设置东北诸郡，除台湾和西藏部分地区外，几乎完成了大部分地区的统一。东汉末，三国鼎立，数十年后，西晋结束了三国的分立。不久，北方游牧民族南下，中原动荡，出现了南北朝对峙，长达三百余年，继之而隋唐统一，封建社会趋于鼎盛。隋唐时期出现了较大范围的统一，但是与隋唐并存的还有我国吐蕃等族建立的政权。唐以后，仍有局部的分裂，如五代十国，辽和西夏分治、宋金对立。这种局面又经过约三百年，元朝兴起，混一区宇，以凌厉的武功达到范围更大的统一。元末群雄割据，中原扰攘。明朝建立，我国又分为两大部分，以汉族为主建立的明朝统治区和以蒙古族为主建立的统治区。但是统一是大势所趋，人心所向。清继明兴，复归于一，清代再次达到统一的鼎盛阶段，确立了近代中国的版图。秦始皇统一以后的二千二百余年，中国统一的时间，大约占 70%，分裂的时间约 30%。

怎样估算中国历史上统一与分裂的时间？有的学者认为，中国历史上分裂的时间很长，甚至认为从秦以来二千多年时间都是分裂的，只有清乾隆中叶平定准噶尔、统一西北至鸦片战争之间不到一百年时间是统一的，鸦片战争后，香港被割，又告分裂。这样估算过于绝对化。所谓“统一”不是全国范围的铁板一块，完全一致，毫无分治分立现象。如果作那样绝对化的估算，那么，乾隆以后约百年间，澳门仍为葡萄牙所占，仍有局部的分裂，但这无碍于当时中国的统一。又如今天，台湾尚未统一，但中华人民共和国应是一个统一的国家。

那么又应当怎样看待中国历史上反复出现的统一与分裂现象？我国的统一，不是指某一部分地区某一民族的统一，而是指我国整个领域和居住在这一领域的所有民族的统一。这样的统一，不是自古以来就有的，也不是统一后没有分裂的。既然是多民族国家的建立和形成，各个民族之间既有矛盾和斗争，又有互相联系和日益接近的过程；既分别存在和建立过不同的政权，又日益趋向于政治的统一和建立统一的国家。各民族之间长期存在着斗争和冲突，在历史上表现为内乱、分裂、民族战争和改朝换代。纵观鸦片战争前中国数千年文明史，国家总是在统一、分裂而又复归于统一的轨道上运行着。实际上，每一次的统一都不是简单的历史重复，每一次分裂也不能简单斥之为历史的倒退，而是社会由低级向高级，由落后向进步的一种螺旋式的发展规律。每一次新的统一，都有一些新的民族融合于统一多民族的国家之中，都有新的土地得到开发和利用，生产力提高、社会进步、民族发展、国家领土不断拓展，最终凝聚为以汉族为主体的统一的多民族的国家。以中国最后一个封建王朝清朝为例。清初，清朝统治者所面临的局面并不是全国的大一统，而是明末所出现的中国边疆地区的多元化格局。在边疆地区出现的分裂与割据对于大一统局面来说是局部的和暂时的，是完成全国统一必然经历的过程。清朝统治者对于割据一隅的边疆民族政权并未简单地斥之为分裂或分裂政权。而是在不同的阶段、对不同的民族、按不同的地区所确立的不同关系采用了不同的称呼，实施不同的政策。这是因为，清朝继承明朝的统治，明朝未能达到元朝那样的疆域范围，清朝也只能采取稳妥的办法完成它的大一统目标，这也就体现出清朝政府在实现统一过程中的阶段性。对于已经明确纳入清朝统治范围的或者已经明确由清朝直接管辖的地区和民族，不管是汉族政权还是边疆民族政权，如果背叛清朝，再以独立政权形式与清朝对抗，清朝则坚决斥之为“分裂”“谋叛”，坚决平定。

清初的边疆民族政权又是如何看待国家统一和他们所处的割据一隅的地位呢？首先，对于清朝入关，持最积极拥护态度的是各个边疆民族政权。清初各个边疆民族政权对清朝入关的支持，既表明了他们对清中央政权的承认，同时也确认了自己的从属地位，这不但使清朝政府赢得了统一中原的时间，同时也为其最后统一全国奠定了基础。

综上所述，从清初至 18 世纪统一多民族国家最后形成的约百年间，中国广阔的土地上，既有中央政权，也有边疆民族政权，多种政权和多种制度并存，相互之间既有吸收、融合，又有排斥和对抗，除了准噶尔与清朝对抗时间较长外，其他基本都处于和平交往的状态中，这种长时间的多种政权并存的局面为各民族和各民族政权的经济文化发展创造了有利时机，也为统一多民族国家形成和版图的稳定提供了时间的保证。

正确看待清朝对中原地区的统一行动及各民族的反抗，有助于理解清朝对边疆的统一和正确分辨边疆民族的反抗或叛乱。在谈到清朝入关及对中原地区的战争时，人们既肯定清朝对中原的统一，也颂扬中原汉民族对满洲贵族统治者进行反抗的精神。在这里，既称“征服中原”也称“统一中原”；既肯定了清朝统一中原的历史作用，也揭露批判了它实行民族压迫、剿杀反清义士的暴行。中国是一个领土广袤、民族众多、历史悠久的国家，边疆地区和中原相距遥远，中国的大多数少数民族都生活在边疆，历史上边疆民族政权与中原政权既有统一，也有对峙。这些特点决定了历史上任何一个中央政权对中国实行统一过程的长期性和形式的多样化。清朝也不例外，它不可能在短期内完成统一任务。实现对中原的统一并不等于完成了对全国的统一，因此在肯定清朝对边疆的统一功绩时，不能否定边疆各民族对清朝民族压迫的反抗。同样，在全国大一统完成之后，边疆各民族反抗清朝的民族压迫是合理的，但是利用清朝民族政策失误的机会进行民族分裂却又是极其错误的。

由此看来，统一和征服在某些方面有相同的意义，但又有不同的方面。在清代，对边疆既有和平的统一方式，也有残酷的征服战争。这些战争也应该称为统一战争，不管是征服战争还是统一战争，是进步的，也是很严酷的，正如列宁所说的那样：“历史上常常有这样的战争，它们虽然像一切战争一样不可避免地带来种种惨祸、暴行、灾难和痛苦，但是它们仍然是进步的战争，也就是说，它们促进了人类的发展……”[1]

统一有多种多样的形式和内容，有政治的、经济的、文化的、宗教的、军事的和民族的……有全局的和局部的，有全国性的和地区性的，有各种不同的统一关系和统一方式。实现全国的大统一需要很多必要的条件，如地理的、政治的、文化的、经济的、民族的，这些条件是长期形成的。实现大统一需要时

1　列宁：《社会主义与战争》，见中共中央马克思恩格斯列宁斯大林著作编译局编《列宁选集》，中文3版，第2卷，第510页，北京，人民出版社，1995年。

间过程和有利的时机，当条件成熟时，需要有把握时机、利用条件、驾驭全局的才能。大统一并不排斥局部地区的小统一，大统一所创造的和平环境为局部地区的发展和统一提供了条件，而局部地区的小统一又可以成为全局大统一的重要步骤。但是，如果不善于把握时机，就可能失去转瞬即逝的完成大统一的大好时机。

中国统一历史格局的形成有以下原因：

1. 经济原因

各民族和各地区经济联系密切，在很早的时候，全国范围已有较大的商品流量，唐宋以后，中原和各地区经济、文化的互补性更加突出，南方的稻米、棉花、丝、茶和北方的畜产品、麦、豆互通有无。作为中华民族主体的汉族是农耕民族，急需修整长江、黄河、淮河、运河那样巨大的水利灌溉和交通工程，也迫切需要一个强有力的中央政府。

2. 民族原因

民族因素极大地影响着当代世界许多国家的各种社会关系和政治关系，影响着经济的发展和社会的进步。同样，民族因素也极大地影响着历史上许多国家的形成和疆域的范围。中国统一历史格局的形成与中国古代民族的多次迁移及民族间的频繁往来和长期融合密切相关。

在中国历史上出现的诸多民族或部族，有的延续下来，有的却消失了。许多原先分散孤立存在的民族，经过不断的接触、混杂和融合，不断分裂和消亡，逐渐形成一个我中有你、你中有我的多元统一体。

在中国历史上出现的民族与国家统一问题上，有两点对国家统一与版图奠定起着决定性作用：

（1）从中国历史的发展过程来看，经历了从统一到分裂再到统一的两个历史大循环。第一个大循环是从秦、汉的统一到魏、晋、南北朝的分裂，再到隋、唐的统一；第二个大循环是从隋、唐的统一到五代、宋、辽、金、西夏的分裂，再到元、明、清的统一。在这两个大循环中，中国广阔的疆域经历了三次民族大混杂、大融合，中原地区的汉族深入到“夷狄”所居住的边疆，而“蛮荒异域”的边疆民族也流入中原地区与汉族融为一体。元、明、清三朝是由中国三个不同的民族建立的王朝，蒙古族和满族两个边疆民族先后完成了统一中国的大业，由此国家对边疆地区实行有效的管辖，大批汉族和中原其他民族流向边疆，部分边疆民族内迁，这都极大地加强了边疆民族与汉族融合的深度和广度，为国家的统一和中国疆域的拓展奠定了基础。

（2）中国统一多民族国家的形成，广阔版图的奠定，中国各民族都作出了重要的贡献。少数民族大多数生息、劳动、活跃在中原王朝的四周，他们最早开发、拓展边疆地区，或者率先统一了中国边疆的部分地区，为实现全中国的统一奠定了基础，或者进而担当了统一全中国的组织者和领导者。元朝和清朝的建立及其对统一的中华民族国家的贡献说明，中华民族多元一体格局的形成，不是由汉族一个民族单独缔造的，而是各个民族包括那些已经消失的民族共同缔造的。中国古代文明持久、稳定的统一，既表现在中原文明不断地扩展、不断地联合和统一诸多边疆各民族的趋势，也表现在边疆各民族不断增强的凝聚力。

3. 文化原因

中国文化具有很强的包容性、认同性。各民族长期共同生活，彼此吸收对方的文化成果，文化的融合为政治认同提供了基础，各民族之间发展起持久而巨大的亲和力、凝聚力。

从文化史来看，中国古代文明在文化史上的发展连续性，在整个世界史上尤其显得突出。文化史上的连续性应该包括两个方面：一是语言文字发展的连续性；一是学术本身发展的连续性。如果从这两个方面来衡量古代的各个文明，那么看来只有中国在文化史上的连续性最具有完整意义。中国古代的语言文字在发展过程中从未发生断裂的现象。从甲骨文到金文，从金文到篆字，从篆书到隶书，从隶书到楷书，从繁体楷书到简体楷书，全部发展过程基本上是清楚的、完整的。如果知道了这样连续发展的过程及其规律，那也就掌握了认识金文、甲骨文的钥匙。在中国古代历史上，发生过南北分裂，但是学术传统从未中断。如南北朝时期，北方最混乱的十六国的史学不仅未中断，而且相当繁盛。

4. 地理原因

地理环境对任何一个国家或民族的疆域形成和国家统一都会有很大的影响。从世界范围来看，中国处于欧亚大陆的东端，西面有喜马拉雅山脉和帕米尔高原的屏障，不像某些古代文明那样处在民族迁移的交通要道上，因而有民族活动相对稳定的环境。东部是漫长的海岸线，太平洋一望无涯，波涌际天，无垠的水域，长久以来被中国古人视为“万川归之，不知何时止而不盈；尾闾泄之，不知何时已而不虚”[1]。难以横渡的“大瀛海”成为中国人与外界联系的障碍。在北方，“幕北地平，少草木，多大沙”[2]。戈壁沙漠、亚寒带原始森林严密地闭锁了古人的北行之路。西北古人称其地“上无飞鸟，下无走兽，遍望极目，欲求度处，则莫知所拟，唯以死人枯骨为标帜耳”[3]。天山、阿尔泰山、昆仑山、葱岭等雪峰横亘，“山路艰危，壁立千仞”[4]，尽管有通往西方的丝绸之路，但交通险阻，古人视之为畏途。西南是“世界屋脊”喜马拉雅山、唐古拉山、冈底斯山、可可西里山等山脉造成的地

1 《庄子·秋水》，见（清）王先谦撰《庄子集解》，第91页，北京，中华书局，1987年。
2 《资治通鉴》卷二九。
3 （东晋）法显：《佛国记》。
4 朱棣：《神僧传》卷二。

理障碍，更甚于其他地区。

从中国内部来看，各地区之间有地理上的间隔和区别。尤其边疆地区与中原地区相比，在气候条件、土壤条件和地理环境等方面有很大的不同，形成了地理条件局部的独立性，造就了若干个并存的经济、政治中心。但是，从整体来看，中国地理条件有其统一性。各地区之间地理上的间隔和区别并不能阻断相互间的交通，而就整体来说，由于天然特点从北、西、南三个方向向中原辐辏而自成一个自然区。中国地理条件整体的统一性和政治形势有密切的联系，它是维系国家统一的一个重要方面。

地理条件的独特性，对中国多民族国家的形成和统一影响很大。在中国这个自然区域中，各个社会集团的活动主要受到整体的影响和约束。边疆地区各民族建立政权，已经具备了一定的地理条件和经济条件，但是由于东、南濒海，北有沙漠，西和西南有高山，地理条件的阻隔，向内地发展比向外发展要容易得多，因而产生了一种自然的内向性，这种自然的内向性是形成国家统一和疆域完整的条件之一。

5. 鸦片战争以来，帝国主义的侵略激起了中国各族人民的反抗，振奋了爱国主义精神

鸦片战争以前，中国多元一体的民族格局已有几千年的发展过程，其内在的联系不断得到发展，一体性不断得到加强，但是，尚未经受过来自外部力量的冲击和考验。鸦片战争以来，帝国主义的侵略威胁到中国各民族的共同利益，各民族在反帝救亡的斗争中结成了不可分割的中华民族整体。

三　民族和边疆政策——以清朝为例

政策是国家在一定历史时期为实现某一特定的目标、任务而制定的行动准则。在不同的历史时期，由于边疆民族的格局不同、族际关系的性质不同、政策制定者的利益集团不同以及认识

水平的不同，都会形成不同性质、不同种类、不同特征的民族政策。从历史上看，历代统治者根据自身的利益和当时的形势，制定相应的民族和边疆政策，而边疆民族政策的成败得失，又直接影响着彼朝彼代的兴衰存亡，关系甚巨。例如，王莽执政后，一意孤行，改易边郡职能，强行将其与内地划一，将原先西汉所封的一些西南边疆少数民族首领的“王”的名号尽行改为“侯”。始建国三年（11 年），王莽一面下令把匈奴单于改为“降奴服于”，一面又大发北方各郡国及乌桓、鲜卑十二部兵，分十路进攻匈奴，引起匈奴的强烈反抗。结果莽新政权损兵折将，数年之间，府库空虚，野有暴骨，民怨沸腾。王莽之所以后来身败名裂、帝祚暂短，与其错误的民族边疆政策有密切关系。中国封建社会的边疆政策，自秦汉时期初具规模后，经隋、唐、元、清诸强大统一王朝的充实、完善，形成了完整的体系，这在世界各国历史中是颇具特色的。诚然，封建统治者的政策必然带有阶级压迫和民族歧视的性质，但他们往往也在不同程度上努力稳定边疆，团结各民族，以维系自己的统治于不坠。尤其是清朝吸收前代的经验，制定了较为成功的边疆和民族政策，促进了国家的统一。周恩来说：“清朝以前，不管是明、宋、唐、汉各朝，都没有清朝那样统一。”[1] 究其原因，即在于清代边疆民族政策集历代封建王朝之大成而臻于极致，比较符合当时的民族实际和历史发展趋势。

中国古代传统边疆观有两大核心理论：一是服事观，一是华夷观。最早提出服事观的是《尚书》。《禹贡》篇中详细描述了五服（甸服、侯服、绥服、要服、荒服）与国家政治中心各不相同的关系。在中国古代，有关边疆地区人的问题，其核心就是所谓

1　周恩来：《关于我国民族政策的几个问题》，见中共中央文献研究室编辑委员会编《周恩来选集》，下卷，第 262 页，北京，人民出版社，1984 年。

四夷问题。封建王朝统治者在讨论边政问题时往往以服事观为自己主张的理论基础。在他们看来，要荒之地（即边疆地区）不同于内地，要治而又相对不治，而这也正是服事观的基本主张。此外，服事观是以全国服从一个政治中心为基础，与中央集权主张相吻合。实现大一统是封建统治者治边的终极目的，但历史实践使统治者认识到，在一个国土辽阔、民族众多的大国，中央政府对各地的集权统治只能在不同的强度层次上实现，必须因时、因地、因人而治。在中国古代传统治边思想体系中，最能体现因时、因地、因人而治原则的莫过于“羁縻”思想，而最早使羁縻思想成为较成熟的治边思想的正是服事说。清代前期的帝王多勤于政务，深谙历史，能够以史为镜鉴，孜孜求治，追求国家的统一，又将“因俗而治”这一边疆统治的传统思想奉为圭臬。清朝的民族和边疆政策的基本方针是“修其教不易其俗，齐其政不易其宜”[1]，即保持各少数民族的社会习俗和宗教信仰，并根据他们的不同情况进行统治和管理。

因为中国古代的边疆地区大都是少数民族（所谓四夷）聚居的地区，所以中国古代传统治边观理所当然集矢于如何处理好中央政府与周边少数民族的关系问题。中国传统治边策略有三种模式：其一为“多事四夷型”，即以武力征服为主要的先行手段，继而在边疆地区建立较为稳定的统治。人们自古就对多事四夷褒贬不一，争执不休。在历史上，多事四夷既有劳师糜财而陷入危机不能自拔者，也有开疆拓土而国富民阜者。其二为“守在四夷型”，即“观德不耀兵”，尽管不完全放弃武力解决的手段，但主张以适当的经济、文化等方面的措施为先行手段，强调德政的功效，使四夷成为中央王朝的边疆保卫者。其三为“以夷制夷型”。在清代，作为少数民族的满族是统治民族，为了使自

1 （清）袁大化修，王树枏等纂：《新疆图志》卷四八《礼俗》。

已建立的中央政权具有合法性，反对“严华夷之辨”。另一方面，与当时国际政治大格局变化相联系，中外关系问题日益凸现于边疆地区，因而传统的夷夏之防观已经出现了本质的变异。由于在一定程度上突破了“华夷之辨”的藩篱，加之清朝统治者对边疆地区少数民族在思想感情上比较接近，清朝的边疆民族政策比以往各朝代都成功。其基本策略是恩威并施、宽柔相济。乾隆帝说：“天朝之于外藩，恭顺则爱育之，鸱张则剿灭之。”[1]从顺治、康熙到雍正，清朝的边疆民族政策偏之于恩。乾隆朝中叶以后，因国力强大，对边疆地区的统治业已巩固，民族政策便从前一时期偏之于恩转向了偏之以威。乾隆帝以“十全武功”而自矜，这不仅说明他一生中军事活动的频繁，而且反映其统治边疆地区基本策略的偏转。传统儒家思想中“刑政相参”，“宽以济猛、猛以济宽”的政治主张被清朝统治者运用得得心应手。康熙皇帝说：“昔秦兴土石之工，修筑长城，我朝施恩于喀尔喀，使之防备朔方，较长城更为坚固。”[2]清朝皇帝这种“以人心为长城”的治边政策，正是儒家“守在四夷”思想的政治实践，为学者们所普遍赞誉。

清政府的边疆民族统治政策主要包括以下内容：

1. 加强中央的权力，维护中央的权威而又采取灵活的措施

有学者指出，“因俗以治”含有“民族区域自治”的积极成分。我们从历史发展脉络来考察，中国民族区域自治的渊源可以追溯到秦朝。秦王朝在少数民族地区设置了不同于内地郡县的地方行政管理机构——道。汉代“属国制”的推行，使秦时还处于萌芽状态的羁縻政策得到了初步的发展。此后，南朝的左郡左县、唐宋的羁縻府州制，都是羁縻政策发展的重要环节。元代土官制

1 《清高宗实录》。

2 《清圣祖实录》卷一五一。

度，上承唐宋羁縻府州制，下开土司制度的先河，改变了过去对少数民族“附则受而不逆，叛则弃而不追”[1]的状态，成为中国少数民族地区从“化外”向内属发展的一个重要过渡时期。由于元朝推行了土官制度，所以此后西南边陲再没有出现诸如南诏、大理国般的地方政权，始终统一于中央政权的版图之内。明清时期的土司制度是土官制度的最高阶段和最后阶段，是由土官走向流官的桥梁。较诸明朝，清朝政府对土司的控制进一步加强。尤其雍正、乾隆年间的“改土归流”，更是如暴风骤雨般席卷西南地区，使割据势力大受摧折。这可以说是少数民族地区从“内属”向“内地化”发展的转折。

清朝中央政府特设理藩院以管理少数民族事务，其地位与六部平行。从纵向来看，清代理藩院组织严密，职掌分明，为以往中国历代的中央治边机构所无法相比；从横向来看，清朝六部遇事掣肘颇多，无与地方督抚直接联系的权力，而理藩院则在行政上具有相当的独立地位，且对驻边的将军、大臣具有直接指导的权力，因此处理边疆要政，有迅赴机宜之功。

清政府在各少数民族地区根据不同情况设置不同的机构，给以程度不同的自治权。东北、新疆北部实行军府制，设立将军，派兵屯驻。内外蒙古和青海设立盟旗制，由蒙古王公贵族担任盟长、旗长。新疆南部保留维吾尔族的伯克制，另设大臣进行监督。西藏保持驻藏大臣的职权。西南地区大规模废除土司制度，改设郡县。晚清光绪年间，边疆增设五个行省：新疆、台湾、辽宁(奉天)、吉林、黑龙江。

2. 笼络和利用少数民族上层分子进行统治

少数民族中的上层人物，具有传统的政治势力和强大的经济力量，熟悉本民族的历史特点和社会情况，在本民族、本地区具

1 《后汉书》卷八六《南蛮西南夷列传》。

有较强的政治号召力，他们的向背，往往影响到边疆地区的安定与否。基于此，中国历代封建王朝中央政权都极其重视对少数民族上层分子的笼络工作。清朝亦不例外。

和亲政策作为笼络少数民族上层分子的一种有效方式，长期以来为封建中央王朝统治者所沿用。对于和亲，古人推崇者誉之为“斯盖御宇长策，经邦茂范”[1]，贬斥者则诘责“谁贡和亲策，千秋污简编[2]。我国史学老前辈翦伯赞先生曾指出，和亲政策在古代封建社会时期是维持民族友好关系的一种最好的办法，和亲政策比战争总要好得多。对于历代和亲的特点，史学界的研究也取得了长足的进展。有的学者具体分析汉唐两代和亲历史后指出：汉代的和亲对象只有北边的匈奴和西北的乌孙，比较单纯，而唐朝则与吐蕃、突厥、回纥、奚、契丹、南诏等都和亲过，汉代的和亲总是遣宗室女或宫女出嫁，而唐代有几个却是皇帝的亲女儿、亲妹妹。

清朝满族统治者入主中原，以少临多，必须和另一个少数民族——蒙古族结成紧密的联盟。所以，清前期民族事务的重点是蒙古族。满蒙联姻是清代奉行不替的基本国策，其目的在于以联姻促进联盟，用“姻好”巩固“盟好”，使蒙古王公成为为清朝直接服务的力量。与前代不同，汉唐时皆是国与国之间的和亲，而清代则是君臣间的联姻；汉唐时是与少数民族统治者之间时战时和的单向和亲，是一种带有不稳定性的间歇性行为，而清代则是满蒙上层持续不断的相互通婚，并渐趋制度化，如建立额驸制度、回京省亲制等。尽管对边疆民族上层人物实行笼络、给以优厚俸禄、封以崇高爵位都是清朝政府对边疆民族政策的继承，但清朝统治者绝非袭其故旧而照搬照抄，其边疆政策具有明显的推陈出

1 《旧唐书》卷一九六上《吐蕃上》。

2 （唐）李中：《王昭君》，见《全唐诗》卷七四九。

新的特征。由于清朝重视民族立法，清代边疆民族政策往往通过法律的形式予以确定。为了加强与少数民族上层人物的联系，清廷规定了“年班”和“围班”制度。凡少数民族的上层，已出痘症、不怕染病者，定期轮番到北京觐见皇帝，叫做“年班”。易染天花者，则轮番到木兰围场，随同皇帝行围打猎，在避暑山庄觐见皇帝，称为“围班”（因围场和承德气候较北京凉爽，不易感染天花）。

3. 利用藏传佛教作为精神统治工具

任何统治者为了维持其统治都必须进行社会控制。社会控制手段有两种：一是行政管理、法律等刚性社会控制手段，一是道德、宗教、习俗等弹性社会控制手段。道德、宗教、习俗等社会控制手段主要通过渗透人的心理而发生作用，对社会控制作用是间接的、稳定的、长期的。

藏传佛教，俗称喇嘛教，不仅为藏族所信仰，而且为蒙古族所遵奉。早在清军入关之前，清王朝就开始实行利用藏传佛教统治蒙藏民族的政策。顺治十年（1653年），清政府册封五世达赖喇嘛为“西天大善自在佛所领天下释教普通瓦赤喇怛喇达赖喇嘛”，从此确立了历代达赖喇嘛都必须经过清朝中央政府册封的制度。乾隆皇帝在《御制喇嘛说》中指出：“兴黄教，即所以安众蒙古，所系非小，故不可不保护之，而非若元朝之曲庇谄敬番僧也。”[1]由于清统治者对喇嘛教领袖的不断赐封，结果在蒙藏地区，形成了达赖、班禅、哲布尊丹巴、章嘉四大活佛系统，分掌前藏、后藏、外蒙古、内蒙古的宗教事务。清廷在各地大兴土木，修建喇嘛庙，如北京的西黄寺、雍和宫，承德的普陀宗乘之庙、须弥福寿之庙、安远庙、普宁寺、普乐寺等，多伦的汇宗寺、善因寺，外蒙古的庆宁寺，里塘的惠远寺，五台山的咸通寺，耗资巨万，

1 《清高宗实录》卷一四二七。

像设庄严，美轮美奂。在元代，元朝政府在利用藏传佛教的过程中有骄纵喇嘛僧徒的流弊。清前期统治者对此深以为戒。乾隆帝说:“朕于黄教素来爱护，但必于奉教守法之喇嘛等方加以恩遇。若为教中败类，罪在不赦者，即当明正典刑，断不稍为袒护。设如元季之供养喇嘛，一意崇奉，漫无区别，致有詈骂者割舌、殴打者截手之事，令喇嘛等无所忌惮，尚复成何政体。”总体上说，清廷没有像元朝那样走上利用藏传佛教趋于“佞佛”的歧途。为了维护蒙藏地区的稳定与安宁，清政府参酌吏、兵二部选官时抽签决定的办法，创立金瓶掣签转世制度，加强对藏传佛教的管理。

同时，清廷利用宗教稳定边疆亦产生了不可忽视的消极影响。少数民族中僧侣势力严重膨胀，不事生产和生育的喇嘛人数过多，社会人口结构呈现消费的非生产人口所占比例过大的畸形状态，抑制了边疆地区人口再生产的增长速度，减少了用于扩大再生产和发展经济所必需的社会积累。这也是中国历代封建统治者“神道设教”政策不可避免的负面影响。

4. 移民开发边疆

“移民实边”政策在中国历代封建王朝多有实行，从人口学角度来看，其实质是一种政府性移民。学术界认为，“移民实边”说源于汉朝晁错，但晁错的这一主张也是在分析总结秦朝移民实边政策的得失基础上而提出的。史载，始皇三十三年（前 214 年），随着岭南百越地区的平定和河套地区的收复，秦政府在南方把五万罪徒谪戍到五岭以南戍边，使与百越杂处，在北方的河套地区，“为筑城郭，徙民充之”[1]。

清代以前，中国的人口已达 1 亿多，但历朝书面记录则在 6000 万左右。到了清代，人口急剧膨胀。乾隆三十年（1765 年）

1 《汉书》卷二四下。

人口发展到 2 亿，到乾隆五十五年（1790 年）突破 3 亿，至咸丰元年（1851 年）的全国人口统计数为 4.3189 亿，乃清代人口增长的最高点。由于人口再生产与生活资料再生产的不协调，人地矛盾日益突出，内地向边疆移民的浪潮势不可遏。

清初，八旗劲旅及其眷属结毂连骑，从龙入关，造成东北地区人口锐减、土地荒芜。顺治十年（1653 年），曾颁布《辽东招民开垦条例》，鼓励移民开垦，实行 14 年后下令废止。出于使满族贵族能够垄断东北地区山泽之利、保持关外淳朴的满族风俗以及“初意原以留有余地”以待旗人子孙等目的，清政府对东北地区实行“封禁”政策。在清代，“走西口”“闯关东”的移民不绝于途，已经在当代中国农民的内心深处留下不可磨灭的烙印而表现为一种历史文化景观。据考证，所谓“西口”有二处，一是指陕西省府谷县古城乡关帝庙的城门洞口，一是指山西右玉县的杀虎口。乾隆帝在乾隆二十五年（1760 年）五月的一个上谕中说:“古北口外一带，往代皆号岩疆，不敢尺寸逾越。我朝四十八部子弟臣仆，视同一家，沿边内地民人前往种植，成家室而长子孙，其利甚溥，设而禁之，是厉民矣。今乌鲁木齐、辟展各处，知屯政方兴，客民已源源前往贸易，茆檐土铿，各成聚落，将来阡陌日增，树艺日广，则甘肃等处无业贫民前赴营生耕作，污莱辟而就食多，于国家牧民本图大有裨益。”[1] 事实上，清廷对陕西、山西等地“走西口”开垦蒙地的移民，在鸦片战争之前采取的是在一定时期内有限度开放的权宜之策，基本上与东北地区一样实行“封禁政策”。只是在新疆地区，自从平定准噶尔以后，清政府采纳熟谙西北边务的黄廷桂、兆惠、范时绶等人“屯田、移民、实边”之策，大规模开展屯田实边，分兵屯（绿营兵）、旗屯（八旗兵）、回屯（维

1 《清高宗实录》卷二九五。

吾尔族)、遣屯（发遣的罪犯)、民屯（内地移民)，促进了新疆地区的经济开发。在清代，有两个“新疆”出现于清朝官书文件之中，一是指现在天山南北地区的“新疆”，一是指改土归流后开辟的“苗疆”。除部分“苗疆”外，清政府封禁不甚严厉，甚至在一定时期采取优惠政策，鼓励内地汉人前往开垦。台湾孤悬海外，清廷在康熙年间收复台湾后视之为易生乱萌的“匪类”聚居之区，防范重重，屡申禁渡政策。鸦片战争以后，外敌蜂拥而至，虎视鹰瞵，边疆地区危如累卵，龚自珍、魏源、康有为等都纷纷呼吁“移民实边”势在必行，吴大瀓、贻谷、赵尔巽等封疆大吏在东北三省、蒙古、新疆和西南川边藏区将“移民实边”政策付诸实践。

学术界对清代边疆民族政策的评价存在一些分歧。一种倾向对其评价过高，似乎认为清代政策尽善尽美，毫无瑕疵，另一种意见又过于苛责。有些史家指出，清廷故意优崇喇嘛，高其衔称，厚其待遇，华其庙宇，佛门广开，佛海迷茫，使蒙古男子皆以披剃为其职志，自愿为僧，实乃居心叵测，欲使蒙古亡族灭种；有些史家还说，清廷禁止汉人入蒙开垦，屡申禁令，峻其刑罚，表面上是保护蒙人之牧地，实质上是欲其愚弱、欲其鄙陋。我认为，这种过分贬低清代边疆民族政策的观点不足取。其实，清廷对蒙古的确是比较关心的。清代有所谓“南不封王，北不断亲”的国策。清军入关后，八旗兵因长期丰衣厚禄而不堪倚重，如果果真照上述史家说的那样清廷愚禁蒙古、甚至灭绝蒙古，那么清廷又怎能使蒙古披坚执锐而供驱使呢？平心而论，清政府边疆政策在鸦片战争以前的失误在于片面追求社会稳定而牺牲社会发展。稳定与发展是辩证统一的两个方面。在中国传统文化中，社会目标价值观念体系包含多种尺度，但最重要的则是天下太平，长治久安。孔子就曾经直接表达了“安”与“和”作为社会目标超乎其他一切的至上性。道家、法家等尽管关于治道的学说互有歧异，但在希望天下太平这一点上，却基本上所见略同。因此，稳定、和谐的社会便成为中国封建地主阶级政治家们所追求的目标，封建君主的贤愚功过均以社会的治乱为准绳来加以评判。清王朝作为一个封建王朝，自然也把国家的安宁和平作为自己惨淡经营的鹄的。对于清政府来说，第一要务是保持边疆地区的宁谧，而开发建设边疆地区则是次要的事情，因而对后者往往重视不够。清朝统治者认为，社会人口流动越少，社会越安宁，内地人民流向边疆地区，难保不引发矛盾和动荡。移民社会在向土著化过渡的过程中，不可避免地会发生暂时的混乱和不宁。清王朝统治者为了避免汉族人口流向边疆地区后与当地少数民族发生矛盾，往往采取封禁政策，不过，有清一代，中原人民向边疆的迁徙还是很多的，这在相当程度上促进了边疆的开发。

四　边界问题

我国陆地面积约 960 万平方公里，内海和边海的水域面积约 470 万平方公里，陆路边界总长约 22000 公里，与朝鲜、俄罗斯、蒙古、哈萨克斯坦、吉尔吉斯斯坦、塔吉克斯坦、阿富汗、巴基斯坦、印度、尼泊尔、不丹、缅甸、老挝、越南 14 个国家接壤。海岸线总长约 18000 公里。我国在近代历史上丧失了许多领土，发生过许多边界纠纷，以下述其梗概。

（一）中朝边界及“间岛问题”

中朝两国国土毗邻，山水相连。历史上两国国界多次变迁，但自明代起，中朝两国以鸭绿江、图们江为固定国界，迄今未变。清康熙年间，中朝两国政府又一次共同确认鸭绿江、图们江为界河，并立审视碑，以明确两国边界。

1860~1870 年间，朝鲜北部地区连年发生灾害，大批流民越界到中国境内垦荒居住，并由此引起朝鲜与我国的界务交涉。

1885年、1887年，中朝两次勘界，寻求解决边界争议的办法。中朝两国界务交涉迁延数年，几经曲折，于1904年签订了《中韩边界善后章程》。《中韩边界善后章程》的签订，具有重要意义，但有很大不足，主要是在图们江源头究竟为哪条河流这一问题上仍悬而未决。

20世纪初，日本利用朝鲜农民越垦，以及中朝界务交涉中悬而未决的问题，制造了所谓“间岛问题”。日本指海兰河以南、图们江以北宽约二三百里、长约五六百里的广袤之地为“间岛”，否认图们江为中朝两国东段边界之天然界江，否认今延边海兰河、布尔哈通河流域乃至桦甸夹皮沟等广大地区为中国固有领土。日本间岛谬说提出后，遭到中国政府和人民的强烈反对，中日两国关于“间岛问题”的交涉，始自1907年，终于1909年。中日签订《东三省交涉五案条款》和《图们江中韩界务条款》。清政府用“东三省交涉五案”中丧失的强大的权益，换得日本在“间岛”中承认图们江北本是中国固有领土。《图们江中韩界务条款》规定，中日共同认定图们江为中朝两国界河，从其江源地方设定界碑（审视碑）起，至石乙水为界，日本不得不放弃图们江非中朝界河、图们江北非中国领土的荒谬主张。中朝两国长达数十年的界务交涉最终结束。

（二）中俄东段边界

中俄之间有漫长的陆路边界。清代的中俄北部边界可以划分为二段：黑龙江以北外兴安岭至海一段为东段，今蒙古国的蒙俄边界和唐努乌梁海（今俄罗斯图瓦共和国）的北部边界为中段。

清代早期，中国疆域与俄国国土相距甚远，从来不存在边界问题。16世纪晚期至17世纪，沙皇俄国急剧向东扩张，哥萨克势力达到外兴安岭和黑龙江流域一带。清朝政府通过两次雅克萨战争，驱逐入侵者，收复失地，遏止了沙俄入侵的步伐。取得了重大的战略胜利后，清政府与俄国在尼布楚举行谈判，1689年正式签订中俄《尼布楚条约》。《尼布楚条约》以格尔必齐河、外兴安岭和额尔古纳河为两国的分界线。清政府在领土方面作了很大的让步，将尼布楚周围及其以西原属中国的领土让给了俄国，以换取俄军撤出雅克萨。所以条约中又规定，俄国要把在雅克萨和额尔古纳河两岸的据点全部拆毁、迁移；中俄东段边界全部按河流、山脉等自然界线来划分，在当时条件下按自然界线来划分边界是简便而唯一可行的方案，使得两国的边界线能够迅速而明确无误地确定下来。条约规定：外兴安岭与乌第河之间的地区，暂行存放，留待以后议定。《尼布楚条约》是中国和外国签订的第一个边界条约。清政府谈判代表对谈判的成功和条约的缔结作出了极大的努力和巨大的让步，同样俄方代表也作出了一定程度的让步。可以说中俄尼布楚谈判，对中俄双方来说都是自主、平等的谈判，中俄《尼布楚条约》，对中俄双方来说都是平等的条约。

但是此后，俄国趁两次鸦片战争之机，举兵再次入侵黑龙江流域，在中国领土上筑城移民，设官驻兵，撕毁《尼布楚条约》，胁迫清政府相继签订《瑷珲条约》（1858年）与《北京条约》(1860年)，侵占了黑龙江以北、乌苏里江以东100多万平方公里的中国领土。

(三) 中俄中段边界

雍正五年（1727年）中俄签订《布连斯奇条约》，划定中俄两国中段边界。条约规定：由沙毕纳伊岭起至额尔古纳河止，在迤北一带者归俄国，在迤南一带者归中国，俄国占领了贝加尔湖一带，划定中俄的中段边界。此后，双方又拟成全面性条约草案，于次年6月在恰克图签字互换生效，此全面性条约称《恰克图条约》。《布连斯奇条约》也是清朝政府在领土问题上作出重大让步之后，与俄国签订的。雍正四年（1726年）初，清政府已经根据中俄边界的历史和现实确定了划界的基本设想和原则，即要在这次划界谈判中，中方收回安加拉河以南和贝加尔湖以东一些被俄国侵占的土地。但是，实际谈判的结果，是清朝政府从原来的立场上作了大幅度的后退。而俄国方面则十分满意，以其狡猾的谈判手段和武力威胁相结合，迫使清朝政府让步，达到其土地扩张的目的。

中俄两国政府于雍正五年九月（1727 年 10 月）互派官员勘分恰克图向东至额尔古纳河的国界，设立鄂博 63 处，此约称《阿巴哈依图界约》。

与此同时，中俄两国政府互派官员划定恰克图西至沙毕纳伊岭的国界，此段共设鄂博 24 处，这一划界又称《色楞额界约》。

中俄《布连斯奇条约》的签订，使中国方面在领土上受到一些损失，丢失了古尔必达巴哈外侧额尔沟河源地区，以及沙宾达巴哈以北、汉腾格尔以南、阿巴坎河以东等地。但是，在当时的情况下，中俄双方通过正式划界，遏止了沙皇俄国势力在中国蒙古地区的进一步扩张，以划界的法律条约保证了中国对神圣领土唐努乌梁海的主权和有效管辖，就此而言，《布连斯奇条约》的签订是十分及时的。

抗日战争胜利后，外蒙古正式独立，原中俄中段边界成为俄国与蒙古国的边界。《布连斯奇条约》没有划分沙宾达巴哈以东唐努乌梁海东部和北部与俄国的边界。1911 年俄国在策动外蒙古“自治”的同时，以武力非法强占中国唐努乌梁海 17 万平方公里的领土。

(四) 中俄西段、西北段边界

中俄西段、西北段边界，今为中俄、中哈、中吉、中塔的边界。18 世纪前半叶，西北疆域的大部分由我国准噶尔蒙古部管辖，准噶尔部不仅控制着天山南北两路，而且控制着哈萨克、布鲁特及帕米尔地区。至18世纪中叶，准噶尔的西北疆域界线大致是从库兹涅茨克、比斯克、恰雷什斯克到乌斯季—卡缅诺哥尔斯克，向南沿阿亚古斯河到巴尔喀什湖，然后自巴尔喀什湖之西，穿楚河中游到塔拉斯。塔拉斯以南，大致是自塔拉斯向东，沿塔拉斯山脉，然后向东南，沿费尔干纳山脉，到其东南端与阿赖山脉相接处。

18世纪中叶，清朝政府统一新疆后，对西北地区进行地理调查和地图测绘，并将绘制的地图编入《西域图志》和《大清一统舆图》，昭示中外，明确清朝的西北疆域和边界所至。清朝西北边陲塔尔巴哈台、伊犁和喀什噶尔三个地区分别与俄国、哈萨克、浩罕和巴达克山连界。塔尔巴哈台北面的铿格尔图喇以南为中国领土；铿格尔图喇往西，中俄以哈尔满阿林为界；塔尔巴哈台的西北部以爱古斯河与哈萨克为界；伊犁地区分为东西两路，伊犁西路以巴尔喀什湖接左哈萨克界；伊犁西路西至塔拉斯河接右哈萨克界；西北至楚河接右哈萨克界，伊犁西路南面与喀什噶尔所属的布鲁特族地区相接；东西布鲁特所属部落西与安集延、浩罕相接；清朝所属的帕米尔地区西与巴达克山属部连界，交界处在伊西洱库尔湖以西。由此可见，19世纪中叶以前，清朝政府已经明确了对斋桑湖南北、巴尔喀什湖、特穆尔图淖尔和楚河、塔拉斯河流域以及帕米尔等边境地区的边界线和管辖范围。但是俄国在鸦片战争以后，趁火打劫，胁迫清政府签订《北京条约》（1860年）、《勘分西北界约记》（1864年），侵占了巴尔喀什湖以东的中国领土约44万平方公里，把连同这些土地上游牧生息的中国乌梁海、哈萨克、布鲁特部落全部划归俄国。按照《勘分西北界约记》第六款的规定，从同治八年（1869年）六月开始，中俄双方立界代表对塔尔巴哈台、哈巴尔苏东北的边界进行了勘查，树立了界碑鄂博，签订了《科布多界约》（1869年）、《乌里雅苏台界约》（1869年）、《塔尔巴哈台界约》

（1870 年）。

1881 年，中俄签订《伊犁条约》，经双方会同勘界后，又签订了《伊犁界约》《喀什噶尔界约》《科塔界约》《塔尔巴哈台西南界约》《续勘喀什噶尔界约》，通过中俄《伊犁条约》及其子约，俄国总计侵占中国伊犁以西约 7 万平方公里土地。

俄国违背中俄签订的《续勘喀什噶尔界约》的规定，无视中国主权，与英国在帕米尔划分势力范围，制造帕米尔问题，使帕米尔划界成为一历史遗留问题。

（五）中国与西南各邻国划界

清朝乾隆末年，廓尔喀（尼泊尔）入侵西藏，清朝政府出兵自卫反击侵略者。廓尔喀战败请和，清朝着手划界事宜。1793 年，中国与尼泊尔边界划界大致完成，所定鄂博在今日中尼边界有 12 处，其他属中锡边界的有 4 处，作木朗及洛敏汤有 6 处。此次定界是中尼首次定界，在此以前均为西藏地方政府与尼泊尔双方订立，而这次是清朝中央政府派官员与西藏地方政府官员同赴边地定界。

乾隆末年的中尼定界是中尼边界史上的重要里程碑。1961 年中尼勘界即以此定界为基础，两国尊重已有的传统习惯边界线，提出“全部中尼边界以现有的传统习惯线为基础，通过友好协商科学地画出和正式标定”的原则，圆满地解决了中尼边界问题。

现代锡金是印度的一个内陆邦，但在清代官书中，锡金向称为“哲孟雄”，或作“者木雄”。当地原来居住的土著民族主要是莱卡人，后来由中国西藏迁来大批康巴人及尼泊尔人。中国和硕特蒙古部固始汗入藏以后，原在后藏信奉红教和白教的部分僧众逃到哲孟雄，他们劝说当地居民信奉红教，学习藏语。当地人推彭错南嘉为第一任哲孟雄部长。从此哲孟雄才逐渐由散居的村落形成一个政治集体。约 1700 年前后，西藏地方政府帮助哲孟雄赶走了入侵的不丹人，哲孟雄感激西藏地方政府的援助，每年派人朝拜清朝驻藏大臣和达赖喇嘛，进贡礼品，成为西藏地方的藩属。1788 年廓尔喀人侵入锡金，锡金的藏曲大河以西被占领，锡金当时已名存实亡。1792 年清朝政府派兵反击廓尔喀，廓尔喀投降。清朝为锡金夺回了部分领土，开始勘定中锡边界。当时中锡边界按照传统习惯线划界，设立鄂博，双方都比较满意，一直相安无事。

不丹在清代官书中称为“布鲁克巴”。17 世纪中叶，西藏的主巴噶举派教主因内部纷争逃入不丹，借鉴西藏的政教制度建立了不丹国。雍正初年，不丹内部纷争，不丹首领主动要求西藏安抚，从此不丹成为清朝的藩属国。不丹与中国西藏的边界线是由双方共同承认的传统习惯线。

（六）中印边界

中国和印度领土相连接，边界线长 2000 公里左右。虽未经两国政府正式划定，但千年以来，存在着一条传统习惯边界，一直是两国和平友好的边界。按照地区的不同，一般将中印边界分为三段，即西段、中段、东段。中印边界西段指中国新疆和西藏与克什米尔拉达克接壤的边界。在这段边界，印度除了对中国阿里地区几处有领土要求外，主要是企图占领面积约 3.3 万平方公里的中国阿克赛钦地区。中印中段边界是指中国西藏与印度旁遮普、喜马偕尔和北方邦接壤的边界。中印边界东段是指中国西藏与印度阿萨姆邦接壤的边界。20 世纪初，英国阴谋策划西藏独立，1913~1914 年，诱胁北洋政府在印度西姆拉举行英国、中国、西藏当局三方面的会谈，提出西藏独立与划分内外藏等侵略要求。北洋政府谈判代表予以拒绝。英国又背着北洋政府谈判代表，炮制了划分中国西藏与英属印度之间边界的麦克马洪线（英方谈判代表为麦克马洪），侵占我国西藏领土约 9万平方公里。中国历届政府都拒绝承认《西姆拉条约》与麦克马洪线。

（七）南海诸岛

南海诸岛包括西沙、南沙群岛。我国人民最早发现南海诸岛。自公元前 2 世纪起，我国古人航行南海，开辟了经过南海到东南亚各国的航线，并命名此处为“万里长沙”“千里石塘”。宋代已把南沙群岛及其附近海面定在中国界限之内。据有关专家研究，“千里石塘”“万里长沙”位于中国海洋的最南端，出了此界限，则为外国海域的交洋之处的竺屿。宋、元时期中国的近邻国家，如越南、马来西亚、菲律宾等由于受航海技术的制约，对南沙群岛尚无所知。到了明代，中国的史地著作在宋元记载的基础上，有了更丰富、更详细的记述，而且开始绘制了标有包括南沙群岛在内的海域地图。清朝政府则将南沙群岛明确置于广东省琼州府万州辖下。

清代刻印的政区地图，清晰地将南沙群岛绘制其上，如：雍正二年（1724 年）刻制行用的《清直省分图》之《天下总舆图》、乾隆二十年（1755 年）以前印行的《皇清各直省分图》之《天下总舆图》、乾隆三十二年（1767 年）印行的黄正孙《大清万年一统天下全图》、乾隆三十二年以后印行的朱锡龄《大清万年一统全图》、嘉庆五年（1800 年）印行的晓峰《清绘府州县厅总图》、嘉庆十五年（1810 年）印行的《大清万年一统地理全图》、嘉庆二十二年（1817 年）印行的陶晋《大清一统天下全图》等，都将包括西沙和南沙群岛在内的石塘海绘入清朝版图之内。

清朝政府一直对南海诸岛行使主权，清前期南海诸岛的海域已经列入水师的巡视范围。康熙四十九至五十一年间（1710~1712 年），广东水师副将吴升曾经率领水师巡视西沙群岛。

（八）钓鱼列岛

钓鱼列岛在我国福建省正东、台湾东北海域，共由八个不同大小的礁石组成，包括钓鱼台岛（4.3 平方公里）、黄尾屿（1.08

平方公里)、赤尾屿（0.15平方公里)、南小岛（0.5平方公里)、北小岛（0.3平方公里)、大北小岛、大南小岛和飞濑岛（后三岛总面积约0.02平方公里)，总面积约6.35平方公里，但涉及17万平方公里的东海大陆架的划分。钓鱼列岛位于中国大陆架上，是中国大陆的自然延伸部分，愈靠近中国大陆，深度愈浅。钓鱼列岛与琉球间有海沟相隔。从海底地形看，钓鱼列岛位于中国大陆架；而琉球则是从千岛群岛、日本群岛向菲律宾群岛延伸中的岛屿。钓鱼列岛与琉球群岛之间横亘着深深的“琉球海沟”，琉球与钓鱼列岛在地质上互不相干。

我国人民最早发现钓鱼列岛，并定了名称。我国明初抄本《顺风相送》一书中即有钓鱼列岛的记载与名称。可见中国人民早在15世纪初以前即已命名钓鱼岛。此处为中国赴琉球的必经之路，明清两代出使琉球的中国官员的记载中，均把钓鱼列岛列入中国领土，称钓鱼列岛以东之海沟，即进入琉球界，其界线十分明确。明代抗倭斗争中已将钓鱼列岛划入海防区域。日本古代书籍中从未提到过钓鱼列岛，1785年日本人所著《三国通览图说》中始见钓鱼列岛之名，书中不仅使用了中国的名称，且明确地记述该岛属于中国。英国军舰1845年曾测量过钓鱼列岛，测量后把钓鱼岛东面的大小岩礁统称为“尖礁群”。日本在19世纪后期侵占琉球（改名冲绳）后，产生了侵占钓鱼列岛之野心，并用汉字改写为“尖阁群岛”（当时所指的只是钓鱼岛东边的岩礁群)。日本“尖阁列岛”名称出现，晚于中国定名约500年。明清两朝我国使臣出使琉球的使录和日本的有关文献表明，钓鱼列岛等属中国，不属琉球。

中日甲午战争以后，日本通过中日两国签订的《马关条约》(1895年)，割占中国的台湾及其所有附属岛屿，钓鱼列岛被日本占据。1943年，中、美、英三国首脑发表的《开罗宣言》明确指出:“日本窃据自中国的所有领土，包括满洲、福摩萨（台湾）和澎湖列岛都必须归还中国。”1945 年的《波茨坦公告》又宣布：“《开罗宣言》的条款必须贯彻。”

由此可见，钓鱼列岛至少自明初开始就列入中国版图。而日本通过侵略战争和不平等条约强占该岛 50 年（1895~1945 年），第二次世界大战结束后，主权应当归还中国。

戴　逸

绪　言

18 世纪，是中国封建社会处于巅峰的时期，在殖民者叩响中国大门之前，清朝政府完成了对边疆的统一，最后奠定了中国的版图。

18世纪，也是世界殖民扩张的时代，殖民者的步伐打破了国家之间的隔绝状态，在许多国家引发了边疆问题。在欧洲，俄国跨过乌拉尔山对西伯利亚“东征”，使它获得了近一千万平方公里的土地。在美洲，被称为“西进运动”的美国边疆扩张对世界和整个国家的历史发展产生了相当大的影响和作用。

在同一历史时期，中、俄、美都在边疆地区进行各自神圣的事业，社会背景不同，推动力不同，模式、手段不同，当然结果也不相同。

18世纪，是中国疆域奠定的重要历史时期，18 世纪的中国疆域是几千年来历史发展自然形成的。清朝的功绩在于其顺应了历史发展的趋势，使边疆地区由分裂状态走向统一，比较明确地划定了中国疆域版图范围，对边疆地区实行了行之有效的主权管辖，对各民族实施了多种多样的管理制度。

中国历史上的疆域如何形成和确定，在史学界争论较大。中国疆域形成的背景源远流长，可以追溯到几千年以前。形成疆域的因素也比较复杂，归纳起来有三个主要方面：

第一，中国古代文明的连续性是中国疆域延续两千多年的基础。中国疆域的发展变化表明中国作为统一多民族国家立足于世界民族之林的深厚力量和悠久历史。中国作为一个政治实体，在其发展过程中，政治上曾出现过种种的动荡和危机，周以后，朝代更替，民族相争，但是商征服夏，又继承夏，周征服商，又继承商，从夏、商、周到秦、汉，相沿基本不变，并未发生过政治史上的断裂现象。政治上的连续性在疆域上表现为持续的稳定性。

第二，历史上活跃在中原王朝四周的少数民族对中国疆域的形成有着重要影响。民族因素极大地影响着当代世界许多国家的各种社会关系和政治关系，影响着经济的发展和社会的进步。同样民族因素也极大地影响着历史上许多国家的形成和疆域的范围。中国古代民族的格局和民族关系与中国疆域的形成密切相关。中国统一多民族国家的形成、广阔版图的奠定，最终促成了具有深厚凝聚力的呈多元一体格局的中华民族的形成，边疆各民族和中原各民族一样作出了重要的贡献。中华民族多元一体格局的形成，不是由汉族一个民族单独缔造的，而是由各个民族包括那些已经消失的民族共同缔造的。中国古代文明持久、稳定的统一，既表现在中原文明不断地向边疆地区扩展，不断地联合和统一上述边疆民族过程中，也表现在边疆民族不断增强的凝聚力上。

第三，地理环境是影响一个国家疆域形成的重要因素。中国古代文明在政治史和文化史上的连续性以及多民族统一和联合的趋势，也受到客观条件，即地理环境的影响。从整体来看，中国地理条件有其统一性。各地区之间地理上的间隔和区别并不能阻断相互间的来往。中国地理条件的统一性和政治形势有密切的关系，它是维系国家统一的一个重要条件。

“大一统”是在中国古代占据主导地位的思想，历朝历代以实现大一统为其治国的终极目的。“大一统”也是清朝统治者所孜孜追求的目标。清军入关，“既得中原，势当混一”已表明他们锐意进取、一统全国的决心。迁都北京，表明清为“正统”。“正统”可说是一种精神纽带，“正统”即是“大一统”的担当者。入关之初，英王阿济格曾提出，放弃中原，退回山海关。按照阿济格的思路，退回辽东也就等于放弃中原，如果不是以中原为基点对全国进行统治，就不能称为“正统”，就不可能号令中华，统一边疆。满洲贵族统治者以“夷狄”入主中原，统一中华，必须得到“诸夷”的支持，失去边疆各民族的拥护和支持，清朝对中原的统治就不能稳定，同样将失去“正统”。对于满洲贵族统治者来说，底定中原和征服边疆是实现“大一统”目标的两个重要方面，缺一不可。

“大一统”观念被有的外国学者称为“中国的世界观”。美国学者吉尔伯特·罗兹曼说：“中国的世界观是一个宏伟的思想体系，具有无与伦比的历史连续性和不可匹配性。宏伟帝国的观念当然不足为奇，世界历史上有许多帝国，包括拜占庭帝国，都曾提出过天下一统的主张。本杰明·史华兹认为，中国世界观的非同凡响之处在于，在中国，这些主张有特殊的儒教文化判断标准与之相得益彰。中国世界观的无与伦比之处在于，它所宣称的万年江山和独放光彩的理论，是有东亚历史的经验和事实来加以证明的，并且似乎还被中国世界秩序的运作所强化了。”满洲贵族统治者以“大一统”为“世界观”，制定了统一全国的目标。清朝入关之初，虽投入重兵征服中原，但没有放弃边疆，而是把自己的命运与遥远的边疆各民族紧紧地联系在一起。自 1644 年入主中原，建立对全国的统治，到乾隆中叶完成对边疆地区的最后统一，清王朝一直在为完成统一边疆大业进行极其艰苦卓绝的努力。显然，统一边疆要比征服中原的难度大。从时间上来说，以李定国败亡和夔东十三家最后失败计算的话，至康熙初年中原地区基本安定，清朝征服中原用了 20 年的时间，而统一边疆时间长达一个多世纪，由 17 世纪中叶至

18世纪中叶。此外，清朝为统一边疆所耗费的财力、物力和兵力也是历代所不能相比的。

清朝统一边疆的难度，主要来自两个方面：

首先，清朝所面临的是多元化的边疆格局，即北部地区的喀尔喀三汗部；西北部地区的卫拉特联盟；西南部地区的蒙藏联合政权。其次，18世纪清朝所追求的边疆统一目标，无论在深度上和广度上都要远远超过历代王朝。

在广度上，清朝所囊括的疆域范围，除了元朝以外，是清以前历代中原王朝不能相比的，如：秦朝统一，其疆域："东至海暨朝鲜，西至临洮、羌中，南至北向户，北据河为塞，并阴山至辽东。"而唐朝统一，疆域也只是："东至安东府，西至西安府，南至日南郡，北至单于府。"明朝的疆域："东起辽海，西至嘉峪，南至琼崖，北抵云朔。"远远不及清朝的疆域范围。清朝认为："普天率土之众，莫不知大一统之在我朝，悉子悉臣罔敢越志者也。……且自古中国一统之世，幅员不能广远，其中有不向化者，则斥之为夷狄。如三代以上之有苗、荆楚、猃狁，即今湖南、湖北、山西之地。在今日而目为夷狄可乎？至于汉、唐、宋全盛之时，北狄、西戎世为边患，从未能臣服而有其地，是以有此疆彼界之分。自我朝入主中土，君临天下，并蒙古极边诸部落俱归版图，是中国之疆土开拓广远，乃中国臣民之大幸，何得尚有华夷中外之分论哉……"也就是说：清朝顺应历史的潮流，突破了历代中原汉族王朝在边疆民族问题上的局限性，把历史上在中国疆域内活动的边疆各民族都纳入其统一的范围，把历史上边疆各民族的疆域纳入了清朝"大一统"的疆域范围之内。

在统一的深度上，清朝对边疆地区的管理和统治，也突破了历代中原王朝边疆政策的思路。清朝追求对边疆领土实行行之有效的管辖，从中央到地方全面对边疆各民族进行直接管理。以自己独特的、丰富的、有效的边疆政策取代了历代对边疆民族的松散的羁縻政策。这些都加大了清朝统一边疆的难度。

当然，清朝统一边疆，有利的因素远远大于不利因素：

首先，边疆各民族有着强烈的统一愿望。清朝建立对全国统治之初，边疆民族各部对清朝入关的态度与中原地区截然不同，中原民众反清、抗清，而边疆民族各部纷纷通使于清，“如朝贺礼”，承认清朝对全国的统治，虽然主观上认为自己仅仅是“职贡之国”，而客观上已将自己纳入清朝的统治范围。

17世纪末至18世纪初，随着清朝国力的强盛，对边疆各部的影响越来越大，边疆各民族要求统一的愿望越来越强烈。康熙朝喀尔喀蒙古部“决志入内，奏请效力”，“呼吁频仍不已”；康熙三十五年（1696年）噶尔丹反清兵败，准噶尔部众“人心不定，大多离散”纷纷投靠清朝，“归顺圣主教化”。康熙五十九年（1720年）（藏历铁鼠年八月初二），西藏各级政府奏报，准噶尔人袭扰卫藏，“僧侣部众遂无宁日”，准噶尔“遇人则杀，致使父母妻子离散，拆毁寺庙，种种暴虐，唐古忒人惟有怨泣而已”，清军入藏，西藏“居住喇嘛人等感激圣主再造弘恩，罔不踊跃欢欣，男女老幼，襁负来迎”。

由此可见，不论以何种方式，不论时间早晚，边疆的统一是不可逆转的历史趋势，是各民族的共同愿望。

其次，边疆地区所形成的小统一为清朝的“大一统”创造了有利条件。边疆地区所形成的政权都是由边疆各民族建立的，这些边疆民族历史源远流长，在边疆地区有深厚的经济、文化基础。在完成对本民族和本地区的统一后建立起来的民族政权，在其统辖范围内，形成了新的民族共同体，使用同一种民族语言和文字，信仰同一种宗教。叶尔羌汗国是成吉思汗的后裔，更确切些说，是东察合台汗国秃黑鲁帖木儿汗的后裔萨亦德汗于1514年创建的一个国家。叶尔羌汗国时期，汗国的统治民族蒙古人完成了突厥化和伊斯兰化的过程，最后使新疆各民族基本上都融入维吾尔族中。卫拉特在元代称斡亦剌，明称瓦剌、四万户瓦剌或四瓦剌。四瓦剌在各个时期包括的成员都不相同，16 世纪末至 17 世纪初，形成了新的四瓦剌，17 世纪被称为四卫拉特或四卫拉特联盟，四卫拉特联盟是一个松散的部族联合体，但是也具备了民族政权的基本条件，并且为准噶尔汗国的成立奠定了基础。这些政权都是在完成对周围民族的统一，进而对本地区实现局部统一的基础上建立和发展起来的。

第三，这些政权的领地，有的在明朝疆域内，有的并不在明朝疆域范围之内，也有的在明代与明朝政府建立了直接的政治隶属关系。如在西藏，明朝实行“多封众建”政策，对西藏的各主要教派和地方势力首领均予以分封，使他们各自都直通于明朝中央政府。有的政权在明代与明朝政府对峙，如蒙古各部。但是，这些边疆民族政权有强烈的内向性，即使像准噶尔这样与清朝抗衡近百年的民族政权，也强调自己“不自外于中华”。中华各民族几千年来形成的互相依存的关系，成为一种强大的凝聚力，17、18 世纪历史的发展需要形成一个统一的政权，把边疆地区和中原地区统一在一个政权之下，这无疑为清朝统一边疆提供了有利时机和有利条件。

18 世纪，中国传统的疆界已受到外来力量的挑战，分疆划界开始成为清王朝对外关系和对边疆施政的重要内容。清代，清王朝与周边国家的关系多表现为宗藩关系，以藩属或朝贡进行联系，“中国朝贡之邦，有定期者六：朝鲜、琉球、越南、缅甸、暹罗、南掌。朝鲜、琉球最恭顺，越南次之，其余之国不过是羁縻勿绝而已。”当时清朝皇帝通过“万方来朝”，宣示德威于天下，以示对藩邦的统治。在边界问题上，中国当时也没有科学的边界概念及划界条约。而清朝与俄国通过中俄《尼布楚条约》《布连斯奇条约》《恰克图条约》谈判解决划界问题，是中国政府首次与外国政府就两国边界正式勘界、划界，是具有近代意义的边界交涉。从康熙朝前期签订中俄《尼布楚条约》，划分中俄东段边界到乾隆末年与廓尔喀划界，历时一个世纪，除了与俄国签订边界条约外，中国与大多数的周邻国家没有订立边界条约，一般是按照传统习惯边界线确定与周边国家和地区的疆界。概括这一时期所出现的疆界问题和清朝政府处理边界的办法，可以概括为以下三种：

第一，反击外国入侵后的划界；

第二，依据传统习惯线划界；

第三，统一边疆后的划界。

18世纪，欧洲各国大地测量尚未开始，或未完成，而中国全图乃已告竣。清朝在统一全国的过程中，把测绘地图与国家的疆域范围联系在一起。清康雍乾三朝聘用西洋天主教士测绘中国疆域，绘制了康熙《皇舆全览图》、雍正十排《皇舆图》、《乾隆内府舆图》等国家地图。清末及民国初年，中央及各省测量局测有详图颇多，然而关注的都是局部地形，未作全国的大地测量。迄今中国地图十之七八，多源自 18 世纪的清朝地图。在清朝绘制的地图中，康熙《皇舆全览图》、雍正十排《皇舆图》、《乾隆内府舆图》是清朝最重要的三幅地图，而《乾隆内府舆图》是当时关于我国疆域的最明确和最完整的国家地图，成为后世编绘地图的重要依据之一，如李兆洛的《皇朝一统舆地全图》，胡林翼、严树森的《皇朝中外一统舆图》，董方立的《清朝地理图》，邹世诒的《大清一统舆图》等都是以它为蓝本而绘制的。地图的绘制是与全国的统一相联系的，尤其是和清朝统一边疆的进程及清朝对边疆地区的管辖密切相关。

政策是国家等行为主体在一定历史时期为实现某一特定的目标、任务而制定的行动准则。在不同的历史时期，由于边疆民族的格局不同、族际关系性质不同、政策制定者的利益集团不同以及认识水平不同，都会形成不同性质、不同种类、不同特征的政策。清朝政府把握住了治理边疆的核心——边疆政策。

清代前期，清政府在实施边疆政策时注意把握了以下三点：

第一，中央机构中有理藩院的设置，地方机构有将军、都统、大臣对各边疆地区的有效管理，各边疆民族地区因俗设官，形成了治理边疆、贯彻边疆民族政策的一套自上而下、强而有力的完备的边疆民族管理机构。

乾隆说："吏、户、刑三部及理藩院均属紧要"，由此可见，理藩院在清朝中央各机构中有与六部平行的重要地位。理藩院直接听命于清朝皇帝，唯皇帝的意志办事。理藩院大臣的升降赏罚、荣辱安危，也全然取决于皇帝。在中央，理藩院有尚书、侍郎和各司属机构，在边疆民族地区派有专驻官员。从中央到地方，形成一套比较完整的严密体系。理藩院组织系统和边疆地区的将军、都统、大臣相辅相成，从而确保了清政府对边疆地区的有效管辖和统治。理藩院宏观控制各边疆民族地区的行政机构和地方官员，各民族可以自己选置旗扎萨克、伯克等官员，但必须经理藩院认可，领属于理藩院。

第二，清代边疆政策的最终目的，是维护清王朝对全国的统治，加强国家的统一。一俟统一边疆的任务完成，疆域确定，中央政府对边疆地区治理的内容就发生了重大变化：其一是防御外来的入侵，其二是保持边疆地区的稳定和发展。清代边疆政策的核心是强化清朝对边疆地区的统治，即强调国家统一，强调边疆地区的安定，只有在安定和平的环境下，才能贯彻适宜各个民族的"因俗而治"的灵活政策，才能实行多种形式的管理制度，才能强调民族文化的多元性。保持边疆地区原住民族的格局。"因俗而治"，强调民族的自治和民族文化的多元主义，不但不会削弱国家的统一和稳定，而且会使国内民族矛盾趋向缓和，清朝多民族国家的统一和巩固得到加强。

第三，通过对边疆各民族的立法，维护清朝统治，加强国家统一。清代边疆民族政策往往通过法律的形式予以确定。清朝颁布的《蒙古律例》《回疆则例》《新疆条例》《西藏通制》《西藏善后章程》《钦定西藏章程》以及《理藩院则例》等边疆地区的法律条例既确保了中央政府对边疆地区的行之有效的管辖，又适应了当地的民族特点。

上　编

清朝疆域形成

第一章　清朝“拓展”边疆

第一节　疆域“拓展”及边疆统一论

一　清朝疆域拓展问题

在中国历史上，“边疆”是一个经过很长的历史时期形成的概念。它最初只是泛指相对于中原地区的“四夷”，其地域并不确定。以后由于中国疆域的逐步拓展，边疆的概念才逐渐明确，至18世纪中叶，一个清晰完整的中国边疆展现在世界面前，并给中国和世界的历史带来巨大的影响。

在清代，谈到边疆的统一，往往称之为“拓展边疆”“开疆拓土”，昭梿在《啸亭杂录》中说：清朝“三载之间，拓地二万余里，天山雪窟，无不隶我版图”[1]。这里所说的“开疆拓土”，显然是在歌颂清王朝完成国家统一的功德。对于这个问题，现代一些研究者却将清代统一国家的行动称之为领土扩张，M.B.詹森说：“清朝统治者在亚洲大陆执行积极扩张的军事和外交政策，从而确定了近代中国的疆界，这是十分引人注目的，此项政策在18世纪中叶尤为积极”[2]，还有一些国家竟然提出，中国有的边疆地区是

1　昭梿：《啸亭杂录》卷一《平西域》，中华书局，1980年。

2　〔美〕吉尔伯特·罗兹曼主编，“比较现代化”课题组译，沈宗美校：《中国的现代化》，第30页，江苏人民出版社，1995年。

“无主土地”[1]，从而实行强行侵占。

在这里，需要首先明确的问题是中国的疆域是清朝通过扩张疆土，征服别人土地得来的，还是历史形成的？

疆域指疆土、领土，是一个民族、政权或国家活动的历史舞台。各个民族、各个国家的疆域范围大小不一，其形成也是千差万别，中国疆域形成的背景源远流长，可以追溯到3000年以前。形成疆域的因素也比较复杂，大体可以从以下三个方面探讨。

(一) 中国古代文明的连续性是中国疆域延续两千多年的基础

在历史上，文明大体是和国家同时发生的，古代文明主要包括政治史和文化史两个方面。在人类古代文明连续性方面，刘家和先生曾作过深入的研究[2]，本文借鉴他们的研究成果，在这里作进一步的探讨。

首先，从政治史上看，在人类历史上出现的几个最古老的文明发生于公元前4000年代后期和公元前3000年左右。其中以尼罗河流域的埃及与幼发拉底和底格里斯两河流域南部的苏美尔地区文明发生最早，约始于公元前4000年代后期。黄河流域的夏文明和克里特岛上的爱琴文明，发生于公元前3000年代晚期。但是，上述古文明，大多数没有能保持政治史上的连续性。尔后公元前1000年代前半期，在印度河流域和恒河流域出现了雅利安人的国家，在伊朗高原出现了波斯国家，在爱琴地区出现了希腊诸城邦，在意大利出现了罗马国家。同样的是，这些国家和文明也出现了政治史上的断裂。公元前2000年代，印度河流域文明、克里特文明、迈锡尼文明中断，有的甚至暂时退回野蛮状态。公元前1000年代，最古老的埃及文明和两河流域文明开始失去政治上

1 见吕一燃：《驳南海诸岛“无主土地”论》，载于《南沙诸岛——地理·历史·主权》，黑龙江教育出版社，1992年。

2 刘家和：《关于中国古代文明特点的分析》，见《东西方文化研究》创刊号，第31~76页，河南人民出版社，1986年。

的独立，从属于波斯帝国的统治之下，波斯征服了整个西亚、北非的最古老文明地区，甚至达到印度河流域，古波斯成为古老文明的继承者和代替者。但是公元前四世纪后期，波斯被马其顿希腊人所征服。到公元前 2 世纪，马其顿希腊人又先后落入罗马人统治之下，罗马扩大成为一个庞大的帝国，但是到公元 3 世纪，罗马帝国亡于日耳曼人，罗马文明作为古代地中海地区产生最晚、影响最大的文明，也中断了政治史上的连续性[1]。

和世界上其他几个古代文明相比较，发生于公元前 3000 年代的黄河流域的夏文明一直较完整地保留着中国古代文明的传统。当然中国古代历史上也出现过文明断裂的危机，西周末叶至春秋中期，黄河流域的中原文明曾受到其他部落和后起的文明的威胁，但是这次危机没有导致中国古代文明的中断。十六国时期中国北方少数民族建立的政权占据优势。元代，成吉思汗的蒙古帝国击败西夏、金、宋，建立了元朝。以上的政权尽管最高统治者的民族身份不同，但遵循的仍是以前的政治传统。对于中国在政治史上的连续性，许多研究中国问题的专家也有相同的看法，牟复礼认为："中国在 2000 年或更多的时间里，一直是一个赓续无间的概念明确的国家，世界上其他任何国家在这点上皆无法与之相比。从公元前 221 年奠定英文中称为中华帝国的统一王朝时起，就一直存在着适于治理统一中国的特殊政府形式。这个政府始终抱定一种观念，认为全体中国人民只能有一个合法的政府，纵然做不到这一点它也不放弃这一观念[2]。"

由此可见，至鸦片战争前，中国古代文明从未经受过外来势力提出的根本性的挑战，从没有出现因为外来力量入侵而中断的现象，"关键的一点是，在中国人自己眼里，中国政治结构具有

1　刘家和：《关于中国古代文明特点的分析》，第 33 页。
2　〔美〕吉尔伯特·罗兹曼主编：《中国的现代化》，第 60 页。

从未受到威胁和挑战的无与伦比的发展连续性”[1]，中国古代文明体系始终保持着前后递进、陈陈相因的延续性。

中国政治史上的连续性是中国疆域形成的保障。中国疆域的发展变化表明中国作为统一多民族国家立足于世界民族之林的深厚力量和悠久历史。中国作为一个政治实体，在其发展过程中，政治上曾出现过种种动荡和危机。周以后，朝代更替，民族相争，但是商征服夏，又继承夏，周征服商，又继承商，从夏、商、周到秦、汉、三国、魏晋南北朝、唐、五代、宋、元、明、清，历代相沿基本不变，并未发生政治史上的断裂现象。政治史的连续性在疆域上表现为持续的稳定性。

同样，中国疆域空间上陈陈相因的不断拓展，又为政治史、文化史的连续性提供了坚实厚重的基础。刘家和先生提到："文明在时间中的纵向发展，在很大程度上与它在空间中展延的情况相关。就单个的文明来说，一个文明的发生和发展，常常伴随有自身在空间中的一定的拓延；反之，如果一个文明由于某些原因而在空间中逐渐缩小以至消失，那么它也就要失去自己在时间中的连续性。”[2] 正如刘家和先生所说，中国古代文明的发展，即政治史和文化史的连续性与中国古代疆域的延续和不断拓展二者之间是互动、互相促进的关系，两者缺一，中国古代文明就会像其他地区一样，出现断裂，乃至中断和消失。中国古代文明在时间中发展与空间拓延的关系，表现在政治史的连续性和国家疆域的关系上。探讨中国古代文明连续性必须与中国疆域不断拓展相联系。中国疆域犹如墨渍式地不断由中心向四周拓延，中国古代文明也随着疆域的拓延而展延。

从历代疆域的记载中可以看到：夏王朝的中心活动区在汾

1 〔美〕吉尔伯特·罗兹曼主编：《中国的现代化》，第 61 页。

2 刘家和：《关于中国古代文明特点的分析》，第 43 页。

河下游和伊洛地区，其疆域南疆为三苗（长江中游洞庭至鄱阳湖一带），东疆为夷族诸氏族部落（包括今河南东部，安徽、江苏北部，山东全部及河北南部）西疆有西戎昆仑、析支、渠搜三“国”（今甘青地区），北疆不详，其势力也可能到今河北涿鹿。商朝前期的疆域，略同于夏朝，商朝后期，疆域有较大发展，其北疆已到达今河北整个北部和辽西一带，南疆也已远及江、汉、湘、赣流域。秦汉王朝致力于边疆的开拓。在夏商周疆域的基础上继续发展，对我国版图的奠定和疆域的形成起了十分重要的作用。秦汉时期，中原与四邻的关系发生变化，匈奴呼韩单于向汉称臣，匈奴的北部领土贝加尔湖、阿尔泰山及其以南地区，成为汉朝的北部边疆。西域诸国臣属于汉，汉朝的西部边疆包括天山南北和天山以西的乌孙、康居地区。东北边疆到达朝鲜半岛。西汉领辖东南边疆，从东海、南海之滨深入到海南诸岛和越南半岛地区，西南边疆到达云南。三国两晋南北朝，曾多次发生几个民族政权同时并存、割据对抗的局面，如十六国至北朝，中国北方处于混乱状况，各小国政权几乎都不稳定，北方民族占了优势，其间除西晋真正统一的二十余年外，其余时间均处于割据状态。秦汉统一时期的边疆先后为不同的政权所统治，使这一时期疆域形势呈现出复杂纷纭局面。但是在政治上他们没有打破汉魏以来的政治传统，他们基本上都是活动于原秦汉统一时的疆域之内。

元朝的皇帝是蒙古族，元朝统治者提出“祖述变通”的建政纲领，政治制度基本以中原王朝传统的仪文制度为主干，又糅合并保存大量蒙古旧制的成分，总体上仍然遵循以前各代的政治传统。由此可见，中国古代政治史上出现的变动在本质上都是朝代的分合或更替的问题，即使像元代和清代，两度出现以边疆地区蒙古族和满族为最高统治者的王朝，但这些王朝和以汉族为最高统治者的王朝一样，在本质上都是各族上层统治者的联合政权。中国古代政治史的连续性和中国疆域的拓展变化是一致的。

（二）历史上活跃在中原王朝四周的各民族对中国疆域的形成有着重要影响

民族因素极大地影响着当代世界许多国家的各种社会关系和政治关系，制约着经济的发展和社会的进步。同样民族因素也极大地影响着历史上许多国家的形成和疆域的范围。中国古代民族的格局和民族关系与中国疆域的形成密切相关。

自夏商周以来，周边地区（当时王朝的边疆地区），包括当时中原王朝未能控制的地方，已经形成许多民族族体。《伊尹四方献令》记载了商朝边疆地区的民族分布。这些居于四方的民族又被称为“四夷”，分东夷、北狄、西戎、南蛮。

秦汉时期，在四方民族集团的基础上，北方出现和形成了匈奴、浑庾、丁灵、鬲昆、新犁等族体；东北方形成了东胡、乌桓、鲜卑、夫余、高句丽、挹娄等族体；西域形成了36城邦和乌孙等族；西方和西南方存在着众多的氐羌和西南夷；南方存在着百越系和百濮系诸族。

魏晋南北朝是民族混杂融合的重要时期，东北有夫余、高句骊、勿吉；北方有匈奴、羯、鲜卑、柔然、高车；西域有众城邦和乌孙；西方有氐羌、吐谷浑；南方和西南方有蛮、僚、俚、乌蛮、白蛮等。

隋唐时期北方和西北方有铁勒、突厥、回纥、薛延陀、黠戛斯和西域城邦；东北有契丹、奚、室韦、高丽、渤海；西方有吐蕃、吐谷浑、党项、羌等；南方和西南方有俚、徭、僚、溪洞蛮、乌蛮、白蛮、濮、金齿、银齿等。

宋、辽、金时期，东北有契丹、奚、室韦、渤海、女真等；北方有乃蛮、阻卜（鞑靼）、沙陀、蒙古各部；西北有党项、羌、突厥、回鹘（畏兀儿）、黠戛斯等；西和西南有羌、吐蕃、乌蛮、白蛮、施蛮、顺蛮、么些、合泥、寻传等；南方有苗、猺、僚、仡佬、僮、黎等[1]。

古代各个文明都有民族矛盾的问题。古代希腊人把非希腊人称为“蛮族”，古代印度的雅利安人把非雅利安人称为“蔑戾车”。中国先秦时代的华夏族称非华夏族为夷族。这些称呼里都含有重己轻人的意思。但是，实际上到西周、春秋时期，所谓的华夏族已经是多族融合的结果，而所谓蛮、夷、戎、狄也并非与华夏族没有关系。

至春秋晚期，人们已经不可能以血统作为区分夷、夏的标准，只有从文化上区别了。战国晚期，黄河和长江中下游广大农业地区各国都成了华夏族，这是战国能够走向统一的基础。两汉时期，不仅巩固了已经形成的华夏族，而且加快了中原与边远地区民族的接触和联合。西晋王朝灭亡以后，北方一度出现许多个民族统治的政权，这些民族政权中的领袖都谋求统一。无疑，这又促进了民族间的联合和融合。

对此，雍正帝在《大义觉迷录》中说过:“且自古中国一统之世，幅员不能广远，其中有不向化者，则斥之为夷狄。如三代以上之有苗、荆楚、猃狁，即今湖南、湖北、山西之地也。在今日而目为夷狄可乎？至于汉、唐、宋全盛之时，北狄、西戎世为边患，从未能臣服而有其地，是以有此疆彼界之分。自我朝入主中土，君临天下，并蒙古极边诸部落俱归版图，是中国之疆土开拓广远，乃中国臣民之大幸，何得尚有华夷中外之分论哉。”[2]雍正帝无疑是站在满洲统治者的角度作出的分析，但由此也可以看出边疆各民族对中国疆域形成的影响。中国历史上的各个民族对中

1　见田继周：《中国历代民族政策略论》，载《中国历代民族政策研究》，青海人民出版社，1993年。

2　雍正《大义觉迷录》，载中国社会科学院历史研究所清史研究室编《清史资料》第4辑，中华书局，1983年。

国政治史和文化史的连续性及疆域的延续性基本保持着向心力，对此牟复礼也有相同的看法，他说:“中央集权的政治秩序必须伸展到整个中国文明的广阔疆域，必须包纳所有作为中国文明的分子的全体子民，不论其属于哪一个民族，这种观念即使在中国或异族的统治者互相争斗的时候，也从未受到过挑战。中国国家的政治形式，也从未受到过来自内部或者外部的否定或严重挑战。”[1]

（三）地理环境是影响一个国家疆域形成的重要因素

地理环境对任何一个国家或民族的疆域形成都有很大的影响。中国古代文明在政治史和文化史上的连续性以及多民族统一和融合的趋势，也受到客观条件，即地理环境的影响。

对此，清朝中央政府和边疆大吏看得很清楚，钟广生在《新疆志稿》中论述新疆的地理位置在国防上的重要性时说:“新疆东捍长城，北蔽蒙古，南连卫藏，西倚葱岭，以为固居神州大陆之脊，势若高屋之建瓴。得之，则足以屏卫中国，巩我藩篱；不得则关陇隘其封，河湟失其险，一举足而中原为之动摇。”[2]钟广生所述新疆与蒙古、卫藏、葱岭等地区在地理上的互相牵制及对中原地区的屏辅作用，很清楚地表明了当时人们对地理条件与国家疆域关系的认识。

综上所述，清代并不存在有的中国问题研究者所说的边疆扩张问题，清人所说的“开疆拓土”，只是继承了中国历代王朝和周边各民族政权的领土遗产，完成国家的统一，对边疆地区实行有效的管辖。

二　18世纪清朝疆域与历代中原王朝疆域的关系

18世纪清朝疆域与历代中原王朝疆域的关系及历代中原王朝疆域与现代中国疆域的关系，引起了学术界的广泛讨论。有

1　《中国的现代化》，第60页。

2　钟广生：《新疆志稿》卷一。

的学者认为，应该以中国历代王朝的疆域为历代国土的范围[1]；有的认为，应该以今天中国疆域为基本范围[2]；也有的学者认为，应该以 18 世纪 50 年代清朝统一全国奠定的疆域版图为基本范围[3]，等等。

对于第一种意见，孙祚民先生曾这样论述过："我认为，在处理中国古代史中祖国疆域和少数民族的问题时，应当采取历史的态度和辩证的方法：一方面，从今天的角度说，应以中华人民共和国的国土范围为标准。凡处在今天中华人民共和国国土范围以内所有的各民族（包括过去历史上的），都是我国民族大家庭的成员，它们的历史，都是中国历史的一部分。另一方面，在过去的历史阶段，则应当以当时各该王朝的疆域为历代国土的范围。因而，凡在当时还处在各该王朝的疆域之外的独立民族，就不应该包括在当时中国的范围以内。在当时，它们对于中原汉族王朝来讲，就是外族和外国。只有等到这些独立民族国家由于某些原因而逐渐与汉族融合，或者统一于汉族王朝以后，它们才开始成为中国的民族成员之一，它们的历史也就成为祖国历史的一部分。"[4]

上述以历代中原王朝的疆域为历代国土的说法有很大的缺陷。

首先，既然认为历史上活动在今天中华人民共和国国土范围以内所有的各民族（包括过去历史上的），都是我国民族大家庭的成员，它们的历史，都是中国历史的一部分，却又将他们的疆域划在历代国土之外，既承认他们的存在，而又不承认他们活动的

1　孙祚民：《中国古代史中有关祖国疆域和少数民族的问题》，载《中国民族关系史论文集》，上集，民族出版社，1982 年。

2　白寿彝：《论历史上祖国国土问题的处理》，载《中国民族关系史论文集》，上集，民族出版社，1982 年。

3　谭其骧：《历史上的中国和历代中国疆域》，载《中国边疆史地研究》，1991 年，第 1 期。

4　孙祚民：《中国古代史中有关祖国疆域和少数民族的问题》。

空间，显然是矛盾的。

如历代疆域范围中，夏朝的疆域："夏桀之居，左河济，右泰华，伊阙在其南，羊肠在其北。"[1]

商朝的疆域："殷纣之国，左孟门而右彰釜，前带河，后被山。"[2]

周朝的疆域："我自夏以后稷、魏、骀、芮、岐、毕，吾西土也；及武王克商，蒲姑、商奄，吾东土也；巴、濮、楚、邓，吾南土也；肃慎、燕、亳，吾北土也。"[3]

秦朝的疆域："地东至海暨朝鲜，西至临洮、羌中，南至北向户，北据河为塞，并阴山至辽东。"[4]

唐朝的疆域："东至安东府，西至西安府，南至日南郡，北至单于府。"[5]

宋朝的疆域："东南际海，西尽巴楚，北极三关。"[6]

元朝的疆域："北逾阴山，西极流沙，东尽辽左，南越海表。"[7]

明朝的疆域："东起辽海，西至嘉峪，南至琼崖，北抵云朔。"[8]

在清王朝建立以前，除元朝以外，其他各中原王朝的疆域都不能把历史上生息、劳动在祖国边疆地区的各民族包括在内。

其次，孙祚民先生提出的"只有等到这些独立民族国家由于某些原因而逐渐与汉族融合，或者统一于汉族王朝以后，它们才开始成为中国的民族成员之一，它们的历史，也就成为祖国历史的一部分"的说法，也值得商榷，在中国古代历史上，既有汉民

1 《史记·吴起列传》。
2 《战国策·魏策》。
3 《左传·昭公九年》。
4 《史记·秦始皇本纪》。
5 《旧唐书·地理志》。
6 《宋史·地理志》。
7 《元史·地理志序》。
8 《明史·地理志》。

族王朝对国家的统一，也有其他民族对国家的统一，除汉族以外，其他民族如蒙古族、满族所建立的王朝同样对国家的统一作出了巨大的历史贡献。

第二种意见，白寿彝先生说："第一，前一个办法（指孙祚民先生的观点——引者）显然还受着传统的历史观点的支配，就是还受着皇朝历史观点的支配……。第二，前一个办法很容易引导我们的历史工作陷入大汉族主义的偏向。因为在这个办法处理下的地理条件，很容易限制了本国史的内容，要使它成为单独的汉族的历史或汉族统治者的历史，要在'汉族'或'汉族统治者'和'中国'之间画上等号。……用皇朝疆域的观点来处理历史上的国土问题，是错误的办法；用中华人民共和国的国土范围来处理历史上的国土问题，是正确的办法。"[1]

白寿彝先生"用中华人民共和国的国土范围来处理历史上的国土问题"的提法，也有值得商榷之处。

历史上我国各民族人民生息、劳动、开发的疆域范围要比现在国土的范围大。现在的中国疆域，已经不是历史上所自然形成的中国疆域范围，而是 1840 年以后资本主义列强、帝国主义侵略宰割我国的部分领土的结果。如果以白寿彝先生的观点来确定历史上中国的疆域，那么，如何解释沙俄通过一系列不平等条约割占我国乌苏里江以东、黑龙江以北的地方，又如何解释历史上我国大漠南北蒙古地区的疆域范围及俄国策划的 1911 年和 1921 年两次蒙古独立事件，最终导致外蒙古独立，脱离中国的历史问题。显然，按照白寿彝先生的观点就等于承认了帝国主义对中国边疆地区的宰割。

我们赞同第三种意见，即谭其骧先生提出的"我们既不能以古人的'中国'为历史上的中国，也不能拿今天的中国范围来限

1　白寿彝：《论历史上祖国国土问题的处理》。

定我们历史上的中国范围。我们应该采用整个历史时期，整个几千年来历史发展所自然形成的中国为历史上的中国。我们认为 18 世纪中叶以后，1840 年以前的中国范围是我们几千年来历史发展所自然形成的中国，这就是我们历史上的中国”[1]的观点。

谭其骧先生提到历史上的“中国”与今天中国的概念。首先应当对历史上的“中国”与今天中国的概念要加以区别和分析。古代的“中国”与现代中国既有连续性又有很大的区别。古代“中国”具有多种意义：于省吾在《释中国》一文中论证，“中国”一词至迟出现在西周初年，在西周的一口“何尊”的铭文上写道:“惟武王既克大邑商，则廷告于上天曰:‘余其宅兹中国，自之辟民。’”[2]周武王灭商后，认为上天将“中国”交付给了他，占有了商的京师“惠此中国，以绥四方”[3]，在这里，“中国”是指王朝京师之地；春秋战国至秦汉时期，齐、韩、赵、魏、秦、楚、燕等国都称为中国，秦汉统一后，其疆域内的大部分地区也都称中国。

一般说来，一个中原王朝建立后，其统治的中原地区叫中国，而周边地区或周边以外的地区就不称为中国；当国家处于分裂状态时，“中国”就成为王朝法统的同义词，成为分裂各方争夺的主要目标。如南北朝时，南北双方都自以中国自居，否认对方的中国地位，唐朝统一后，又把他们看成是中国的一部分，认为都是中国。历史上“中国”的概念是在不断变化的，但是历史上“中国”的概念始终没有脱离“中国”就等于中原王朝，凡中原王朝的疆域范围都是“中国”和经济文化相对发达的汉族聚居区为“中国”的传统观念。

---

1 谭其骧：《历史上的中国和历代中国疆域》，载《中国边疆史地研究》，1991 年，第 1 期。

2 《中华学术论集》，中华书局，1981 年。

3 《诗经·大雅·民劳》。

到清代前期，“中国”的概念仍旧沿袭传统的说法，即把清王朝所能达到的直接统治区域称为“中国”，如：

康熙十二年（1673年），“吐鲁番国王玛墨忒赛伊忒汗，遣陪臣兀鲁和际等进表贡方物。又奏，臣国向以方物进贡中国已久，及闻天朝统一寰区，不胜忻喜”[1]。

康熙十三年（1674年），“差往达赖喇嘛处员外郎拉笃祜，喇嘛丹巴德穆齐还奏云：臣等奉命行至西安，厄鲁特墨尔根台吉拦阻云，前达赖喇嘛往北京时，我班禅差人问达赖喇嘛安，中国以为额外遣使，不令行走，故我今亦拦阻”[2]。

康熙二十二年（1683年），“噶尔丹问曰，闻中国有寇贼今已平定”[3]。

康熙三十二年（1693年），“上曰：鄂罗斯国，人材颇健，但其性偏执，论理亦多胶滞，自古未通中国，其国距京师甚远，然从陆路，可直达彼处”[4]。

中俄在签订《尼布楚条约》和《恰克图条约》时，清朝是以“中国”的名义签订两国条约的。

清朝在1644年入关以前，从未被其他边疆民族政权称作“中国”，也没有自称为“中国”。清朝入主中原以后，吐鲁番、厄鲁特、准噶尔都称清朝为“中国”，清王朝对俄罗斯也自称中国。实际上，清朝对“中国”称呼的使用，并没有脱离历史上习惯称呼中原王朝为“中国”的观念。

清入关以后，“中国”的称呼也是很混乱的，有时是指整个清朝，和今天的概念一样，但有时却只指传统的“中国”范围，即内地的十八省，而不包括边疆地区。如昭梿的书中有“初，策

1　《清圣祖实录》卷四二。

2　《清圣祖实录》卷四八。

3　《清圣祖实录》卷一一一。

4　《清圣祖实录》卷一六〇。

零拉布坦欲叛中国也”[1]。魏源《圣武记》中说“十七行省及东三省地为中国”[2]。17世纪以来的西方人和他们的著作中有的用中国或中华、中华帝国、中央帝国来称呼中国，而有的用明朝、清朝或大明、大清。如果对此进行认真的分析后可以看出，当时，西方人对中国的概念混淆不清，也和当时的中国人自己一样，对“中国”的概念模糊不定，甚至是自相矛盾的。对于历史上的中国的讨论，前面已经比较明确，即随着统一国家的形成、疆域的扩大和经济的发展，中国的概念是在不断地变化和扩大的。一般说来，一个中原王朝建立后，它的主要统治区就可以被称为“中国”，而它所统治的边远地区以及统治范围之外就是夷、狄、蛮，就不是“中国”。直至1912年中华民国建立以后，中国才成为国家的正式简称，中国也有了明确的地理范围，包括中华民国所属的全部领土。

其次，清王朝是怎样处理其与历史上中原王朝和边疆民族的疆域关系的呢？

其一，清朝确定国家疆域的原则是，继承历史上中原王朝所管辖、开发到的疆域。这一点，乾隆朝在划定西北边界和测定地图时有明确的说明。乾隆二十年二月（1755年），乾隆帝谕曰：“汉时西陲塞地极广，乌鲁木齐及回子诸部落皆曾屯戍，有为内属者，唐初都护开府，扩地及西北边，今遗址久湮。著传谕鄂容安，此次进兵，凡准噶尔所属之地，回子部落内，伊所知有与汉唐史传相合，可援据者，并汉唐所未至处，一一询之土人，细为记载，遇使奏闻，以资采辑。”[3]

其二，历史上有一些边疆民族和边疆政权与当时的中原王朝没有建立关系，清王朝划界时是如何处理疆域问题的呢？清朝的

1 《啸亭杂录》卷三《西域用兵始末》。
2 魏源：《圣武记》卷三《外藩》，《国朝绥服蒙古记一》。
3 《清高宗实录》卷四八二。

疆域观是全国“大一统”，清王朝并不以这些边疆民族或边疆政权与当时中原王朝的关系为其划定疆域的必要条件，清朝皇帝曾屡次批评历史上一些中原王朝的“华夷中外之分论”。雍正帝说:“自我朝入主中土，君临天下，并蒙古极边诸部落俱归版图，是中国之疆土开拓广远，乃中国臣民之大幸，何得尚有华夷中外之分论哉。”[1]也就是说，应该把历史上在周边地区生息、开发的各个民族的疆域范围纳入国家版图。乾隆帝分疆划界时，遵照这一原则划定国家疆域“准噶尔部尽入版图”，“其山川道里，应详细载入皇舆全图”。

对上述三种学术观点的分析和讨论，有利于我们清楚地了解清朝划定疆域的原则和认识清朝与历史上中原王朝疆域的关系，本文赞同谭其骧先生阐述的历史上的中国和中国历代疆域的学术观点，本文认为：

第一，历史上中国的疆域是中国各民族人民劳动、开发，经过几千年的拓展逐渐形成的，中原汉民族和边疆各民族都是今天中国疆域的缔造者。

第二，史上的中国疆域既包括了汉族王朝的疆域，也包括了各民族王朝、政权的疆域，绝不能以中原王朝的疆域为历史上的中国疆域，如果以中原王朝的疆域为历史上的中国疆域，就把许多民族划出了中国历史范围，这是不符合历史实际的。

第三，不能以今天中国疆域作为历史上的中国疆域，近代以来，资本主义、帝国主义列强侵略宰割了中国大片领土，这也是历史事实。

第四，元朝在中亚和欧洲地区建立王朝，这些不能算作中国的疆域，那种占领，只是历史上的暂时现象，是非正义的。

第五，清朝既继承了历代中原王朝的疆域，也继承了历史上

1　《大义觉迷录》。

周边民族活动的领地，清朝的所谓“开疆拓土”，就是国家对边疆地区实行行之有效的管辖，对边疆各民族直接进行行政管理。

三　清朝“大一统”目标及边疆统一论

“大一统”是在中国古代占据主导地位的思想，历朝历代以实现大一统为其治国的终极目的。何谓“大一统”，《公羊传》在开宗明义中首创“大一统”，隐公元年：“元年春王正月。元年者何？君之始年也。……王者孰谓？谓文王也。曷为先言王而后言正月？王正月也。何言乎王正月？大一统也！”[1]“大一统”也是清朝统治者所孜孜追求的目标。清军入关，“既得中原，势当混一”，已表明他们锐意进取、一统全国的决心。并通过迁都北京，表明清为“正统”。“正统”可说是一种精神纽带，“正统”即是“大一统”的担当者。入关之初，英王阿济格曾提出放弃中原，退回山海关[2]。按照阿济格的思路，退回辽东也就等于放弃中原，如果不是以中原为基点对全国进行统治，就不能称为“正统”，就不可能号令中华，统一边疆。满洲贵族统治者以“夷狄”入主中原，统一中华，必须得到“诸夷”的支持，失去边疆各民族的拥护和支持，清朝对中原的统治就不能稳定，同样将失去“正统”。对于满洲贵族统治者来说，底定中原和征服边疆是实现“大一统”目标的两个重要方面，缺一不可。

顺治元年（1644年）正月十五日，尚在关外的清朝就宣示达赖喇嘛和外藩诸部：“今朕之威势至盛，安定皇朝，平息暴乱，救民涂炭……”向边疆各部表达其入主中原的决心[3]。

顺治元年（1644年）四月初八，顺治帝宣称“蒙古、朝鲜俱已归服”，“汉人城郭虽渐攻克犹多抗拒”。四月初九，清军向关

1　《公羊传·隐公元年》。
2　吴晗辑：《朝鲜李朝实录中的中国史料》上编，卷五八，中华书局，1980年。
3　见中国第一历史档案馆藏：《蒙文老档》，蒙字1，敕谕档。

内进发[1]。

顺治元年（1644年）五月初二，多尔衮率清军抵达北京，故明文武官员出迎五里外。当日清朝宣示外藩蒙古诸王、台吉等：本朝师进中原，取代明朝，定鼎燕京[2]。

顺治元年（1644年）五月十七日，清朝再次宣示外藩蒙古诸王、台吉等：本朝入主中原[3]。

顺治元年（1644年）十二月初五，清朝宣示喀尔喀蒙古部土谢图汗：以中原平定，朕诞登大位，我等与红缨蒙古素为一家，今应一统[4]。

顺治二年（1645年）正月十五，清朝又宣示喀尔喀蒙古部车臣汗：我等与蒙古应为一统[5]。

顺治二年（1645年）十二月十四日，厄鲁特蒙古和硕特顾实汗第六子多尔济达赖巴图尔遣使问安[6]。

清朝实现"大一统"的观念，在康熙、雍正、乾隆三帝的统治思想中得到进一步的强化，三帝一脉相承。对于"大一统"尤以雍正帝的阐述最为详尽。雍正七年（1729年），雍正帝针对陆生楠诽议时政讲道："孔子曰：天下有道，则礼乐征伐自天子出。孟子曰：天下恶乎定，定于一。孔子、孟子深见春秋战国诸侯战争之流弊，其言已启一统之先几矣。至秦始皇统合六国，制天下以郡县……且中国之郡县，亦犹各蒙古之有部落耳，历代以来，各蒙古自为雄长，亦互相战争，至元太祖之世，始成一统。历前明二百余年，我太祖高皇帝开基东土，遐迩率服，而各蒙古又复望

1 见中国第一历史档案馆藏：《蒙文老档》，蒙字1，敕谕档。
2 见中国第一历史档案馆藏：《蒙文老档》，蒙字1，敕谕档。
3 见中国第一历史档案馆藏：《蒙文老档》，蒙字1，敕谕档。
4 见中国第一历史档案馆藏：《蒙文老档》，蒙字1，敕谕档。
5 见中国第一历史档案馆藏：《蒙文老档》，蒙字1，敕谕档。
6 见中国第一历史档案馆藏：《蒙文老档》，蒙字1，敕谕档。

风归顺，咸禀正朔，以迄于今。是中国之一统，始于秦，塞外之一统，始于元，而极盛于我朝，自古中外一家，幅员极广，未有如我朝者也。”[1]

雍正十一年（1733年），雍正帝在批阅书刊时又指出：“朕览本朝人刊写书籍，凡遇胡虏夷狄等字，每作空白，又或改易形声。如以夷为彝，以虏为卤之类，殊不可解，揣其意，盖为本朝忌讳，避之以明其敬慎。不知此固背理犯义，不敬之甚者也。夫中外者，地所画之境也；上下者，天所定之分也。我朝肇基东海之滨，统一诸国，君临天下，所承之统，尧舜以来中外一家之统也；所用之人，大小文武，中外一家之人也；所行之政，礼乐征伐，中外一家之政也。内而直隶各省臣民，外而蒙古极边诸部落，以及海澨山陬，梯航纳贡，异域遐方，莫不尊亲，奉以为主。乃复追溯开创帝业之地，目为外夷，以为宜讳于文字之间，是徒辨地境之中外，而竟忘天分之上下，不且背谬已极哉。孟子曰：舜，东夷之人也；文王，西夷之人也。舜，古之圣帝，孟子以为夷，文王周室受命之祖，孟子为周之臣子，亦以文王为夷。然则夷之字样，不过方域之名，自古圣贤不以为讳也，至以虏之一字，加之本朝，尤为错谬。……”[2]

雍正帝在《大义觉迷录》中又说：“自古帝王之有天下，莫不由怀保万民，恩加四海，膺上天之眷命，协亿兆之欢心，用能统一寰区，垂庥奕世。盖生民之道，惟有德者可为天下君。此天下一家，万物一体，自古迄今，万世不易之常经，非寻常之类聚群分，乡曲疆域之私衷浅见所可妄为同异者也。”[3]

华夷之分不利于大一统的形成，雍正帝抨击儒家的“自古帝临御天下，中国居内以制夷狄，夷狄居外以奉中国”的歧视边疆

1 《清世宗实录》卷八三。

2 《清世宗实录》卷一三〇。

3 《大义觉迷录》。

民族的观念，强调大一统是中国的传统观念。清朝要建立稳固的统治，必须以“大一统”为目标，“夷狄”永远是儒家排斥的对象，自孔子起，即严夷夏之防，但是，孔子的立场又是维护一统，一统而排斥“夷狄”，只能是“小一统”。也就是说，统一必须是全国各民族的统一。

第二节　中俄美疆域形成比较

一　疆域的形成

中国疆域的形成源远流长。早在夏、商、周时期，已经从黄河中下游流域，逐渐向四周扩大，又形成了中原（中心地区）与边疆（外围地带）的基本格局。秦汉王朝除了继承商周时期的疆域外，又在实现统一的过程中，致力于边疆的开拓。秦亡汉兴，汉在秦的版图上，肇兴帝业，把秦统一的疆土逐步巩固下来。两汉至明清，疆域不断扩展。元朝疆域空前扩大，《元史》记载：“自封建变郡县，有天下者，汉、隋、唐、宋为盛，然幅员之广，咸不逮元。汉梗于北狄，隋不能服东夷，唐患西戎，宋患常在西北。若元，则起朔漠，并西域，平西夏，灭女真，臣高丽，定南诏，遂下江南，而天下为一。故其地北逾阴山，西极流沙，东尽辽左，南越海表。”[1]

元朝是中国统一多民族国家发展历史上的重要转折时期，不仅结束了长达几百年的分裂割据局面，实现全国的大一统，而且疆域空前广大。明朝取代元朝后，积极向边疆地区进发，力图实现全国的大统一，但是漠北和漠西部分地区长期与明朝对抗，未能纳入明朝的版图。清朝疆域和元朝大致相仿，清朝统一边疆后，划定了疆域范围：北从恰克图，南至海南岛以及南沙群岛和西沙

1　《元史·地理志》。

群岛，西从巴尔喀什湖和葱岭，东至库页岛、台湾及其周围诸岛，都在清王朝的管辖范围之内。

俄国是一个欧洲国家，它是由莫斯科公国发展起来的。15 世纪 40 年代，莫斯科公国摆脱了金帐汗国的统治，俄罗斯所有的土地都并入莫斯科公国，从此形成了统一的俄罗斯国家。俄罗斯领土面积共 280 万平方公里[1]。其疆界“北达白海，南至奥喀河，西及德涅伯尔河上游，东抵北乌拉尔山的支脉”[2]。15 世纪下半叶，俄国的对外政策是:“征服别的民族，吞并左右邻邦的领土”[3]，迈出了向外扩张的第一步。1552 年俄国兼并了喀山汗国；1556 年吞并了阿斯特拉罕汗国，把疆域扩张到伏尔加河中下游；与此同时，俄国北方开始夺取波罗的海沿岸的立沃尼亚战争。1686 年，俄国割占基辅及附近地区。16 世纪后半叶，俄国东越乌拉尔山，向亚洲的西伯利亚扩张，以后才逐渐接近中国边疆。17 世纪初，俄国占领叶尼塞河流域。1607 年、1617 年、1623 年、1624 年俄国靠近中国漠西卫拉特蒙古的游牧地，进行阴谋活动，诱使卫拉特蒙古人臣属俄国。1632 年俄国在勒拿河中游建立了雅库茨克城。17 世纪中叶俄国殖民主义者入侵中国黑龙江流域。彼得一世时期，俄国继续实施其全球性扩张的计划。彼得一世通过一系列侵略战争，不断扩张土地，建立了从基辅到堪察加，从芬兰湾到黑海南岸的俄罗斯帝国。

18 世纪，俄国继续实行对外扩张的政策，1739 年占领了亚速夫，1741 年侵占了北美洲的阿拉斯加。1768 年至 1774 年和 1787 年至 1791 年进行了两次俄土战争，第一次战争使俄国夺取了亚速

1　苏联科学院历史研究所：《苏联史》，第 2 卷，转引自《沙俄侵略中国西北边疆史》，第 90 页，人民出版社，1979 年。

2　潘克拉托娃：《苏联通史》，第 1 卷，转引自中国社会科学院近代史研究所：《沙俄侵华史》，第 1 卷，第 73 页，人民出版社，1978 年。

3　恩格斯：《工人阶级同波兰有什么关系?》，《马克思恩格斯全集》，第 16 卷，第 181 页。

海沿岸地区，第二次战争使俄国的边界从布格河推进到德涅斯特河。从 1772 年至 1795 年，俄国纠集普鲁士和奥地利入侵波兰，三次瓜分波兰领土。19 世纪初，俄国扩张的目标转向东方。1801 年，俄国吞并了格鲁吉亚；1804 年至 1813 年，侵吞了阿塞拜疆境内的 12 个汗国；1826 年至 1828 年又吞并高加索的东亚美尼亚，包括纳希切万汗国和埃里温汗国；逼迫土耳其签约，夺取了多瑙河口和附近的岛屿以及高加索黑海沿岸的土地。1846 年俄国以武力吞并了中亚的大帐哈萨克。与此同时，俄国入侵中国黑龙江口和库页岛，占领了庙街。

历史表明，俄国疆域是沙皇政府不断用武力扩张形成的。

美国的疆域是随着美国边疆的拓展而形成的，即由东向西，不断扩展，最后奠定了美国的版图。

早在美国独立战争前的二百多年间，欧洲已经开始了对北美大陆的征服。1493 年，探险家哥伦布第二次率 1500 名殖民者在美洲的伊斯帕奥拉岛（海地岛）上建立了第一个永久性的欧洲殖民地，他们“梦想的只是黄金”，而且很快找到了他们梦寐以求的财富。至 1513 年，西班牙已在北美洲海岸建立了许多殖民地。此后，法国人加入了对北美殖民地的争夺，“法国在这北部地区闪烁的溪流中和密林深处寻求他们希望享有的那份新世界财富，他们参加争夺美洲地区的竞争晚了一些”[1]。16 世纪上半叶，当法国人和西班牙人贪婪地向新世界提出要求时，英国都铎王朝正忙于使其新统一的王国的内政外交事务，无暇顾及海外殖民。直至 1570 年，他们才准备第一次进军。

带着不同的梦想和计划的英国人来到美洲，他们沿着海岸上上下下建立了许多新世界。1660 年至 1775 年的一百多年间，英国人设法垄断了殖民地的大部分贸易。但是，英国对整个殖民地的

1　〔美〕毕林顿：《向西部扩张——美国边疆史》，第 60 页，商务印书馆，1991 年。

控制并没有持续下去，当出现松弛时，美洲殖民地第一个赢得独立的国家——美国诞生了。1783 年，美国独立以后，开始作为一个主权国家出现于美洲历史舞台上。

中、俄、美三国在疆域的形成、版图的奠定方面各有特点，从时间的延续上来看，清朝版图是中国在长达 2000 多年的历史进程中，随着统一多民族国家的形成与发展而最终奠定的。18 世纪中叶，清王朝完成对边疆的统一，表明其对中国传统疆域的继承，这是列强入侵中国以前，清朝对统一多民族国家的最大功绩之一。对美国来说，传统的影响无法与中国相比。18 世纪中叶，清王朝完成对边疆地区统一时，美国还没有诞生，在北美洲，各个殖民地正在进行种种冲突[1]。但是，美国独立以后，其疆域的形成极快，移民向西部推进，从 18 世纪末到 19 世纪末，仅仅用了一个多世纪，就完成了版图的扩张。从空间上看，美国向西部推进涉及从阿利根尼山脉到太平洋沿岸的整个地域，其面积相当于美国最初十三州的 7.5 倍，即使以密西西比河为界计算，密西西比河以西的全部领土，也超过美国 1783 年建国时领土的 2.6 倍，美国在向西推进过程中，先后创建了 31 个新州。中国则不同，疆域由小到大，逐步拓展，经历了几千年的漫长岁月，随着朝代的更替，疆域虽有伸缩，但是，直至 18 世纪，基本轮廓没有大的变动。

疆域形成还有其他诸多因素，首先看地理环境的影响。

中国所处的地理环境，地形、地貌繁复，多条江河纵横，气候丰富多样，自成为一个独特、完整的自然地域。中国所处的地理条件，对中国疆域的形成影响很大。在中国这个自然区域中各个社会集团的活动主要受到整体的影响和约束。在政治上，表现为明显的内向性和要求统一的趋向；在疆域上，历代统治者都以

1 〔美〕西蒙斯：《美国早期史——从殖民地建立到独立》，第 10 章，商务印书馆，1994 年。

这一自然区域作为其划定疆界的范围。白寿彝先生主编的《中国通史》第一卷导论中曾深刻地剖析了地理环境对中国统一多民族国家形成和疆域奠定的影响:“中国的地理条件，哺育了以汉族为主体的几十个民族……这是因为：第一，汉族聚居的黄河、长江中下游地区，由于其地理条件的优越，生产的发展始终处于领先的地位，并在物质上、生产技术上和文化方面影响着周边的少数民族地区，因而形成了一种自然的凝聚力。这种建立在物质基础上的凝聚力，是不以人的主观意志为转移的。第二，在东、南濒海，北有沙漠，西和西南有高山的地理条件下，周边少数民族向内地发展比向外发展要容易得多，因而产生了一种自然的内向性。这种自然的内向性与上述自然凝聚力的结合，成为维系中华民族各族间的联系的纽带。”[1]费正清在《中国：传统与变革》中也阐述了上述观点，他说:“东亚可以从三个方面加以界说，从地理上说是将亚洲一分为二的那片高山沙漠大屏障以东的地区……一个地区是亚洲腹地，尤其是蒙古、新疆和西藏，这些地方的游牧民族在历史上通过商业、战争和征服与中国居民有着难以分开的联系。”[2]

美国西部的地形则不能与中国边疆地区相提并论。阿巴拉契亚山脉以西是中央低地。中央低地西近大平原，北到五大湖，南临墨西哥湾，绝大部分海拔在300米以下，地势平坦。中央低地以西是一望无际的大平原，向北与加拿大境内的大平原连成一片，只有极个别地方稍有起伏，其气候属温带草原气候。大平原的西部边界是落基山脉。在落基山脉以西，喀斯喀特——内华达山脉以东的地区是一个山间高原盆地区。这个地区的北部是高度大体不超过海拔1000米的哥伦比亚高原，东南部是海拔2000米左右

1　白寿彝：《中国通史》，第1卷，第148页，上海人民出版社，1989年。

2　〔美〕费正清、赖肖尔著，陈仲丹、潘兴明、庞朝阳译，吴世民、张子清、洪邮生校：《中国：传统与变革》，第3页，江苏人民出版社，1992年。

的科罗拉多高原，其余部分总称为大盆地。一般说来，哥伦比亚高原、科罗拉多高原、大盆地都比较平坦。在喀斯喀特——内华达山以西、海岸山脉以东的地区有两个狭长的山间陷落谷地，一为北部的咸拉麦特谷地，一为南部的加利福尼亚谷地。

显然，美国西部的自然条件要优越得多，其地形复杂程度比起中国边疆地区来远远不逭，中央低地河流密布，森林翳蔽天日，山地平坦开阔。加利福尼亚等地丰富的金矿，得天独厚的适宜农耕和畜牧业的自然条件，强烈地吸引着迁往美国西部的移民，加快了他们向西部开发和进行土地扩张的速度，并在短短的一个世纪就奠定了美国广阔的版图。

传统的中华文化对中国疆域的形成也有很大的影响。中国疆域幅员辽阔、腹地纵深、气候类型完备，形成了中华民族丰富多彩的多元状态。中国疆域离其他文明中心距离遥远，也导致了中华文化发展的相对独立性和封闭性。这两点在清代表现得十分明显，18 世纪，清王朝在完成国家统一和疆域版图奠定以后，没有向外扩张，乾隆帝用兵统一边疆的范围基本上也未超出历史上中国古代民族活动的疆域范围。考察其原因，一方面，清朝统治者继承了传统的中华文化观，即保持中国疆域相对封闭的格局，保持中华民族文化的传统观念；另一方面，不但从地理位置上，而且也从文化意识上自认为处于“世界中心”。

此外，中美边疆形成的另一个显著不同点是：美国的边疆是“移动边疆”，相对而言，中国边疆是“固定边疆”。

说美国边疆是“移动边疆”，是因为随着美国西部拓殖运动的不断推进，移民“跳跃式”地开辟新的垦区。一位美国历史学家指出：“边疆总是人口移入的地区。从开始移入人口的三十年内人口总是移入的，在三十年过后就开始输出了，情形大致如此。”[1]

1　索斯韦费：《美国国内移民》，转引自何顺果《美国边疆史》，第 31 页，北京大学出版社，1992 年。

这就造成了美国人在“西进运动”中采取“跳跃式”的前进方式，也就导致了美国版图是一个不断扩张的结果，当一个“边疆”消失之后，紧接着又会出现另一个边疆。在美国，“边疆”被定义为每平方英里二至六人的地带，说明一个“边疆”的出现与消失的时间是有限的，因为它被移民填满的过程是一定的。美国的“公共土地”过于丰富和便宜，当移民在某个边疆地区的开发到一定程度后，他们情愿尽快将其售出而转移到新的边疆去，那里的土地会更便宜。从美国人突破 1763 年英王的禁令，开拓了肯塔基和田纳西为主的殖民地，也就是美国的第一个边疆，到 1893 年彻罗基人的土地被占，美国的“国内殖民”运动结束，确定了美国大陆的疆域，美国“移动边疆”状态整整持续了一个多世纪。

说中国边疆是相对的“固定边疆”，并不是说它自古以来就是固定不变的，而是指 18 世纪中国的疆域没有越出传统疆域范围，出现美国那样迅速扩张的局面。如前所述，随着人们活动范围的扩大，多方位的交流，疆域逐步拓展，中国才在 18 世纪奠定了版图。但这是经历了两千多年漫长的岁月，在无数对峙、战争、融合之后才形成的。美国一个世纪和中国数千年的疆域史相比较，时间短得多，速度自然加快，“移动”也就很明显了。

二　边疆的矛盾和冲突

17 世纪中叶到 18 世纪，清王朝在实行其对边疆的统一和开发的过程中，存在着三种矛盾和冲突：一是侵略与反侵略的矛盾和冲突；二是统一过程中的矛盾和冲突；三是中原农耕经济和边疆游牧经济两种生产方式的矛盾和冲突。

第一种矛盾和冲突，主要是指外国侵略者对中国边疆的入侵和中国人民的反抗。17 世纪中叶开始，西方殖民主义者闯进了中国的边疆，他们在台湾、黑龙江流域、贝加尔湖南岸、额尔齐斯河流域一带骚扰、蚕食中国领土，具有明显的侵略性质。郑成功收复台湾、喀尔喀蒙古部反击沙俄对贝加尔湖南岸的侵扰、清军驱逐沙俄殖民者的雅克萨战争、准噶尔部抵御沙俄蚕食西北领土的斗争、清军翻越喜马拉雅山对廓尔喀侵入西藏的反击战争都显示了中国是一个拥有明显疆域的主权国家。康熙二十八年（1689年）签订的中俄《尼布楚条约》、雍正五年（1727年）订立的《阿巴哈依图界约》《色楞额界约》《恰克图条约》划定了中俄东段、中段边界。乾隆朝在击退廓尔喀后，也与西南周边一些邻国分疆划界，表明中国已经意识到必须和外国确定具有国际法约束力的边界条约。

美国边疆史研究者认为，美国在对其西部领土扩张中也存在着侵略与反侵略的矛盾和冲突，但是与中国不同的是美国是侵入者，对墨西哥领土进行了大肆的鲸吞。墨西哥是一个与美国毗邻的主权国家，新墨西哥、加利福尼亚等领地，曾是墨西哥管辖之下的领土，美国势力进入这些地区，分裂和蚕食这个国家，具有明显的侵略性质。1836年，美国在德克萨斯策动了名为独立、实为分裂的运动，1845年公然将其兼并。在墨属加利福尼亚定居的美国人在美国政府的神秘策动下，于1848年宣布成立“加利福尼亚共和国”，很快“加利福尼亚共和国”就成为美国的一州。至1848年，美国已割去墨西哥领土的一半。

中国边疆的第二种矛盾和冲突，是在统一过程中发生的。随着18世纪全国统一步伐的加快，清廷决心直接管辖和治理边疆地区，而边疆民族政权又不愿轻易放弃其割据一方的地位和权力，解决矛盾的方式有多种多样，和平的、武力的或者两者相结合。1691年，清朝巧妙地以多伦会盟的形式完成了对漠北蒙古的统一。对于西藏，清廷总的策略是“恩威相济”，从清初借助于和硕特部统治西藏到18世纪直接对西藏进行全面管辖，虽然几次用兵，但步骤稳妥，人心安定。可以说是清朝实行边疆政策最为成功、最有特色的一个地区。战争主要发生在对准噶尔部的征服上，准噶尔与清廷对抗达七十年之久，至18世纪中叶，清朝平定准噶尔部，统一西北边疆地区。清王朝对边疆地区的汗国和各部的征服，是封建社会封建的王朝或汗国之间所进行的战争，虽然他们相互敌对，但是都没有脱离中华民族文化圈和多元一体的基本格局。

中国边疆的第三种矛盾和冲突，在边疆开发活动中表现得最为突出。中国地域辽阔，自然条件差异较大，自然条件的复杂性造成经济、文化发展的不平衡现象。这种不平衡现象不仅表现为经济、文化发展的总的趋势的差别，也表现为各地区的生产部门发展上的差别。地理环境和气候条件使中国民族和经济区域分为南北三个发展带和东西两大部，也造成了两种完全不同、特征迥异的经济类型——农耕和游牧经济。在中国历史上，农耕民族和游牧民族有交流也有对峙，往往是农耕民族处于守势，而武力强盛的游牧民族采取攻势。18世纪当清朝依靠中原经济、文化优势向边疆地区游牧民族发动攻势时，必然激化矛盾，引起激烈的冲突。

在美国则存在着先进和落后两种生产方式的矛盾和冲突。这主要是指文明程度很高的美国对印第安人的侵袭。早在距今25000年左右至40000年左右，印第安人祖先从东北亚进入美洲，开始生活在这块土地上，在印第安人到来之前，从未发现有人类的活动。在他们到来之后的25000年之久也没有发现任何别处的人种活动。

在英国殖民者统治时期，印第安人就和英国殖民者进行了长期的斗争。美国独立后，对印第安人实行了掠夺其土地的“保留地”制度。印第安人为了保卫自己的生存权利，进行了不屈不挠的斗争。美国以欺骗和暴力相结合，与印第安人首领签订了《印第安斯普林斯条约》《佩恩登录条约》等，割占了印第安人的土地。据研究统计，在合众国建立后的128年中，联邦军队共进行了114次战争，参加了8600次左右的战斗和冲突，“其中大部分都是对印第安人的镇压”[1]。1871 年，美国联邦政府制定“印第安人拨款法”，规定政府不再承认印第安部落是签订条约的独立实体，从根本上改变了印第安人在美国历史上的独立地位，在法律上真正把印第安人变成了美国的“依附民族”。1887 年，美国国会又通过《道斯土地专有权法》，彻底摧毁了古老的印第安部落，印第安人开始走上了与美国其他民族同化的道路。

美国对印第安人土地的扩张，经历了由领地到州，西部地区逐步“美国化”的过程，这是先进与落后两种生产方式斗争的结果。独立后，美国在 1787 年通过的《西北条例》正式确定美国领土扩张过程中的一系列基本政策，在西部地区建立地方政权组织的基本模式，这标志美国“领地制”的形成。实际上在今天美国的 51 个州中，有 31 个州都是按 1787 年的西北条例的原则加入的。《西北条例》包括领地政权及在领地内可能建立的各州“将永远是美利坚合众国联邦的一部分”。

美国“领地制”的形成，是以独特的背景为条件的。首先，被征服的西部，大部分原本是渺无人烟的“处女地”；其次，在美国西部领地上成长起来的政权和行政机构，是由征服者即美国移民本身而不是被征服者如印第安人建立的。美国西部地区，由领地过渡到州有 31 个。

一个地区由领地到州的转变，标志着这个地区基本上走出了拓荒时代。首先，该地区人口已达到 60000 人以上，人口密度达到要求；其次，这个领地正式建立州时，由民选“州长”取代国会指定的“总督”，使领地的立法和行政机构趋于完善。一个地区由领地向州的转变，表明该领地摆脱了“殖民地”的色彩，与原有的诸州一样享有平等的地位和权力。从第一个领地建立（1787 年）到最后一个州加入联邦（1912 年），表明美国西部正逐步实现

1 《美国边疆史》，第 70 页。

“美国化”。西部领地演变为州，并与美国制度保持一致，最终融为一体，西部作为“殖民地”的特征也就消失了[1]。

美国对西北的扩张和对印第安人的侵袭与清王朝对边疆民族的政策性质截然不同。印第安人对西部土地拥有主权，美国对印第安人土地的大量掠夺，对于这个新兴的资本主义国家来说，将是不可避免的事情，它是由资本主义发展的内在规律决定的。恩格斯认为，近代殖民地根据其主体可分为两大类：一类是“那些只是被征服的、由土著人居住的土地”，如英属印度那样的殖民地；另一类则是“欧洲人占据的土地”，如加拿大那样的殖民地。他认为只有后者才是“真正的殖民地”。马克思把美国西部划入后一类殖民地之列。当然，美国所以能迅速扩大，迅速征服印第安人，也有两点应当说明：第一，印第安人对西部土地的主权是建立在传统的基础上，而不是建立在法制的基础上。当时北美印第安人还处于原始社会不同的发展阶段，既没有发生阶级的分化也没有出现国家的萌芽，氏族部落和部落联盟还是其主要社会组织形式，因此印第安人当时还不存在、也不可能存在私有的观念，更未在法律上形成土地私有制度。第二，当时在各印第安人之间存在着大量的“中间地带”，这些中间地带并不是部落的“公共土地”，而是名副其实的荒地[2]。

美国独立后，迅速走上扩张的道路，必然和其他殖民主义国家之间产生矛盾和冲突，在这些矛盾和冲突中，最后获利的都是美国。如“路易斯安娜”最初为西班牙属地，法国探险家由五大湖进入密西西比河流域，就宣布为法国所有。英法战争前后，法国与西班牙再一次交换占有权。至 1803 年，为了不使该地落入英国人之手，法国以 1500 万美元的售价，将其转让给美国。又如俄

1　《美国边疆史》，第 55 页。

2　见《美国边疆史》。

勒冈是一个很有争议的地区，西班牙、俄国、英国、美国先后均声明对之享有主权。西班牙和俄国退出争议后，英美长期争执不休，至1846年，英美谈判，结束共管局面，美国毫不费力获得了28万平方英里的土地。

中国与美国截然不同，是一个有完整领土、独立主权的国家，疆域统一和边疆开发活动都是在自己管辖的疆域范围内进行的，没有出现美国那样与其他殖民主义国家争夺殖民地的矛盾和冲突。

第二章　清朝统一边疆

第一节　多元化的边疆格局

17世纪的前半叶，在明朝的四周并存着若干边疆民族政权，使中国边疆地区呈现出多元化的格局。这种边疆多元化的格局状态至 18 世纪中叶才最后消失。多元化的边疆格局可以分两个阶段：第一个阶段为 1644 年以前；第二个阶段为 1644 年至 18 世纪中叶，清朝完成对全国的统一为止。

17 世纪的上半叶，在中国的边疆地区有以下边疆民族政权：

东北地区：金国——清；北部地区：漠南察哈尔部、漠北喀尔喀三汗部；西北地区：卫拉特蒙古联盟、叶尔羌汗国；青藏地区：藏巴汗地方政权—和硕特蒙藏联合政权。

17 世纪初，努尔哈赤在东北地区以武力统一了女真各部，于金国天命元年（1616 年）在赫图阿拉称金国汗。崇德元年（1636 年）皇太极改国号为“清”。从建州女真到满族共同体的形成，再到清朝的建立，标志着一个新的民族政权在东北地区的诞生和发展。费正清、赖肖尔评价满族贵族统治者成功的经验时说：“满人成功的经历类似成吉思汗统治下蒙古人成功的经历：在一个有利的时机一个强有力的首领统一了他的人民，给了一个他们共同的名称，率领他们进军直至其后代统治整个中国。”[1]崇德元年以后，清朝势力壮大，公开与其他政治势力抗衡。其统辖范围：东到库页岛，鄂霍次克海；北至外兴安岭；西与喀尔喀蒙古车臣汗部相邻；南与明朝对峙。

顺治元年（1644 年），清军入关，十月，福临移至北京，举行了即皇帝位的大礼，这表明：原来割据东北一隅的清朝，其政权性质已经发生了根本的变化，即由边疆民族政权演变成为君临天下、统治全中国的清王朝。这个变化不仅震动了中原地区，而且对边疆民族及各个边疆民族政权也产生了很大的影响。

首先，清朝与各个边疆民族政权的关系发生了变化：由各据一隅的地方政权之间关系演变为中央与地方的关系，由边疆民族政权与边疆民族政权之间的平等关系变为中央政府与边疆地方政权之间的关系。

在这些边疆民族政权之中，只有漠南蒙古在清朝入主中原前已经全部归附，并加入其征服全国的军事行动中。天聪八年（1634 年），清太宗就说过："臣于诸国，慑之以兵，怀之以德，四境敌国，归附甚众……乃者，朝鲜素未输诚，今已称弟纳贡；喀尔喀五部举国来归；喀喇沁，土默特以及阿录诸部落，无不臣服。察哈尔兄弟，其先归者半，后察哈尔携其余众，避我西奔，未至汤古忒部落，殂于西喇卫古尔部落打草滩地，其执政大臣率所属尽来归附。今为敌者，惟有明国耳。”[2]

除漠南蒙古已纳入清朝的统治范围外，其他边疆民族政权尚未与清朝建立统治与被统治关系，清朝极力拉拢和联络北部喀尔喀蒙古、西北部卫拉特蒙古和叶尔羌汗国、青藏地区顾实汗和西藏僧俗上层人士，和他们建立了通使关系，以达到共同对抗明朝的目的，当时清朝的疆域范围并不包括东北以外的其他地区，皇

1 《中国：传统与变革》，第 215 页。

2 《清太宗实录》卷二〇。

太极所说清朝的疆域范围："自东北海滨（鄂霍次克海），迄西北海滨（贝加尔湖），其间使犬、使鹿之邦，及产黑狐，产黑貂之地，不事耕种，渔猎为生之俗，厄鲁特部落，以至斡难河源，远迩诸国，在在臣服"[1]，并不准确，除东北地区外，其他地区尚未纳入清朝的统治范围。

17 世纪中叶以后，清朝建立对全国的统治，但是除中原和东北地区外，其他边疆地区格局变化不大。

一　北部、西北部地区

(一) 喀尔喀三汗部

蒙古大汗察哈尔林丹呼图克图以汗的名义号令蒙古各部，任命左右翼三万户首领，奉扬藏传佛教，领导蒙古各部反抗后金，其辖地极广，蒙古左右翼各三万户的游牧地尽在其势力范围。

16 世纪末 17 世纪初，喀尔喀万户分成了左右二翼。左翼包括格埒森扎的三子诺诺和、四子阿敏都喇勒、五子塔尔尼后裔所部，其牧地分布在自杭爱山至哈拉哈河流域。右翼包括格埒森扎的长子阿什海达尔罕、次子诺颜泰、六子萨木贝玛后裔所部，领地在阿尔泰、杭爱之间。16 世纪末，喀尔喀右翼阿什海达尔罕及左翼的诺诺和、阿敏都喇勒势力逐渐强大，成为控制喀尔喀诸封建领地的三大力量。[2]17 世纪初，左翼诺诺和之孙衮布多尔济继位，称土谢图汗；阿敏都喇勒孙硕垒称车臣汗；右翼阿什海孙素巴第称札萨克图汗。喀尔喀始有三汗。三汗部各不相属，一般各自为政。其汗号或取自于西藏佛门，或自封，遇有重大问题，三部诸封建主会盟协商解决。三汗部的法规沿袭了成吉思汗时制定

1　《清太宗实录》卷六一。

2　见善巴：《阿萨喇克齐史》（蒙古文），民族出版社，1988 年；噶勒丹：《宝贝念珠》（蒙古文），乌兰巴托，1960 年；《钦定外藩蒙古回部王公表传》；纳楚克道尔济：《喀尔喀史》，乌兰巴托，1963 年。

的《大札撒》，另外根据其游牧的特点，又制定了《七和硕法典》和《喀尔喀—济噜姆》。

(二) 卫拉特联盟—准噶尔汗国

卫拉特即明代瓦剌。瓦剌汗也先死后，蒙古地区陷于混乱的旋涡，卫拉特势力逐渐衰弱。“黄金家族”屡次兴兵征讨卫拉特。15 世纪 80 年代以后，蒙古达延汗及其后裔，以武力迫使卫拉特人放弃漠北西部领土，逐步向西迁移。16 世纪，卫拉特的主要活动地区东至坤奎、扎布罕河以东的哈喇和林一带，西连额尔齐斯河，北至唐努山，南抵察合台后裔诸王的领地[1]。16 世纪末，卫拉特人迁移到额尔齐斯河和鄂毕河中上游以及叶尼塞河上游地区游牧。此后，卫拉特人活动的范围相当宽广，从阿尔泰山，额尔齐斯河，伊施姆河往西到伏尔加河，往南则达天山南北，直至青藏高原。

16 世纪末 17 世纪初，卫拉特形成以和硕特首领任“楚勒干”(意为会盟) 之长的卫拉特联盟。楚勒干是贵族议会，首脑由八名贵族组成。楚勒干会盟主要是调整内部关系，组织对外战争。这个时期卫拉特联盟包括和硕特、准噶尔、杜尔伯特、土尔扈特、辉特、厄鲁特、巴噶图特等部[2]。

17 世纪初叶，卫拉特各部迅速发展，人口增多，畜群增加，各大兀鲁斯 (即封建领地) 的封建主开始扩展土地，寻找新的牧场。1628 年，土尔扈特部首先向伏尔加河下游迁徙，沿途征服了厄姆巴河流域的鞑靼部落和乌拉尔河的诺盖人，占据了从乌拉尔河到伏尔加河，自阿斯塔拉罕到萨玛尔河的广阔土地。1637 年至 1639 年间，和硕特部顾实汗和绰罗斯部巴图尔珲台吉一起率卫拉

1 《蒙古源流》卷六，中华书局，1962 年重印笺证本；噶旺沙喇布：《四卫拉特史》；巴图尔乌巴什图门：《四卫拉特史》，托忒蒙古文抄本。

2 噶旺沙喇布：《四卫拉特史》，巴图尔乌巴什图门：《四卫拉特史》，托忒蒙古文抄本。

特各部联军万余人进入青海。在击败喀尔喀蒙古部绰克图台吉后，顾实汗率部分和硕特部众留在了青藏地区，巴图尔珲台吉带领联军返回天山北路。土尔扈特部和和硕特部的迁移为绰罗斯部的发展创造了条件。牧地充足，内部矛盾缓和，黄教广泛传播，加速了卫拉特的统一进程。

17纪中叶后，噶尔丹[1]完成了卫拉特蒙古部的统一，建立了准噶尔政权。17世纪末，噶尔丹去世。18世纪上半叶，准噶尔部继续称雄西北，先后有策妄阿拉布坦、噶尔丹策零、策妄多尔济那木札勒、喇嘛达尔扎、达瓦齐等执掌准噶尔部汗权。准噶尔部实行的是汗王统治下的游牧国家制度，现代许多研究者称其为“准噶尔汗国”。

准噶尔部的政权体制有以下几个特点：

1. 噶尔丹打破了卫拉特贵族议会为管理机构的几个大部落联合体，借助于西藏达赖喇嘛给予的“丹津博硕克图汗”称号，建立了以汗王为首的诸姓贵族居统治地位的四卫拉特统一政体。[2]

2. 准噶尔游牧汗国有适应其游牧生活方式的简要的国家行政组织机构，汗王以下的政府部门有兀鲁思和鄂托克两级。自上而下的体制为兀鲁思—鄂托克（和硕）—爱玛克—四十户—二十户—十户等组织，各有诺颜、洪台吉、宰桑、爱玛克长管理。兀鲁思设图什墨尔、扎尔户齐、德墨齐；鄂托克设宰桑、德木齐、

1　噶尔丹（1644~1697年），巴图尔珲台吉第六子，僧格的胞弟。据津巴多尔济《水晶鉴》，第508页（蒙古文）记载：噶尔丹是被指定为一个呼图克图的转世后去西藏的。托忒蒙古文《蒙古溯源史》和达赖班禅的传记印证这个说法，噶尔丹13岁时被确认为温萨活佛（dben sa sprul sku）罗卜藏丹津札木措的转世，即第四世温萨呼图克图，被迎请到西藏。（又见冈田英弘《噶尔丹之死》，载《东洋文库调查部纪要》第37号，东京，1979年。）拜四世班禅为师，班禅圆寂后，又到拉萨达赖喇嘛门下学经。1667年返回准噶尔。

2　准噶尔大汗具有最高权威，游牧国家的行政中枢是汗廷，汗有权作出国家重大决策和发布有关律令。汗的周围有宰桑数名，辅助处理日常事务。见《亲征平定朔漠方略》，卷二；参见《卫拉特法典》及《噶尔丹洪台吉敕令》有关条款。

收楞额[1]。兀鲁思一级主管行政、司法、税收等；鄂托克一级职能主要有行政、监察、征收赋税、传达政令、收税等；鄂托克为汗的部属；台吉的属下为昂吉。清代记载："鄂托克游牧之地环于伊犁，昂吉游牧之地又环鄂托克之外。准部一切贡赋及重大差务则鄂托克承输。若零星供给，合二十四鄂托克，二十一昂吉均输焉。"[2]卫拉特有专管喇嘛事务的机构，称为集赛，在准噶尔"初为五集赛，后增其四，成九集赛，亦领以宰桑，略如鄂托克之制"[3]。此外还有各种专业的主管官吏，如库图齐纳尔、扎哈沁、乌鲁特、阿尔塔沁、包齐那尔等。

3. 卫拉特有适用于各部的法令，主要有：旧《察津必齐克》[4]；新《察津必齐克》、《蒙古—卫拉特法典》；[5]噶尔丹的法典主要内容有九个方面：

第一，宗教方面，制定禁止萨满教的惩罚条例，给予藏传佛教格鲁派僧侣种种保护政策；

第二，协调各部关系方面，制定交换各方战俘的条例，约定

1 参见《卫拉特法典》及《噶尔丹洪台吉敕令》有关条款。

2 《西域图志》卷二九，《官制一》；又见《清高宗实录》，乾隆二十年四月壬申、五月辛巳、八月丁酉；二十一年三月壬午条。

3 《西域图志》卷二九，《官制一》；又见《清高宗实录》，乾隆二十年四月壬申、五月辛巳、八月丁酉；二十一年三月壬午条。

4 旧《察津必齐克》约于15世纪至16世纪上半叶编纂，全文已失传，现在保存下来的是帕拉斯《蒙古民族历史资料集》中记载的八条片断，其中有些内容还反映在《卫拉特法典》中，有的在实际生活中已有修正或已废止。

5 新《察津必齐克》是蒙古、卫拉特王公于1640年共同商议制定的。法典最初应是用当时通行的回鹘式蒙文书写的。（见戈利曼：《1640年蒙古卫拉特法典的俄文译文和抄本》，载《蒙古文集》，莫斯科1959年版。李佩娟汉译文载《新疆大学学报》，1983年第2期）1648年咱雅班第达创制托忒文后，才有了托忒文文本。法典的文本较多，差异也较大。我们已见到的有：帕拉斯《蒙古族历史资料集》所载1776年的译本；梁赞诺夫斯基《蒙古部落之习惯法》所载，1929年英译本；《蒙古习惯法之研究》所载1931年日译本。戈尔斯通斯基《1640年蒙古卫拉特法典》1980年俄文版；道润梯布校注《卫拉特法典》，内蒙古人民出版社1985年版；《卫拉特法典》托忒文本，载《汗腾格里》1981年第4期。

共同对敌的条款；

第三，制定服兵役的条例，鼓励勇猛的作战精神；

第四，规定社会组织方面的内容，禁止逃人；

第五，规定经济方面的法规，包括徭役，保护畜牧业等；

第六，民事方面，包括婚姻、家庭、财产继承、债务等的详细规定；

第七，关于社会生活方面的规范条例；

第八，刑事方面的规定，制定了对杀人、纵火、盗窃、斗殴、强奸、通奸、诱拐等刑事犯罪的惩罚条例；

第九，有关诉讼及量刑等方面的规定及噶尔丹的两项补充《敕令》[1]。

4. 准噶尔部有强悍的骑兵部队，军备充实，武器精良，出征作战，将士自备行军和作战的物资，一般殷实牧户，自备马十匹，骆驼三头，羊十只；较贫乏牧民也有五匹马、一头骆驼和五只羊[2]。

噶尔丹统一漠西蒙古，建立了准噶尔部对卫拉特诸部的统治后，开始征服天山以南的回疆和中亚诸游牧部落。1679 年，准噶尔部攻取哈密和吐鲁番。1680 年，噶尔丹亲自率军出兵天山南路，占领喀什噶尔、叶尔羌，执伊思玛伊尔汗，立白山派首领阿帕克和卓为南疆统治者。17 世纪下半叶至 18 世纪中叶，准噶尔部已经

1　噶尔丹在位时为补充《卫拉特法典》而发布了两项法令，史称《第一项补充敕令》、《第二项补充敕令》。第一项《敕令》约于 1677 年至 1678 年前后公布的。《敕令》的主要内容有两个方面：第一加紧征税，第二加强内部统治。要求征税官员严守职责，渎职者要交付审判，严重的要没收其财产，对不按期缴纳租税的人处以加倍的处罚。对盗窃犯和逃亡者制定了更严格的处罚条例，妻子、财产一律没收，并罚为奴隶。在诉讼方面，除正规的审判官外，其他人所作的判决无效。第二项补充《敕令》是准噶尔部统一天山南路以后，为处理维吾尔地区所面临的问题而发布的。这项《敕令》包括三项内容：一是安抚被统治的霍尔人（维吾人）；二是如何对待奴隶和禁止买卖奴隶的条文；三是允许被统治的维吾人有一定的司法自主权。

2　《亲征平定朔漠方略》卷二。

控制了天山南北及部分中亚地区。

(三) 叶尔羌汗国

叶尔羌汗国是东察合台汗国秃黑鲁帖木儿汗后裔萨亦德于1514年创建的一个国家。16世纪末，马黑麻继汗位，在其统治时期，叶尔羌汗国达到鼎盛。与此同时，黑山派和卓势力进入叶尔羌汗国。17世纪20年代，白山派和卓也进入叶尔羌汗国传教。1638年至1639年，阿布都拉哈汗进入叶尔羌，成为统治全国的大汗。

叶尔羌汗国是由察合台汗国演变而来，而察合台汗国——东察合台汗国在中亚存在近三百年，受成吉思汗建立蒙古国体制影响很深，但又接受了当地农业文化和伊斯兰教法的影响，在汗国的体制方面表现出以下特点[1]：

1. 蒙古部族原始的部落或部落联盟的议事会——忽里台，在叶尔羌汗国继续存在。参加者主要是汗族成员，各部异密，以及政府官员，后来伊斯兰教上层人士也参加，忽里台是王公大臣会议，讨论汗国内部事务，对汗位的继承和封地的分配等问题作出决定。

2. 大汗把叶尔羌汗国分成一些地区，分赐予汗族成员。受封者称为总督。

3. 叶尔羌汗国基本上是游牧类型的国家，因此，具有游牧国家军事组织的基本特点，即兵民合一，平时放牧，战时出征。官员称为异密、别吉、伯克等。

二　青藏地区

清代的青藏地区由和硕特蒙古贵族与藏人宗教上层联合统治，形成蒙古联合政权。

和硕特部的贵族集团姓博尔济吉忒，是成吉思汗胞弟哈撒尔的后裔，原部众多是明代兀良哈三卫中福余卫的吾着人，或称乌

1　见魏良弢：《叶尔羌汗国史纲》，黑龙江教育出版社，1994年。

济耶特（ojiyed）。大约在15世纪中后期，乌济耶特人来到漠西加入了四卫拉特，形成了和硕特部。[1]和硕特部经过一个世纪的发展，于16世纪后半叶至17世纪上半叶成为卫拉特各部中最强大的部落。

16世纪末，藏传佛教开始传入卫拉特。不久，卫拉特各部会盟共奉黄教，确立了格鲁派在漠西蒙古中的地位。这时，西藏各地封建割据势力各自都同某一宗教派系相结合，进行长期的战争。黄教派（格鲁派）与红教派（噶玛派）及其支持者之间的内战是这些内战中影响最大的两种势力。17世纪初，后藏的藏巴汗，康区的白利土司及信奉红教的青海绰克图台吉结成了反黄教联盟，对黄教发动攻击，黄教的处境岌岌可危，黄教统治集团紧急向新皈依藏传佛教的卫拉特人求援，和硕特蒙古应邀进入青藏地区，卷入了西藏各种势力的内战旋涡之中，乘机夺取了青藏地区的世俗统治权。建立了和硕特汗廷[2]。

和硕特蒙古部对青海的统治和控制是从1637年开始的，持续了近80年。直至1723年，清朝完全统一青海为止。和硕特汗廷是在青海和硕特贵族游牧封地的基础上，通过和硕特封建社会制度和行政管理体系来实现的。顾实汗的十个儿子的游牧封地是青海和硕特游牧封地的基础，牧地分布在青海湖四周的牧场上。整个和硕特部落分成若干层社会组织：兀鲁思、鄂托克、爱玛克，由汗、台吉、宰桑等各级封建主进行统辖；广大牧民被分别固定在各个鄂托克里，向大小封建主纳贡服役。

和硕特蒙古封建主将其游牧封地分为“伊克努图克”“兀鲁

1　见喇德纳巴德拉：《咱雅班第达传》载于《清代蒙古高僧传译辑》，成崇德译注；噶旺沙喇布：《四卫拉特史》（托忒文），载于《汗腾格里》1985年4期；巴图尔乌巴什图们：《四卫拉特史》（托忒文）。载于罗卜藏巴勒丹：《托忒文历史文献集》，乌兰巴托，1976年。

2　智贡巴·衮楚克丹巴喇布杰：《安多政教史》，吴均、毛继祖、马世林译，甘肃民族出版社，1989年。

斯”和“努图克”，和硕特汗廷不经常直接地过问青海事务，必要时通过举行会盟讨论决定。因此，制定定期会盟制度是汗廷约束诸台吉进行行政管理的主要特点。会盟的盟员是和硕特八台吉(又称青海八台吉)。[1] 八台吉以洪台吉为首，总理青海和硕特一切军政事务，是青海会盟的常设管理机构。青海八台吉上承和硕特汗，下辖诸台吉的游牧封地，在行政上分为左右二翼。

和硕特部入主西藏，1642 年建立汗廷，和硕特汗廷在西藏的统治有以下几个特点：

第一，汗廷同西藏黄教领袖和支持他们的藏族贵族紧密合作，具有政教并施、蒙藏联合的特点。和硕特蒙古汗王贵族和他们所依靠的藏族官僚形成了西藏世俗政权体系，和硕特贵族掌握了政治、经济、行政、军事诸方面的权力；达赖、班禅和三大寺上层喇嘛形成了西藏宗教领袖集团，控制了全藏寺院集团。

第二，和硕特蒙古部统治西藏以后没有改变西藏的社会制度，只是由一个贵族集团代替了另外一个贵族集团，其统治体制的社会基础是西藏三大领主封建制度。和硕特汗是西藏最大的封建主，对西藏的土地和农奴拥有最高的支配权。

第三，和硕特汗下，处理西藏重要事务的有第巴和噶伦。第巴由和硕特汗任命，按照汗王的旨意，管理西藏行政事务。和硕特汗廷对卫藏地区的行政命令，要经顾实汗盖印后才发布，第巴则盖“副署盖印”[2]。噶伦，又作噶布伦，是和硕特蒙古人新设立的官职。和硕特汗廷中有数名噶伦，逐渐形成了“噶厦”制。和硕特汗廷噶伦制度影响很大，清朝统一西藏后，袭用了这项制度，只是内容作了一些变动。

第四，和硕特蒙古部统治时期，其军队分为西藏军队和蒙古

1 《钦定外藩蒙古回部王公表传》卷八一，四库全书本。

2 王森：《西藏佛教史发展史略》，第 181 页，中国社会科学出版社，1987 年。

军队，均由和硕特汗王掌管。藏兵具有民兵的性质，平时务农，遇事调遣。清朝统一西藏后也继承了这个传统。和硕特蒙古兵是顾实汗入藏时带入西藏的[1]。

第五，和硕特蒙古部统治时期，西藏最高司法权力掌握在和硕特汗王等蒙古贵族手里，地方司法权力归地方第巴头人，据载，法典共有三卷四十一项。[2]在法律部门中蒙古贵族居于特殊的地位，司法权由蒙古汗和蒙古贵族直接控制，重大案件由他们来审理。

17 世纪上半叶至 18 世纪中叶，中国边疆地区先后形成的几个民族政权表现出以下几个特点：

第一，这些政权都是由边疆民族建立的，这些边疆民族历史源远流长，在边疆地区有深厚的经济、文化基础。是在完成对本民族和本地区的统一后建立的边疆民族政权。在其统辖范围内，形成了新的民族共同体，使用同一种民族语言、文字，信仰同一种宗教。

满族是明代的建州女真统一东北的各部女真后形成的民族，其祖先源自古老的肃慎族系，至明代有建州女真、海西女真和“野人女真”三部。努尔哈赤征服女真各部后，建立了金国。

叶尔羌汗国是成吉思汗的后裔，更确切些说，是东察合台汗国秃黑鲁帖木儿汗的后裔萨亦德汗于 1514 年创建的一个国家。叶尔羌汗国时期，汗国的统治民族蒙古人完成了突厥化和伊斯兰化的过程，最后使新疆各民族基本上都融入维吾尔族中。

卫拉特在元代称斡亦剌，明称瓦剌、四万户瓦剌或四瓦剌。四瓦剌在各个时期包括的成员都不相同，16 世纪末至 17 世纪初，形成了新的四瓦剌，17 世纪被称为四卫拉特或四卫拉特联盟，四

1　《西藏志·兵志》。

2　〔意〕伯戴克，周秋有译：《十八世纪前期的中原和西藏》，第 319 页。

卫拉特联盟是一个松散的部族联合体，但是也具备了民族政权的基本条件，并且为准噶尔汗国的成立奠定了基础。

这些政权都具有自己独特的，比较完备的政权、官制、军队和法律制度。金国的政治体制，是以八旗制度的军事组织为基础建立的君主专制等级统治的政治制度。叶尔羌汗国的体制，基本上是成吉思汗建立的蒙古国的体制，是属于游牧类型的国家。和硕特汗廷是蒙古、西藏贵族及黄教集团联合建立的政权，政教并施。和硕特贵族主要控制青藏地区的政治、经济和军事，西藏贵族则主要掌握了地方的经济和行政权力，达赖、班禅和三大寺上层喇嘛形成了宗教领袖集团，控制青藏的宗教事务。漠南蒙古、漠北蒙古和漠西卫拉特联盟都是比较松散的、游牧类型的集团，是北元之后由当时的万户演变而成的。

第二，这些政权相互之间既有密切的联系，又有为获得更大的领地而进行的激烈争夺。对于蒙古、藏、满等民族来说，宗喀巴改革后的藏传佛教是他们之间进行联系的主要纽带。蒙古三大部都信奉藏传佛教，满族贵族也通过藏传佛教和蒙藏贵族建立联系。叶尔羌汗国时期，完成了全民族的伊斯兰化过程，即统一了以喀什噶尔为中心的伊斯兰文化政治区和以吐鲁番为中心的佛教文化政治区。

他们之间的争战主要是在金国和漠南蒙古，卫拉特蒙古和漠北蒙古，卫拉特蒙古和叶尔羌之间进行的。16 世纪末，曾在蒙古图门汗时代为蒙古附庸的女真族实力壮大，努尔哈赤击败扈伦与蒙古的九部联军后，与察哈尔林丹汗争夺对漠南蒙古的统治，金国先后征服了大兴安岭地区游牧的阿禄蒙古各部，嫩江流域的科尔沁部以及西辽河和辽河流域的内喀尔喀五部，最后战胜了察哈尔部，控制了山西、大同边外归化城、土默川地区的土默特部和东邻哈喇嗔部、永谢布部，占据了黄河河套地区的鄂尔多斯部。东北—漠南内蒙古的领地全部归清所有。

卫拉特蒙古与漠北蒙古的领地争夺主要是在喀尔喀右翼与卫拉特之间进行的。卫拉特人退出控奎、扎布汗河以后，喀尔喀人乘机向西发展，占领了卫拉特人的一些故地。其西边已扩展到阿尔泰乌梁海西境。17 世纪初，卫拉特人已开始侵扰叶尔羌汗国的领地，劫掠行旅，抢夺牲畜，扩张领地。

第三，这些政权都是在先完成对本民族的统一，再对本地区进行统一的过程中建立和发展的。建州女真是东北地区女真族许多部落中的一支，人口不多，民族成分也比较单纯。16 世纪 80 年代以后，努尔哈赤势力壮大，对建州女真族分散的部族进行武力统一，在此基础上，又以兼并战争的方式统一了海西女真和东海女真。努尔哈赤还统一了黑龙江和乌苏里江等处的许多民族。这样，建州女真由单纯的民族部落，逐步聚集统一女真各部落而壮大起来，又吸收其他民族的成分，各民族由联合、统一到形成一体。1635 年，皇太极宣布改女真为“满洲”，标志着新的民族共同体的形成。叶尔羌汗国时期出现相对安定的社会环境，维吾尔族不断地融合其他民族的成员，由一个古老民族发展、壮大，形成一个近代民族。无疑是民族发展、社会进步的表现。

第四，这些政权的领地，有的在明朝疆域内，有的并不在明朝疆域范围之内，明朝比起元朝疆域，显然要小得多，虽然明代历朝皇帝一直致力于边疆的统一和经营，但直至 17 世纪初，明朝对边疆的直接管辖范围也没有达到元朝那样的规模。

第二节　统一过程中的矛盾和冲突

自 17 世纪中叶，清朝入主中原建立对全国的统治，到 18 世纪中叶，完成对边疆地区的最后统一，清王朝一直在为实现“大一统”进行着极其艰苦卓绝的努力。但是，清朝统一边疆过程中矛盾和冲突不断，如何确定这些矛盾和冲突的性质，史学界说法不一，归纳起来主要有以下几个问题。

一　征服与反抗、表贡与册封

正确看待清朝对中原地区的统一行动及各民族的反抗，有助于理解清朝对边疆的统一和正确分辨边疆民族的反抗或叛乱。

在谈到清朝入关及对中原地区的战争时，人们既肯定清朝对中原的统一，也颂扬中原汉民族对满洲贵族统治者进行反抗的精神。在这里，既称“征服中原”也称“统一中原”[1]，既肯定了清朝统一中原的历史作用，也揭露批判了它厉行民族压迫，血腥镇压反清斗争的暴行。

但是，中国是一个领土广袤、民族众多、历史悠久的国家，很多民族都生活在遥远的边疆地区。历史上边疆民族政权与中原政权既有统一也有对峙。这些特点决定了历史上任何一个中央政权对全中国实行统一过程的长期性和统一形式的多样化。清朝也不例外，它不可能在短期内完成统一任务。实现对中原的统治并不等于完成了对全国的统一，因此在肯定清朝对边疆的统一功绩时，不能否定边疆各民族对清朝民族压迫的反抗。同样，在全国大一统完成之后，边疆各民族反抗清朝的民族压迫是合理的，但是利用清朝错误民族政策而进行分裂国家的活动却又是极其错误的。

由此看来，统一和征服在某些方面有相同的意义，但又强调不同的方面。在清代，对边疆既有和平的统一方式，也有残酷的征服战争。这些战争也应该称为统一战争，不管是征服战争还是统一战争，是进步的也是很严酷的，正如列宁所说的那样：“历史上常常有这样的战争，它们虽然像一切战争一样不可避免地带来

1　戴逸：《简明清史》，人民出版社，1980年；《清代全史》，辽宁人民出版社，1991年。

种种惨祸、暴行、灾难和痛苦，但是它们仍然是进步的战争，也就是说，它们促进了人类的发展。……”[1]

表贡与册封是清王朝对外藩的政策。18世纪，蒙古、西藏、回部、哈萨克、布鲁特、朝鲜、安南、琉球、浩罕、巴达克山等不分中外，清朝统称其为“藩部”，藩部又分“内藩”和“外藩”，内藩自然在清王朝的严格管辖之内；外藩又有区别：有外属和内属，内属藩部是指清朝完成“大一统”事业后在中国疆域之内的边疆民族，如蒙古、西藏、回部等，清王朝与这些外藩是中央与地方的关系，对其实行行之有效的主权管辖。外属藩部一般又称藩属国，如朝鲜、琉球、苏禄、安南、缅甸、南掌、浩罕、巴达克山等。清王朝与藩属国结成了“宗藩关系”。“宗藩关系”的义务和责任主要有：藩属国的君主要接受清朝皇帝的册封；藩属国要奉清朝为“正朔”；藩属国国王要定期遣使向清廷朝贡；藩属国向清廷称臣，而清王朝有保护藩属国的义务。但是藩属国的“一切政教禁令，向由该国自行专主，中国从不与闻”[2]，也就是说，清朝不干涉各藩属国的内政外交，一切由其自主。

清朝对中国疆域之内的外藩也实行册封、朝贡等政策，但是与藩属国的册封、朝贡性质截然不同。这是清廷派驻边疆大吏对边疆地区进行管辖的同时，对边疆民族上层人物实行的笼络政策。

二　统一与分裂

统一有多种多样的形式和内容，有政治的、经济的、文化的、宗教的、军事的和民族的，有全局的和局部的，有全国性的和地区性的，有大统一和小统一等各种不同的统一关系和统一方式。对于清王朝来说，实现全国的大统一需要很多必要的条件，如地

1　《列宁全集》，第21卷，第279页，《论社会主义与战争》。
2　王彦威、王亮纂辑：《清季外交史料》卷四，故宫博物院，1934年。

理的、政治的、文化的、经济的、民族的，这些条件是长期历史形成的，是有着共同基础的。清朝入关前对东北地区的统一，准噶尔部对西北地区的统一，叶尔羌汗国对南疆的统一，都是属于边疆局部地区的统一，相对于全国的大一统而言是小统一。大统一与小统一并不是对立关系，全国大统一不排斥局部地区的小统一，大统一所形成的和平环境是各个地区发展的重要保证。而局部地区的小统一又可以成为全局大统一的重要步骤。

大一统是中国历史的鲜明特点。与中国不同，中世纪欧洲分为许多小的封建城邦，中国则很早就统一，而且越来越出现大一统、大融合的趋势。自周代的诸侯千百，变为战国七雄，到秦始皇统一全国后，中国统一时间之长久，在世界上无与伦比。

怎样估算中国历史上统一与分裂的时间？有的学者认为中国历史上分裂的时间很长，甚至认为从秦以来两千多年时间都是分裂的，只有清乾隆中叶平定准噶尔、统一西北至鸦片战争之间不到一百年时间是统一的。鸦片战争后，香港被割，又告分裂。戴逸教授认为，这样估算过于绝对化。所谓“统一”不是全国范围的铁板一块、完全一致、毫无分治分立现象。如果作那样绝对化的估算，那么，乾隆以后的一百年间，澳门仍为葡萄牙所占，仍有局部的分裂，但这无碍于当时中国的统一。又如今天，台湾尚未统一，但中华人民共和国应是一个统一的国家。从秦始皇统一以后的 2200 年，中国统一的时间，大约占 70%，分裂的时间约占 30%。[1]

那么又应当怎样看待中国历史上反复出现的统一与分裂现象呢？

我国的统一，不是指我国的某一部分地区某一民族的统一，

1　戴逸：《中国民族边疆史研究》，载《中外历史问题八人谈》，中共中央党校出版社，1998 年。

而是指我国整个领域和居住在这一领域的所有民族的统一。这样的统一，不是自古以来就有的，也不是统一后没有分裂的。既然是多民族国家的建立和形成，各个民族之间既有矛盾和斗争，又有互相联系和日益接近的过程；既分别存在和建立过不同的政权，又日益趋向于政治的统一和建立统一的国家。通过统一，促进了各民族间的友好交往和共同发展。但是，在新的格局下，各民族之间又有新的竞争，导致了新的冲突，在历史上表现为内乱、分裂、民族战争和改朝换代。纵观鸦片战争前中国数千年文明史，国家总是在统一、分裂而又复归于统一的轨道上运行着。

实际上，每一次的统一都不是简单的历史重复，每一次分裂也不能简单斥之为历史的倒退，而是社会由低级向高级、由落后向进步的一种螺旋式的发展规律。每一次新的统一，都有一些新的民族融合于统一多民族的国家之中，都有新的土地得到开发和利用，生产力提高、社会进步、民族发展、国家领土不断拓展，最终凝聚为以汉族为主体的统一的多民族的国家。

在清代，“大一统”“一体”“一统”和统一是同义词，全国的统一对于清王朝来说，是不可动摇的目标。正如康熙帝所说：“朕为天下一统主，务使四海之内，人民咸获其所，一享太平。”[1]但是，清初清朝统治者所面临的局面并不是全国的大一统，而是明末所出现的边疆地区的多元化格局。也就是说，清朝虽然建立了对全国的统治，但是并未达到对全国的统一。在边疆地区出现的分裂与割据状态对于大一统局面来说是局部的和暂时的，是完成全国统一必然经历的过程。魏源在总结这个历史过程时说：“孟子曰：‘天下之生久矣，一治一乱。’西域之不治，自上古至今数千载。天欲使化荆棘而康衢，化幽谷而白日，化榛丕而冠裳，化毡帐而闾井，则必得圣人而畀之，且必铲销磨荡，一扫其旧而

1　《清圣祖实录》卷一五〇。

后界之。传曰：‘文王基之，武王凿之，周公内之。’言其道同，终始相成。臣是以反覆于西陲军事之本末，睹一支，念全体，观一隅，廑中国，益三叹于始事之固难，与终事之不易焉。”[1]

清朝统治者对于割据一隅的边疆民族政权并未简单地斥之为分裂或分裂政权。而是在不同的阶段、对不同的民族、按不同的地区所确立的不同关系采用了不同的称呼，实施不同的政策。清入关前直到完成全部统一的18世纪中叶，清王朝在正式文书和正常的交往中，称呼边疆民族政权为“图白忒部落”“汤古忒部落”“汤古忒国”“乌斯藏部落”“吐鲁番”“西域三十八国部落”“哈密卫畏儿国”“喀尔喀”“厄鲁特部落”“准噶尔部”“准部”。在与边疆民族各部的关系上，清朝统治者明确规定：“分疆别界，各有定制”，如在确定与青海蒙古诸部的关系时说明：“倘番夷在故明时，原属蒙古纳贡者，即归蒙古管辖，如为故明所属者，理应隶入中国为民。”[2]清朝承明制而继续实行对中国的统治，明朝未能达到元朝那样的疆域范围，清朝也只能采取稳妥的办法完成它的大一统目标，这也就体现出清朝政府在实现统一过程中的灵活性和阶段性。

对于已经明确纳入清朝统治范围的或者已经明确由清朝直接管辖的地区和民族，不管是汉族政权还是边疆民族政权，如果背叛清朝，再以独立政权形式与清朝对抗，清朝则坚决斥之为“分裂”“谋叛”，坚决平定。

清初的边疆民族政权又是如何看待国家统一和他们所处的割据一隅的地位呢？

首先，对于清朝入关，持最积极拥护态度的是喀尔喀、卫拉特、叶尔羌、青藏和硕特、卫藏红黄教派等边疆地区的民族政权

1 《圣武记》卷四《外藩·乾隆荡平准部记》。

2 《清世祖实录》卷一〇三。

和藏传佛教的各个教派。当然，他们支持的动机是不同的，概括有几种：

（一）清朝在入主中原以前已经确定了和其他边疆民族政权的友好关系。清朝由东北地区进入中原，打破了明朝与边疆地区的隔绝状态，有利于各个地区的经济发展和贸易往来。这一点对急于与中原地区进行互市贸易的内外蒙古、卫拉特来说尤为重要。

（二）对于西北地区的叶尔羌汗国来说，明清之际，其内部动荡不安，卫拉特部不断发动对他们的攻击，明朝政府无能力解决问题，因而寄希望于清朝，希图借助清朝的力量削弱卫拉特对他们的控制。

（三）清朝入关之际，正是藏传佛教格鲁派联合和硕特顾实汗击败敌对势力，蒙藏联合政权统治西藏的开始，无论是顾实汗还是黄教集团及其他各个教派，都急需得到外来力量的支持，明朝已经被农民军摧毁，新的王朝刚刚诞生，立即联系新王朝，取得承认和支持，对西藏各个方面来说都是至关重要的大事，因此清军入关，来自西藏各个方面的支持是最踊跃的[1]。清初各个边疆民族政权对清朝入关的支持，既表明了他们对清朝统治全国地位的承认，同时也确认了自己的从属地位，这不但使清王朝赢得了统一中原的时间，同时也为其最后统一全国奠定了基础。

综上所述，从清初至 18 世纪统一多民族国家最后形成的一百年间，中国广阔的土地上，既有清王朝，也有边疆民族政权，多种政权和多种制度并存，相互之间既有吸收、融合又有排斥和对抗，除了准噶尔与清朝对抗时间较长外，其他基本都处于和平交往的状态中，这种长时间的多种政权并存的局面为各民族和各民族政权的经济文化发展创造了有利时机，也为统一多民族国家形成和版图奠定的稳定性提供了时间的保证。

1　见中国第一历史档案馆：《蒙文老档》、《蒙古堂档》，顺治朝。

谈论“统一”，自然要提到“分裂”，何为分裂，也有加以区别的必要。分裂是对统一而言的，如果没有统一，也就谈不上分裂。已经统一了的政权变成几个，或原来属于该政权的一部分脱离了，独立了，可以称为分裂。但从来就存在的，不属于该政权的地区或政权就谈不上是什么分裂。此外，分裂状态与分裂祖国是两种不同的概念，分裂状态又可以称为割据状态。统一，就是变分裂状态或割据状态为一统。而分裂祖国或分裂国家则不是一般的分裂行为，其性质已经完全转变。康熙年间三藩之乱应当定其为分裂，所建立的政权应称为分裂政权，因为它是从清朝分裂出来的政权，破坏了清朝的统一局面，给国家造成了混乱和灾难。同样，清朝同意台湾郑经的最初要求“许其藩封，世守台湾”，但是绝不允许他“照朝鲜事例”，因为朝鲜是外国，“郑氏乃中国之人”，“中国之人不宜引朝鲜之例”。郑氏欲“于版图疆域之外别立乾坤”[1]，是分裂国家、背离祖国的行动。在18世纪，争议最多的是准噶尔政权，许多学者认为准噶尔与沙俄建立联系，对抗清朝的统一，是分裂国家的行为，应属于分裂政权。

本文认为：

（一）准噶尔部的诞生。准噶尔部原是四卫拉特诸部中的绰罗斯部，和硕特蒙古部顾实汗率卫拉特诸部进兵青藏高原时，兵分左右翼，绰罗斯、杜尔伯特等为左翼，因而又称准噶尔托忒蒙古文原意为左翼、左手的意思，汉文音译写作准噶尔）。绰罗斯等部返回天山北路后（时间大约在1639年），即以准噶尔为其部落名。1640年，卫拉特各部和喀尔喀蒙古诸部王公贵族、宗教首领在塔尔巴哈台召开联合会议，准噶尔部落的称呼正式出现联盟会议上[2]。1640年以后，在巴图尔珲台吉的治理下，准噶尔部逐步

1 《台湾外记》卷六。

2 见戈利曼：《1640年蒙古卫拉特法典的俄文译文和抄本》，载《蒙古文集》，莫斯科1959年版。李佩娟汉译文载《新疆大学学报》，1983年2期。

发展起来。因此，准噶尔政权的诞生，并不是从别的部落或王朝分裂出来的，而是从蒙元时期的我国史籍记载的部族“斡亦剌”，即明代的“瓦剌”，明末的“卫拉特”中逐步演变、发展的绰罗斯部，后改称准噶尔。

（二）准噶尔部的政治目标。准噶尔部是在噶尔丹统辖时期崛起的，噶尔丹幼年赴西藏学佛，是藏传佛教格鲁派达赖喇嘛忠实的弟子。1671 年噶尔丹自西藏返回天山北路准噶尔游牧地，以恢复蒙古帝国为其政治目标，并把这一政治理想和达赖喇嘛黄教派的宗教事业结合起来。噶尔丹首先击败了同盟者和硕特部鄂齐尔图车臣汗，统一了天山北路的卫拉特诸部，得到达赖五世赐予的“丹津博硕克图汗”称号。尔后，利用天山南路“回疆”的教派之争征服南疆。

17 世纪 80 年代开始，噶尔丹率兵连年西征，征伐哈萨克、布鲁特、布哈拉、诺盖、安集延等部，准噶尔军一直深入到费尔干纳。18 世纪上半叶，准噶尔部统一了天山南北，占据了中亚大部分地区，达到准噶尔历史上最强盛的时期。这也就是汉籍史书中所说的“恃其强，侮诸卫拉特”[1]。从 17 世纪中叶至 18 世纪初准噶尔的军事行动可以清楚地看出准噶尔政权的政治目标：首先统一诸卫拉特，其次征服天山南北和中亚诸部，再一统蒙古各部建立蒙古帝国，最终与清朝争夺中原，恢复蒙元对全国的统治。对此，清人梁份在《西陲今略》中曾明确指出，噶尔丹征服中亚，出兵漠北及与清朝对抗的目的是“并吞四极，窥伺中原”[2]。

（三）准噶尔与清朝的关系。准噶尔部自巴图尔珲台吉开始即与清朝建立通使关系，顺治三年（1646 年）准噶尔等卫拉特 23 名王公台吉联名向清朝遣使通好。噶尔丹时期，准噶尔“请

1　张穆：《蒙古游牧记》卷一四。
2　梁份：《西陲今略》卷七《嘎尔旦传》。

示准照常遣使进贡”[1]。清准对抗数十年，而贡使关系却从未中断。如何看待准噶尔与清朝关系的性质呢？这是国家尚未全部统一时期两个政权之间的关系。清王朝入主中原，已经取得了对全国的统治地位，准噶尔保持遣使进贡，就是对清朝入主中原的承认和支持。

（四）无论是大统一还是小统一，都要善于把握时机。18 世纪，清廷与准噶尔相持数十年，历经大战，劳师糜饷。然而准噶尔兵强财富、内部团结，无隙可乘。康雍两朝，竭尽全力，仅能遏止其东进。乾隆朝中叶，准噶尔部内讧。乾隆帝了解到准噶尔内部的真实情况，萌生了乘机出兵、平定准部的念头。乾隆帝说："伊部落数年以来，内乱相寻，又与哈萨克为难，此正可乘之机。若失此不图，再阅数年，伊事势稍定，必将故智复萌，然后仓卒备御，其劳费必且更倍于今。……朕意机不可失，明岁拟欲两路进兵，直抵伊犁，即将车凌等分驻游牧，众建以分其势。此从前数十年未了之局，朕再四思维，有不得不办之势。”[2]数年后，清朝削平割据，统一西北。证明乾隆帝的决策是完全正确的。完成全国的大统一，有利的时机往往稍纵即逝，如果不能及时地牢固地抓住历史提供的短暂机会，那么机会很可能永远消失，不再来临。

在判定准噶尔政权性质时，准噶尔与沙俄的关系无疑是至关重要的一个环节。对准噶尔政权的批评者曾指出这样几个问题：其一，准噶尔与沙俄勾结问题；其二，17 世纪 80 年代的俄、准联合军事行动问题；其三，噶尔丹、阿睦尔撒纳与俄国的关系。

第一，自巴图尔珲台吉开始，准噶尔部与俄国建立了通使关系，据俄国史料统计："俄国当局和准噶尔汗国之间频繁地互派使团，是巴图尔浑台吉执政年代一件突出的事情。史料中保存有关

1 《清圣祖实录》卷三八。
2 《清高宗实录》卷四六五。

三十三个外交使团的可靠资料，其中有巴图尔浑台吉亲自派出和直接派到他本人那里来的不下十九个。”[1]

巴图尔珲台吉之后，准噶尔部汗位的继任者僧格、噶尔丹、策妄阿拉布坦、噶尔丹策零、策妄多尔济那木扎勒和达瓦齐等一直与俄国保持着通使关系。梁份称准噶尔“北通好于俄罗斯”[2]。

我们认为，在清朝尚未实现全国的“大一统”，对边疆地区实行行之有效的管辖之前，边疆民族政权、部落与邻国、邻部建立联系是正常的。卫拉特诸部与邻国、邻部有较多的贸易和通使关系；西藏地方政府与邻国、邻部也一直保持着贸易和通使的往来。准噶尔游牧地北邻俄罗斯，与俄国发生通使关系是正常的，不能仅仅根据双方遣使频繁与否这种表面现象，而简单地判定是非。沙皇俄国与准噶尔人接触的目的是很明确的，即“极力通过和平手段把卫拉特王公和执政者变为俄国的臣民，把从属于这些王公和执政者的居民变成替俄国国库提供实物税的属民，并把他们的地区变成俄国的领土”[3]。

俄国曾企图把与准噶尔部的通使变为“臣服”和“朝贡”，最终实现其扩张目的。准噶尔部对俄国，既进行友好通使，又对他们的侵略、扩张意图有所认识。尤其应该给与肯定的是，准噶尔部历代统治者，从未“臣服”于俄罗斯，也从未把任何一块土地割让给俄国。

自巴图尔珲台吉开始，准噶尔人就坚决地反击入侵者。巴图尔珲台吉时期，沙俄入侵激怒了准噶尔人，准噶尔部出兵反击入侵者，俄准关系一度紧张。英国学者巴德利在其《俄国·蒙古·中国》一书中说：“早在 1647 年，巴图尔珲台吉就以火和剑威胁西伯利亚

1　伊·亚·兹拉特金，马曼丽译：《准噶尔汗国史》，第 186 页，商务印书馆，1980 年。

2　梁份：《西陲今略》卷七《嘎尔旦传》。

3　《准噶尔汗国史》，第 168 页。

诸边境城市。”[1]僧格执政时期，准噶尔人继续反抗沙俄的入侵。策妄阿拉布坦父子执政时期，正是俄国对外扩张发展到争夺世界霸权的重要历史时期。俄国势力向南扩张，矛头指向我国西北领土，即准噶尔的游牧地，企图以此打开缺口，实现其殖民扩张目的。

自康熙五十二年至乾隆七年（1713 年至 1742 年），策旺阿拉布坦父子率准噶尔人民，以古老的刀剑弓矛向沙俄的炮火抗争，反击侵略者。康熙五十四年（1715 年 10 月），准噶尔军在驱逐侵略者的亚梅什湖战役中击败俄军，俄军损失将近 3000 人，数百名官兵被俘。乾隆七年（1742 年），噶尔丹策零派使团到俄国，向俄国政府明确阐述了准噶尔的边界界址，要求俄国必须撤除在准噶尔土地上修建的要塞、驻兵。在研究清朝平定准噶尔之前的一个世纪的准俄关系时，既要看到准噶尔与俄国之间发生的通使关系，也要看到准噶尔政权反抗沙俄入侵，维护祖国领土完整的重要贡献。准噶尔积极调整与俄国的和平贸易关系是正常的，其维护民族尊严和主权，抗击俄国政府对我国西北领土的侵扰、蚕食和吞并，以牺牲无数人的生命，换取我国西北边陲的稳定和疆域的完整是应该肯定的。

第二，17 世纪 80 年代的俄、准联合军事行动问题。在否定准噶尔政权的问题上，很重要的一点，就是噶尔丹与沙俄勾结，俄准联合采取军事行动。康熙朝，噶尔丹统治准噶尔时期，噶尔丹为了实现统一蒙古的事业，为了与清廷争夺对喀尔喀蒙古的控制权，积极与俄国联络，企图利用俄清之间的矛盾，把俄国作为其与清朝对抗的王牌。俄国使团戈洛文抓住时机于 1688 年元月“给外务衙门的报告中提出建立俄国——厄鲁特联盟的想法”[2]。

1　巴德利：《俄国·蒙古·中国》下卷，第 1 册，第 1127 页，商务印书馆，1981 年。

2　苏联科学院远东研究所等编，黑龙江大学俄语系翻译组、黑龙江哲学社会科学研究所第三室合译：《十七世纪俄中关系》第 2 卷，第 1 册，第 20 页，商务印书馆，1975 年。

噶尔丹于同年底派特使去伊尔库茨克会见戈洛文说："噶尔丹与俄国建立盟约，同抗公敌，看来正是良机。"[1]尔后，在俄国当局的诱惑下，噶尔丹越来越接近俄国，同意正式结盟。并在清朝与俄国准备进行边界谈判之际，出兵打击了喀尔喀蒙古。噶尔丹配合俄国，采取的联合军事行动，造成了极其严重的后果。一方面，使清廷在尼布楚谈判中处于被动地位，不得不考虑喀尔喀的现状，而对沙俄作出适当让步。另一方面，俄国军队利用喀尔喀蒙古被准噶尔军击败、腹背受敌的时机，屠杀希洛克河一带的蒙古牧民[2]，使蒙古牧民的生命财产受到极大损失。噶尔丹与俄国勾结，是不能否认的历史事实，是极其严重的错误。从准噶尔部的发展史上来看，其某些首领，被沙俄利用，犯下了勾结外国势力、攻打自己蒙古同胞的重大过错，是应该批判的。但是，这些问题并不能成为判定准噶尔政权是分裂祖国的依据，准噶尔部在一百年间抗击沙俄入侵、维护祖国领土完整的功绩是主要的。

第三，噶尔丹、阿睦尔撒纳与俄国的关系。如上所述，噶尔丹想利用俄国的力量以实现其统治整个蒙古，进而实现与清朝争夺中原的目的，反而被俄国利用，给国家和民族造成了严重的损失，是极其严重的错误。但是，并不能以此将噶尔丹定为民族分裂人物。

首先，噶尔丹没有向俄国出卖领土，奉送属民。噶尔丹曾说过："倘若沙皇陛下有意在这里（指雅克萨——引者）重建城堡，博硕克图汗愿将这片土地让给陛下。"[3]这是噶尔丹以土地作交易丧失原则的话，后来，噶尔丹在与俄国交涉时又说："贵方在涅尔琴斯克与博格德汗（指康熙皇帝——引者）划分了土地，先前有

1 〔法国〕加恩：《早期中俄关系史》，第73页，商务印书馆，1961年。

2 〔苏〕H.沙斯季娜，北京师范大学外语系译：《17世纪俄蒙通使关系》，144页，商务印书馆，1977年。

3 《十七世纪俄中关系》第2卷，第1册，第30页。

博格德汗的军队在，而这片土地是蒙古的，不是博格德汗的，现在蒙古的土地由我们管辖，希望沙皇处理这件事情时也同我们商量。”[1]噶尔丹又提出不再把这片土地让给俄国，显然，噶尔丹在领土问题上前后不一的说法，不负责任的许诺只不过是暂时有求于俄国的一种权宜之计。

其次，噶尔丹在与清朝的对抗中，曾要求俄国支援他“兵员、火药、弹铅和火炮”[2]。虽然这些愿望未能实现，但噶尔丹求援于俄罗斯却是不争的事实。即使这样，也不能说明噶尔丹投靠俄国，进行民族分裂活动。应该看到问题的另一方面，当时，俄国提出，要噶尔丹臣服归顺俄国，要他一切行动告知“全权大使及沙皇陛下所属各城堡”，“只有在这种条件下”，俄国“才愿意援助噶尔丹”[3]。噶尔丹只是同意以平等的地位与俄国交涉，拒绝以归顺俄国为援助的条件。不但如此，噶尔丹屡次出兵收回被俄国夺去的蒙古属民，直至1696年，还“宣布攻打俄国一个不著名的防御工事”[4]。

如何评价噶尔丹的一生，本文同意马大正先生所作的结论：“噶尔丹在政治上不是庸才，军事上也颇有建树，他以10年戎马生涯，东征西伐，战绩显著；他纵横捭阖，深谋老练，一时成为我国北方草原上叱咤风云的人物，他领导下的准噶尔汗国也成为17世纪下半叶我国政治舞台上的强大力量。噶尔丹还忠于自己的政治思想和原则，直至身临绝境，不求瓦全，宁可玉碎，也不投降清朝，体现了一个政治家的可贵气节。从这一意义上讲，噶尔丹不愧是蒙古族一个有影响的历史人物。噶尔丹失败了……最可

1 《十七世纪俄中关系》第2卷，第1册，第32页。

2 《17世纪俄蒙通使关系》，第164页。

3 《17世纪俄蒙通使关系》，第157页。

4 〔法〕莫理斯·古朗：《17和18世纪的中亚——卡尔梅克帝国还是满洲帝国?》，第5章，1912年，里昂·巴黎。

悲的是噶尔丹与俄国交往的政治、外交实践的失败。噶尔丹本想借俄国力量达到自己与清王朝抗争的目的，但却被俄国利用……噶尔丹的失败，从根本上说，他的行动违背了我国多民族国家走向统一和巩固的历史潮流，到头来不免走上覆灭的命运。从这一意义上说，噶尔丹又是一个悲剧性的历史人物。”[1]

阿睦尔撒纳同样是一个悲剧性的历史人物。乾隆十九年（1754 年）阿睦尔撒纳在与达瓦齐争斗失败后，投归清朝，阿睦尔撒纳意欲利用清朝的兵力消灭政敌达瓦齐。正如《皇朝藩部要略》所分析的那样：阿睦尔撒纳“假手大兵（即清军——引者），灭准噶尔后，以己为浑台吉，总管四卫拉特”[2]。乾隆二十年（1755 年），阿睦尔撒纳被乾隆帝封授定边左副将军率北路兵，指挥平定准噶尔的战役。达瓦齐被平定后，阿睦尔撒纳总统四卫拉特的目的不能达到，遂公开反清。乾隆二十二年（1757 年）阿睦尔撒纳兵败逃往俄国，同年九月，身患天花病死。

第三节　统一边疆的四种模式

17 世纪中叶至 18 世纪中叶，是清朝实现全国统一的重要时期，从整个中国古代历史来说，也是一个统一的多民族国家完成其古代发展过程的最后阶段。这个时期，由于各个边疆地区的特殊性及其历史上与中原王朝的关系统一模式呈现出多样化。但是不论哪一种统一模式，最终所有地方都被置于清朝直接派员的管辖之下。清朝采取多种形式统一边疆，有的地区是以和平的方式统一；有的地区是继承明制，继续施政；还有的地区是削除割据

1　马大正：《边疆与民族——历史断面研考》，第 263~264 页，黑龙江教育出版社，1993 年。

2　祁韵士：《皇朝藩部要略》卷一二《厄鲁特要略》四。

完成统一。

一　清朝统一台湾

清朝初期，在我国的领土台湾，曾发生了两次影响台湾历史发展的重大事件。

康熙元年（1662年），郑成功出奇兵收复台湾，结束了荷兰殖民者对我国台湾长达38年的殖民统治。台湾是中国的宝岛，对此，郑成功的态度很明确。顺治十八年（1661年）五月，郑成功决定收复台湾，严正宣告了中国对台湾的主权："这个岛一向是属于中国的！中国人不需要时，可以允许荷兰人暂时借住，现在中国人需要这块土地，来自远方的荷兰客人，自应把它归还原主，这是理所当然的事。"[1] 郑成功抱着誓复台湾的决心，统领大军从金门起航，扬帆直指台湾。在郑成功大军的重创下，荷兰在台守军内外援绝，悲观绝望，被迫投降。顺治十八年十二月十三日（1662年2月1日）荷兰殖民长官揆一签订了投降条约，并带领残余人员退离台湾。

郑成功收复台湾后，下令将赤嵌地方改为东都明京，并按照内地郡县制，设立了一府二县。郑氏政权倾注全力，进行台湾的政治、经济和文化建设。尤其是采取各项措施，发展台湾经济，如实行"寓兵于农"制度，进行土地开垦；吸引大量沿海移民迁入台湾进行经济开发，在郑氏政权的经营下，台湾社会秩序稳定，经济得到较大发展。

郑氏政权收复台湾后，与清朝处于隔海对峙状态，保持着军事上的抗争。

清朝入主中原以后，一直致力于镇压全国各地爆发的抗清斗

1　C.E.S：《被忽视的福摩萨》卷下，载《郑成功史料选编》，福建教育出版社，1982年。

争。自康熙元年始，清廷内部开始注意台湾问题，当清廷得到郑成功死讯，以为郑氏政权群龙无首，有机可乘，即数次派人到厦门“招抚”郑经，想通过谈判，争取早日统一台湾。但是郑成功去世后，在台湾归属的重大问题上，其子郑经背弃了郑成功所坚持的立场。郑成功说过：“台湾者，早为中国人所经营，中国之土地也！”[1]而郑经却提出：“台湾远在海外，非中国版图！先王在日，亦只差‘剃发’二字，若照朝鲜事例，则可。”[2]清朝屡次派人赴台与郑经面议和平统一台湾，郑经坚持按朝鲜事例解决台湾问题。在郑经看来，台湾与朝鲜是等同的，都不属于中国领土，他说：“东宁偏隅，远在海外，与版图渺不相涉！”[3]

自康熙元年至十九年（1662~1680年），清朝与台湾郑氏政权谈判十余次，均告失败。显然，郑经欲将台湾分割于中国版图之外的用心已定。郑经的做法违背了其父郑成功的最初意愿，在与清朝的谈判中一再提出按照朝鲜事例，将台湾从中国分裂出去，否认台湾是中国的一部分，从而失去了郑成功收复台湾、驱逐荷兰殖民者的伟大意义和作用，成为国家统一的障碍。

对于郑经提出的把台湾从中国分割出去的立场，早在康熙八年（1669年）康熙帝就已郑重指出：“若郑经留恋台湾，不忍抛弃，亦可任从其便。至于比朝鲜不剃发、愿进贡投诚之说，不便允从。……郑经乃中国之人。若因住居台湾，不行剃发，则归顺悃诚，以何为据？”[4]“台湾皆闽人，不得与琉球、高丽相比”[5]，不论是采用招抚还是武力收复，台湾不能从中国分离出去。对此，康熙帝态度十分鲜明。

1　汤子炳：《台湾史纲》，引《郑成功致科业特书》。
2　江日升：《台湾外记》卷六。
3　连横：《台湾通史》卷二《建国记》。
4　中国科学院编：《明清史料》丁编，第3本，第272页，商务印书馆，1951年。
5　《清圣祖实录》卷一〇九。

康熙皇帝一直在寻觅收复台湾，实现统一大业的最有利时机。康熙二十年（1681 年），郑经病逝。康熙帝得到消息，立即决策用兵收复台湾，康熙说：郑氏内部“必乘离扰乱，宜乘机规定澎湖、台湾”，“同心合志，将绿旗舟师，分领前进，务期剿抚并用，底定海疆，毋误时机。”[1] 康熙二十二年（1683 年）清军扬帆渡海，乘风破浪，在澎湖一带与郑军展开决战，取得澎湖之战的全面胜利。尔后，康熙帝又及时向台湾郑氏集团阐述了争取和平解决台湾问题的方案，为郑氏人员指明出路。当年八月，清军在海不扬波、兵不血刃的情况下顺利抵台，实现了统一台湾的大业。

二　喀尔喀蒙古部的归附

除了清入关前，漠南蒙古部归附清朝外，喀尔喀蒙古部是边疆诸部中最早归附清朝，主动接受清王朝直接管辖的边疆政权。清朝统一漠北，未动一兵一卒，以和平方式完成统一，对其他边疆地区纳入清朝的管辖具有重大影响。

从清朝统一喀尔喀蒙古的历史过程来分析，是喀尔喀三部主动南迁，归附清朝的。尽管人们在归附的具体细节和某些问题上说法不一[2]，但是喀尔喀主动归附清朝，清朝政府保护喀尔喀蒙

1 《清圣祖实录》卷九六。

2 如松筠在《绥服纪略》中说：“喀尔喀四部共有八十扎萨克，今生齿日繁，户口约有十余万，无不尊敬黄教、钦敬哲布尊丹巴呼图克图者。先是，准噶尔厄鲁特最为强悍，与喀尔喀仇杀不已。康熙二十七年，喀尔喀力微不能抵敌，众议‘就近投入俄罗斯为便’。因请决于哲布尊丹巴呼图克图。呼图克图曰：‘我辈受天朝慈恩最重，若因避兵投入俄罗斯，而俄罗斯素不信佛，俗尚不同，视我辈异言异服，殊非久安之计。莫若携全部内徙，投诚大皇帝，可邀万年之福。’众欣然罗拜。土谢图汗遂请呼图克图率众内附。……”对于松筠的记载，有人认为与历史不符，土谢图汗既未开过贵族会议讨论南迁的问题，也不存在请决于哲布尊丹巴呼图克图，其他诸部南迁与哲布尊丹巴无关。见袁森坡《喀尔喀蒙古南迁的过程与原因辨析》载《清史论丛》第三辑；有人认为是清朝挑起喀尔喀与准噶尔的内战，后来喀尔喀人被迫归附清朝。但是，绝大多数喀尔喀人不愿臣服于清，而愿投靠俄罗斯。见〔苏〕兹拉特金：《蒙古人民共和国史纲》。

古，对蒙古地区实行有效的管辖，却是不容否认的事实。在喀尔喀蒙古归附清朝的问题上，我们应该首先明确，喀尔喀蒙古地区在历史上是中国领土，由于历史上的渊源，喀尔喀蒙古部纳入中国多民族统一国家当中是理所当然的。而在明清之际，清与喀尔喀蒙古同为中国北部蒙古族和满族两个民族建立的政权。清朝入主中原，仅四十余年，就以和平方式统一漠北，是清以前明王朝所未能实现的。这不能不归功于清朝统治者成功的治边政策和善于抓住时机完成统一的远见卓识。

崇德二年（1637 年）喀尔喀七和硕即与清朝建立联系，三部贵族向清朝献“九白之贡”。顺治元年（1644 年）以后，清朝在漠北设扎萨克，虽然只是一种双方进一步加强联系的形式，却表明清朝对喀尔喀蒙古的影响在日益扩大。清朝对漠北没有急于用兵，而是循序渐进，施恩于王公贵族，联系感情；参与调解喀尔喀内部纷争，逐渐扩大影响。当时机到来时，即康熙二十七年（1688 年）喀尔喀蒙古受到准噶尔部攻击，求助于清朝时，清朝政府立即给以援助，接纳归附的喀尔喀蒙古各部。康熙三十年（1691 年），清朝在多伦诺尔举行会盟，康熙帝宣布喀尔喀蒙古部“如四十九旗例”分旗划界，颁定法律，明确由清朝中央政府对漠北实行直接管辖，清朝最终完成了对整个蒙古高原的统一。喀尔喀蒙古部的归附，使清朝北部边防得到加强。和平统一喀尔喀蒙古部在边疆民族各部中影响很大，乾隆帝在其晚年曾经作过总结，说：“五十余年以来，蒙古臣仆亲如家人父子，致数万里之卫藏及外扎萨克，边远喀尔喀部落，悉就约束，遵我轨度。”[1]

三　清朝对西藏地方的施政

清代之前，元明两朝已经在西藏地区行使国家的主权，施政

1 《御园暮春清暇即事》，诗自注，见《清高宗御制诗文十全集》卷五一。

管辖。公元 13 世纪开始到 1368 年，元朝作为强大的中原统治王朝对西藏进行了长达百余年的统治，这一统治对于西藏的政治、经济、宗教文化及其与中原的关系等方面均产生了极为深刻的影响。这种影响表现为：元朝的统治已形成了西藏地方政权在政治上依靠中原政权支撑的机制；元朝的统治使西藏各地方势力产生了对中原权威的普遍认同感；元朝的统治使西藏与中原相互之间产生了深刻的利益联系。明朝在西藏实施主权的方式与元朝有所不同，是通过政治上的"分封"形式来确立明朝与西藏各教派和地方势力之间的隶属关系。清王朝是在继承元明两朝对西藏施政的基础上进行统治的，但是经历了由间接管辖到直接管辖的一个较长的历史过程。

（一）清朝与西藏的最初联系

清朝与西藏的最初联系，应自崇德四年（1639 年）计起。在此之前，有西藏佛教干禄打儿罕囊素法师到金国传教，努尔哈赤对他优礼相加[1]。此后，又有内齐托音喇嘛拜见过皇太极[2]。但是，直到崇德四年，清太宗皇太极才派人专程去西藏，致书于西藏地方，要求西藏选派高僧到清朝传播佛教[3]。清朝与西藏同为地方政权，清朝派人去西藏，表明他信奉佛教并对藏传佛教的特殊崇敬，显然是为了维护它刚刚建立起来的封建统治，联络蒙藏，壮大力量。几乎在清朝派人去西藏的同时，西藏地方派出的以伊拉古克三和戴青绰尔济为首的通使人员，于崇德七年（1642 年）到达盛京。使者带着黄教寺院集团领袖人物、和硕特部顾实汗及藏巴汗丹迥旺布、噶玛噶举派红帽系活佛的信件来到盛京。西藏地方各个方面的人物，主动与清朝建立联系，都想借助于清朝的力量，

1 《喇嘛法师宝记碑》，载辽阳市文管所编《辽阳碑志选》，第 30 页。

2 《内齐托音传》，载《清代蒙古高僧传译辑》，第 131 页，《中国边疆史地资料丛刊·蒙古卷》，全国图书馆文献缩微复制中心出版，1990 年。

3 《清太宗实录》卷四九。

争取外援，排除异己，以巩固既得权势。

（二）利用蒙古和硕特汗王对西藏进行间接统治

当西藏地方当局派出的通使人员到达盛京的同一年，即 1642 年，顾实汗灭藏巴汗地方政权，成为西藏地区的统治者。顾实汗在推翻藏巴汗之后，达赖喇嘛尽管从顾实汗那里获得了大量寺院庄园和向前后藏征收赋税的特权，但他并非是全藏土地的主宰。达赖五世所著《西藏王臣记》这样记载到：顾实汗“完成统一西藏事业，成为全藏三区之王。法令所至，犹如神圣白伞大有掩蔽天界的气势”[1]。

顾实汗掌握着当时西藏地区的军权、行政权和司法权，地方政权第巴（即政务总管）一职，由顾实汗任命达赖五世的第巴担任，即借助于达赖五世的声威来对西藏进行统治，而达赖喇嘛以及班禅喇嘛则是当时西藏的宗教领袖。蒙藏僧俗贵族互相支持，互相依赖，使和硕特汗王在西藏的统治持续达数十年之久。

清朝定鼎北京之初，虽然与南明、农民军的战争正在如火如荼地进行，无力更多地顾及边疆地区的事务，但是对于蒙藏地区联系却没有中断。顺治元年即致信蒙藏王公贵族和掌佛法大喇嘛，宣布新王朝对全国的统治[2]。西藏僧俗领袖和和硕特汗王顾实汗对清朝中央政权的态度是十分明确的，1645 年，西藏各阶层领袖贡使不绝，明确表示拥戴清朝皇帝定都北京，对全国进行统一战争[3]。西藏地方的态度对清朝十分有利，清朝统治者虽然还没有能力对西藏进行直接统治，却找到了对西藏施政的对策，即利用对清朝十分恭顺的和硕特蒙古领袖、当时西藏地方的掌权人顾实汗对西藏实行间接统治。

顺治九年（1652 年）五世达赖喇嘛赴北京朝见顺治帝。次年

1　五世达赖喇嘛《西藏王臣记》，民族出版社，259 页。

2　见中国第一历史档案馆藏：《蒙文老档》。

3　见中国第一历史档案馆藏：《蒙文老档》。

达赖返藏时，清政府册封五世达赖喇嘛为“西天大善自在佛所领天下释教普通瓦赤喇怛喇达赖喇嘛”[1]，从此确立了历代达赖喇嘛都必须经过清朝中央政府册封的制度。在册封五世达赖喇嘛的同时，清政府又册封顾实汗为“遵行文义敏慧顾实汗”[2]。清政府在赐予顾实汗的册文中指出：“帝王经纶大业，务安劝庶邦，使德教加于四海。庶邦君长能度势审时，归诚向化，朝廷必加旌异，以示怀柔。尔厄鲁特部落顾实汗，尊德乐善，秉义行仁，慧泽克敷，被于一境，殚乃精诚，倾心恭顺，朕甚嘉焉。兹以金册印封为‘遵行文义敏慧顾实汗’。尔尚益矢忠诚，广宣声教；作朕屏辅，辑乃封圻。如此，则带砺山河，永膺嘉祉，钦哉。”[3]从这一册文中可以看出，清政府的目标是完成全国的大一统，册封顾实汗是其统一西藏和其他边疆地区的一个步骤，利用清朝皇帝的屏辅——即顾实汗在其统治区域内广宣声教，使其统治区域安宁和睦。为了实现西藏地区的安宁和睦，清政府当时在西藏地方实行宗教和政治权力分开的政策，让达赖喇嘛和顾实汗分别掌管西藏宗教和政治大权。

(三) 利用西藏地方贵族对西藏实行直接统治

和硕特汗王统治西藏的前四十年，其统治地位比较稳定。但是 1681 年至 1683 年的拉达克战争之后，黄教集团与和硕特贵族的关系日渐恶化，因为达赖喇嘛威望崇高，第巴对达赖喇嘛唯命是从，所以自五世达赖晚年开始，和硕特汗王对西藏的统治逐渐被架空，加之西藏内外的一切反黄教势力都已不能构成对黄教集团的威胁，这样西藏上层僧俗贵族中的一些人士便产生了驱逐和硕特势力出藏的意图。

和硕特部顾实汗和五世达赖喇嘛去世后，和硕特部汗王和第

1 《清世祖实录》卷七四。

2 《清世祖实录》卷七四。

3 《清世宗实录》卷七四。

巴的冲突是西藏社会潜藏的不安定因素。为了加强对西藏地区的统治，稳定西藏社会，康熙四十八年（1709年）清廷首次直接派官员入藏处理西藏事务。康熙五十二年（1713年），清廷又派人入藏册封五世班禅罗桑益喜为“班禅额尔德尼”[1]，从此正式确立了“班禅额尔德尼”这个称号以及班禅在西藏的政教地位。

尽管清政府在西藏地区采取了种种措施以求消弭动乱于未萌，但西藏地区的局势在康熙末年依然发生了重大变故。康熙五十六年（1717年）准噶尔部入侵西藏，杀死和硕特汗王，在西藏地区造成了严重的混乱局面，给西藏人民带来了深重的灾难。为了消除动乱，清政府于康熙五十七年（1718年）和五十九年（1720年）两次派大军进藏平乱。清军入藏，意义深远，康熙帝曾总结道：“前遣大兵进藏，议政大臣及九卿等俱称藏地遥远，路途险恶，且有瘴气，不能遽至，宜固边疆。朕以准噶尔人等，现今占取藏地，骚扰土伯特、唐古特人民，再吐蕃之人皆近云南、四川一带边境居住，若将吐蕃侵取，又鼓动土伯特、唐古特人众侵犯青海，彼时既难于应援，亦且不能取藏。”[2]西藏动乱不仅使西藏人民遭受苦难，也影响四川、云南、青海等地区的稳定，不利于清朝对西藏的统一和施政，清军入藏是十分必要的。

在驱逐准噶尔侵藏势力后，清政府趁机废除和硕特部在西藏建立的地方政权，改由清政府直接任命的若干噶伦共同负责西藏地方政务，从而进一步加强了清政府对西藏的施政。

但是，噶伦联合掌政的制度，仅仅实行了六年，雍正五年（1727年），西藏贵族之间，为争夺权力地位而发生内讧。显然众噶伦彼此牵制的办法不可能达到使西藏政局安定、和谐的目的。鉴于此，雍正帝任命内阁学士僧格、副都统马喇为驻藏大臣，前

1　《清圣祖实录》卷二五三。

2　《清圣祖实录》卷二八九。

往西藏直接监督西藏地方政府，调解噶伦之间的矛盾，安定西藏政局。但是，在驻藏大臣尚未抵达西藏以前，西藏发生变乱，爆发了一场历时一年的卫藏战争。西藏政局的变动，促使清朝政府重新考虑对藏的施政方针，雍正帝把西藏和准噶尔两个问题联系起来，通盘筹划，决定派兵入藏。

雍正帝在一份奏折的批示中说："西藏又出一可趁之机矣，所以言天下事不可预料，只可随时办理耳。……准噶尔事一日不靖，西藏事一日不安，西藏料理不能妥协，蒙古心怀疑贰，此二处实国家隐忧，社稷生民忧戚系焉，所以圣祖明见事之始末利害，立意灭取准噶尔，安定西藏者，圣知灼见不得已必应举者也，前西藏事之一出，朕即欲速，先虑乃初次谕也，乃后虑及挟喇嘛奔往准噶尔，恐不万全，故有暂安准噶尔唐古特之心，以图他日机宜，有二次止兵之谕，不料后藏颇罗鼐者为康济鼐复仇，一面整兵讨阿尔布巴，一面密遣人奏闻，请兵问逆，日下两人相拒矣。若如此则挟喇嘛之去路已阻，而师出有名矣，上天所赐之机宜也，所以又有三次复备兵之旨。"[1]很显然，历史的客观发展形势又一次为清政府加强在西藏地区的施政提供了良好的机遇，雍正帝紧紧抓住这一机遇。清政府派兵入藏后，以叛逆罪处死阿尔布巴等人，任命颇罗鼐总理西藏政务，并采取一些措施削弱西藏地方势力。雍正六年（1729 年），清政府下令将理塘、巴塘等地划归四川，将中甸、阿墩子、维西等地划归云南，从而明确了西藏地方所管辖区范围。

（四）清政府在西藏地区的施政制度基本成熟并臻于巅峰

西藏地方颇罗鼐对清政府忠诚恭敬，矢勤矢慎。但其子珠尔墨特那木扎勒既与达赖喇嘛发生冲突，又反对中央政府的管辖，企图割地自据。乾隆十三年（1750 年）珠尔墨特那木扎勒谋反，

1　中国第一历史档案馆：《朱批奏折·民族事务类》，4/1293/10。

其部属杀害驻藏大臣。清军再一次入藏，逮治了叛乱的首要分子，并对西藏地方行政体制进行了重大改革。

乾隆帝说："西藏经此番举动，正措置转关一大机会，若办理得当，则可保永远宁谧。如其稍有渗漏则数十年后，又滋事端。朕前传谕班第，以西藏事必当众建而分其势，目今乘此兵威，易于办理，惟在相度机势，计虑久远，方为万全。"[1] 在平定珠尔墨特那木扎勒叛乱之后，清廷废除了在西藏封授郡王的制度，重新规定：噶厦的噶伦由三名俗官和一名僧官组成，噶厦在达赖喇嘛和驻藏大臣的领导下处理西藏政务。清政府为了使西藏僧俗上层贵族在政府中互相牵制，设立了由全部僧官主管的译仓，并明文规定噶厦的一切公文、政令必须经过译仓的审核钤印方能生效。由于达赖喇嘛在平定珠尔墨特叛乱中有功，所以清政府在乾隆十六年（1751 年）的改革中正式授予七世达赖管理西藏行政事务的权力，从而建立了政教合一的西藏噶厦地方政府。

此外清政府确立在西藏长期驻兵的定制。清政府在乾隆十六年的改革，标志着清政府在西藏的各项制度基本成熟，奠定了清政府在西藏施政的格局。乾隆二十二年（1757 年），七世达赖圆寂，乾隆帝担心噶伦等擅权滋事，遂命令第穆呼图克图暂时代理达赖喇嘛的职权，开始在西藏建立摄政制度。

乾隆五十八年（1793 年），清政府在反击廓尔喀入侵的战争后大力改革西藏地方的政治和宗教制度，制定并颁布了《钦定西藏章程》，使清政府在西藏的施政达到了巅峰。

四　平定准噶尔部

清朝政府对西北的统一行动历时近百年，时间最长，耗资最

1　《清高宗实录》卷三七七。

巨，用兵最多。

（一）清朝与卫拉特的最初关系

卫拉特部是最早与清朝建立关系的西北部族，首倡者为和硕特部顾实汗。16 世纪后半叶至 17 世纪中叶，和硕特部称雄于卫拉特诸部，博贝密尔咱始称卫拉特汗，中经哈尼诺颜洪果尔、拜巴噶斯至顾实汗。崇德二年（1637 年）顾实汗派遣部属向清朝通贡；崇德七年（1642 年）顾实汗偕达赖、班禅等奉表贡；顺治二年（1645 年）顾实汗及其子贡马；顺治三年（1646 年），以顾实汗为首的卫拉特各部首领二十二人，联名向清朝奉表贡，清廷对顾实汗"赐甲胄弓矢，俾辖诸厄鲁特"。

由此可见，早期卫拉特蒙古部与清朝的关系是由和硕特部顾实汗主动联络而建立的，清朝也有意依靠和硕特蒙古部来联络各部，统一西北。

（二）准噶尔部崛起，噶尔丹分庭抗礼，清朝统一西北边疆受阻

尽管在巴图尔珲台吉、僧格时期准噶尔部与清朝保持着友好通贡关系，但是噶尔丹执政后，友好中断，西北格局发生了重大变化。中外学者对噶尔丹这个中国历史上著名的人物作过较深入的研究[1]。

马大正先生在论述准噶尔与清朝的冲突时指出："噶尔丹'东进政策'的核心是与已定鼎中原的清政府争夺对青海和硕特与漠北喀尔喀的控制权，实现其一统蒙古、建立大蒙古帝国的伟业。这一政治战略，在蒙古民族中有着深厚的传统。自元亡以降，多少蒙古政治家、军事家付出了毕生精力未达此目标而遗恨终生。噶尔丹作为一个有政治抱负、又有军事才能的卫拉特蒙古政治家，

1 见《准噶尔汗国史》；霍渥斯：《蒙古史》第 1 卷，1876 年伦敦版；《准噶尔史略》；《卫拉特简史》；《乾隆皇帝全传》等。

他确实向往缔造一个如其光荣先辈成吉思汗那样的不依附于任何政治势力的统一蒙古帝国。”[1]

噶尔丹的政治目标及其征服中亚的行动对清朝的影响是很大的：第一，由于噶尔丹的军事行动，使清朝在与俄国进行尼布楚谈判时处于被动地位，直接影响到清朝收复黑龙江以北和贝加尔湖以东中国领土的信心；第二，在噶尔丹的统治下，准噶尔建立强盛的西北政权，与清廷形成对抗局面，清人称之为“西北边患”。准噶尔部的对抗，延缓了清朝统一边疆的战略计划。

但是，准噶尔部割据西北，并未能阻挡康熙皇帝统一边疆的决心。康熙三征噶尔丹，取得了重要胜利。噶尔丹反清兵败，准噶尔政权在西北受挫。可是，清朝在康熙帝时代没有完成统一边疆的伟业。直至乾隆中叶，清朝的西北边界一直受到准噶尔政权的牵制，当时，清廷所称的西北“边”大约在“甘、凉近南山一带”，“肃州、甘州”，又称“阿喇克山”为边疆[2]。

（三）准噶尔与清廷对峙，清王朝等待时机统一西北

噶尔丹的失败，可以说只是准噶尔政权暂时受挫。策妄阿拉布坦采取了依靠清朝的策略，他代表准噶尔部表示要臣服清朝。因此，康熙“圣心仁慈不忍遣兵将噶尔丹余剩部落悉行剿灭”[3]。这样，准噶尔部在策妄阿拉布坦的治理下又强盛起来。从策妄阿拉布坦到噶尔丹策零时期（1698~1745年），准噶尔民族自强不息，不断发展，对内发展经济，对外扩展势力，“迫使叶尔羌、吐鲁番、喀什噶尔、阿克苏和另一些属于他的城市所住的布哈拉人服从自己的统治并开始征收贡赋。而把这些城市的汗、伯克和上等人带走了，这些人已经在浑台吉那里经营耕耘……称做布鲁特的

1　马大正：《边疆与民族——历史断面研考》，第252页，黑龙江教育出版社，1993年。
2　《清圣祖实录》卷一二二。
3　《平定准噶尔方略》前编，卷一七。

民族，也被制伏”[1]。

准噶尔部的兴盛，又一次引起周边各种势力的注目，尤其是俄国人对准噶尔土地的觊觎。倔强的准噶尔人，勇敢地反击俄国入侵，致使俄国企图在准噶尔打开缺口，侵占中国西北领土的阴谋破产。对于清朝政府，准噶尔上层虽然“甚为恭顺”，经常遣使“入贡”[2]，但是，准噶尔政权并不想早早纳入清朝政府的统治范围，康熙五十四年（1715 年），准部袭击哈密，康熙五十六年（1717 年），又“绕戈壁，逾和阗大山，涉险冒瘴，昼伏夜行”[3]。通过阿里到达西藏，用兵拉萨。雍正九年（1731 年），准噶尔军在和通淖尔大败清军。显然，准噶尔统治者并没有放弃建立“蒙古帝国”的目标，而且，在策略上更注意利用西藏的宗教势力，以“制挟达赖喇嘛而号令全蒙古”[4]。

清王朝当然不能允许准噶尔复兴蒙古帝国大业，但是在中国广阔的土地上不同政治势力的较量是历史形成的，统一的最后完成是需要时间和寻找合适时机的，清廷可以扼制准噶尔向西藏及蒙古的扩张，但是统一准噶尔的时机尚未成熟。

乾隆四年（1739 年），清朝所辖喀尔喀与准噶尔正式划定游牧界，就是双方在政治上妥协的表现。边界规定：循布延河，南以博尔济、昂吉勒图、乌克克岭、噶克察等处为界；北以孙多尔库奎、多尔辉库奎至哈尔奇喇、博木喀喇、巴尔楚克等处为界；厄鲁特人仍在山后游牧，不得越阿尔台岭；喀尔喀部人，只在扎卜堪等处游牧[5]。清朝与准噶尔的划界，虽然也是按照乾隆帝“分

1　俄国对外政策档案馆，准噶尔卷宗，1734 年 30 卷，第一张反面。转引自《准噶尔汗国史》，第 315 页。

2　《平定准噶尔方略》前编，卷一七。

3　牙含章：《达赖喇嘛传》，第 27 页，人民出版社，1984 年。

4　《准噶尔史略》，第 165 页。

5　《平定准噶尔方略》前编，卷四四。

划疆界”的谕令实行的，但是与俄国及其他周边国家的划界性质不同。清朝与准部划界是在中国领土上不同政权之间暂时的分界，并且是为了保证游牧民族牧业的发展。

乾隆三年（1738年），乾隆帝上谕明确地说明了这一点。乾隆说：“定界之事，朕前降旨甚明，今以额驸策凌奏请，故许见尔等。噶尔丹策零奏章，朕已观览，其与额驸策凌书，亦经奏闻，奏内称喀尔喀与厄鲁特，请悉驻牧如故，彼此两安，庶几推广黄教，休养群生，伏乞大皇帝鉴悯，观噶尔丹策零此次奏言，极其恭顺，有诚心求和之意，朕甚嘉之……蒙古游牧无常，冬夏随时迁徙，若不指定山河为界，日后边人宁保无争乎？必彼此各守其界，无得逾越，庶可永固和好。”[1]

(四) 清朝抓住时机，用兵统一西北

噶尔丹策零之后，准噶尔部出现内讧。为清朝带来了削平割据、统一中国的千载难逢的良机。力量的天平完全有利于清军，准部已严重削弱，分崩离析，平准大军胜券在握。乾隆二十年至二十四年（1755~1759年）清军历时五载，平定准噶尔部和回部，统一天山南北，最后完成了国家的统一。

清朝政府对边疆地区的统一，形式多种多样，上述四种模式最具有典型性，实际上，不管形式如何，其中的几项基本原则是绝不改变的：

1. 清朝自其入主中原，取代明朝，建立对全国的统治之日起，就继承了中国历代王朝的疆域观，即完成对全国的统一。

2. 清朝对边疆的认识及其确定的管辖范围是依照中国历史上历代王朝的管辖范围而确定的，这当然包括各个历史时期的中原王朝和各个边疆地区建立的政权在内所管辖的范围。凡在历史上属于中国疆域范围内的，清朝就坚决将其纳入统一范围，绝不允

1 《清高宗实录》卷六二。

许其分离出去。

3. 清朝统一边疆各部族和地方政权，一般是使用和平招抚方法，使其接受清王朝的管辖，纳入统一的多民族国家之中。如对喀尔喀蒙古的统一方式。

4. 清朝和台湾郑氏政权是两个截然对立的统治集团。清初台湾郑氏政权是汉族建立的地方政权，从明清之际的历史发展来看，郑成功从荷兰殖民者手中收复了台湾，是为中华民族作出了巨大的贡献。同样，清王朝反对郑经政权分割台湾，维护国家统一和领土完整，果断出兵，完成了台湾同祖国大陆的统一，也是值得后人永远歌颂的。

5. 清朝对一些边疆民族政权，当尚未能直接进行统治时，就借助于其他力量，同时，允许在清王朝范围内，实行不同的管理制度。但是绝不允许有背离清朝大一统的行为，否则必出兵讨伐。在对某一地区施政的过程中，不断强化中央政府的权威，最后达到完全由中央政府控制。

6. 一般的边疆地区部族和政权，如不肯接受清中央政府的统一政策，进行武力对抗，清朝即也以兵戎相见，但是，往往是施以军事威慑，用兵并不是主要目的，在平定叛乱之后，即实行安抚政策。

7. 清军平定准噶尔的战争，对于实行国家统一、维护西北边防有着极为重大的意义。但是清朝征服准噶尔部的手段是十分残酷的，乾隆皇帝背离了其平准的初衷，滥施淫威，冤杀无辜，超出了一般战争的范围。平准战争之后，曾经强盛一时的、作为一个独立的政治力量的准噶尔部基本上被消灭了，世世代代生活在我国西北的卫拉特蒙古民族遭到了严重的摧残。

第三章　乾隆时代清朝疆域的奠定

第一节　疆界的基本确定与疆域范围

自 17 世纪中叶，中国传统的疆界受到外来力量的挑战，分疆划界开始成为清朝政府对外关系和对边疆施政的重要内容。

18 世纪，清王朝与周边国家的关系多表现为藩属或朝贡关系，“中国朝贡之邦，有定期者六：朝鲜、琉球、越南、缅甸、暹罗、南掌。朝鲜、琉球最恭顺，越南次之，其余之国不过是羁縻勿绝而已”[1]。当时清朝皇帝通过“万方来朝”，宣诏德威于天下，以示对藩邦的统治。在边界问题上，中国当时也没有科学的边界概念及划界条约。而清朝与俄国通过中俄《尼布楚条约》《布连斯奇条约》《恰克图条约》等谈判解决划界问题，中国政府首次与外国政府就两国边界，正式勘界、划界，是具有近代意义的边界交涉。从康熙朝前期签订中俄《尼布楚条约》划分中俄东段边界到乾隆末年与廓尔喀划界，历时一个世纪，除了与俄国签订边界条约外，中国与大多数的周邻国家没有订立边界条约，一般是按照传统习惯边界线确定与周边国家和地区的疆界。概括这一时期所出现的疆界问题和清朝政府处理边界的办法，可以概括为以下三种：

第一，反击外国入侵后划界；

1　《薛福成选集》，第 538 页。

第二，依据传统习惯线划界；

第三，统一边疆后划界。

一 反击外国入侵后划界

（一）《中俄尼布楚条约》与中俄东段划界问题

中国疆域与俄国国土相距甚远，本来不存在划界问题。16 世纪晚期至 17 世纪，沙皇俄国急剧向东扩张，哥萨克势力达到外兴安岭和黑龙江流域一带。清朝政府通过两次雅克萨战争，驱逐入侵者，收复失地，扼制了沙俄入侵的步伐，取得了重大的战略胜利后，与俄国在尼布楚举行谈判，于 1689 年正式签订了《尼布楚条约》。

清朝政府以诚挚友好的态度，与俄国谈判解决中俄东段边界问题。康熙二十五年（1686 年）清朝政府致书沙皇，提出："分立疆界，各毋得逾越，则两国人民均得宁居，不失永相和好之意。"[1]以中俄东段边界为例，清朝政府让出了贝加尔湖至格尔必齐河、额尔古纳河历来属于中华帝国的大片土地，并把乌第河南北两侧外兴安岭之间更为广大的地域留作未定界地区。对于《尼布楚条约》所达成的处理两国边境问题的原则，特别是其中所划定的两国边界，当时的中俄两国政府都是满意的。康熙三十二年（1693 年）十月沙皇致康熙帝的国书中写道："我大使与至圣皇帝大使，业已共同议定两国边界，我国愿照以前朋友之道，永远和睦相处。"[2]尽管如此，早期中俄东段边界后来仍然受到歪曲和否定，对此，余绳武先生主编的《沙俄侵华史》[3]、戴逸先生的《一六八九年的中俄尼布楚条约》[4]、刘远图先生的《早期中俄东段边界研究》[5]等书中都作了深入的研

1 《清圣祖实录》卷一二七。

2 《清代中俄关系档案史料选编》第一编，上册，第 150 页，中华书局，1981 年。

3 中国社会科学院近代史研究所：《沙俄侵华史》第 1 卷，人民出版社，1976 年。

4 北京师范大学清史研究小组：《一六八九年的中俄尼布楚条约》，人民出版社，1977 年。

5 刘远图：《早期中俄东段边界研究》，第 13 页，中国社会科学出版社，1993 年。

究和严肃的批判。《尼布楚条约》是中国和俄国之间签订的第一个条约，是一个平等的条约。中俄东段边界的划分是条约中最重要的部分。条约明确规定：以格尔必齐河，石大兴安岭（即外兴安岭）和额尔古纳河为两国的分界线。清政府在领土方面作了很大的让步，将尼布楚周围及其以西原属中国的领土让给了俄国，以换取俄军撤出雅克萨。所以条约中又规定了俄国在雅克萨和额尔古纳河两岸的据点全部拆毁、迁移。中俄东段边界全部按河流、山脉等自然界线来划分，在当时条件下按自然界线来划分边界是简便而唯一可行的方案，使得两国的边界线能够迅速而明确无误地确定下来。条约规定：外兴安岭与乌第河之间的地区争议，暂行存放，留待以后议定。条约签订之后，清政府曾一再要求和俄国议定这一地区的边界，但俄国政府借故拖延，不肯解决。《尼布楚条约》严禁彼此越界入侵。直到 19 世纪中叶，条约的这一规定对于俄国再度侵入我国东北境内仍具有一定的约束力。

针对《中俄尼布楚条约》研究中所出现的问题，我国研究早期中俄东段边界的学者们从学术研究的角度对以下一些问题进行了研究和探讨：

1. 《中俄尼布楚条约》的文本与文本中的歧义[1]；

---

1 《中俄尼布楚条约》主要有五种文本，即中俄双方代表签字的拉丁文本，中俄双方代表交换的满文本和俄文本，及会议的拉丁文翻译、耶稣会士徐日升和张诚分别在他们的日记中留下了拉丁文本和法文本。经过双方代表审核签字的拉丁文本，按照国际关系准则，是具有法律效力的标准文本，其他文本都不具备与拉丁文本同等的法律效力，因而只能视为《尼布楚条约》的参考文本。沙俄和其后的某些苏俄学者研究《尼布楚条约》，皆以俄国单方面起草、未经会议审核的俄文本为准，如波·特·雅科夫列娃《1689 年第一个俄中条约》；阿·普罗霍洛夫《关于苏中边界问题》等书所用的俄文本里引用了一些与拉丁文本大相径庭的内容，歪曲条约，使研究误入歧途。《尼布楚条约》汉文本存有四种，即《康熙实录》文本；西清《黑龙江外纪》文本；徐元文《与鄂罗斯国议定疆界之碑》文本，载贺长龄辑《皇朝经世文编》（六）；直接译自拉丁文本的汉文本，载《中国约章汇编》、《中外旧约章汇编》等。四种汉文本的文字也不尽一致。前三种汉文本译自满文本，由于满文本存在两种，两种文本来源不一样，徐元文界碑文本从《康熙实录》本上加工整理后写成，后来被不少学者误认为是《尼布楚条约》正本而加以转用。

2. 界河额尔古纳河、格尔必齐河及边界的起点问题[1]；

3.《尼布楚条约》规定的待议地区的问题[2]；

4. 其他问题[3]。

（二）中俄《布连斯奇条约》与中俄西段划界问题

中俄《布连斯奇条约》是中俄《尼布楚条约》之后，中俄之间关于划界和贸易问题签订的又一条约。1689 年的中俄《尼布楚条约》划定了中俄东段边界，但是中俄西段的边界没有划定，当时清朝代表提议划定这段边界，俄国方面坚决反对，主张“暂行存放”。18 世纪初，清政府针对俄国侵占中国蒙古土地和在引渡越境边民问题上的拖延推宕态度，拒绝与其签订中俄通商条约。

---

1 《尼布楚条约》规定以格尔必齐河为两国国界。但在别斯克罗夫内、谢·齐赫文斯基、弗·赫沃斯托夫《论俄中边界形成史》（苏联《国际生活》1972 年第 6 期）；米亚斯尼科夫：《满人入侵阿穆尔河沿岸地区和 1689 年的〈尼布楚条约〉》（《十七世纪俄中关系》第 2 卷，前言）；雅科夫列娃：《1689 年第一个俄中条约》第三节中，却以阿坞扎尔河划界，否定了原定的格尔必齐河，造成混乱。刘远图先生在《早期中俄东段边界研究》一书中提出：《中俄尼布楚条约》中，黑龙江上游南侧不是以整条支流额尔古纳河为界，而是以墨里勒克河口对面作为界河额尔古纳河俄方一侧边界的起点。对此吕一燃先生提出质疑，认为：《尼布楚条约》规定中俄以整条额尔古纳河为界，墨里勒克河口不是中俄边界的起点。见《关于早期中俄东段边界的几个问题》载于《中国边疆史地研究》1994 年 4 期。

2 中俄双方关于东段边界线的划分虽然达成了基本协议，但是在乌第河未定界及其范围问题上，却始终有争议。本世纪以来，国内外学术界众说纷纭，各抒己见，争论主要在两个方面：一是关于乌第河地区的中俄边界，一是关于乌第河未定界所包括的地区和范围。刘远图先生详细分析了各种意见后认为：确定乌第河未定界及其范围问题的主要依据是《尼布楚条约》，而条约的关键是弄清文本。也就是说，《尼布楚条约》虽有几种文本，但只有拉丁文本经过双方代表审查签字，是具有法律效力的标准文本。乌第河未定界及其范围问题上产生歧义，开始于 18 世纪三四十年代。产生歧义的主要原因是俄国利用《尼布楚条约》俄文本在乌第河未定界范围内的急剧扩张。见刘远图《早期中俄东段边界研究》，第 115~163 页。

3 除上述几个问题外，关于《中俄尼布楚条约》和条约中中俄东段边界问题还存在许多的争议，如：界河格尔必齐河的确切位置；界山外兴安岭的走向；诺斯山、诺斯海岬的位置；威伊克阿林与威伊克阿林界碑的所在；库页岛的历史主权；《中俄尼布楚条约》文本与早期中俄东段边界界碑的碑文问题；《中俄尼布楚条约》的所谓“附约”问题；界碑和地图问题……

1722年，清政府照会俄国，宣布在问题没有解决之前停止中俄两国公文往来和贸易。1724 年，俄国政府看到局势的严重性，决定派人前往中国进行谈判，以便最后解决存在的所有问题[1]。1727 年 4 月，中俄双方议定中国蒙古北部边境与俄国的划界问题由双方派人在边境议定，同时就通商问题达成十条初步协议，后来又补充界约一条，共十一条。

1727 年 7 月 4 日至 8 月 31 日，双方经过多次谈判签订了边界条约[2]。由于签订地点在布拉河畔，后来称这个条约为《布连斯奇条约》。

《布连斯奇条约》也是清朝政府在领土问题上作出重大让步之后，与俄国签订的。雍正四年正月，清政府已经根据中俄边界的历史和现实确定了划界的基本设想："为定界事，此次差出使臣，应将所带地图沿阿尔泰山梁，经阿尔坦淖尔、索罗斯弼等处，至克木河之博木空鄂罗，审查核对，按照地图详察地势，从长计议，斟酌划定。……由空鄂罗至楚库柏兴，原未定界。多年来喀尔喀人人计安定，人畜兴旺，如今牧场日感不足。应由空鄂罗至楚库柏兴之间，适当向外扩展定界。……再，由楚库柏兴之东，额尔古纳河以至黑龙江之源，原与俄罗斯定界时，因喀尔喀未尽回归，故以原出肯特山阳之克鲁伦河与额尔古纳河为界。今喀尔喀业已向化回归，其肯特山阳之鄂嫩巴尔济地方已住有喀尔喀等。而该鄂嫩巴尔济位于我黑龙江河源与额尔古纳河之间，怎可定界？因此界并不整齐明白，当以鄂嫩巴尔济为界。至于为重划喀尔喀地方之界，先曾屡次行文俄罗斯察罕汗，竟无复文。"[3]从上述奏文中可以看到清朝政府划界的原则，即要在这次划界谈判中，中方

1　中国人民大学俄语教研室译：《俄中两国外交文献汇编（1619~1792 年）》，第 130~131 页，商务印书馆，1982 年。

2　《清代中俄关系档案史料选编》第 1 编，下册，第 513~516 页。

3　《清代中俄关系档案史料选编》第 1 编，下册，第 439~440 页。

收回安加拉河以南和贝加尔湖以东一些被俄国侵占的土地。但是，实际谈判的结果，是清朝政府从原来的立场上作了大幅度的后退。而俄国方面则十分满意，以其狡猾的谈判手段和武力威胁相结合，迫使清朝政府让步，达到其土地扩张的目的。界约签订后，俄方人员明确承认：通过这次划界，俄国侵占了唐努乌梁海北部的中国大片领土。据《俄中两国外交文献汇编（1619~1792）》载："这一边界较之过去俄罗斯帝国居民所占有的土地有大量增加，而且还从蒙古领地中将许多从未归俄国所有的土地划进了俄国版图。这一地区过去从未归俄国管辖过。"[1]

中俄两国政府于雍正五年九月（1727 年 10 月）互派官员勘分恰克图向东至额尔古纳河的国界，设立鄂博 63 处，此约称《阿巴哈依图界约》[2]。

与此同时，中俄两国政府互派官员划定恰克图西至沙毕纳伊岭的国界，此段共设鄂博 24 处，这一划界又称《色楞额界约》。

中俄《布连斯奇条约》的签订，使中国方面在领土上受到一些损失，丢失了古尔必达巴哈外侧额尔沟河源地区，以及沙宾达巴哈以北、汉腾格尔以南、阿巴坎河以东等地。但是，在当时的情况下，中俄双方通过正式划界，遏止了沙皇俄国势力在中国蒙古地区的进一步扩张，以划界的法律条约保证了中国对神圣领土唐努乌梁海的主权和有效管辖，就此而言，《布连斯奇条约》的签订是十分及时的。

(三) 中尼划界问题

乾隆末年，廓尔喀入侵西藏，清朝政府派遣福康安率军驱逐侵略者。乾隆五十七年（1792 年）五月，清军从吉隆越过中尼边界进入廓尔喀境内，六月，清军反击至距离加德满都仅几十公里

1 《俄中两国外交文献汇编（1619~1792)》，中译本，第 387 页。

2 《阿巴哈依图界约》签订时有蒙文、俄文两种文本。

处，廓尔喀战败请降。清军退出廓尔喀，返回西藏即着手定界事宜。乾隆五十八年（1793 年），中尼边界划界大致完成，所定鄂博在今日中尼边界的有十二处，其他当时属中锡边界的有四处，作木朗及洛敏汤有六处[1]。福康安此次定界是中尼首次定界，在此以前均为西藏地方政府与尼泊尔双方订立，而这次是福康安派穆克登与西藏第巴同赴边地定界。定界事宜得到廓尔喀国王的认可。据《卫藏通志》记载，廓尔喀国王认为划界"办理甚妥"，表示"即照穆大人所立地界，永远遵奉，不敢丝毫有违，自取罪戾"[2]。

乾隆末年中尼定界成为中尼边界史上的重要里程碑。1961 年中尼勘界即以此定界为基础，两国尊重已有的传统习惯边界线，提出"全部中尼边界以现有的传统习惯线为基础，通过友好协商科学地划出和正式标定"[3]的原则，圆满地解决了中尼边界问题。

二　依据传统习惯线划界

18 世纪，清朝与周边邻国划界，更多的是以传统习惯线作为双方边界线。

在与周边国家的关系上，清政府恪守"天子守在四夷"的传统观念。自认为清朝是地处"中央"的"天朝上国"。各国和清朝的官方来往是一种"宗藩关系"。这种"宗藩关系"是封建君臣关系在国家关系中的体现。藩国须定期向清廷献纳贡品。每当旧王去世，新王登极或重大节庆之时，藩国均要派使节到中国告哀，并请求册封，或表示祝贺。而清朝有维持藩国封建正统统治秩序的义务，要颁布敕谕诏旨，派遣使节到各国册封，还要向藩国国王和各国朝贡使臣赏赐大量物品。这种"宗藩关系"强调"万邦来朝"的天朝尊严，一般不干涉藩国内政和外交事务，也不在藩

1　房建昌：《中尼边界初探》，载《中国边疆史地研究报告》第 3~4 辑，1992 年。
2　《卫藏通志》，第 188~189 页，西藏人民出版社，1982 年。
3　《中华人民共和国对外关系文件集》第 7 册，第 49~50 页。

国派驻官兵。

清朝在与邻国分疆划界时，“中外一家”的思想主导着其制定对邻国的划界原则。雍正说：“朕统御寰区，凡兹臣服之邦，莫非吾土……候甸要荒，事同一体。”[1] 清朝称其政策为“柔远之道”。雍正说：“朕思柔远之道，分疆与睦邻论，则睦邻为美；畏威与怀德较，怀德为上。”[2] 清朝坚持以传统的习惯线划界，目的很明确，就是要保证边疆地区的稳定。但是，当出现双方对划界看法有不同意见时，清廷“大公至正”，采取“息事宁人”、“相安无事”的态度。往往让对方越过传统习惯线，使自己处于被动地位。这一点，雍正帝说得最明确：“其地果有利耶，天朝岂宜与小邦争利？如无利耶，则又何必与之争？”[3]

实际上，清朝前期对邻国的划界原则是不可取的，单方面的退让和妥协，有些邻国不但没有按照双方传统习惯线划界，反而趁机侵占中国领土。

以中朝划界问题为例：

清朝与朝鲜边界线，依如前朝，即仍以鸭绿江、图们江为界河。但是，朝鲜李朝建立后，继承其历代王朝推行的北拓政策，积极向北扩张领土，康熙十三年（1674 年）朝鲜将其原设于东逾岭南之茂山镇北移于朴下川、图们江之交。康熙二十三年（1684 年），朝鲜改其为茂山府。对此，清朝政府毫无察觉。18 世纪初叶，清朝乌喇总管穆克登奉旨查边前，中朝边界状况仍旧很清晰：以鸭绿江、图们江两江为界，但长白山为清朝所有。而且惠山以北鸭绿江、图们江两江之间的连陆地段，即长白山南这一地区亦为清朝所有。

康熙五十年（1711 年）、五十一年（1712 年）乌喇总管穆克

1 《清世宗实录》卷六五。

2 《清世宗实录》卷三一。

3 《清世宗实录》卷六五。

登奉康熙帝之旨两次查看中朝边界。穆克登本应视察鸭绿江上游后，立即视察鸭绿江、图们江两江陆路连接地带即长白山南地区，而后再视察图们江。但对当时中朝国界糊涂无知的穆克登，听信朝鲜官员长白山顶峰天池以南为朝鲜境的谎言，竟登山查看鸭绿江、图们江江源，并树立审视碑，实即定界碑，不仅将长白山南清属领土拱手送给朝鲜，且将本国独属的长白山也割去一半给朝鲜。从而使清朝丢失大片领土，朝鲜反得大片土地。穆克登的重大失误，给清朝与朝鲜划界造成严重的后果。大凡两个国家的边界，均应由双方派出得力官员共同勘查、划界、定界，尤其有界限不清地段更应如此。只有双方国界界限分明划定国界后，双方中的任何一方，方可派本国官员审视与查看本国一侧的边界。中朝两国从未就中朝边界派出得力官员共同勘查、划界、定界。因此，清朝康熙帝在中朝双方并未对双方边界共同勘查、划界、定界之前，就单独派本国穆克登审视与查看本国一侧的边界，是不合适的。在两国边界未经双方派员共同勘查、划界、定界的条件下，双方中的任何一方单独派本国官员审视与查看本国一侧的边界，均具有划界、定界的意义，实际上就是划界、定界。康熙帝派穆克登第二次查边时，明确令其查边，而不是与朝鲜代表会勘定界。其所以如此，恐系康熙以宗主国皇帝派出之钦差大臣决定一切，而令附属国唯上国意志是从之想法有关[1]。

穆克登查边划界所造成的后果是极其严重的，正是由于清朝和朝鲜两国政府对两国边界如此重大事情竟然如此处理，从而为其后数百年的中朝边界争议埋下严重祸根。如果清朝康熙帝派得力要员与朝鲜共同认真查边划界，并与朝鲜代表共同设标立栅，并于其后每年共同会巡边界。自然不会发生其后数百年的中朝边界争议。

1　见杨昭全、孙玉梅：《中朝边界史》，第 193~196 页，吉林文史出版社，1993 年。

再以中缅疆界为例：

中缅关系历史悠久。宋元时，当时的缅甸“进白象，始通中国”[1]。元灭大理后，南征缅甸，陆续设置多处土司，缅甸王被封为邦牙宣慰司。明袭元制，在缅甸设置“缅甸军民宣慰使司”，“永乐元年（1408 年）缅酋那罗塔遣使入贡，因言缅虽遐裔，愿臣属中国”[2]。明代，中缅经过二百多年的交往，在交界处，形成了传统习惯线。明末至清前期，传统习惯线的变化不大。乾隆十六年（1751 年），缅甸头人雍籍牙建立雍籍牙王朝，开始实行对外扩张，中缅关系随之发生了重大的变化，中缅边界的传统习惯线也受到影响。乾隆三十一年至三十四年（1766~1769 年），清军征缅以后，缅甸对清政府长期保持朝贡关系，清政府除去一度设立孟拱宣抚司之外，没有恢复已被缅甸合并的各处土司。乾隆五十五年（1790 年），缅王请求封号，表示愿以十年一贡臣服清朝。乾隆皇帝接受缅王的请求，封其为阿瓦缅甸国王，赐敕书印信[3]。从此，缅甸成为清帝国的属国。中缅当时仍以传统习惯线分界，没有正式划定边界线：北段仍同乾隆中叶前，维持在恩梅开江上游和江心坡地区，南段则较前有很大不同，及从八关以外的大金沙江之线，沿蛮暮土司北境东折，循孟卯、木邦之界，西达潞江；然后顺潞江而下，至卡瓦地区，从这个地区的西南方绕过，东折循孟连、孟艮之界，再顺车里和孟艮、整欠界上的南累、南览两河达澜沧江。

雍正三年（1725 年）四月和六年（1728 年）正月关于中越边界的两段记载最能说明清朝在与藩属国划界时的指导思想。

四月“先是云贵总督高其倬奏言：云南开化府与交址接壤，有内地旧境，失入交址……今查出都龙厂之对过铅厂山下一百二十九里，又南狼猛康南丁等三四十寨皆被交址占去，伏查《云南

1 《大清一统志》卷五五六《缅甸》。

2 《明史》卷三一五《云南土司三缅甸》。

3 《东华录》，乾隆五十五年六月壬戌条。

通志》，载开化府南二百四十里至交址赌咒河为界，今交址呼为安边河是也。后明季因其地旷远，将塘汛移入内地，另指铅厂山下一小溪强名为赌咒河，已失去一百二十里，本朝康熙二十二年……又失去四十里，若论旧界，应将二百四十里之境彻底取回。臣见在移咨安南国王……为此详奏，得旨，览奏，交址旧界，有远近互异等情，朕思柔远之道，分疆与睦邻论，则睦邻为美，畏威与怀德较，则怀德为上。……安南自我朝以来，累世恭顺，深属可嘉，方当奖励是务，宁与争尺寸之地？……其地果有利耶？则天朝岂与小邦争利，如无利耶，则有何必与之争。朕居心惟以大公至正为期，视中外皆赤子，且两地接壤连境，最易生衅，尤须善处以绥怀之……朕念安南累世恭顺，王能恪继职守可嘉，且此地乃弃自明朝，安南之民住居既久，安土重迁，恐有流离之苦，朕心存柔远，中外一视甚为不忍，已批谕将斜路村等处人员撤回，别议立界之地……”[1]

雍正六年“大学士兼管翰林院掌院清理疆界，据原任云贵总督高其倬遵旨详考志书，知开化府与安南国渭川州之界，当在开化府逢春里赌咒河，是以斜路村等处设立防汛以肃边境，比因该国王具奏前来，情词恳切，朕以怀远为心，勉从所请，谕令该督撤回防汛人员，别议立界，此朕委曲保全之特恩也。嗣据新任总督鄂尔泰奏称，查得铅厂山下地方山川形势中外截然，且志书可凭，粮册可据，塘汛旧基可查，居民服饰可验，实系内地，应于此立界，诚为仁至义尽等语。……前往安南宣读圣谕，敕谕曰：朕前令守土各官，清立疆界，原属行之内地，未令清查及于安南也……况此四十里之地，在云南为朕之内地，在安南仍为朕之外藩，一毫无所分别，著将此地仍赏赐该国王世守之……”[2]

1 《清世宗实录》卷三一。
2 《清世宗实录》卷六五。

三　统一边疆后划界

（一）南海诸岛问题

中国边疆有海疆和陆疆，海、陆疆差异很大，海疆的疆界划分也比陆疆复杂，中国南海诸岛的主权问题，至今仍有争议。事实上，南海诸岛是中国政府最早管辖和最早行使主权的。中国人民最早发现南沙群岛并最先给予命名，在宋代，已把南沙群岛及其附近海面定在中国界限之内，据有关专家研究“万里石塘、万里长沙位于中国之海洋的最南端的海上危险区，出了此界限，则为外国海域的交洋之处的竺屿”[1]。宋、元时期中国的近邻国家，如越南、马来西亚、菲律宾等由于当时受航海技术的制约，对南沙群岛尚属于无知状态。到了明代，中国的史地著作在宋元记载的基础上增加了更丰富、更详细的记述，而且开始绘制标有南沙群岛在内所在海域的地图[2]。

清代，在南沙群岛早已在事实上属于中国界内的基础上，清朝中央政府顺理成章地将南沙群岛正式列入中国版图，并明确置于广东省琼州府万州辖下。

清代刻印的政区地图，清晰地将南沙群岛绘制在上面，如：雍正二年（1724年）刻制行用的《清直省分图》之《天下总舆图》、乾隆二十年（1755年）以前印行的《皇清各直省分图》之《天下总舆图》、乾隆三十二年印行的黄正孙《大清万年一统天下全图》、乾隆三十二年以后印行的朱锡龄《大清万年一统全图》、嘉庆五年印行的晓峰《清绘府州县厅总图》、嘉庆十五年印行的《大清万年一统地理全图》、嘉庆二十二年印行的陶晋《大清一统天下全图》等都将包括南沙群岛在内的石塘海绘入清朝版图之内。

清朝政府一直对南海诸岛行使主权，清前期南海诸岛的海

1　韩振华：《宋元时期有关南沙群岛的史地研究》。

2　如《郑和航海图》，施永图辑《武备秘书地利附图》。

域已经列入水师的巡视范围。康熙四十九年至五十一年间（1710~1712 年）广东水师副将吴升曾经率领水师巡视西沙群岛："……自琼崖，历铜鼓，经七洲洋、四更沙，周遭三千里，躬自巡视，地方宁谧。"[1]

中国学者根据无可辩驳的历史事实和国际法原则明确申明，中国在南海诸岛的主权：

1. 中国人民经过将近两千年的长期航海实践，先后发现了西沙、南沙诸岛。至少从 15 世纪起，这些群岛就被列入中国版图。南海诸岛自古就是中国领土，这不仅有古今中外的大量文献可资佐证，而且也为世界各国所承认。

2. 《时际法》已成为一项公认的国际法准则。也是用以解释我国对南海诸岛固有主权的锐利武器。关于领土取得的方式，如发现、先占等，应以产生权力时的国际法，而不是以提出要求和发生争议时的法来确定。

3. 根据时际法原则，国际法权威学者在谈到领土取得问题时，大都将 15 世纪至 16 世纪同 18 世纪至 19 世纪的国际法截然分开。18 世纪后半期至 19 世纪初，国际法才要求"有效占领"；而在 15 世纪至 16 世纪大发现时期，象征性的行为即足以构成对无主地的法律权利。从各国的实践来看，在 15 世纪至 16 世纪通过发现取得领土或在海外开拓殖民地的事例，更是屡见不鲜。不论是以 15 世纪至 16 世纪的国际法和国际惯例，还是以 18 世纪至 19 世纪后的近现代国际法来衡量，中国人最早发现，最早开拓经营，最早实行管辖西沙、南沙等群岛，因而我国对南海诸岛的神圣主权是无可争辩的[2]。

1　黄任：《泉州府志》卷五六，国朝武迹，同治九年刻本。

2　赵理海：《从国际法看我国对南海诸岛无可争辩的主权》，载于《南海诸岛——地理·历史·主权》，第 102 页，黑龙江教育出版社，1992 年。

（二）西南疆界问题

中国政府与西南邻国正式划界是在反击廓尔喀入侵之后划定的，中尼划界前面已经作过论述，清朝政府又是如何处理与锡金(哲孟雄)、不丹、洛敏汤等出现的疆界问题的呢？

现代属于印度内陆邦的锡金在清代官书中，称为哲孟雄，或称者木雄。约 1700 年前后，哲孟雄感激西藏地方政府的援助，每年派人朝拜驻藏大臣和达赖喇嘛，进贡礼品，成为清朝的藩属[1]。

1792 年清朝政府通过反击廓尔喀，为锡金夺回了部分领土，并开始勘定中锡边界。当时中锡边界按照传统习惯线划界，设立鄂博，一直相安无事。

不丹在清代官书中称为布鲁克巴。雍正初年，不丹成为清朝的附属国[2]。不丹与中国西藏的边界线是有双方共同承认的传统习惯线。

清代有关西藏的史籍多次出现洛敏汤的名字，房建昌先生从藏汉文史料中证明：洛敏汤原是西藏阿里的一部分，乾隆末年，廓尔喀侵藏后，中尼划界，清朝及西藏的上层官吏因昧于洛敏汤的历史，以致妄送国土于廓尔喀。乾隆末年，和琳等在西南边疆划界时，洛敏汤被划到中国界外。对此《卫藏通志》中有较详细的记载：“(乾隆）五十九年正月，驻藏大臣工部尚书都统和琳、副都统成德等具奏：‘为筹办藏界，补立鄂博，以期久远事。查：有藏属萨喀边外，作木朗以东，洛敏汤地方一处，人户三四百家，向来头人，系自立自废，既非藏属，又不属作木朗管理，间尝差人与达赖喇嘛呈递哈达，或送银钱五六十圆，以为布施。五十三

1 吴丰培：《中国与锡金关系简述》，载于《中国边疆史地研究报告》第 1 辑，1987 年。

2 房建昌：《中国与不丹的边界及不丹在西藏的飞地》，载于《中国边疆史地研究报告》第 5 辑，1990 年。

年以前，亦被廓尔喀侵占，每年即与廓尔喀当差，仍送商上（西藏地方政府）银钱五六十圆不等。自五十七年大兵进剿时，洛敏汤便不与廓尔喀交纳钱粮。去年，廓蕃贡使到藏面禀，应归于何处管理？臣等详细查明，委系另有一部落，与藏中毫无关涉，但离萨喀边界止有三天路程。恐唐古忒退有后言，臣等曾面与达赖喇嘛、噶布伦个等商议……据达赖喇嘛、噶布伦等合称：'洛敏汤头人向来俱系自立，不属藏中管辖。彼处百姓，亦皆桀骜难驯，断不服管，商上亦不藉五六十圆银钱用度等语。'臣等仍遵前旨，依照哲孟雄、作木朗之例，面谕该贡使：以洛敏汤系边外小部落，并非藏内管辖，应听尔自行办理，归告尔王，总以凛遵谕旨，和睦邻封，爱惜百姓，毋得稍有越占，致负天恩等语。该贡使叩头，感于辞色，臣等因思济咙、聂拉木、绒辖各边界，业经臣福康安俱已派员，酌中立有鄂博。而藏界西南通外番地方，绘图贴说，毋得草率从事。"[1]

（三）西北疆界问题

18 世纪前半叶，我国西北疆域的大部分由准噶尔部管辖，准噶尔部不仅控制着天山南北两路，而且控制着哈萨克、布鲁特及帕米尔地区。至 18 世纪中叶，准噶尔的西北疆域界线大致是从库兹涅茨克、比斯克、恰雷什斯克到乌斯季—卡缅诺哥尔斯克，向南沿阿亚古斯河到巴尔喀什湖，然后自巴尔喀什湖之西，穿楚河中游到塔拉斯。塔拉斯以南，准噶尔之疆域界线在 18 世纪前半期大致是自塔拉斯向东，沿塔拉斯山脉，然后向东南，沿费尔干纳山脉，到其东南端与阿赖山脉相接处[2]。

18 世纪中叶，清朝政府统一西北的战争尚未结束时，就开始

1　《卫藏通志》卷二《疆域》。

2　钮仲勋：《准噶尔西北疆域考》，载于《中俄关系史论文集》，第 77 页，甘肃人民出版社，1979 年。

准备对西北地区进行地理调查和地图测绘。乾隆二十年二月（1755 年）乾隆帝谕曰："汉时西陲塞地极广，乌鲁木齐及回子诸部落皆曾屯戍，有为内属者，唐初都护开府，扩地及西北边，今遗址久湮。著传谕鄂容安，此次进兵，凡准噶尔所属之地，回子部落内，伊所知有与汉唐史传相合，可援据者，并汉唐所未至处，一一询之土人，细为记载，遇使奏闻，以资采辑。"[1]同年七月，"准噶尔部尽入版图"，乾隆帝令"其山川道里，应详细载入皇舆全图"[2]。

四 疆界

（一）东北部疆界——中俄东段边界

《中俄尼布楚条约》拉丁文本第一条规定："以流入黑龙江之绰尔纳河，即鞑靼语所称乌伦穆河附近之格尔必齐河为两国之界。格尔必齐河发源处在大兴安岭，此岭直达于海，亦为两国之界；凡岭南一带土地及流入黑龙江大小诸川，应归中国管辖；其岭北一带土地及川流，应归俄国管辖。惟界于兴安岭与乌第河之间诸川流及土地应如何分划，今尚未决，此事须两国使臣各归本国，详细查明之后，或遣专使，或用文牍，始能定之。又，流入黑龙江之额尔古纳河亦为两国之界；河以南诸地尽属中国。河以北诸地尽属俄国。凡在额尔古纳河南岸之墨里勒克河口诸房舍，应悉迁移于北岸。"[3]

中俄东段边界按照界河[4]、界山[5]划界，在边界线上设有

1 《清高宗实录》卷四八〇。

2 《清朝文献通考》卷二五六《象纬考》。

3 步平等编著：《东北国际约章汇释》，黑龙江人民出版社，1987 年。

4 按照《中俄尼布楚条约》规定中俄东段的界河为：黑龙江北侧以支流绰尔河附近的格尔必齐河为界，黑龙江南侧以支流额尔古纳河为界。北侧界河格尔必齐河，直至河源外兴安岭，南侧以整条额尔古纳河为界河。

5 外兴安岭，从格尔必齐河源起直达于海。岭南属中国，岭北属俄国。

界碑[1]。

1. 额尔古纳河口界碑

额尔古纳河口界碑有两块，一块是康熙二十九年五月郎谈在指定地点竖立的。《八旗通志初集·郎谈传》中载道："(五月）二十一日，至厄里谷纳，立牌于河口石壁上，镌满、汉、鄂罗斯、蒙古、里的诺五样字。"厄里谷纳即额尔古纳河。《清朝通志》载："御制与俄罗斯定的分界碑文，康熙二十九年，国书、行书、俄罗斯、蒙古、拉题诺五种，书额尔古纳河摩崖。"[2]

2. 巴海威伊克阿林界碑

杨宾《柳林纪略》（卷一）中载："威伊克阿林，极东北大山也。上无树木，惟生青苔，厚常三四尺。康熙庚午与阿罗斯分界，天子命镶蓝旗固山额真等分三道往视……遂立碑于上，碑刻满山洲、阿罗斯、喀尔喀文。"《清代中俄关系档案史料选编》（第一编，第282件）也有相同的记载。何秋涛在《朔方备乘》（卷八《北徼界碑考》）中考证了杨宾的记载。

3. 格尔必齐河俄方一侧的界碑

中俄签订《尼布楚条约》后，俄方也在界河格尔必齐河俄方一侧竖立了一块界碑。位置在格尔必齐河口西侧。《外贝加尔的哥萨克史纲》（附录C·3）描述了俄方界碑的形状："同中国的边界是以边界标志——界标为界。界标是用土堆成的锥形土墩，有

1　《中俄尼布楚条约》明确规定："将以华、俄、拉丁诸文刊之于石，而置于两国边界，以作永久界碑。"（《中俄尼布楚条约》拉丁文本，在俄国外交部编印《俄中条约集（1689~1881年）》；汉译本见王铁崖《中外旧约章汇编》第一册，三联1982年版，第1~2页）。早期中俄东段设置了以下几块界碑：（1）格尔必齐河口界碑，《康熙皇舆全览图》绘示了格尔必齐河口界碑，《龙沙纪略·方隅》（方式济）中载："今界碑在西北昂班格尔必齐河之东。"昂班格尔必齐河即安巴格尔必齐河，其位置在"雅克萨城旧址过此而西又千余里"。《清代中俄关系史史料选编》（第1编，第67件）、《清实录》（《清圣祖实录》卷一四三）等史料都有记载。

2　《清朝通志》卷一二一《金石略（七)》。

的地方是用石头砌成的。”

（二）北部疆界

雍正五年七月十五日（1727 年 8 月 20 日），中俄双方最终达成了关于中段边界的划界协议，签订了边界条约。由于签约地点在布拉河畔，此约后来被称作《布连斯奇条约》。关于此约，参与谈判的郡王额驸策零等向雍正帝所上筹定界址折中写道：

“臣等与鄂罗斯使臣萨瓦等相见议定疆界事宜。臣以应为界址之处详告萨瓦云：‘东边额尔古纳等处，昔年内大臣索额图等与尔使臣费耀多尔等议归尔国，毋庸再议。今自额尔古纳河岸以至阿鲁哈当苏、阿鲁奇都勒、奇克大、奇林，俱系我处斥堠，应以相对之楚库河为界，自此往西沿布尔古特山等处以博木沙毕鼐岭为界，之后不得混杂居住及容留逃盗人等。犯者互相查拏。随与伯四格侍郎图理琛等以应立界石地方，缮写给与萨瓦。萨瓦及布里雅特、吴梁海等俱皆心服。据萨瓦云，此次幸为使臣，瞻仰天颜，既优赐我察罕汗，复赏赉奉使人众，皇恩优渥。今既秉公办理，即可永为定界。臣等随派侍卫胡毕图、郎中纳延泰与鄂罗斯副使一番、一番诺费池等，指定东西界址，议定界石，俟其回时，即将界址山河地名缮写绘图恭呈御览。应照策零等所议，立石定界，晓谕喀尔汗王、各札萨克、黑龙江将军等，令其约束属人，不得越界生事，违者从重治罪。至恰克图口定为贸易之所，应派理藩院司官一员，管理贸易人数，照例不得过二百。其京城鄂罗斯馆应为修整，令使臣居住，其来京读书幼童及教习等亦令同居，官给养赡，如愿回者，听其归国。至领侍卫内大臣克什图前派往代隆科多办事，今疆已定，应令其来京，从之。”[1]

由于《布连斯奇条约》后来并入《恰克图条约》，故在中国文

1　沈云龙主编：《中国近代史料丛刊续编》第 8 辑，《康熙雍正乾隆条约凡例》。

书里没有该约的完整记载，根据俄国方面的文件，该约关于两国分地事宜并定界如下：

北面在恰克图小河上为俄罗斯帝国卡伦房屋，南面在额尔怀图山冈上为中国卡伦标记。

上述卡伦房屋与卡伦标记之间土地由双方平分。中心设第一界碑。两国可在此处进行边境贸易。

由此处起向左右两方派界务官设界。

由此处起向左方至最南端之布尔古特依山冈，后顺山岭至奇兰卡伦。由奇兰卡伦起经奇克太、阿鲁奇都埒至阿鲁哈当苏，在此四卡伦和标记对面以一小段楚库河为界。

由阿鲁哈当苏至额波尔哈当苏卡伦和标记。

由额波尔哈当苏至察汗鄂拉蒙古卡伦和标记之俄人领地和中国之蒙古卡伦和标记以及所有土地，按照划定恰克图疆界办理，将其间空地酌中均分。

如俄国人所占地方之附近处遇有山、或山脊、或河流，亦应即以此山、或山脊、或河流为界。

如蒙古卡伦和标记附近处遇有山、山脊、河流，亦应即以此为界。

凡无山、无山脊、无河流处荒野之地，两国应适中平分，设立标记为界。

自察汗鄂拉之卡伦标记至额尔古纳河岸蒙古卡伦和标记之外，两国于附近一带，各派人员前往妥商，设立标记为界。

由恰克图与额尔怀图间之第一标记起向右，边界应经：鄂尔怀图鄂拉、特们库朱浑、毕齐克图、胡什古、卑勒苏图鄂拉、库克齐老图、黄果尔鄂博、永霍尔鄂拉、伯廓苏阿玛、贡赞鄂拉、胡塔海图鄂拉、蒴梁、布尔胡图岭、额古德恩昭梁、多什图岭、克色讷克图岭、固尔毕岭、努克图岭、额尔寄克塔尔噶克台干、托罗斯岭、柯讷满达、霍尼音岭、柯木柯木查克博木、沙毕纳依岭等处。

按以上各山岭，并择其最高之处，适中平分，以为疆界。其间如横有山岭、河流，此等山岭、河流两国应适中平分，各得一半。

按照以上划定之疆界，由沙毕纳依领起至额尔古纳河为止，北部归俄国，南部归中国。

所有地名、河名、标记均应写明，绘于图上，由此次两国派往划界人员互换书面文件，各送本国长官查阅。

两国间疆界既定之后，如再有无知之徒，偷入游牧，设立帐篷，一经查明，应即饬令迁回本国。

两国人民，如有互相出入游牧而杂居者，一经查明，应即各自取回，以安边疆。

乌梁海人[1]向一方纳五貂者，仍留在该方并继续交纳。向双方各纳一貂者，自划定疆界之日起，永远不再缴纳。两国大臣将以上办法认为确当，议定了结。[2]

同时，双方商定，从恰克图和鄂尔怀图之间新立界碑起，向西依次设立界碑，即在鄂尔怀图山上设界牌二；自此处经特们库朱浑、毕齐克图、胡什古，横跨色楞格河，在卑勒苏图善左端高处设

1　系指居住在唐努山以北的唐努乌梁海盆地的乌梁海人，一直由中国喀尔喀王公博贝等所辖。划界前在清朝原设卡伦之外。雍正朝最初所派与俄国谈判大臣隆科多曾言:“住于两段边界之乌梁海人等，既有向尔等纳税者，亦有向我贝勒博贝纳税者。于此等地方所居住之人，原皆为我属喀尔喀。先前，或为避其主人之赋税而逃入尔处；或被噶尔丹之乱阻隔，因不能返回则逃入尔处。其原主人、兄弟、亲朋皆在我处，为世之道，人能存则可保其地。我喀尔喀与尔接壤而居。对其而今之容貌生计，使臣并非不知，对我大博格德汗所养之鸿恩，使臣亦必捻知。”中俄划界前，在双方辖区内往来迁移居住的一部分乌梁海人，缴纳赋税的方法为：他们在哪一方境内停下来放牧，即向哪一方缴纳五张貂皮的实物税，以免被驱逐出该地；而他们从哪一方境内迁来的，就向原来的一方交一张貂皮的实物税。

2　《中俄边界条约集·中俄布连斯奇界约》俄文汉译本，商务印书馆，1973 年。转引自〔俄〕尼古拉·班蒂什—卡缅斯基编著，中国人民大学俄语教研室译：《俄中两国外交文献汇编》（1619~1792 年），第 371~372 页，商务印书馆，1982 年。

界牌二；在库克齐老图北端及永霍尔山南端，两山接连处之山冈上设界牌二；在黄果尔鄂博设界牌二；横过伯廓苏阿玛，在渐米尔里克小山南端及梅尔采勒山北端，两山交叉处之果依善山设界牌二；跨过胡塔海图及贡赞之间的齐图尔河，在胡塔海图山左端设界牌二；胡塔海图山之右端，库库那鲁楚左端，在两山间之布尔胡特河上游大路高处设界牌二；乌登卓因之左端库族拉台河上游大路高处设界牌二；切日河上游大路高处设界牌二；莫敦库里河上游大路高处设界牌二；波罗尔河上游伯果托达巴哈岭上大路高处设界牌二；克克塔河上游左侧多什图岭，大路高处设界牌二；乌的卓娜之右端，固尔毕之左端，姆恩克克塔河上游右侧，克色纳克图岭上大路高处设界牌二；在乌里河上游固尔毕岭上设界牌二；固尔毕之右端罕戛河上游大路高处设界牌二；里霍罗河上游努克图岭上，大路高处设界牌二；铁喀萨河上游额尔寄克塔尔噶克台干左端，大路高处设界牌二；毕的克玛河上游托罗斯岭上，大路高处设界牌二；额尔哥克塔尔噶克台干右端乌斯河上游，柯纳梅达山岭上设界牌二；横跨过乌斯河设界牌二；霍尼音岭大路高处设界牌二；在柯木柯木查克博木设界牌二；在沙宾达巴哈大路高处设界牌二；连同在恰克图所设之界牌，共设界牌二十四个。[1]

《中俄布连斯奇界约》签订之后，双方又各派人员商讨具体划分两国边界事宜。不久，中俄双方签订了两份文件：一件是雍正五年九月初九（1727 年 10 月 23 日）签订的《阿巴哈依图议定书》，确定了恰克图以东的边界。另一件是雍正五年九月二十四（1727 年 11 月 7 日）签订的《色楞额议定书》，确定了恰克图以西的边界。[2]

在上述工作基础上，双方开始签订总条约。雍正五年九月三

1 〔俄〕尼古拉·班蒂什—卡缅斯基编著，中国人民大学俄语教研室译：《俄中两国外交文献汇编》（1619~1792 年），第 371~372 页，商务印书馆，1982 年。

2 参见海关税务司编：《中外条约大全》。

十日（1727 年 11 月 13 日）清廷交给俄国代表一份拉丁文条约草案。雍正六年五月五日（1728 年 6 月 14 日），清廷又交给俄方一份修改后的条约。俄国同意了条约内容。于是双方交换了文本的副本。萨瓦和格拉祖诺夫作为俄方代表，内务府总管大臣查弼纳、理藩院尚书特古忒、兵部侍郎图理琛等作为清朝代表签了字。条约于雍正六年九月十八日（1728 年 11 月 1 日）在恰克图正式签署，因此得名《中俄恰克图条约》。

《中俄恰克图条约》分满文、俄文和拉丁文三种文本，内容共十一条：

1. 自定议之日起，彼此各严饬所属，敦尚和睦，遵依定界，各将属下之人，严行管束，毋许滋事。

2. 既结和好，所有往事，毋庸追论，以前之逃人，不必索取，嗣后之逃逸者，双方均不得收留，务须严行查拿，送交各守界之人。

3. 边界划定与《中俄布连斯奇界约》及《阿巴哈依图议定书》《色楞额议定书》之规定相同（略）。彼此属下如有不肖之徒，偷入游牧，占地居住者，查明各令移回本处。近地之人，如有犬牙相错居住者，亦查明各令收回本处，肃清边界。

4. 中俄既经通商，其商人之数照原议之额，不得过二百人，间三年一次。伊等既系商人，其供给食物、盘费之处，照旧例停止。买者卖者，均不征税。彼此禁止之物，不准买卖。

5. 京城之俄罗斯馆，为今后俄罗斯居住之处。俄国可在北京建立东正教堂，原住传教士一人，现增加三人。中国同意俄国派四名学生到中国学习满文、汉文。另接通晓拉丁文二人。十年轮换一次。

6. 中国行俄罗斯之公文，用理藩院印信咨行俄罗斯萨那特衙门；俄罗斯行中国之公文，用俄罗斯萨那特衙门及托博勒城守尉印信，咨行中国理藩院衙门。

7. 乌第河等处地方，暂置为两边公中地方，均不得侵占居住。

8. 设立边界头目，凡事须秉公处理，速行完结。

9. 嗣后，凡各卡伦遇有持军器抢劫者，无论伤人未伤人，一经拿获就要严究。凡人犯应责者，中国照例鞭责，俄罗斯杖责。

10. 两地奉差大小使臣因公事到边时，说明因何事前来，系何等人，在边候信，听候迎接。

11. 条约文本，俄国用俄文，兼用拉丁文，钤印画押交中国；中国用满文，兼用俄文、拉丁文，钤印画押交俄国。[1]

自此，中俄中段边界确定下来，条约签订后，清朝即将界址山河地名缮写绘图，及时将疆域变化在舆图上体现出来。

(三) 西北部疆界

唐努乌梁海的东部和北部的一部分以萨彦岭与俄罗斯为界，然后边界线横越西萨彦岭之沙宾达巴哈[2]。沙宾达巴哈以西的中俄边界，在中俄《布连斯奇条约》中还没有划定。这里居住着喀尔喀蒙古赛音诺颜部所属的十三佐领和乌里雅苏台将军直辖的十佐领。赛音诺颜部所属十三佐领北部领地与俄罗斯为界[3]。

唐努乌梁海以西是阿勒坦淖尔乌梁海和阿尔泰乌梁海地区，在这一带居住的乌梁海人原属准噶尔部管辖，18世纪中叶后清朝

1　上述条约内容引自《朔方备乘》，第9卷，《北徼条例考》；有关条约的详细内容，可参见《清代中俄关系档案史料选编》，第1编，下册，第516页，“策凌等奏与俄使议定恰克图条约折”。

2　据《中俄布连斯奇条约》沙宾达巴哈位于唐努乌梁海西北，设有二十四号界牌一座。

3　嘉庆《大清一统志》卷五三二《乌里雅苏台统部》；《大清会典》卷一三二《唐努乌梁海游牧图载》：“伊克穆河又北经塔尔噶克山西，又北入俄罗斯界，阿努河出鄂尔噶汉山，北流屈西北察罕米哈河出傲兰乌纳胡山西麓北流折西注之，又北阿穆哈河出鄂尔噶汉山，东北注之，又北入俄罗斯，哈屯河自科布多所属阿尔泰淖尔乌梁海北流入界，折西北阿尔泰河亦自阿尔泰淖尔乌梁海西北来注之，又北流亦入俄罗斯界。”

直接编旗设佐领管理。阿勒坦淖尔乌梁海的北界与俄罗斯为界。

18世纪中国对巴尔喀什湖以东、以南地区的管辖及其疆界划分，可以分为两个阶段：前一阶段，由准噶尔等政权和游牧部族对其领地的管辖；后一阶段，18 世纪中叶，清朝政府完成西北边疆统一以后，对西北疆界进行地理调查和测绘，明确了中国政府管辖范围及与邻国的疆界。

塔尔巴哈台北面的铿格尔图喇为中俄边界，两国交界处在铿格尔图喇以南，布克图尔玛河口以北[1]。

从铿格尔图喇往西，中俄以哈尔满阿林为界[2]。

塔尔巴哈台西北部有爱古斯河“爱古斯河……河东距塔尔巴哈台四百余里，与哈萨克以此河为界”[3]。

伊犁地区分为东西两路，伊犁西路在霍尔果斯以西。伊犁西路北至巴尔喀什湖，与左哈萨克以巴尔喀什湖为界[4]。伊犁西路西至塔拉斯河，与右哈萨克以塔拉斯河为界，西北至楚河，接右哈萨克[5]。楚河东北的伊尔该图鄂拉、塔拉斯河西南的必库勒淖尔都是清朝与哈萨克的分界线，《西域图志》载：“伊尔该图鄂拉，北逾山接左哈萨克界”“必库勒淖尔，在阿克库勒淖尔西北二百里，圆广亦如之，又西行入西哈萨克界”[6]。

伊犁西路南面是归附清朝的布鲁特部，布鲁特部领地从纳林河上中游一带，南至瓦罕帕米尔。

东布鲁特部萨喇巴哈什部居于珠木罕以南的图古斯塔劳一带，

---

1 徐松《西域水道记》（额尔齐斯）“又东北流，布克图尔玛河注之……又东北流达俄罗斯界……又东北流过铿格尔图喇”。卷五。

2 《朔方备乘》卷二三，《北徼山脉考》“又西北为哈尔满山霭古斯阿林始达俄罗斯界”。哈尔满阿林也称喀喇玛岭，即今俄罗斯卡尔宾山。

3 《西域水道记》卷四。

4 《大清一统志》卷四一五。

5 《大清一统志》卷四一五。

6 《西域图志》卷一三，卷二六。

西与安集延为界[1]。德格讷部居于鄂什，以噶布兰岭和苏提布拉克岭与浩罕划界，“岭东为回部，岭西为霍罕。”[2]

清朝所属的帕米尔地区西与巴达克山相接，交界处在伊西洱库尔湖以西，“伊西洱库尔诺尔，在喀什噶尔西，上有高宗纯皇帝圣制碑，为伊犁极西境”[3]。

(四) 西南部疆界

乾隆十五年（1750年）清朝在平息了颇罗鼐子珠尔墨特的叛乱后，派人对西藏地区重新进行实测，绘制了新的西藏地图，并入乾隆《内府舆图》。新的西藏地图的出现，说明清朝在该地的统治进一步得到了巩固。

康熙五十九年（1720年）清军驱准入藏后，康熙帝曾遣使考察西藏的地理情况，“今大兵得藏，边外诸蕃悉心归化，三藏、阿里之地俱入版图，其山川名号，蕃汉异同，当于此时考证明核，庶可传信于后。……尔等将山川地名，详细考明具奏。”[4]

清代西藏地分三部，为三藏：前藏曰康为察木多（亦曰喀木，在巴塘西）；中藏曰卫，为布达拉，达赖喇嘛居之；后藏曰藏，为札什伦布，班禅居之。又并极西之阿里为四部。[5]

西藏的政区范围，在康雍乾三朝有过一些变化。清初，西北阿里地区（包括拉达克地区）与克什米尔接界；东南以打箭炉为界；北抵巴萨通拉木山（即唐古拉山），准噶尔部占据天山以南后，成为西藏北部近邻。

吴三桂叛乱后，为取得西藏的支持，曾将川滇沿边的大片地区“割贿”达赖喇嘛，使得原属云南丽江府的维西、中甸地区及

1 《平定准噶尔方略》正编，卷五六，卷五八。
2 《西域水道记》卷一。
3 《大清会典》卷一〇，户部。
4 《清圣祖实录》卷二九〇。
5 王之春：《清朝柔远记》，第9页，中华书局，1989年。

川边的木里、松潘地区都成为达赖的领地。

至康熙五十九年（1720年），“中甸等处头目及喇嘛等到丽江投诚，愿仍归云南管辖。如所请，将附近中甸地方及巴塘里塘仍归丽江土府管辖。”[1]

雍正三年（1725年），川陕总督岳钟琪奏称：“打箭炉界外之里塘、巴塘、乍丫、义木多，云南之中甸，义木多之外罗隆宗、嚓哇、坐尔刚、桑噶、吹宗、衮卓等部落，虽非达赖喇嘛所管地方，但罗隆宗离打箭炉甚远，若归并内地，难以遥制。应将原系内地土司所属之中甸、里塘、巴塘，再沿近之得尔格特、瓦舒霍耳地方，俱归内地，择其头目，给与土司官衔，令其管辖；其罗隆宗等部落，请赏给达赖喇嘛管理，特遣大臣前往西藏，将赏给部落之处，晓谕达赖喇嘛知悉。”[2]雍正帝同意了这项提议。

乾隆三年（1738年），章嘉呼图克图奏请将里塘、巴塘、佳塘等处地方仍给达赖喇嘛管辖。清廷经讨论后认为：

“滇省所属中甸与川省里塘、巴塘、佳塘等处情势相同。从前未归内地之时颇多不便；归滇以后，设弁管辖，迄今宁谧。应将里塘、巴塘、佳塘并中甸等处，照旧各归川滇，未便仍给达赖喇嘛管理。”[3]

这样，至乾隆初年，西藏的辖区按《会典》记载：西藏之地有四，曰卫、曰藏、曰喀木、曰阿里，辖六十余城。东至四川边境，西至大沙海，北至青海，东西六千四百余里，南北六千五百余里。[4]

西藏边外的政权主要有廓尔喀（今尼泊尔）、哲孟雄（今属印度一个内陆邦）、布鲁克巴（今不丹）和洛敏汤等。至乾隆年间，清朝与这些政权的疆域关系都逐渐明确下来。

---

1 《清圣祖实录》卷二九〇。

2 《清世宗实录》卷三八。

3 《清高宗实录》卷八一。

4 （乾隆）《大清会典》，《理藩院·典属清吏司》。

哲孟雄在清代文书中又称为“者木雄”。当地原来居住的民族主要是莱卡人，后来大批的康巴人和廓尔喀人迁入。当黄教成为西藏地区的主流教派后，原来信奉红教和白教的部分僧众逃往该地，哲孟雄渐渐由散居的村落形成一个政治实体。18 世纪初，哲孟雄成为西藏地方的藩属。

不丹在清代官书中称为布鲁克巴。17 世纪中叶，西藏的噶举派教主因内部纷争逃往不丹，借鉴西藏的政教制度建立了不丹国。雍正初年，不丹首领主动要求成为西藏的藩属。[1]

清代有关西藏的史籍中多次出现洛敏汤的名字，据房建昌先生考证，洛敏汤原是西藏阿里的一部分。乾隆末年，清廷与廓尔喀议界时，洛敏汤被划至中国界外。《卫藏通志》记载：

“(乾隆) 五十九年正月，驻藏大臣工部尚书都统和琳、副都统成德等具奏：‘为筹办藏界，补立鄂博，以期久远事。查：有藏属萨喀边外，作木朗以东，洛敏汤地方一处，人户三四百家，向来头人系自立自废，既非藏属，又不属作木朗管理，间尝差人与达赖喇嘛呈递哈达，或送银钱五六十圆，以为布施。五十三年以前，亦被廓尔喀侵占，每年即与廓尔喀当差，仍送商上银钱五六十圆不等。自五十七年大兵进剿时，洛敏汤便不与廓尔喀交纳钱粮。去年，廓蕃贡使到藏面禀，应归于何处管理？臣等详细查明，委系另有一部落，与藏中毫无关涉，但离萨喀边界止有三天路程。恐唐古忒退有后言，臣等曾面与达赖喇嘛、噶布伦等商议……据达赖喇嘛、噶布伦等合称：洛敏汤头人向来俱系自立，不属藏中管辖。彼处百姓，亦皆桀骜难驯，断不服管，商上亦不藉五六十圆银钱用度等语。臣等仍遵前旨，依照哲孟雄、作木朗之例，面谕该贡使：以洛敏汤系边外小部落，并非藏内管辖，应听尔自行办理，归告尔王，总以凛遵谕旨，和睦邻封，爱惜百姓，

1 参考房建昌：《中国与不丹的边界及不丹在西藏的飞地》，载于《中国边疆史地研究报告》第 5 辑，1990 年 6 月。

毋得稍有越占，致负天恩等语。该贡使叩头，感于辞色，臣等因思济咙、聂拉木、绒辖各边界，业经臣福康安俱已派员，酌中立有鄂博。而藏界西南通外蕃地方，绘图贴说，毋得草率从事。”[1] 就这样，洛敏汤被划给廓尔喀。

乾隆末年，廓尔喀入侵西藏，清廷派福康安等率军入藏。乾隆五十七年（1792 年）五月，清军长驱直入廓尔喀境内，六月，进军至距离其首府加德满都仅数十里处，廓尔喀宣布投降。清军返回西藏着手善后事宜，包括与廓尔喀定界。九月，乾隆帝命令福康安："惟定立地界一事……一一设立鄂博，毋许偷越。现在大兵将撤，宜趁此时申明约束，以热索桥迤西，如协布噜、雍鸦、东觉、堆补木、帕朗古等处，皆经大兵攻克，本应即以此为后藏边界，念尔悔罪投诚，仍行赏还，其热索桥以内济咙、聂拉木、宗喀等处，本属藏地，虽经汝侵占，现经大兵收复，非如上次讲和退还者可比。嗣后应以济咙、聂拉木以外为界，尔部落人等，不得尺寸擅越，如有私行偷越者，拿获即行正法，将此传谕知之。"[2] 对此划界办法，廓尔喀国王表示"即照穆大人（即穆克登，福康安派其与西藏第巴同赴边地定界）所立地界，永远遵奉，不敢丝毫有违，自取罪戾"[3]。清廷在与廓尔喀划界的同时，对与作木朗、洛敏汤、哲孟雄等各交界处的旧界亦重新进行了勘查梳理，"将旧有玛尼堆加高添砌，其全无形迹者，一律堆设整齐"，"所有唐古忒西南"与"作木朗、洛敏汤、廓尔喀各交界均已划然清楚"。"自扎什伦布西行，由拉孜至胁噶尔、定日、宗喀、萨喀，通狭巴岭山、锅拉纳山、毕都纳山、朗古山顶、纳汝克喀山顶、朗杂山顶，均设鄂博，此内为洛敏汤、作木朗二部落境"，"又自拉孜通绒辖，至波依山顶设立鄂博，此内为西藏境，此外为哲孟

1 《卫藏通志》卷二《疆域·西界》，第 192 页，西藏人民出版社，1982 年。

2 《清高宗实录》卷二二二。

3 《卫藏通志》卷二《疆域·西界》，第 189 页。

雄境；又自定结至萨热喀山顶、卧龙支达山顶、羊玛山顶设立鄂博，此内为西藏境，此外为哲孟雄境；又自干坝至洛纳山顶、丈结山顶、雅纳山顶设立鄂博，此内为西藏境，此外为哲孟雄境；又自帕克哩至支莫山顶、藏猛谷山顶、日纳宗官寨设立鄂博，此内为西藏境，此外为哲孟雄、布鲁克巴二部落境。又臧曲大河南本系哲孟雄地界，被廓尔喀侵占已久，臧曲大河以外俱系廓尔喀境。”[1]

中尼边界。乾隆五十七年（1792年）清朝与尼泊尔划中尼边界，对旧界一一勘查，“将旧有玛尼堆加高添砌，其全无形迹者，一律堆设整齐”把“所有唐古忒西南”与“作木朗、洛敏汤、廓尔喀各交界均已划然清楚”。另外新定界址为：“自扎什伦布西行，由拉孜至胁噶尔、定日、宗喀、萨喀，通狭巴岭山、锅拉纳山、毕都纳山、朗古山顶、纳汝克喀山顶、朗杂山顶，均设鄂博，此内为洛敏汤、作木朗二部落境。”“又自拉孜通绒辖，至波低山顶设立鄂博，此内为西藏境，系外为哲孟雄境；又自定结至萨热喀山顶，卧龙支达山顶，羊玛山顶设立鄂博，此内为西藏境，此外为哲孟雄境。”[2]

对于上述中尼边界设立各鄂博的位置，中尼边界史研究者曾分别作过考证[3]。

今属印度的锡金，在18世纪与清朝接壤。乾隆五十七年（1792年）中锡划界，设立中锡边界鄂博，《卫藏通志》详细记载了当时划界的情况：“至波底山顶设立鄂博，此内为西藏境，此外为哲孟雄境。又自定结至萨热喀山顶、卧龙支达山顶、羊马山顶设立鄂博，此内为西藏境，此外为哲孟雄境。又自干坝至洛纳山

1　《卫藏通志》卷二《疆域·西界》，第192~195页，西藏人民出版社，1982年。

2　《卫藏通志》卷二《疆域》。

3　据房建昌：《中尼边界初探》考证鄂博地名如下：

（1）狭巴岭山：黄盛璋认为是今撒尔布山口，位于中尼边界，其附图标在今吉隆县境。房建昌认为在今仲巴县南界东端东经84.0度，北纬29.3度处中尼边界线上的下巴拉山口。

（2）锅拉纳山：在今仲巴县南界下巴拉西南东经83.8度，北纬29.0度处中尼边界线上的扎那拉；其南正为作木朗与洛敏汤旧地交汇处。

顶、丈结山顶、雅纳山顶设立鄂博，此内为西藏境，此外为哲孟雄境。又自帕克哩至支莫山顶、藏猛谷山顶、日纳宗官寨设立鄂博，此内为西藏境，此外为哲孟雄、布鲁克巴二部落境。又臧曲大河（即藏曲大河）南本系哲孟雄地界，被廓尔喀侵占已久，臧曲大河以外俱系廓尔喀境。”[1]

中不（不丹）边界。中国与不丹的传统边界大部分沿着喜马拉雅山脉的山脊，在绰莫拉日峰和库拉冈利峰之间，大致沿着分水岭的界线，至绰莫拉日峰西南，空都冈山的西坡和梅鲁拉山口，把不丹与西藏的春丕谷地分开，至梅鲁拉山以北，托尔萨河穿过这条国际边界[2]。

（3）毕都纳山：即仲巴县与尼泊尔交界处的平都拉山口，其南为作木朗旧地。

（4）朗古山顶，应为毕都纳山顶西部中尼边界线上的门格拉山口，在今仲巴县境。

（5）纳汝克喀山顶：应为门格拉山口西部中尼边界线上的果尔嘎山口，在今仲巴县境。

（6）朗杂山顶：即仲巴县果尔嘎山口西部东经 82.5 度，北纬 29.9 度处中尼边界线上的那木扎山口。

载于《中国边疆史地研究报告》1992 年第 3~4 期，第 15~16 页。

1 《卫藏通志》卷二，《疆域·西界》。房建昌先生在《中锡边界研究》，（载《中国边疆史地研究报告》1992 年 1~2 期）对上述地名一一作了考证：

（1）波底山顶：即《西藏地名录》所记定结县与尼泊尔交界的波底拉山口，1791 年廓尔喀从西藏由此山口撤回尼泊尔。

（2）萨热喀山顶：即《西藏地名录》所记定结县与尼泊尔交界的惹嘎拉山口，又名钦恰拉。

（3）卧龙支达山顶：即车不达拉山口。

（4）羊马山顶：即《西藏地名录》所记定结县与尼泊尔交界处的羊马康拉山口。

（5）干坝：岗巴（县名）的异译。

（6）洛纳山顶：与岗巴县相对的锡金北部境内 27.8~88.4 处。

（7）丈结山顶：与岗巴和亚东县交界处相对的锡金东北端境内 28.0~88.8 处。

（8）雅纳山顶：即《西藏地名录》所记亚东县与锡金交界处的亚拉山口。

（9）支莫山顶：即《西藏地名录》所记亚东县与锡金、不丹交汇点的吉布马珍山峰。

（10）臧猛谷山顶：罗纳休附图将其标在亚东县与锡金交界之处。

2 房建昌：《中国与不丹的边界及不丹在西藏的飞地》，载于《中国边疆史地研究报告》，第 5 辑，1990 年。

第二节 中外舆图与清朝疆域

所谓“版图”即象征国土主权，“国家有疆宇，谓之版图，版言乎其有民，图言乎其有地”[1]。测绘与应用地图，在我国具有悠久的历史。周秦以来，各种地图带着时代特色相继出现。清朝在统一全国的过程中，运用近代制图学的新方法，根据中国历代王朝管辖的范围和边疆各民族活动的疆域，把测绘地图与清代国家的疆域范围紧密地联系在一起，尤其是注意处理边疆民族各部的疆域与整个国家疆域的关系。至18世纪中叶，欧洲很多国家都未开始或尚未完成本国的大地测量，我国却已经以近代制图学方法完成了全国经纬度的测量，并在此基础上绘制了完整地中国地图。

一 边疆地区各民族领地与清朝国家地图疆界的关系

康熙二十五年（1686年），康熙帝谕:“肇开馆局，网罗文献，质订图经……。厄塞山川，风土人物，指掌可治，画地成图”[2]，指示绘制国家地图。康熙朝绘制的第一幅全国地图为《皇舆全览图》。雍正朝绘制了十排《皇舆图》。乾隆朝绘制了《乾隆内府舆图》（又名《乾隆十三排图》）。

康、雍、乾三朝绘制国家疆域地图中，内地18省及东北、东南、北部和南部边疆地区的测绘工作比较顺利，而西北边疆和西藏地区的经纬度测量难度较大，疆域的归属也需要作较多的研究、考察。

清王朝是依照哪些根据，绘制西北、西藏及东南海疆疆界，

---

1 《清史稿》卷二八三。

2 《清圣祖实录》卷一二六。

确定国家疆域版图，绘制国家地图的呢？

首先以西北地区准噶尔疆域为例略作阐述：

乾隆二十年（1755 年）清朝平定准部，乾隆上谕内阁："准噶尔诸部尽入版图……其山川道里应详细相度，载入皇舆全图，以昭中外一统之盛。"[1] 也就是说，清朝平定准噶尔，统一西北地区，西北地区准噶尔控制的疆域范围都应当纳入清朝的疆域范围。乾隆又说："凡准噶尔所属之地，回子部落内，伊所知有与汉唐史传相合，可援据者，并汉唐所未至处，一一询之土人，细为记载，遇使奏闻，以资采辑。"[2] 准噶尔部的疆域是继承了我国历史上汉唐以来各民族生息、劳动、开发的土地，清朝绘制地图，既要考虑准噶尔实际控制的疆域范围，又要考察历史上各民族活动范围以及汉唐以来史籍所记载的国家疆域范围。

对于准噶尔在西北的疆域范围，图理琛在《异域录》中曾有如下记载："托穆斯科……此处塔塔拉与巴尔巴忑两种人杂处。……鄂罗斯，哈萨克，哈拉哈儿叭国，策妄拉布坦四国连界接壤。此处所居塔塔拉并巴尔巴忑人为鄂罗斯、策妄拉布坦两国皆纳赋。"[3] 图理琛所说的托穆斯科（托木斯克）曾是准噶尔疆域的最北界，俄国势力向南推进后，准噶尔被迫后退，准噶尔使者曾向俄国提出："往昔时代俄国与准噶尔之间的国界，曾经定为沿额尔齐斯河至鄂木河河口，然后沿鄂木河向上至鄂毕河。……国界沿鄂毕河右面支流乌叶皮河（英尼亚河）或黑鄂木河向东进行。同时已经明定，双方不得逾越此地前进……但是从俄国方面越过了这些国界，然后建立了城市：托木斯克，库兹涅茨克和克拉斯诺亚尔斯克……"[4]

---

1 《清高宗实录》卷四九〇。

2 《清高宗实录》卷四八二。

3 图理琛：《异域录》。

4 巴布克夫：《我在西西伯利亚服务的回忆》，153 页，商务印书馆中译本，1973 年。

17世纪20年代，准噶尔曾与俄国进行边界谈判，双方确定的界线是沿鄂木河和鄂毕河上的黑角一线，此线以北的领土划归俄国，此线以南归准噶尔[1]。由于沙俄的侵略，准噶尔北界逐渐向南推移，据《准噶尔汗国史》《皇舆西域图志》《平定准噶尔方略》等书记载，17世纪中叶以前，准噶尔在塔拉斯以北的西界大致是：从鄂木河口溯额尔齐斯河而上至亚梅舍沃斯克，向南经巴尔喀什湖之西，穿楚河中游到塔拉斯（今江布尔）。到18世纪中叶，准噶尔疆域除西界中的一段稍有变化外，从乌斯季—卡缅诺哥尔斯克向南沿阿亚古斯河到巴尔喀什湖，然后自巴尔喀什湖之西，穿楚河中游到塔拉斯一段变化不大。《平定准噶尔方略》记载：爱古斯河在18世纪已成为当时准噶尔与哈萨克的边界。塔拉斯以南的疆界，《皇舆西域图志》中说："又一支经图斯库勒南，西北行，至吹郭勒南。又一支亦西北行经塔拉斯郭勒南，皆属准部旧疆。"18世纪初，准噶尔部首领策妄阿拉布坦就疆界问题向俄国提出抗议，指责俄国在准噶尔的领土上建立比斯克和比卡图斯克要塞，并声明托木斯克、克拉斯诺亚斯克和库兹涅茨克是准噶尔的领土。

雍正七年（1729年）准噶尔与俄国就疆界问题举行谈判，准噶尔首领再次抗议俄国的入侵。噶尔丹策零继位后，绘制了准噶尔地图[2]。后来，准噶尔人又获得了清朝绘制的西北疆域图[3]，这幅地图的地名以蒙古托忒文标注，是我们很少见到的漠西卫拉特人使用托忒文标注的地图，具有很高的学术价值。

1　《准噶尔汗国史》，第382~387页。

2　这就是〔英〕约·弗·巴德利《俄国·蒙古·中国》书中所使用的雷纳特1号图。雷纳特1号图的来源，雷纳特认为准噶尔首领噶尔丹策凌是一位经常用一百峰骆驼载书籍迁移营地的蒙古王公，很有学问。这幅地图是准噶尔洪台吉噶尔丹策凌亲自绘制的。见〔英〕约·弗·巴德利《俄国·蒙古·中国》中译本，第311~316页。

3　雷纳特2号图，据雷纳特说，这幅地图是一位喀尔木克人（即卫拉特蒙古人）根据清朝原图描绘下来的，而原图是在清朝于巴里坤或吐鲁番附近与准噶尔部交战时落入准噶尔人手中的，应雷纳特的要求，准噶尔的统治者将这幅地图送给了他。〔英〕约·弗·巴德利《俄国·蒙古·中国》中译本，第330~336页。

综上所述，18 世纪中叶，由于沙俄的入侵，准噶尔南移，其西北疆域界线大致是从库兹涅茨克，比斯克，恰雷什斯克到乌斯季—卡缅诺哥尔斯克，向南沿阿亚古斯河到巴尔喀什湖，然后自巴尔喀什湖之西，穿楚河中游到塔拉斯。塔拉斯以南，准噶尔的疆域界线在大致是自塔拉斯向东，沿塔拉斯山脉，然后向东南，沿费尔干纳山脉，到其东南端与阿赖山脉相接处。

清朝对新疆地区的地图绘制是在乾隆朝统一天山南北以后进行的。何国宗测量天山北路，明安图测量天山南路，远至塔什干、萨玛尔罕及克什米尔。刘统勋负责考察采访[1]，绘制了 52 幅地图，其中比较重要的都收集到《西域图志》中。我们以手中所掌握的几幅准噶尔的疆域图：雷纳特 1 号图和雷纳特 2 号图与清朝绘制的《乾隆内府舆图》《西域全图》[2]进行比较研究。可以看出，清朝当时绘制的全国地图，完整地包括了准噶尔统辖的疆域。

其次，再对西藏地区的地图进行剖析。

对于西藏地区，《大清一统志》中记载了测量的情况："本朝康熙五十六年，遣喇嘛楚儿沁藏布兰木占巴、理藩院主事胜住等绘画西海舆图，测量地形，以此处为天下之脊，群山之脉，皆由此处起云。"[3]当时在北京的传教士对西藏测量情况的记载更为详细，据载：康熙时测量地图之天主教士都未能亲至西藏。但

1　据〔英〕约·弗·巴德利《俄国·蒙古·中国》书中介绍，葡萄牙籍耶稣会士傅作霖）和高慎思于 1756 年 3 月 21 日奉旨离北京赴准噶尔测绘地图。傅作霖经由北路前往伊犁，沿途进行测绘；高慎思经由南路，打算从西边绕到伊犁。他们约定在结束此项工作后到肃州碰头，将双方所绘草图合成一幅地图以便献给皇上。1760 年，除了傅作霖和高慎思外，加上刘松龄重又被派往西域，测得"东、西突厥斯坦"四十三个地点地理方位。

2　《西域图志》中的地图包括皇舆全图、西域全图、安西南路图、安西北路图一、安西北路图二、天山北路图一、天山北路图二、天山北路图三、天山南路图一、天山南路图二、天山南路图三、天山南路图四、天山南路图五、天山南路图六、西域山脉图、西域水道图。

3　《大清一统志》卷五四七《西藏》，第 9 页。

康熙帝在派兵入藏时，已派人在藏绘图，绘图人二年后回京，于1711年将图交给传教士雷孝思审阅。雷孝思认为图中未定经纬位置，与其他各图不易连接，不能使用。但是该图记载详细，较之同时代的其他地图，已胜一筹，这可以说是关于西藏最早的一幅地图。但该图未能流传下来。康熙帝又派曾在钦天监学习数学测量的喇嘛，自西宁至拉萨，复自拉萨至恒河之源进行测量，因策妄阿拉布坦侵藏，喇嘛刚至恒河发源处，即不再前进，返回北京，其所绘图中，颇多采诸传闻。传教士以喇嘛所测绘之图重新审定了西藏地图[1]。此图在康熙五十八年被绘入铜版的《皇舆全览图》中，康熙说："《皇舆全览图》，朕费三十余年心力，始得告成。山脉水道，具与禹贡相合"，《皇舆全览图》"东南东北，皆际海为界，西南西北，直达番回诸部，以至瑶海阿耨绝域之国"[2]，康熙五十八年的《皇舆全览图》，已把西藏包括在内。康熙五十八年的《皇舆全览图》与康熙五十六年的地图比较，不同之处主要在增加了西藏图，填补了西藏的空缺。这一点，在康熙五十九年（1720年）的上谕中得到进一步的肯定，康熙帝说："朕于地理，从幼留心，凡古今山川名号，无论边徼遐荒，必详考图籍，广询方言，务得其正。故遣使至昆仑西番诸处，凡大江黄河黑水金沙澜沧诸水发源之地，皆目击详求，载入舆图。今大兵得

1　转引自王庸：《中国地理学史》，第118~119页。

2　《皇舆全览图》曾被后人多次摹绘、刻印和重印，先后镌成几种版本，现在看到的至少有三种：据《清史稿·何国宗传》记载"（康熙）五十八年图成，为全图一，离合凡32帧，别为分省图，省各一帧"，"乃镌以铜版藏内府"，这种包括全国总图和32幅分省图，可能就是康熙《皇舆全览图》的最早版本。今收藏在中国第一历史档案馆的30多幅各省地图，可能就是《皇舆全览图》中分省图的原本。1735年法国唐维尔编绘的"中国分省图"和"满蒙藏图"，以及1943年福克司编的《康熙皇舆全览图》都是属于这一系统的地图。1921年，沈阳故宫发现的41块铜版地图是《皇舆全览图》的另一个重要版本。该图后来刊行时金梁题名为"清内府一统舆地秘图"，该图为"满汉合璧"。在北京图书馆收藏的分省分府《皇舆全览图》属于第三种版本。据邵懿辰：《增订四库简明目录标注》载这是一种分省分府小叶本，计227叶，这个版本可能略晚于前两个版本。

藏，边外诸番，悉心归化。三藏阿里之地，具入版图。其山川名号，番汉异同，当于此时考证明核，庶可传信于后。”[1]

值得注意的是，1717年楚儿沁藏布兰木占巴和胜住二人在测绘西藏地图时，明确标出珠穆朗玛峰位在我国境内。关于珠穆朗玛的发现问题，英国人一向认为是他们首先发现的。1921年英国的第一次探险报告中说：“挨佛勒斯峰[2]是1850年左右，从约150英里外的印度平原发现和测定的，但是直到1858年才定名挨佛勒斯峰，以纪念挨佛勒斯上校，他是此山发现时的印度测量局的局长。”[3]事实上，早在英国人之前的1719年的中国清朝铜版图中，已有珠穆朗玛的满文名称。在故宫博物院档案馆所藏的几种西藏地图，如《三藏分界图》《三藏卡伦图》等都可以见到满文的珠穆朗玛。1721年木版的《皇舆全览》是《皇舆全览图》的第三版，在这幅地图中，汉文的珠穆朗玛名称译写为“朱母郎马阿林（阿林是满文‘山峰’的意思）”。在这幅地图上，珠穆朗玛峰的经纬度不太准确，但其山川地势的相对位置，则是很准确的。康熙《皇舆全览图》制成后，传教士雷孝思寄到法国，由法国当时皇家制图官唐维尔编制“中国新地图”。在此图中，有二幅和珠穆朗玛有关，一为西藏总图，另一幅是分图第七幅，包括拉萨和雅鲁藏布江地图。唐维尔的地图，是欧洲最早的一张关于西藏和珠穆朗玛的地图，远在1733年就制成，而且以后在欧

---

1 《清圣祖实录》卷二九〇。

2 关于珠穆朗玛的名称，过去世界各国通用挨佛勒斯，不用珠穆朗玛。而我国在很早以前世界最高峰为珠穆朗玛峰，这个称呼源于西藏佛典中有五位女神，珠穆朗玛是三姐珠穆朗桑玛的简称。藏语珠穆是女神的意思。据西藏经典《十万宝训》记载，西藏人在公元7、8世纪时称世界最高峰为“罗札马郎”，即是“南方养鸟之地”的意思。

3 林超：《珠穆朗玛的发现与名称》，载《北京大学学报》（人文版）第4期，1958年。

洲公开出版[1]。

西藏地区除了康熙朝绘制的地图成果外，还应该提到乾隆朝绘制的其他地图：

《四川西藏等处图》（满汉文对照）

《西宁至达赖喇嘛地方图》（满文）

《西藏地方图》（汉藏文并记）

《西藏全图》（汉文）

《西藏图考》（汉文）

《西藏全境道里图》（汉文）

《西藏帕古里附近道里图》（汉文）

《班禅额尔德尼入觐西藏至塔尔寺路程图》（汉文）

《西藏至塔尔寺图》（汉文）

《藏南及所属哲孟雄、布鲁克巴部落地方形势图说》（汉文）

《西藏番族图》（汉文）

《雅鲁藏布江图》（汉文）

这些地图中，影响较大的有松筠的《西藏图说》中绘制的西藏地图。松筠1795年任驻藏大臣，在藏期间考察西藏地理，绘制地图，松筠曾就其绘图的目的说过："前卫后藏，特西南一隅耳。绘为此图者，就巡阅之所经，识山川之扼要，特俾驻藏汉番官兵熟其形势，故分其图于西南北三面为稍详。"[2]

上述西藏地区地图在绘制方法上因循中国传统地图的重于考据而忽视测量的旧路子，"皆有图，然不著经纬，不甚明比例，但略记山川地名而已，兹不详考"[3]。在绘制现代科学地图上价值不高，但仍是西藏地理的重要成果，尤其成为清朝西藏边防上的

1　林超：《珠穆朗玛的发现与名称》，载《北京大学学报》（人文版）第4期，1958年。

2　松筠：《西藏图说》卷首。

3　王庸：《中国地理学史》，第120页。

重要图录。

关于海疆地图

清代海疆地图是在宋元明代地图的基础上发展起来的。南海诸岛地图的研究是海疆史地研究的一个重要组成部分。海疆史研究者认为，明清古地图中有很多关于南海诸岛记载，明代最有代表性的是《郑和航海图》和《广舆图》。清代关于南海诸岛的记载可以分为六类十来种：

（1）《广舆图》系统的地图

（2）《大清中外天下全图》系统的地图

（3）《四海总图》系统的地图

（4）《一斑录》画法的地图

（5）西方系统画法的地图

（6）绘有个别群岛的地图

在上述地图中，1430 年《郑和航海图》等地图已把南海诸岛划入广东洋中。1755 年《皇清各直省分图》，1767 年《大清万年一统天下全图》，1767 年以后的《大清万年一统全图》，1803 年《大清万年一统天下全图》和 1817 年《大清一统天下全图》等都明确把南海诸岛列入“大清一统天下”疆域之内。1800 年《清绘府州县厅总图》中把西沙群岛划为我国的一个府进行管辖。1838 年《洋防辑要》和 1842 年《防海辑要》明确把南海诸岛作为海防之列绘入我国领土《直省海洋总图》[1]。

二　乾隆时代的疆域格局与《内府舆图》

乾隆朝全国统一后，派测绘人员进入西北，实测了新疆，重新绘制了西藏地图，补充了康熙雍正两朝舆图的不足，于乾隆二十六年（1761）绘制成了一幅北至北冰洋，东至萨哈林岛

1　吴凤斌：《古地图记载南海诸岛主权问题研究》，载《南海诸岛地理·历史·主权》，第 58~81 页，黑龙江教育出版社，1992 年。

(库页岛)，南达海南岛，东南到台湾，西南抵印度洋，西至波罗的海、地中海和红海的《乾隆十三排图》，又称《乾隆内府舆图》。全图共 274 张，是当时世界上最早的、最完善的亚洲大陆全图。

(一) 乾隆朝对国家地图的绘制

乾隆年间，西北准噶尔部内讧，一些部落相继率部投清，清廷抓住时机于乾隆二十年（1755 年）二月用兵西北。三月，当清军刚取得初步胜利时，乾隆帝即发出指示："西师报捷……西垂诸部，相率来归，愿入版图。……侍郎何国宗，素谙测量，着加尚书衔，带同五官正明安图，司务那海，前往各该处，测其北极高度，东西偏度，绘图呈览。"[1]

五月，清军直抵伊犁，对准战争取得胜利，乾隆帝遂下令："西师奏凯，大兵直抵伊犁，准噶尔诸部尽入版图，其星辰分野，日月出入，昼夜节气时刻，宜载入时宪书，颁赐正朔，其山川道里，应详细相度，载入皇舆全图，以昭中外一统之盛。左都御史何国宗，素谙测量，着带同五官正明安图，并同副都统富德，带西洋人二名，前往各该处，测其北极高度，东西偏度，及一切形胜，悉心考订，绘图呈览，所有坤舆全图，及应需仪器，俱着酌量带往。"[2] 可见乾隆帝对地图在政治、军事上的重要性的认识已经非常深刻。但不久因阿睦尔撒纳的反叛，清军退守巴里坤，测量工作实际上当年并未进行。

乾隆二十一年（1756 年）正月，清军再次收复伊犁。二月，乾隆帝谕军机大臣等："自军营至伊犁以抵哈萨克，率汉唐来匈奴西域地，其山川部落，前史类多舛误，盖外藩本无载籍，史官无所征信，又未尝亲履其地，惟藉传闻，而方言口授，轻重缓急间，语音顿异，况复时代迁移，益难追考。……彼时伊以军务为

1　《清高宗实录》卷四八五。
2　《清高宗圣训》卷二一七。

急，无暇分营，因姑置之，今已擒贼奏功，刘统勋在军营无所职掌，当专办此事，现命何国宗赴伊犁一带测量，亦经面谕。着传谕刘统勋即会同何国宗前往，所有山川地名，按其疆域方隅，考古验今，汇为一集，谘睹记得自身所经历，自非沿袭故纸者可比，数千年疑误，悉为是正，良称快事，必当成于此时，亦千载盛会也。”[1]

乾隆帝于四月又发出指示：“何国宗原系奉差前往伊犁一带，测量冕度，并令绘画地图，现在即由巴里坤一带及额林哈必尔汉等处，已尽足伊等今岁办理。至冬间冰雪凝寒，或回至巴里坤，或哈密居住，俟明春草长，再行前进。”[2]

据《清史稿·何国宗传》称：“二十一年命何国宗偕侍卫努克三、哈清阿率钦天监西洋人往伊犁，自巴里坤分南北两路，测天度绘图。”[3]由此可见，这次测绘工作是分两路进行的，并且与康熙朝绘制《皇舆全览》不同的是，乾隆年间的大地测量是由中国人，即何国宗负总责，两名西洋人蒋友仁和高慎思协同绘制。

此次测量工作，进行到10月份，由于阿睦尔撒纳残部卷土重来，何国宗等并未按乾隆帝的指示在巴里坤或哈密过冬，而是直接返回北京。对天山南路的测量仅限于吐鲁番地区和开都河流域一带，库尔勒以西的广大地区尚为空白。直至乾隆二十四年（1759年）清廷彻底平定准部及南疆回部大、小和卓的叛乱，天山南北的战争基本结束。同年5月，乾隆帝第二次派测量队入新疆测绘。

第二次测绘新疆大约用了一年的时间，乾隆二十五年（1760年）三四月间，测量队回到北京。乾隆帝赋诗以贺之：“敢云扩宇

1 《清高宗圣训》卷二一七。
2 《清高宗圣训》卷二一七。
3 《清史稿》卷二八三。

藏前猷，偃伯从兹罢剿搜。厄鲁马牛无一牧，�冲屯堡并全收。本朝文轨期同奉，昧谷寒暄重细求。无外皇清王道坦，披图奕叶慎贻留。”在诗的自注中，乾隆帝又补充道：“乾隆乙亥平定准噶尔各部，既命何国宗等分道测量，载入舆图。己卯诸回部悉隶版籍，复遣明安图等前往，按地依次厘定，上占辰朔，下列职方，备绘前图，永垂征信。”[1] 而“西域之有图自兹起”[2]。

乾隆二十六年（1761 年）六月，刘统勋、何国宗、高慎思等人根据测量结果绘制的《西域图志》告成，奉旨交军机处方略馆，乾隆帝专派一批官员去纂修，历二十年之久，于乾隆四十七年（1782 年）完成《钦定皇舆西域图志》。

两次测绘新疆产生的另一个结果就是根据傅恒、允禄的奏请制作了新的地球仪和天球仪。允禄在乾隆二十五年（1760 年）十二月的“天球、地球、舆图告竣”一折中对这项工作有进一步的说明：“前经臣等奏请内廷旧有地球、舆图，一并领出添画新辟土宇，以成昭代典章等因，于本年具奏，奉旨：是。钦此钦遵。随由内领出地球三件，内有澹怀堂陈设大地球一件。臣等即率同何国宗、明安图暨西洋人傅作霖等，将应添改伊犁、回部地方，按伊等所测度数，详细查对，并与军前诸臣斟酌考证，绘画添改告竣，恭呈御览。其养心殿陈设地球一件，因糙旧字迹模糊，现今全行铲改绘画，俟绘画完竣再行呈览。”[3]

乾隆二十五年五月二十八日，圆明园总管太监李玉交出铜天体仪四份，粉油天体仪一份，由钦天监官员粘补修饰。这几件仪器，也参照新辟伊犁、回部等处的东西偏度等数据，添写文字，

1　乾隆帝题《大清一统舆图诗》及自注。

2　《新疆识略》卷一《新疆总图》。

3　中国第一历史档案馆所藏内务府档案，转引自鞠德源：《清钦天监监正刘松龄——纪念南斯拉夫天文学家刘松龄逝世三百一十周年》，载于《故宫博物院院刊》，1985 年第 1 期。

且每件天体仪各缮具《天体仪说》一份，送呈御览[1]。

尔后，“皇上又令在朝修士，将大清一统地舆，及沿革之疆域，加工绘成图册，令蒋友仁镌为铜板。友仁遵旨刊刻，刊成铜板一百零四片，每片刷印百张”[2]，制成《内府舆图》（又称乾隆《十三排图》）。乾隆《内府舆图》不仅是一幅历来被认为是奠定了今天疆域版图基础的中国全图；同时，也是当时世界上最早的、最完整的亚洲大陆全图。

（二）“新疆”的出现

在乾隆《内府舆图》上，清代的疆域较之康雍时期有了很大的改观。首先是新疆的出现。

从地域上讲，“新疆”即古代所言之西域，意为“新开辟的边疆”。乾隆年间清军彻底击溃了天山以北的准噶尔部和天山以南大小和卓的势力，使自古以来“沙碛千里，乏水草，绝人烟”[3]的西北数万里土地尽入版图，“边外近地编氓之聚族而居者，日以加繁，因时治宜，治以守令矣”[4]。清廷治理西域与以往各朝代有本质上的区别，“纵观历代经营西域之迹，大率详于山南而略于山北。如汉之都护校尉，唐之四镇，俱在山南，犹且户口不登于天府，贡赋不入于司农，聊示羁縻之方，曾无开置之实，至山北诸境，汉张骞仅获一履其地。唐虽遥置都督诸州，亦复名存实去。有元西北疆域稍广，然考元史西北地附录，记载弗详，规为未备。惟我圣朝，德业鸿远，举从古未抚之西域全境，井耕其地，而冠裳其民，设官定赋，与赤县神州相比埒”[5]，“中土与西域，始合

1　中国第一历史档案馆所藏内务府档案，转引自鞠德源：《清钦天监监正刘松龄——纪念南斯拉夫天文学家刘松龄逝世三百一十周年》，载于《故宫博物院院刊》，1985 年第 1 期。

2　《燕京开教略》中篇。

3　《新疆纪略》卷二二。

4　《新疆纪略》卷二二。

5　《西域图志》卷二《图考三》，《历代西域图说》。

为一家”[1]。

清朝自康熙朝起，陆续将所统治之直省郡邑编成一统志，并列有舆图。康熙朝更有《皇舆全览图》绘成，明确了当时的疆域范围。乾隆朝随着准噶尔部和回部并入版章，乾隆帝遂“分命臣工，乘传履勘，方舆晷度，并得诸目击身亲，远近翔实，订证旧图”[2]，编成《西域图志》，使得西域从此“与腹地川原同，同登指掌矣”[3]。

此次测绘的区域，天山北路自乌鲁木齐向西，依次测绘了库尔喀喇乌苏路、塔尔巴哈台路、伊犁东西路；天山南路，自哈喇沙尔以西迄于叶尔羌、和阗及新疆内附诸境，一一命使测量，一如准部。由于“诸回部咸有城郭可凭，各就治所起数，方隅道里，尤称准的云”。测绘各点的具体情况如下表[4]：

地　名	北极高度	东西偏度（西）
迪化州属		
迪化州治	43°27′	27°56′
昌吉县治	33°45′ （应为 43°45′——笔者按）	28°26′
罗克伦	44°3′	28°28′
绥来县治	44°20′	29°48′
阳巴勒噶逊	44°17′	29°34′
安济哈雅	44°13′	30°54′
阜康县治	44°9′	27°50′
济木萨	43°40′	26°52′
天山北路		
库尔喀喇乌苏路		
库尔喀喇乌苏	44°24′	30°44′
晶河	44°33′	32°30′
察罕拜甡	44°32′	32°57′

1　《西域图志》卷一《图考一》，《皇舆全图说》。

2　《西域图志》卷一《图考》。

3　《西域图志》卷一《图考》。

4　《西域图志》卷六、卷七《晷度一》，《晷度二》。

续　表

地　名	北极高度	东西偏度（西）
塔尔巴哈台路		
塔尔巴噶台城	47°5′	30°3′
雅尔	47°5′	30°20′
乌兰呼济尔	46°15′	29°15′
额敏	46°8′	30°59′
纳林和博克	45°25′	29°54′
克特和博克	45°25′	29°22′
纳木	45°10′	29°54′
绰尔	45°4′	31°41′
齐尔	45°30′	31°
额尔齐斯	45°50′	24°10′
伊犁东西路		
伊犁	43°56′	34°20′
空格斯	43°33′	32°
哈什	44°8′	33°
裕勒都斯	43°17′	33°50′
登努勒台	43°13′	29°10′
烘郭尔鄂笼（图斯库勒南岸）	42°17′	37°45′
哈喇塔勒	45°40′	37°10′
吹	43°3′	41°20′
额得墨克	42°10′	40°
塔拉斯	42°30′	42°30′
天山南路		
哈喇沙尔属		
哈喇沙尔城	42°7′	29°17′
楚辉	42°17′	28°37′
库陇勒	41°46′	29°56′
玉古尔	41°44′	32°6′
沙山北麓	41°32′	29°6′
库车属		
库车城	41°37′	33°32′
托和鼐	41°20′	32°45′
赫色勒郭勒入乌恰特达里雅处	41°35′	34°8′
额什克巴什	42°9′	33°59′

续　表

地　名	北极高度	东西偏度（西）
沙雅尔城	41°5′	33°21′
托伊博罗多	41°10′	32°51′
布古斯孔郭尔郭	40°15′	36°58′
赛喇木属		
赛喇木城	41°41′	34°40′
赫色勒	41°45′	34°25′
哈喇乌苏	41°45′	35°
拜城	41°41′	35°12′
叶伊勒干	41°45′	35°31′
阿克苏属		
阿克苏城	41°9′	37°15′
伊勒噶齐	41°44′	35°32′
乌朱珠	40°	36°45′
哲尔格哲克得	45°52′	37°38′
乌什属		
乌什城	41°6′	38°27′
色帕尔拜	41°1′	38°52′
素衮	39°50′	41°9′
喀什噶尔属		
喀什噶尔城	39°25′	42°25′
鄂什	40°17′	42°51′
阿喇古	39°52′	42°41′
赫色勒布伊	38°30′	40°50′
英噶萨尔	38°47′	41°50′
托璞鲁克	38°29′	41°12′
叶什勒库勒	38°28′	46°30′
叶尔羌属		
叶尔羌城	38°19′	40°10′
巴尔楚克	39°15′	40°10′
库克雅尔	37°7′	39°2′
萨纳珠	36°58′	37°47′
都洼	36°52′	37°7′
阿克阿里克	37°41′	39°48′
塞尔勒克	37°48′	42°24′
喀尔楚	31°11′	42°32′
和阗属		

续 表

地　名	北极高度	东西偏度（西）
额里齐	37°	35°52′
玉咙哈什	36°52′	35°37′
哈喇哈什	37°10′	36°14′
车呼	36°47′	32°42′
塔克	36°13′	33°45′
克尔雅	37°	33°25′

此次实测地点的范围在西经 24°10′~46°30′，北纬 31°11′~47°5′之间，比之康熙朝扩大了许多。除此之外，在图上“藩属疆索，一列简中，用昭环拱之盛”。清军平准战争结束后，西北地区的左右哈萨克、东西布鲁特、安集延、霍罕、巴达克山、博罗尔、布哈尔、爱乌罕、痕都斯坦、巴勒提等部纷纷内附，清廷将这些政权称之为“新疆藩属”或“边外诸部”。他们虽然名义上内附于清朝，但清廷对其政策与蒙古、回部、西藏等藩部相比，还是有很大的不同，在名义上这些政权与清朝之间是从属关系和君臣关系，但这些关系是通过遣使朝觐、贡献等一整套相关仪制来实现的。所以，尽管乾隆朝及以后所绘西北地区舆图上将其一一列入，用意在很大程度上是为“昭环拱之盛”。

所谓“新疆”的范围，据嘉庆《大清一统志》的记述，东至喀尔喀瀚海，及甘肃界；西至右哈萨克及葱岭界；南至拉藏界；北至俄罗斯及左右哈萨克界；东南至甘肃省；西南至葱岭拔达克山、痕都斯坦诸属界；东北至俄罗斯界；西北至右哈萨克界。广轮二万余里，北为旧准噶尔部，南为回部[1]。在地图上，各接壤地带多因山水阻隔而自然分界，即使用的是传统的自然界线。根据《西域图志》《新疆识略》《藩部要略》《大清一统志》等文献的记载，大体上的分界情况如下：

与俄罗斯之间的分界：

1　嘉庆《大清一统志》卷五一六《新疆统部》。

“新疆”与俄罗斯接界处为塔尔巴哈台参赞大臣辖区，双方以额尔齐斯河为界。由塔尔巴哈台北面的辉迈拉虎卡伦沿额尔齐斯河西岸则达于俄罗斯所属之锵格尔图喇城。

与左部哈萨克之间的分界：

左部哈萨克，东南与准噶尔接，西与右部接，北与俄罗斯接。其地北极高四十六度二十分至四十八度，距京师偏西三十二度至三十七度。境内群山环绕。南面逾巴勒喀什池为伊犁境；其东南境，自西向东，分别为巴克喀尔海鄂拉（鄂拉，蒙语意为“山”）、克巴什博尔济尔郭勒（郭勒，蒙语意为“河”）、哈萨拉克布拉克、喀尔克图哈萨拉克鄂拉、博尔喀得克布拉克、额特伦布拉克、札拉图哈萨拉克鄂拉、奎苏布拉克、阿尔齐图布拉克、勒克楞鄂拉、青吉斯布拉克、鄂绰沁吉斯鄂拉、阿尔津色拉什保台鄂拉、阿尔辉西里、三察尔郭勒、楚库鲁克郭勒、塔尔巴哈台鄂拉，逾山与塔尔巴哈台境相接。

与右部哈萨克的分界：

右部哈萨克东去左部两千里，北至俄罗斯界，西南至塔什罕。其地北极高四十三度至四十五度，距京师偏西四十五度四十八分。西面以塔拉斯河与伊犁接界。

东西布鲁特：

东布鲁特在伊犁西南，回部西北，天山北麓，近葱岭。其地北极高四十一度三十分至四十二度，距京师偏西四十一度三十分至四十三度三十分。西布鲁特在喀什噶尔西北三百里，与东布鲁特相望。其地北极高四十度一分至三十分，距京师偏西四十三度三十一分至四十六度三十分。东布鲁特北距伊犁一千四百里，由伊犁西南至英噶尔、森格尔池、喀克沙勒山，南而逾山与布鲁特相接。另从距喀什噶尔城西北一百二十里的鄂什，越过葱岭，即是西布鲁特界。

安集延、拔达克山：

安集延北滨那林河，南接葱岭，西与霍罕接，东南去喀什噶尔五百里。其地北极高四十一度二十八分，距京师偏西四十四度三十五分。拔达克山在叶尔羌、喀什噶尔之西南六百余里，居葱岭中。两部与回部交界处为叶什勒库勒，该地因叶什勒库勒淖尔而得名，南北有高峰对峙，北山有小径，通安集延；其西限以大岭，逾岭以南通拔达克山界。

简而言之，清廷所属之天山南北两路与俄罗斯及边外各部大体上自东以西是以额尔齐斯河、爱呼斯河、巴勒喀什池、塔拉斯河、葱岭这一线为界。处于交界处的一些重要地方，如额尔齐斯、齐尔、塔拉斯、鄂什、叶什勒库勒等，在《内府舆图》上均一一标出，并经过实地测绘。由此可见，乾隆朝对西北地区的勘测活动有着重大的现实意义，基本上摹绘出了西北的疆域范围。

三　康雍乾三朝舆图的比较

人类最初地理知识的表达，很可能是用图而不是用文字。在原始社会或原始部落中，那些来源于生产和生活实践，而绘制出有山川、道路、鸟兽、草木分布之类的图画，就是原始地图。我国古代地图的绘制及应用，最早盛行于春秋战国时期。那时候绘制的地图，多是局部地方的区域性地图，大范围的行政区域图较少。直至秦汉时期全国的一统舆图，才逐渐多了起来。唐、宋、元时期，由于科学技术的发展，地图学也得到了一定的发展，绘制了一些具有一定水平的地图，如保存在西安碑林的《华夷图》和《禹迹图》，元代朱思本绘制的《舆地图》，等等，说明当时我国的地图测绘水平远远超过欧洲，在世界上也处于领先地位。朱思本绘制的《舆地图》经罗洪先增补为《广舆图》，主导中国地图200多年[1]。明代中叶以后，在传统制图学的基础上，又吸收了一

1　王庸：《中国地图史纲》，第70页，三联书店，1958年。

些西方的科学技术内容。这一时期绘制地图时，多以罗洪先的《广舆图》为蓝本，影响所及，直至清代。

明末清初，西方的测绘技术对我国的制图学影响很大，使我国的制图学进入近代制图学发展的新时期。康熙帝对测量地理和绘制地图很感兴趣，在其三次亲征噶尔丹及巡游东北时，都令人随时随地测量经纬，为制图作准备。清朝皇帝绘制地图，已经注意对边疆地区的历史沿革的考察和经纬度的测量。康熙二十五年(1686年)，敕谕修一统志，康熙对测绘地图与国家疆域的关系做了详细的说明："谕一统志总裁勒德洪等，朕惟古帝王宅中图治，总览万方，因天文以纪星野，因地利以兆疆域，因人官物曲，以修政教，故禹贡五服，职方九州，纪于典书，千载可睹，朕缵绍丕基，抚兹方夏，恢我土宇，达于遐方，惟是疆域错纷，幅员辽阔，万里之远，念切堂阶，其间风气群分，民情类别，不有缀录，何以周知，顾由汉以来方舆地理作者颇多，详略既殊，今昔互异，爰敕所司，肇开馆局，网罗文献，质订图经，将荟萃成书，以著一代之钜典。名曰大清一统志。特命卿等为总裁官，其董率纂修官，恪勤乃事，务求采搜闳博，体例精详，厄塞山川，风土人物，指掌可治，画地成图。万几之暇，朕将亲览。且俾奕世子孙披牒而慎维屏之寄；式版而念小人之依，以永我国家无疆之历服，有攸赖焉，卿其勉之。"[1]

康熙帝测绘地图的目的很明确"惟是疆域错纷，幅员辽阔""务求采搜闳博。体例精详，厄塞山川，风土人物，指掌可治，画地成图"。在开始大规模测图之前，康熙命天主教耶稣会各神甫先作北京附近地图，制图后，康熙亲自校勘，认为合格，才命令测制全国地图。

康熙朝测制的第一幅全国地图为《皇舆全览图》，康熙朝之

1 《清圣祖实录》卷一二六。

后，雍正朝绘制了十排《皇舆图》。乾隆朝又绘制了《乾隆内府舆图》（又名《乾隆十三排图》）。

康、雍、乾三朝地图变化较大，三幅地图的绘制、修改过程也是清王朝完成国家统一、明确清朝疆域界线、对边疆地区实行行之有效的主权管辖的历史过程。

康熙朝经过大量的准备工作，于康熙四十七年（1708 年），开始测绘各省地图，首先测绘长城地图，对长城各门、各堡，以及沿长城的城寨、河谷、水流进行测量，绘制成“长城图”[1]。

康熙四十八年（1709 年），开始测量东北地区地图，先从辽东入手，东南至朝鲜边境图们江，东北至松花江之鱼皮鞑子区域，克钦鞑子居住区域和蒙古所有地区。共测绘有《盛京全图》《乌苏里江图》《黑龙江口图》《热河图》等图幅[2]。

康熙五十年（1711 年），命人出长城至新疆哈密一带测绘喀尔喀蒙古地区[3]。

康熙五十二年（1713 年）派人去了广东、广西、云南、四川测绘[4]。

康熙五十四年（1715 年），又对到云南、贵州进行了测绘[5]。

至康熙末年，在清朝的主持下，传教士雷孝思、杜德美、白晋等人和我国的测绘人员，完成了全国性的经纬度测量，测得经

---

1 据唐维尔记载，耶稣会的神甫奉康熙的谕旨，于 1707 年开始测绘地图工作。1708 年 7 月 4 日派白晋、雷孝思、杜德美等神甫去测量和勘定长城的位置。他们于 1708 年初由北京出发，抵山海关后，便沿长城西行，直至陕西的最北端肃州附近，他们从该地又南下西宁，然后才返回北京。见〔英〕约·弗·巴德利《俄国·蒙古·中国》中译本，第 351 页。

2 参加东北地区测绘的有雷孝思、杜德美、费隐，见〔英〕约·弗·巴德利《俄国·蒙古·中国》中译本，第 352 页。

3 参加这一地区测绘的有杜德美、费隐、潘如、奥古斯丁等。

4 麦大成、汤尚贤去了广东、广西，费隐、潘如去了云南、四川。

5 测绘人员为雷孝思、费隐。

纬点 641 个[1]。

这些点中处于边疆地区的有：海南岛 7 处，贵州 25 处，云南 30 处，蒙古 93 处，辽东 8 处，广西 28 处，台湾 7 处，吉林、黑龙江 36 处。康熙五十六年至五十七年（1717~1718 年），清朝制作《皇舆全览图》，此图采用经纬线都为斜交直线的梯形投影法，以经过北京的经线为本初子午线，按 1:1400000~1:1500000 比例尺绘制。图幅的范围包括东北各省、蒙古、关内各省、台湾以及哈密以东地区，即西至西经 40 多度，北至北纬 55 度。全图由 28 幅分图拼接而成。其中东北地区 5 幅，蒙古 3 幅，关内 15 幅，黄河上游 1 幅，长江上游 1 幅，雅鲁藏布江流域 1 幅，哈密以东 1 幅，高丽（今朝鲜）1 幅[2]。

值得注意的是，这一时期绘制的《皇舆全览图》缺少哈密以西、天山南北的西域地图，当时清朝与统治西北地区的准噶尔部正处于对峙状态，尚未完成对西北的统一，因而清朝的测绘人员不可能进入西北地区进行地理考察和测量经纬度。对于西藏地区，虽然清朝已经完全统辖西藏地方，但是康熙五十六年（1717 年），当清朝测绘人员到达西藏时，准噶尔部策妄阿拉布坦派遣属下大策凌敦多布率 6000 余人进入西藏，攻陷拉萨，使西藏地区陷入极大的混乱，清朝测量人员到恒河源后便停止测量，影响了西藏地图的绘制。所以，清朝康熙年间，康熙五十六年至五十七年（1717~1718 年）最初编制的铜版和木版全国地图《皇舆全览图》缺少哈密以西、天山南北及西藏的部分。但是，康熙五十八年（1719 年），清朝很快就把西藏地区的地图补入全国地图之中，这一点，在康熙五十九年（1720 年）的上谕中得到进一步的肯定，康熙帝说："朕于地理，从幼留心，凡古今山川名号，无论边徼遐

1　中国科学院自然科学史研究所地学史组主编：《中国古代地理学史》，科学出版社，1984 年。

2　《中国古代地理学史》，科学出版社，1984 年。

荒，必详考图籍，广询方言，务得其正。故遣使至昆仑西番诸处，凡大江黄河黑水金沙澜沧诸水发源之地，皆目击详求，载入舆图。今大兵得藏，边外诸番，悉心归化。三藏阿里之地，具入版图。其山川名号，番汉异同，当于此时考证明核，庶可传信于后。”[1]这一年出版的铜版的《皇舆全览图》中的西藏、蒙古、东北地区都用满文标注。康熙六十年（1721年），又把《皇舆全览图》刻成木版，同时改用汉字标注。

雍正朝绘制了十排《皇舆图》。

雍正朝十排《皇舆图》除了反映我国当时的东北、蒙古、新疆、西藏以及内地十五省的地形和政治、军事情况，还包括西伯利亚、帕米尔以西地中海以东的中亚山川、河流、居民等地理内容，实为中外大地图。用满汉两种文字标注地理名称，是此图的显著特点之一。云南、四川的西部以及青海、西藏、新疆等地区的地理名称，全用满文标注。李约瑟《中国科学技术史》第五卷《地学》认为康熙朝编绘的《皇舆全览图》是当时世界第一流的地图测绘成果。雍正继承了康熙的测绘事业，继续任用西方传教士，在清廷供职，他们在康熙时大规模测绘的基础上，补充新资料，引用国外地图的成果，扩大范围，编制新图。雍正初年，将西伯利亚、北冰洋沿岸以及地中海以东的中亚地理概貌载入十排《皇舆图》。

现在中国第一历史档案馆收藏的印本和手绘本十排《皇舆图》是雍正七年（1729年）刊绘的。

《乾隆内府舆图》（又名《乾隆十三排图》）。

乾隆中叶，清朝平定准噶尔，统一了天山南北，乾隆帝谕测绘人员进入西北，测量经纬度，考察疆域沿革，绘制地图。绘制国家地图刻不容缓，乾隆帝三令五申，阐述绘制国家地图的重要

1 《清圣祖实录》卷二九〇。

意义。乾隆二十年（1755年），乾隆说："西师奏凯，大兵直抵伊犁，准噶尔诸部尽入版图。其星辰分野、日月出入、昼夜节气时刻宜载入时宪书，颁赐正朔。其山川道里应详细相度，载入皇舆全图，以昭中外一统之盛。左都御史何国宗素谙测量，著带同五官正明安图，并同副都统富德，带同西洋人二名前往各该处，测其北极高度、东西偏度及一切形胜，悉心考订，绘图呈览。所有《坤舆全图》及应需仪器，俱著酌量带往。"[1]乾隆二十四年（1759年）五月，乾隆帝又"谕军机大臣等：回部将次竣事，应照平定伊犁之例，绘画舆图"[2]。六月，再次"谕军机大臣等：昨兆惠、富德等将叶尔羌、喀什噶尔等处地图呈览，著发给明安图、德保，至回部时按图阅看，再将该处地形高下、日月出入度数测量，则易于定稿。又所至之地，其山河、城邑、村堡若与此图有不相符合者，即阅看更正"[3]。

乾隆朝绘制的国家地图《乾隆内府舆图》是在康熙《皇舆全览图》基础上，吸收了乾隆朝在准部、回部进行实地测绘地图的成果，其中包括《西域图志》和《钦定皇舆西域图志》的成果。《乾隆内府舆图》地图制作采用了经纬线直线斜交的梯形投影法绘制。图中以纬度每隔5度为一排，共有十三排，《乾隆十三排图》的名称便是由此而来。所反映的地区辽阔，幅员广大，东至萨哈林岛（库页岛），东南至台湾，北至北冰洋，南至海南岛，西至波罗的海、地中海及红海，西南抵印度洋，不仅是中国全图，亦为18世纪亚洲大陆地图。《乾隆内府舆图》有几种版本流传于世，藏于中国第一历史档案馆和北京图书馆。

《乾隆内府舆图》是关于我国疆域的最明确和最完整的国家地图，成为后世编绘地图的重要依据之一，如李兆洛的《皇朝一统

1　《清高宗实录》卷四九〇。
2　《清高宗实录》卷五八六。
3　《清高宗实录》卷五九〇。

舆地全图》，胡林翼、严树森的《皇朝中外一统舆图》，董方立的《清朝地理图》，邹世诒的《大清一统舆图》等都是以它为蓝本而绘制的。

总结清代康、雍、乾三朝的三幅国家地图可以得出以下结论：

（一）康熙《皇舆全览图》、雍正十排《皇舆图》、《乾隆内府舆图》，三幅地图的绘制是与清王朝对全国的统一和国家疆域的有效管辖密切联系的，尤其是和清朝统一边疆的进程相关。康熙、雍正朝，除准噶尔部割据西北边疆以外，其他边疆地区全部统一，故康熙、雍正朝《皇舆全览图》和《皇舆图》都有明确的绘制和经纬度测量。对于尚不能进行测量的西域地区，清朝也在地图上以虚线标注，乾隆朝一旦统一完成，立即进行测量，绘制新图。

（二）清朝在绘制地图时，十分明确地标出其对领土的主权范围和边疆地区的有效管辖范围。尤其注意西藏、新疆和东南海域的疆域。

（三）清朝绘制的国家地图不仅是中国国家疆域范围在 18 世纪的象征和有力证据，而且在科学技术上具有很高的学术价值。清代邵懿辰《四库简明目录标注》称乾隆《皇舆全图》“制极其精，推极其广，从古地图未有能及此者也”[1]。翁文灏先生在《清初测绘地图考》中评价清代地图说：“中国地图之重要根据，首推清初聘用西洋天主教士之测量。以后虽经西洋游历家多次续测，究皆沿循路线，或局于一隅，不及清初之有整个的计划，与普遍的实测。清末及民国初年，中央及各省测量局皆测有详图颇多，然皆注意局部地形，而未作全国之大地测量。迄今中国地图之七八，实尚源自清初。当 18 世纪间，即欧洲各国大地测量亦尚未经

1　邵懿辰著、邵章续录：《增订四库简明目录标注》，《史部地理类》，第 278 页，上海古籍出版社，1979 年。

始，或未完成。而中国全图乃已告竣。实为中国地理之大业，虽出异国专家之努力，亦见中国计划规模之远大。”[1]

（四）关于清代中国地图，除了上述清朝官方和清朝各个地方绘制的地图外，当时一些外国人也绘制了中国地图。在外国人绘制的中国地图和亚洲地图中，首推唐维尔的《中国新地图》。唐维尔的《中国新地图》是作为杜赫德《中国地理历史政治及地文全志》附图，有《中国分省图》及《满蒙藏图》，于 1737 年在海牙独立出版。至 19 世纪前半叶，德国人克拉普罗特（Julius Klaproth）翻译了许多中文的地理著作，并编绘亚洲地图，成为当时欧洲研究中国的权威。克拉普罗特的《中亚地图》于 1836 年出版。当时，外国人所绘制的中国地图和亚洲地图基本上是参考了清朝绘制的地图，尤其是乾隆朝的《乾隆内府舆图》。实际上，早在 16 世纪，中国人绘制的地图就传入欧洲，明嘉靖年间刻印的《古今形胜之图》于 1574 年传入西班牙。1689 年，清朝与俄国在尼布楚谈判缔结边界条约时，充当中国代表翻译的法国和葡萄牙耶稣会传教士，曾经用手中的中国地图向俄国人换取皮毛和食物。后来，这些地图被带回莫斯科和彼得堡。此后，来华耶稣会士们利用在华的测绘、翻译工作的机会，把得到的各种版本的中国地图传到欧洲，这些中国地图，成了当时西方地图学家编制亚洲地图的根据。18 世纪以后，西方殖民主义者又利用在华贸易与侵略战争的机会，大肆劫掠中国地图。如目前英国伦敦大英图书馆就收藏着 200 多幅中文古地图。英国皇家地理协会和亚洲协会共收藏近百幅中国地图，包括东南沿海各省，云、贵、川、蒙古、西藏、新疆等省区的海防图、河道图、政区图或交通路线图。法国巴黎国家图书馆共收藏中国明清时期的绘本和刻本地图 40 多幅。此外，德国、意大利、瑞典、丹麦、荷兰、奥地利、比利时等欧

1　王庸：《中国地理学史》，第 111~112 页，商务印书馆，1956 年。

洲国家都收藏着大量的中国古地图。现在欧洲收藏了很多中文古地图[1]。

第三节　清朝与藩属国关系

一　清朝的藩属国

清朝的藩属国体制前后近三百年，三百年间，清朝固守着古老的宗藩朝贡体制，但近代以后，未能抵挡住来自西方的冲击，最终解体。实际上，清代的“藩属国”“属国”是一个相当宽泛的概念，情况千差万别，有的是宗藩关系，是真正意义上的属国，有的则是一般的外交和贸易往来关系，实际是外国。但在清朝统治者眼中，“咸奉正朔，勤职贡”，都是属国。

（一）“藩部”有词汇的概念

“藩”的概念：

“藩”（蕃）在先秦就已出现。本意为一城、一家之外的篱笆，引申为保护、边域、屏障之意[2]。“藩”与“外藩”“藩国”“属国”“藩服”“藩部”等概念密切相关。

属国的概念：

属国之义侧重于“属”，为臣服、附从，政治隶属之意明显。在清代，“属国”更多的是指周边比较“恭顺”的外国，比

1　欧洲收藏的中文古地图中与清代有关系的主要有：《广舆图》、《广舆图》清重刊增补本、《(天下）分（野）舆图（古今）人（物事）迹》、《康熙皇舆全览图》、分幅中国全图、摹绘《康熙皇舆全览图》、《内府舆地图》、《乾隆古今舆地图》、《地舆全图》、《大清万年一统天下全图》、《乾隆内府舆图》、《乾隆方格内府舆图》、《舆图要览》、《舆图便览》、《京板天文舆地全图》、《京板天地全图》、《大清一统地舆图集》、《各省舆图便览》、《大清万年一统天下全图》、《大清万年一统地理全图》、《大清一统天下全图》、《大清万年一统天下全图》、《皇朝一统舆地全图》。参见李孝聪：《欧洲收藏部分中文古地图叙录》，国际文化出版公司，1996 年。

2　《战国策》卷三三《中山》。

如朝鲜、安南、暹罗、琉球等以及归为新疆藩属的哈萨克、布鲁特等部。

藩服的概念：

"藩服"之服通"附"，有归顺、臣属之意。藩服就是外藩臣属，多用于蛮夷诸族首领归顺、臣属。清代的"藩服"主要指内属的蒙古及恭顺的周边外国，强调依附之意。其中称朝鲜、安南（越南）的次数为多。

藩部的概念：

清代"藩部"概念有一定的随意性。既指称内外蒙古、新疆、西藏为藩部，也指称布鲁特、哈萨克、浩罕为藩部，实际上，清代"藩部"应是"外藩部落"的简称。因满语中"部"与"国"的意思相同，清代文献中外藩部落，与外藩属国的意思也大致相同，既包括了国家内属的蒙古、西藏、回部边疆少数民族，也包括了有臣属之义的外国如哈萨克、朝鲜等。

藩国的概念：

"藩国"一词主要出现在乾隆朝，指的是周边安南、朝鲜等外国。"藩国"一词与藩属、属国、藩服等意思相同，不经常使用，乾隆朝以后，文献中很少出现。

藩属的概念：

"藩属"之"属"有臣属、归顺、依附之意，与"服"之意有相同之处。藩部和属国合称，或者是外藩与属国合称，都可以为藩属，与藩服、属国的意思有相同的部分。

外藩的概念：

明代时，朝鲜、安南等外国与中国的交流密切，明朝把朝鲜、安南、南掌等周边国家都视为"外藩"。不管"外藩"之义如何，古人"外藩"之称，都取在外屏障之意。在外的宗藩亲王或郡县藩镇为京城屏障；边疆民族或外国为拱卫天朝国家之边疆。"外藩"与"藩服""属国""藩部""藩属""藩国"等词的意思大同小异，应用范围相当，都可以指臣属的边疆民族及国外。

“外藩”称国内的蒙古、西藏、回部。新疆卡伦以外的浩罕、安集延、布鲁特等外族，清廷都统称“外藩”。“外藩”之意涵盖了藩国、属国、藩服、藩部之义。“藩服”是外藩服属；属国是“外藩属国”；对邻近的外国既可以称呼外藩，又称呼属国。部落与外藩合用，为“外藩部落”。乾隆称哈萨克、布鲁特等，“究属外藩部落”。[1]

外藩、藩部、藩属、属国、藩服、藩国都可以称呼国内的蒙古各部、西藏、回部和邻近的国外各地区、各国，但是，对于俄罗斯、英国、日本等，这些从不臣服的国家，清廷回避了以含有臣服之意的藩部、藩属、属国称谓，而是多以“外藩”称之。在理论上，“外藩”比上述词语应用范围最广，皇帝视内地以外的民族都为外藩，涵盖了国内的蒙古、西藏、回部等及所有外国。这样，与边疆民族、外国有关的“外藩”之词，已经上升到清廷重要的政治地理概念。

(二) 外藩体制内之内属外藩和境外外藩

古代中国中央政权，将内地以外的边疆民族，以及外国称为外藩，构成了等级分明的政治体制，也是中原王朝与边疆民族、外国的一种政治关系。

清代存在分层次的外藩体制。这首先与清朝统治边疆的能力密不可分。除了元代，历代疆域广阔者未如清代。就对西藏、新疆的实际管控能力来说，清朝又胜元朝。清廷把蒙古、新疆、西藏等边疆民族地方完全视为国家的一个组成部分，制定了比较系统的行政管理制度，对边疆的稳定和控制，发挥了极大的作用。

外藩可以划分为性质完全不同的内属外藩和境外外藩二类。

1 《清高宗实录》卷六八九。

清廷根据隶属性质不同，已经将外藩分成两类。第一层是蒙古、新疆、西藏等内属外藩。第二层是浩罕、哈萨克、布鲁特、廓尔喀、朝鲜、越南、琉球、缅甸、俄罗斯、英国等境外外藩，是为“不属的外藩”。

清廷统一各部之后，视蒙古、新疆、西藏为内属之地，这是与其他境外外藩（外国）本质的区别。乾隆朝《大清会典》载：“国初，蒙古北部喀尔喀三汗，同时纳贡。厥后朔漠荡平，庇我宇下，与漠南诸部落等。承平以来，怀柔益远，北逾瀚海，西绝羌荒。青海厄鲁特、西藏、准噶尔之地，咸入版图。”[1]在这里，准噶尔之地主要指的是新疆，包括了回部。这样，《会典》指出蒙古各部、西藏、新疆都是国家的组成部分。

对内属外藩，清廷管理的控制程度又有差别。蒙古各部因为归顺早晚不同、地区分布广泛、效忠程度不同，清廷的政治态度也不同。清廷从地域分布来称蒙古各部，分别称内蒙古、外蒙古、西套蒙古、青海蒙古；从政治隶属程度来讲，则把内蒙古归为内扎萨克；外蒙古、西套额鲁特蒙古、青海蒙古为外扎萨克。[2]

内蒙古义为内札萨克，归顺最早，与清廷关系最亲。外扎萨克归顺清朝比较晚，政治关系次之。“外藩四十九旗，举国输服，奉王公等爵，设都统、骁骑校等官，“照内管理，尽国家一体之仁。”漠南蒙古设官分职编户比丁“与八旗无异”。把内蒙古各部视同内八旗，为“内藩”；与外扎萨克为“外藩”。“外藩四十九旗，虽各异其名，视内八旗无异也。蒙古诸部，有喇嘛、厄鲁特、喀尔喀，视四十九旗，又为外矣。”理藩院“掌内外藩蒙古回部之

1　乾隆《大清会典理藩院典属清吏司》卷八○。

2　《清朝通典》卷三九《职官十七·藩属各官》。“外藩蒙古自康熙三年以前来归者，称内扎萨克；自康熙二十七年以后来归者，称外扎萨克。设官虽同而分地各异。”

政令，控驭抚绥，以固邦翰”。[1]

其中，管理严格的内属蒙古，包括察哈尔、归化城土默特部、厄鲁特、唐努乌梁海、阿尔泰乌梁海、阿尔泰诺尔乌梁海、达木蒙古等。[2]内属的各部控制最严密，被剥夺了自治权，清廷编旗设都统、总管等，由当地的将军、大臣管辖、管理。

清朝入主中原之后，采取一系列重大措施，加强对西藏主权管理。“今大兵得藏，边外诸番悉心向化，三藏、阿里之地俱入版图。”[3]“岂知我国家中外一统，西北辟地二万余里，累译皆通。而西藏喇嘛，久隶天朝。”[4]雍正五年，国家正式派驻藏大臣，代表朝廷行使管理权；颁布《酌定西藏善后章程》十三条；《西藏善后章程》二十九条，清廷在藏的威望达到了制高点。

在清朝攻灭准噶尔部，平定大小和卓木之乱后，控制了新疆。“今准噶尔全部荡平伊犁皆为内属。”[5]在伊犁设官驻防，等同于内地。新疆天山南路是维吾尔族主要聚集区。乾隆在各大城派驻大臣、官兵，总领伯克，对伯克分授品级。乾隆在敕修《大清一统志》时，特别强调新疆作为国家的内属，与内地无异。“至西域新疆，拓地二万余里，除新设安西一府，及哈密、巴里坤、乌噜木齐，设有道、府、州、县、提督、总兵、等官，应即附入甘肃省内。其伊犁、叶尔羌、和阗等处，现有总管将军，及办事大臣驻扎者，亦与内地无殊，应将西域新疆另纂在甘肃之后。”[6]

1　康熙《大清会典》卷一四四《理藩院·柔远清吏司》。雍正《大清会典》卷二二一《理藩院》。乾隆《大清会典》卷七九《理藩院·旗籍清吏司》。

2　嘉庆《大清会典》卷，《理藩院》载：“凡游牧之内属者，曰土默特，统其治于将军而以达于院。布特哈之内属者也如之。”“凡游牧之内属者，曰察哈尔，曰巴尔呼，曰额鲁特，曰札哈沁，曰明阿特，曰乌梁海，曰达木，曰哈萨克，统其治于将军，若都统，若大臣而以达于院。”

3　《清圣祖实录》卷二九〇，康熙五十九年十一月辛巳。

4　《清高宗实录》卷九二五，乾隆三十八年正月甲寅。

5　《清高宗实录》卷五八九，乾隆二十四年六月

6　《清高宗实录》卷一三一，乾隆五年十一月，卷七二二，乾隆二十九年十一月。

清廷把国境以外的外族、国家都视为境外外藩。例如，新疆境外的哈萨克、布鲁特、浩罕、温都斯坦、爱乌罕（阿富汗）、坎巨堤（乾竺特）、克什米尔、拔达克山、沙关记、布哈尔、安集延等；原西藏“藩属”不丹、锡金（哲孟雄）等，及尼泊尔（廓尔喀）；缅甸、安南（越南）、南掌、苏禄、暹罗、朝鲜、琉球、俄国、荷兰等外国都是境外外藩，一般归礼部经理，由主客司掌朝鲜、琉球、越南、南掌、暹罗、苏禄、荷兰、缅甸、西洋诸国朝贡、袭封事务。[1]

境外外藩又有区别。乾隆在《大清一统志》序言中归类，“自京畿达于四裔，为省十有八。外藩属国，五十有七。朝贡之国，三十有一。”《大清会典》谓：“凡四夷朝贡之国，东曰朝鲜，东南、南曰安南、暹罗，西南曰西洋、缅甸、南掌，西北夷番，皆遣陪臣为使，奉表纳贡来朝。凡敕封国王，朝贡诸立者，先遣使请命于朝廷。朝鲜封；其他诸国，以敕授来使赍回，乃遣使纳贡谢恩。”《大清会典》谓：“四裔朝贡之国，南掌、暹罗、苏禄、缅甸七国。”“余国则通互市。”

到了晚清，国内外局势都发生了变化，西方列强大规模侵略中国，所谓的通市外藩，一变而为敌国，逐渐侵略清朝周边的“外藩属国”，西藏外围的不丹、锡金、廓尔喀，新疆外围的哈萨克、布鲁特等，西南边疆以外的缅甸、越南等。日本侵略琉球、朝鲜，侵吞了清朝的藩属，或沦为殖民地。清朝也成为半殖民地国家。所谓的外藩、属国、藩服等概念，随之破灭，近代的国家、民族、主权、宗主权、保护国等概念传入，清廷上下对国家安全的认识发生了变化，积极的筹边措施，而这正是近代化国家的特

1　《钦定礼部则例》目录，道光二十四年修成，各部则例每十年纂修一次，距嘉庆二十五年之后重修。礼部仪制司、祠祭司、主客司、精膳司。四译馆、贡使商民。精膳司，掌各种筵宴仪礼，包括太和殿、婚礼、经宴、会试、凯旋、修书筵宴，外藩王公。贡使筵宴，颁给廪气。

征。朝贡关系，逐渐被近代的国际政治关系代替。

外藩体制内两大层次的区分，从中可以看到清帝对国家、疆域、民族、外国的认识，这是传统华夷、国家民族意识和治边政策，及综合实力的反映。

清代官方并没有把朝贡与朝觐严格区分。在历朝《清实录》《大清会典》《理藩院则例》中，朝觐与朝贡一词，经常混合使用。廓尔喀、朝鲜、琉球、越南等，是为外国，维持“屏藩”的地位。

从制度管理角度讲，清廷对蒙古、新疆、西藏实行的朝觐年班制度，与对朝鲜、琉球、缅甸、浩罕、廓尔廓、俄罗斯、荷兰等外国实施的朝贡制度，有着明显的区分。

（三）清朝与藩属国关系

《清朝通典》卷九七，开列了四十余国的方位和名称，清朝认为，这些国家属于不同类型的藩属国，卷九八中则将东南诸国划分为三类：安南为“朝贡、遣使敕封之国”；暹罗、南掌、吕宋、苏禄、荷兰为“恩赐敕谕，即遣贡使赍捧回国，不别遣使”的敕封之国；其余，“港口以下诸国往来贸易，严奉约束，各安生理……”

（乾隆）《大清会典》谓：“凡四夷朝贡之国，东曰朝鲜，东南曰琉球、苏禄，南曰安南、暹罗，西南曰西洋、缅甸、南掌，西北夷番见理藩院。皆遣陪臣为使，奉表纳贡来朝。凡敕封国王，朝贡诸国遇有嗣位者，先遣使请命于朝廷。朝鲜、安南、琉球，钦命正副使奉敕往封；其他诸国，以敕授来使赍回，乃遣使纳贡谢恩。”[1]（光绪）《大清会典》中，一类谓：“四裔朝贡之国”，下列朝鲜、琉球、越南、南掌、暹罗、苏禄、缅甸七国。另一类则是“余国则通互市焉”。[2]

1 《大清会典》卷五六《礼部·宾客清吏司·宾礼·朝贡》。

2 《大清会典》卷三九《礼部·主客清吏司》。

归纳起来，乾隆以前与清朝发生关系的国家有三种情况：

一是朝献之列国，又包括两种情况即朝贡、遣使敕封之国和“不遣别使”的敕封之国。这是真正意义上的属国，它们与清廷的关系既有政治关系，又有经济贸易关系。这类国家在较早的文献中一般包括礼部负责接待的朝鲜、安南、琉球、缅甸、苏禄、南掌、暹罗、荷兰（有时笼统写做西洋）、吕宋和理藩院负责的哈萨克左右部、布鲁特东西部、安集延、玛尔噶朗、霍罕、那木干、塔什罕、拔达克山、博罗尔、爱乌罕、奇齐玉斯、乌尔根齐。

二是“革心面内之部落”。此类国家应指当时（乾隆期）的西洋各国，“明以前未通中国，入本朝，西洋诸部面内向化”。这批新兴的殖民国家 17 世纪后期才与清朝接触，主要目的为谋求建立商业贸易的体制。这必然要与清朝的朝贡体制冲突。

三是“往来贸易、各安生理”之国。这类国家与清朝无政治关系，只保持经贸关系。“若夷商自以货物来内地交易者……海外诸国于广东省城，每夏乘潮至省，及冬候风归国。均输税于有司，与内地商民同”。[1]按《清朝通典》的划分，划入此类的国家至少有柬埔寨、宋居劳、整欠、景海、广南、葫芦国、柔佛、亚齐、莽均达老、文莱、马辰、噶喇巴、旧港、曼加萨、英吉利、干丝腊（西班牙）、法兰西、瑞国、连国。

藩部的属国（部），包括两类：一是被列入了清朝的属国名单，但很少遣使到清朝的北京朝觐贡献，相反却经常和清朝的藩部发生政治、经济关系的边外部落和小国。另一类则是不被列入属国，只能向清朝藩部朝贡的边外部落或小国。前一类集中在中亚地区，后一类则分布在南亚地区。

南亚地区属回疆藩属。在清朝平定准噶尔和回部之乱的过程

1　（乾隆）《大清会典》。

中，帕米尔迤西的一些汗国、土邦和部落先后向清朝称臣纳贡，表示归顺。清代某些文献径称之为“新疆藩属”或“边外诸部”。浩罕（Kokand，包括所属的那木干、安集延、玛尔噶朗诸城）、爱乌罕（阿富汗，Afghan－Afkanustan）、巴达克山（拔达克山，Badakshan）、坎巨提（乾竺特，Kajut）、博罗尔（博洛尔，Bolor）、塔什干（Tachkend）。在某些情况下，这一名单还应包括布哈尔（Bukhara，布哈拉汗国）、痕都斯坦（Industan）、克什米尔（迦失迩，Kashmir）、哪格尔（Nagar）、喀尔提锦（Qaratigin）和达尔瓦斯（Darwaz），等等。[1]其中和新疆关系最密切的则是塔什干、博罗尔和坎巨提。

塔什干，位于喀什噶尔西北一千三百里。有城郭，居民奉回教。原为准噶尔汗国的藩属，“旧为准噶尔羁属”，后在哈萨克的控制之下，被视为哈萨克的别部，但屡次反抗哈萨克。清朝的参赞大臣富德曾成功地调通过双方冲突，“皆感悟释兵，和好如初”。[2]其酋长和卓吐尔占“贡马称臣，遣子入觐”[3]。嘉庆中叶，并入浩罕国，成为浩罕八城之一。同治初年，并入俄国。

博罗尔，在巴达克山以东，有城郭，居民三万余户。无文字，不奉回教。乾隆二十四年与巴达克山同时内附。曾遣使沙伯克赴京朝觐，与巴达克山是仇国，屡生冲突。乾隆二十九年因双方战争，博罗尔伯克沙呼沙默特曾向清朝叶尔曾当局求援。清朝都统新柱遣人赴巴达克山调解，“遵约束，还俘罢兵”。[4]后为爱乌罕所并。

坎巨提，在叶尔曾西南约一千五百里。乾隆二十六年，坎巨提酋长黑斯娄遣子向叶尔办事大臣新柱贡砂金，是为该部内附之

1 参考《新疆历史文化辞典》，第370~371页。
2 《清史稿》卷五二九《属国》四。
3 《清史稿》卷五二九《属国》四。
4 《清史稿》卷五二九《属国》四。

始。自此以后成为惯例，该部每年向新疆当局贡砂金一两五钱。"其贡至宣统间不绝"。道光以后，英、俄势力相继进入中亚，坎部局势动荡不安，新疆当局屡次通过调解方式行保护责任，光绪年间尽管英人已攫得坎巨提保护权，但坎部酋长袭替仍须征求中方意见。新王继位仪式上，新疆方面还要派员出席。[1]

上述三部以外，浩罕国虽与清廷保持着密切联系，据统计，1762 年至 1821 年间浩罕遣使入京朝觐达 48 次，但在经常情况下是与新疆当局打交道。因为清廷规定"一切事务俱遵驻扎喀什噶尔、叶尔大臣等节制"。[2]从 1759 年至 1802 年间，浩罕遣使喀什噶尔 23 次。考虑到近年研究清与浩罕关系的成果渐多，这里不再赘述。

南亚地区。这一地区主要是西藏的属部。早期的有尼泊尔(阳布)、阿里王（应指拉达克)、印度土邦柯辛王，在顾实汗时代，这些政权都曾向两藏的蒙古汗王"贡献地方礼物"。[3]藏史中所谓印度柯辛王所指不详，或许是指拉呼尔。该土邦的居民均为藏人（菩提亚人)，早年曾是拉达克的保护国，直到 19 世纪初还要向拉达克王进贡和缴租。但后期已经处在西藏政教关系网络之外了。[4]雍正初年西藏由清廷直接管理之后，尼泊尔（廓尔喀）地位上升，直接成为清朝的属国，并且一度和西藏处于敌对状态。在这一时期西藏的属国主要有拉达克、布鲁克巴、哲孟雄、洛敏汤、作木朗等。

拉达克（Ladak)，位于"阿里三围"的最西北，属阿里三围(玛域、古格和布让）之一，拉达克即玛域。喇嘛教是其国教，有

1　《清史稿》卷五二九《属国》四。

2　《清高宗实录》卷六七八。

3　固始噶居巴·洛桑泽培，陈庆英、力吉译注：《蒙古佛教史》，第 79 页，天津古籍出版社，1990 年版。

4　《剑桥中国晚清史》上册，第 98 页。

主巴噶举派和格鲁派。首都列城。拉达克历史上与西藏有极密切的关系，政教两方面都受到西藏的控制。在嘉庆重修《大清一统志》中西藏“阿里诸城”项下有“拉达克城（列城）”，西藏在该城设有“宗布木”官。[1]19 世纪 30 年代印度土邦锡克王国向西藏外围扩张，入侵拉达克，武力迫使拉达克成为自己的藩属国。拉达克王室曾向驻藏大臣求救，但藏方“拒之弗纳，拉达克怨，反抗森巴（藏人对道格拉族的称呼）……”[2]由此，西藏失去了拉达克。

与拉达克毗连的另一个藏族部落是巴尔提斯坦（Baltistan）。也作巴尔底、小西藏或退摆特。居民讲巴尔提的藏语方言，但本土宗教佛教已随着该地区的伊斯兰化而易为穆斯林世界。该部落何时中断与西藏的政治联系，学术界尚有争议。有的认为“自从佛教从巴尔提斯坦绝迹以来，这个国家就已完全独立，不用其他菩提亚人国家即使是名义上的保护”[3]。也有的认为“其地历史上即为藏民居地，一直向西藏进贡”。[4]至少，到 1840 年该地区已被古拉伯·辛格强行并入了锡克王国。[5]

布鲁克巴，即不丹（Bhutan），在西藏帕克里西南边外。信奉藏传佛教主巴噶举派，即红帽派。是西藏移民菩提亚人建立的宗教国家。活佛既是宗教领袖，又是政府名义首脑。另有德卜王，掌管世俗行政事务。雍正初年有四万余户，大小城五十处，寺庙一百二十座，共喇嘛二万五千余众。[6]西藏对该部的政教均有强大的约束力。雍正十年前后，该部内部发生纷争，西藏曾出兵干涉，纷争双方均遣使向驻藏大臣“归诚”，西藏方面两次遣官，成功调

1 （嘉庆）《大清一统志》卷五四七。

2 黄沛翘：《西藏图考》卷之六《藏事续考·地利类》。

3 《剑桥中国晚清史》上册，第 98 页。

4 《新疆历史文化辞典》，第 371 页。

5 周伟洲：《十九世纪前后西藏与拉达克的关系及划界问题》，载《中国藏学》，1991 年第 1 期。

6 《卫藏通志》卷一五《部落》。

解了双方冲突。其王曾亲自到拉萨朝拜达赖喇嘛。[1]该部 19 世纪末成为英印的保护国。

哲孟雄，即今锡金（Sikkim），位于西藏春丕河谷以西。居民主要有雷布查人和菩提亚人。据称菩提亚人是 16 世纪时从康区迁来的，其中的一支成为王族。宁玛派是主要教派，也有噶玛噶举派。虽然雷布查人也奉喇嘛教，但只有纯粹藏族血统者才能充当喇嘛，哲孟雄历史上曾多次与邻邦尼泊尔、布鲁克巴发生纠纷，西藏则负责调停和保护。甚至在遭遇王位继承危机时还曾派人担任该国摄政。1887 年英国夺取了锡金的政治权力，完全控制了它。[2]

洛敏汤。是藏文 Klo-bosman-thang 的译写。在今尼泊尔境内以木斯塘（Mustang）为中心的地区，与西藏的仲巴县及萨嘎县毗邻。据考证，洛敏汤古称 Lo 或 glo-bo，7 世纪时已是吐蕃王朝的边区，迄至 15 世纪上半叶仍是西藏阿里的一部分。

大约在 15 世纪，藏传佛教传入木斯塘地区，主要是萨迦派，也有宁玛派，西藏地区不止一家活佛转世于木斯塘地区。该地方要居民为藏族。在政治上，18 世纪前半叶，洛敏汤负有向西藏进贡的义务，“间尝差人与达赖喇嘛呈递哈达，或送银钱五六十圆，以为布施”。18 世纪中叶被另一毗邻部落作木朗征服。1788 年连同作木朗本身又被廓尔喀侵占，“每年即与廓尔喀当差，仍送商上（指西藏地方政府）五六十圆不等”。1794 年清军击败入侵的廓尔喀，但驻藏大臣和琳等人以“洛敏汤系边外极边小部落，并非藏内管辖”为辞，将本已脱离廓尔喀的洛敏汤部又交给廓“自行办理”。[3]洛敏汤就由西藏的边境部落成为尼泊尔的一个

1　《卫藏通志》卷一五《部落》。

2　夏洛特·Y.索尔兹伯索里：《山顶王国锡金》，第 5~7 页；《剑桥中国晚清史》上册，第 99 页。

3　《卫藏通志》卷一五《部落》。

部分了。[1]

作木朗。今为尼泊尔境内 Jumla（今译久姆拉），位于木斯塘西。初也是西藏藩属部落，“后藏边外西北一小部落”，“为廓尔喀所并。”[2]

二 清朝与中亚“藩属”的关系

乾隆二十四年（1759 年）前后，清朝统一天山南北，新疆沿边的哈萨克、布鲁特以及中亚的浩罕、巴达克山、布哈尔、爱乌罕等部相继表示归附。清朝视其为“外藩”。清朝对这些外藩事务的处理，不同于中国疆域之内的外藩，如蒙古、西藏等，实行边疆民族政策，进行有效的管辖；而是视同朝鲜、安南，实行特殊的羁縻政策。

乾隆帝平定准噶尔部后，哈萨克和布鲁特先后表示归附清朝。

乾隆二十二年（1757 年）六月，哈萨克汗阿布赉遣使亨集噶尔于清朝，表示内附，在表文中说：“今只奉大皇帝谕旨，加恩边末部落，臣阿布赉愿率哈萨克全部归化鸿化，永为中国臣仆。”[3]

乾隆二十三年（1758 年）九月，哈萨克右部归服，右部进表文曰：“伏念臣者，久思内附，远处边末，与左部阿布赉各长一方，为准噶尔阻绝，未由自通。近闻左部输服，被恩优渥。恭惟天使惠来，祇领宸训，得均隶臣仆，诚劝诚忭，谨遣臣子弟入觐，瞻仰天颜，如天覆育之圣人在上。臣愿竭衰驽，奋勉自效，永无二心，倍于左部。”[4]

东布鲁特，在准噶尔部西南，回部西北，天山北麓，近葱岭，

1 参考房建昌：《中尼边界洛敏汤考》，《中国边疆史地研究报告》第 1~2 期，1991 年。

2 《卫藏通志》卷一五《部落》。

3 《西域图志》卷四四《藩属一》。

4 《西域图志》卷四四《藩属一》。

东北距伊犁一千四百里，东南距阿克苏七百九十里。其部有五。乾隆二十三年（1758年），东布鲁特各部归附清朝，表文曰："我部久思投诚大皇帝，为准噶尔所阻，不能自通，今得为天朝臣仆，实望外之幸"，西布鲁特，在喀什噶尔西北三百里，道由鄂什逾葱岭而至，东布鲁特相望。部落凡十有五。乾隆二十四年（1759年），西布鲁特十五部也归附清朝。西布鲁特上乾隆帝表文曰："今将军自喀什噶尔传谕我部，颁给印文。谨已奉到，不胜踊跃，适慰心想，当率诸部，自布哈尔迤东二十万人众，皆作臣仆。"[1]至此，布鲁特全部归附清朝。

清朝平定准噶尔后，要求归附的不仅仅是哈萨克和布鲁特，葱岭以西的各部落，如浩罕、塔什干、巴达克山、帕米尔、布哈尔、爱乌罕等纷纷表示归附。

《西域闻见录》中记载："安集延，回子一部落也，其汗颜额得讷最为著名。既死，其弟纳拉帕塔立，统领四城。最大者曰豪罕，三万户，为其汗之巢穴。次曰玛拉噶朗，二万户。次曰柰曼，万余户。最小之城曰安集延，千户耳。四城之人皆其汗之阿拉巴图。"[2]《西域闻见录》及《西域图志》中记载的霍罕、豪罕即浩罕，玛尔噶朗即今马尔格兰，柰曼、那木罕即今纳曼干。浩罕、塔什干等位于中亚费尔干纳。中亚费尔干纳地区与中国内地的联系源远流长，文字记载至少可追溯到公元前2世纪。西汉时，地处费尔干纳的大宛隶属西域都护。唐王朝曾在该地设有都督府，隶安西都护府。我国古代的匈奴、高车、突厥、铁勒、回鹘、契丹、蒙古等族所建立的政权，有的统治到了这一地区，有的则对这一地区有着直接的影响。16世纪乌兹别克人在这里建立了布哈拉汗国。17世纪布哈拉汗国解体，18世纪初，乌兹别克明格部在费尔干纳建立了费尔干纳明格政权，即浩罕汗国。

1　《西域图志》卷四四《藩属一》。
2　《西域闻见录》卷三《外藩列传》。

清朝与中亚浩罕等的接触是在平定大、小和卓的过程中。乾隆二十三年（1758 年）十一月清朝“招降安集延、纳木干二城回人”[1]。次年夏，清军为阻止大、小和卓远逃，计划提前抢占通往浩罕、巴达克山、巴勒提等沿途要隘。乾隆帝谕军机大臣曰：“定议兆惠领兵先取喀什噶尔，富德攻取叶尔羌，巴禄由巴尔楚克路与富德会合，互相策应。其喀什噶尔西去之鄂坡勒岭，可通霍罕敏珠尔岭、玉斯屯阿喇图什岭，俱通安集延，沿途之额德格纳、伊什克里克等部落，皆传檄晓以利害。并将地方形势绘图具奏。昨览富德所奏地图，有由英额奇盘山，通巴达克山之路，是以谕令派兵堵截。……”[2]与此同时，清朝派人传檄浩罕首领额尔德尼伯克及玛尔噶朗、安集延、纳木干等城“晓以利害”。清朝使臣所到之处，都受到盛情款待，浩罕额尔德尼伯克奉表请求“内附”。其表文曰：“额尔德尼伯克等请大皇帝钦差统兵，至威至勇将军等安，仰赖上天之德、大皇帝洪福，我等群生亦获安生。闻将军至叶尔羌、喀什噶尔后，布鲁特、哈萨克等众部落俱传檄安定，今我部檄书未至，日夜以冀。幸侍卫赍将军书来，我等得为大皇帝臣仆，永受康宁，不胜感悦。”[3]浩罕额尔德尼伯克立即派使团进京朝觐，与此同时，中亚巴达克山、博罗尔等部的使臣也到达北京。次年三月，乾隆帝颁布敕书，正式确定浩罕为清朝藩属，敕书曰：“尔远处边陲，闻大兵平定回城，逆贼逃窜信息，即慕化归诚，请擒贼自效，遣使入觐，深可嘉尚。……今既为朕臣仆，自必加恩抚恤。尔其约束所部，永享无疆之福。”[4]

清朝对新疆沿边哈萨克、布鲁特及中亚地区的浩罕、巴达克山、布哈尔等部的羁縻政策主要有以下几个方面：

---

1 《清高宗实录》卷五七五。

2 《清高宗实录》卷五八八。

3 《西域图志》卷四五。

4 《清高宗实录》卷六〇七。

第一，中亚各藩属受清朝驻扎喀什噶尔、叶尔羌大臣节制，维护和保持各部与清朝的藩属关系。

清廷对各部只求名义上的“加封”。乾隆帝说:“尔等僻处遐方，非可与喀尔喀诸部比。尔称号为汗，朕即加封，无以过此。或尔因系自称，欲朕赐以封号，亦待来奏。朕惟期尔部安居乐业，俾游牧各仍旧俗，即贡献亦从尔便，如遣使入觐，朕自优加赏赉。”[1]

乾隆二十八年（1763 年）清廷向浩罕首领额尔德尼颁发敕书曰:“汝受朕恩深重，应谨守法度，约束属人，和睦邻封，一切事务俱遵驻扎喀什噶尔、叶尔羌大臣等节制。”[2]乾隆三十五年（1770 年）清廷又一次强调指出:“一切凛遵喀什噶尔、叶尔羌大臣等命令，安常守分，以期永沐朕恩。[3]”同时，为了维护和保持这种政治关系，清廷要求各部不定期地向喀什噶尔遣使入贡，并随回部年班进京朝觐。自乾隆二十四年（1759 年）到嘉庆七年的 50 年间，浩罕出使喀什噶尔 23 次。从乾隆二十七年（1762 年）至道光元年（1821 年），浩罕使臣公入京朝觐 48 次。[4]从乾隆二十二年（1757 年）至道光十年（1830 年）哈萨克使臣进京朝觐 34 次[5]。

第二，不设官置守，不干涉其内部事务。

清廷对中亚各藩部的基本政策是:“所谓归斯受之，不过羁縻服属，如安南、琉球、暹罗诸国，俾通天朝声教而已，并非欲郡县其地，张官置吏，亦非如喀尔喀之分旗编设佐领。[6]”清廷认为中亚诸部与清朝相邻，“则尔土地，即与朕疆界毗连，尔等

1　《清高宗实录》卷五四三。

2　《清高宗实录》卷六七八。

3　《清高宗实录》卷八六六。

4　《平定回疆剿擒逆裔方略》卷三。

5　〔日本〕佐口透，凌颂纯译：《18~19 世纪新疆社会史研究》第 5 章，《哈萨克游牧社会的东方关系》，新疆人民出版社，1983 年。

6　《清高宗实录》卷五四三。

若如哈萨克慕化来归，朕将令照旧安居，不易服色，不授官爵，不责贡赋”，要求中亚各藩部“能约束所部，永守边界，不生事端”。[1] 清朝希望与中亚各部保持互不骚扰、互不干涉、和平睦邻关系。清朝统一新疆以后，一直遵守诺言，从未派军队进入藩属各国，没有在其地设置过任何行政和军事机构，没有委派官吏和征收赋税。

莫理斯·古朗《17 世纪和 18 世纪的中亚细亚》一书中对清朝的中亚政策给以客观的评价："中国的外交政策愿意对这些遥远的入贡者发号施令……它明智地满足于拥有皇朝最高权力遍及世界边缘的名声。它实际的作用，除了在浩罕比较其他所有地方更活跃外，只限于保持藩属入贡者之间的和平，要求他们尊重并保护帝国的领土。" [2]

第三，不介入各部之间的纷争。

中亚各部之间，为争夺土地、牧场、人畜及其贸易等方面的利益，经常发生抢劫、杀掠、争斗，甚至发生大规模的武装冲突。乾隆帝对他们之间的纷争，一概不予受理。乾隆说："朕统一区宇，尔哈萨克、布鲁特、霍罕、安集延回众，皆朕臣仆，朕一视同仁，毫无偏向"，"岂有助一臣仆攻一臣仆之理"，"尔宜与同藩和好，以图永沐朕恩，如一味仇杀，彼此报复，又何所抵。此两败俱伤之事也……朕为天下共主，所有归服藩夷臣仆，俱一体眷顾，并无左袒……尔惟恪共臣职，和睦同藩"[3]。

18 世纪以后，沙皇俄国侵入中亚地区，一些中亚部落在沙俄的诱惑下归附俄国。对此，清朝采取漠然置之的态度。如对哈萨克归附俄国的问题，乾隆帝态度是："哈萨克原有二心，伊虽以臣

---

1 《清高宗实录》卷五五五。

2 莫理斯·古朗：《17 世纪和 18 世纪的中亚细亚》，载《厄鲁特历史译文集》第 14 集。

3 《清高宗实录》卷七九三。

服于我，而俄罗斯亦系大部落，与伊接壤，哈萨克不免疑虑两顾。今观哈萨克阿附于彼，其意显然，此事虽不甚紧要，仅可作为不知，置之不议。”[1]清朝认为哈萨克等中亚部落的政务属于界外事务，所发生的领地纷争或是否归属俄国问题，由他们自己选择。清朝对中亚藩属国的羁縻政策仅限于朝贡关系。清廷的原则是“霍罕与俄罗斯远在卡外，蛮触相争，原可置之不问，惟不许扰及边界”[2]，“哈萨克、布鲁特自乾隆年间臣服以来，至今历有年所，嗣因该夷部落散居边外，族类繁多，首鼠两端，向背靡定，往往有朝属中国，暮附俄罗斯者。中国明知其情，向不过问，以昭宽大而示羁縻”。[3]

第四，由于历史的原因，哈萨克、布鲁特两部与清朝的关系比浩罕等中亚各部更为密切。清朝对哈萨克贸易实行免税制，显然不同于浩罕等其他藩属国。乾隆说：“贸易之事不过因输诚内向，俾得懋迁有无，稍资生计。而彼处为产马之区，亦可以补内地调拨缺额，并非借此以示羁縻，亦非利其所有，而欲贱值以取之也。将业交易之际，不可过于繁苛，更不必过于迁就，但以两得其平为是。”[4]清朝在互通有无、两得其平的原则下，同哈萨克人开展了具有官方贸易性质的绢马交易活动。双方贸易限定在乌鲁木齐、伊犁、塔尔巴哈台等地。此外，还在伊犁、科布多、乌梁海、乌里雅苏台等地进行牛马贸易。

清朝对中亚地区藩部的政策，有几个方面应该认真总结：

第一，在新疆沿边及中亚地区的民族中，有一些是中国历史上源远流长的古老民族。如哈萨克族，古代西北地区活动的塞种、月氏、乌孙、康居（康里）、阿兰（奄蔡）、咄陆（杜拉特）、突骑

1　《清高宗实录》卷一〇九四。
2　《清宣宗实录》卷二〇七。
3　《筹办夷务始末》，同治朝，卷八。
4　《清高宗实录》卷五五〇。

施（撒里乌孙）、葛逻禄、铁勒、钦察（克普恰克）、乃蛮、克烈、阿尔根、瓦克、弘吉剌、扎剌亦儿、阿里钦等是组成哈萨克族的主要部落和部族。哈萨克作为一个民族的名称由来已久，15世纪，随着哈萨克汗国的出现，哈萨克民族在西北的影响越来越大。据《西域图志》载：16世纪至18世纪“哈萨克有三玉兹，曰鄂图尔玉兹，属左部，曰乌拉克玉兹，奇齐克玉兹，属右部。有别部偏西，与奇齐克玉兹偕来者，曰乌尔根齐部”[1]。“左部哈萨克，东南与准噶尔接，西与右部接，北与俄罗斯接。其常所会廷叶什勒，傍叶什勒河，东去塔尔巴哈台，南去伊犁皆千里。东南去镇西府四千五百里。”[2]但清廷却认为：“哈萨克即大宛也，自古不通中国，昔汉武帝究极兵力仅得其马以归，史册所传便为宣威绝域，兹乃率其全部倾心内属，此皆上苍之佑……不知哈萨克越在万里之外，荒远寥廓，今未尝遣使招徕乃称臣奉书，贡献马匹，自出所愿，所谓归斯受之，不过羁縻服属。”[3]乾隆帝对哈萨克历史源流的了解，出现重大的误差，哈萨克并不是古代的大宛（浩罕为古代大宛），而是历史上在我国西北地区生息、劳动、开发的众多民族融合而成的部落，和中原一直保持着密切的关系。

再如布鲁特（今柯尔克孜，吉尔吉斯），汉文史籍记录布鲁特的先民是“鬲昆”“隔昆”“坚昆”。南北朝至隋时，史书中记载其为“结昆”“纥骨”“契骨”等。唐朝时称其为“黠戛斯”。辽宋金时称作“辖戛斯”。元明时期一般称作“吉利吉思”“乞儿吉思”。准噶尔人称他们为布鲁特，以后为清朝所沿用。由此可见，布鲁特（柯尔克孜）是我国历史上的一个古老民族，发源地在叶尼塞河上游地区，很早就与中原地区有着密切的往来。唐代，黠戛斯首领归附唐朝，唐朝在其地设坚昆都督府。公元7世纪，建

1 《西域图志》卷二。
2 《西域图志》卷四四。
3 《清高宗实录》卷五四三。

立黠戛斯汗国，仍和唐朝保持密切的联系。辽王朝在其地设“辖戛斯国王府”，隶属于上京道。以后受元朝政府统辖。明代，乞尔吉斯曾一度臣服于喀尔喀蒙古部。明清之际隶属于准噶尔。但是，乾隆帝却说：“尔布鲁特，本不与准噶尔相涉，但旧为邻国，今准噶尔全部平定，则尔土地，即与朕疆界毗连，尔等若如哈萨克慕化来归，朕将令照旧安居，不易服色，不授官爵，不责贡赋，惟遣使来请朕安，即加恩赏赉。其后尔等，以外藩习俗，与中国异宜，不欲投诚降服，亦惟尔便。但能约束尔所部，永守边界，不生事端，朕亦不加兵骚扰。倘尔等不安常分，或越界游牧，肆行盗窃，则系自启衅端，斯时问罪兴师，尔悔将何及？”[1]上述乾隆上谕把布鲁特列为“邻国”，将其划到中国疆域界外，实行藩属国的政策。

第三，清朝统一天山南北后，其西北划界原则是：“准噶尔荡平，凡有旧游牧，皆我版图。”[2]清朝与哈萨克、布鲁特及中亚诸藩部的分界线为：“从铿格尔图喇跨额尔齐斯河往西南，越过喀尔满岭，沿爱古斯河到巴尔喀什湖”再“从巴尔喀什湖的北岸到塔拉斯河的西端，又东南沿塔拉斯西南的哈喇布拉岭，到纳林河”，最后直到“葱岭地区”。根据清朝的划界原则，准噶尔部游牧的全部地域划入中国疆域范围。

清朝在这一地区的划界及实行的管辖办法，已经将哈萨克和布鲁特划出界外。清朝禁止哈萨克、布鲁特等部越界进入其管辖的疆界，为此在新疆沿边设立了一系列卡伦，“至于境外，自北而南，则有哈萨克，自西而南，则有布鲁特。壤界毗连，其禁在于盗窃，故设卡置官，派兵巡守”[3]。但是，乾隆朝后期，有大批哈萨克人和布鲁特人进入境内游牧居住，清朝对入境游牧的哈萨

1　《清高宗实录》卷五五五。

2　《清高宗实录》卷六一七。

3　《新疆识略》卷一一。

克、布鲁特管理松懈，未能及时驱逐，而逐渐合法化，造成清朝在西北界务问题上的严重失误。

哈萨克人、布鲁特人进入清朝境内居住的原因很多，首先是沙皇俄国对哈萨克、布鲁特原有游牧地的侵占和掠夺，使大批牧民逃入清朝卡伦以内。同治元年（1862 年），逃入中国境内的哈萨克、布鲁特人说："我们世居边外，太平度日，今俄人说我们游牧地方是他们的，被他勒索，因此进卡留下发辫，情愿给大皇帝出力当差。"[1] 沙皇俄国对哈萨克和布鲁特领地步步推进，大批失去土地牧场和家园的牧民向新疆沿边境内逐渐迁移，而清朝在沿边设置的卡伦和对沿边的巡查路线也随之向后一再退缩。沙俄的侵略气焰越来越嚣张，不断向中国西北边疆地区扩张，造成近代中国西北丧失土地。

此外，乾隆三十一年（1766 年）前后，清朝对进入境内的哈萨克、布鲁特的政策发生重大变化。此前清廷明确规定，不准哈萨克、布鲁特等进入境内："吹、塔拉斯、沙喇伯勒，俱在伊犁以西。……原系厄鲁特游牧。……着传谕明瑞等，酌派人员率同熟悉地理之厄鲁特，前往吹、塔拉斯、阿勒和硕、沙喇伯勒等处巡查，若哈萨克、布鲁特等仍有越境游牧，即晓示该头目，速行驱逐，不可令伊等阑入内地。"[2] 但是，乾隆三十一年以后，不断有哈萨克首领率部众内属清朝，进入新疆沿边境内游牧居住，也有的哈萨克"游牧遇雪，屡次越界"，乾隆帝对驱逐遇难牧民"殊觉不忍"，遂改变做法，提出"伊犁等处土地辽阔，人烟愈多愈善，哈萨克如不得游牧地方，或畏惧劫掠，情愿内附者，即行收留，派员弹压，日久人众，即可编设佐领昂吉"[3]。清朝此令一下，越境游牧的哈萨克日益增多，一部分哈萨克"内属"清朝，得到清

1 《筹办夷务始末》卷八。
2 《清高宗实录》卷六一三。
3 《清高宗实录》卷七五九。

朝承认和保护，而另一部分越境游牧者没有内属，清朝对进入境内的哈萨克、布鲁特的内属抱着消极态度，甚至反对态度，清廷认为“今人民渐多……即行收留，将来闻风踵至，多占土地，于是何益”[1]，拒绝收留也不再派兵驱逐，而是采取抽收租税的办法允许他们继续越境游牧。清朝允许哈萨克入境越冬游牧令颁布后，不但使大批哈萨克得以进入新疆沿边境内游牧，而且越来越多的哈萨克人入境后不再迁出，常年在中国境内游牧。与此同时，布鲁特也因种种原因进入新疆沿边境内居住游牧。

清朝对游牧哈萨克和布鲁特入境游牧居住的政策的变化，不利于西北边疆的稳定和疆域的管辖，主要问题有三点：

第一，哈萨克和布鲁特入境游牧，其游牧地不断向新疆沿边境内扩大，清朝未能及时阻挡，在沿边设置的卡伦和沿边巡查的路线却随之向后一再退缩。

第二，大量的哈萨克、布鲁特人在新疆沿边境内居住游牧，虽然没有内属清朝，但他们长期生活、游牧在中国境内，向清朝政府缴纳租税，部落首领接受清廷封授的官爵，实际上已与境外的哈萨克、布鲁特有较大区别，已经成为清朝管辖下的部落和民族，清朝应当加强管理和保护。但是，清朝却按对境外的羁縻政策对待他们，当这些游牧于新疆境内的哈萨克、布鲁特遭受浩罕欺压时，清朝仍以“卡外之事，与天朝无涉”为由，拒绝保护他们，不但使境内哈萨克、布鲁特遭受损害，而且也是对中国领土主权的严重侵犯。

第三，清朝前期对新疆沿边哈萨克、布鲁特政策的失误，造成近代中国西北边界谈判中的被动局面。俄国坚持以中国“常设卡伦”划界，使中国丧失西北大片领土。对此，中俄谈判中方代表明谊深有感慨，明谊说“哈萨克、布鲁特住牧系我国平定新疆

1　《清高宗实录》卷一〇七五。

赏给之地，岂能一旦弃之不预？但僻处荒边，与强邻逼近，久被侵占，我国鞭长莫及，自不能时时代为护庇。但议务之地距塔尔巴哈台仅三五十里，距伊犁之索伦、锡伯营不及百里，距额鲁特游牧亦在百里之内。议定之后，该国移兵筑堡，致滋他族实逼此处，日久恐为心腹之患”[1]。

综上所述，清朝统一新疆后，由于对中亚各藩部实行和平睦邻政策和经济上的优惠政策，给中亚东部带来长达半个世纪的政治上安定和经济上繁荣景象。“回部安静，其布鲁特、霍罕、安集延、玛尔噶朗等贸易之人络绎不绝”[2]。新疆各城“内地商人及外藩人等，鳞集星萃，街市交错，茶房、酒肆、旅店莫不整齐”[3]。但是，自乾隆朝后期，清朝政治走向腐败，国家财政亏损，国防开支困难，封疆大吏中不乏贪淫暴虐之徒，清朝对新疆的治理出现较多的失误。清朝的藩属浩罕在清朝势力衰落的时期，乘机发展强大起来。

自1759年至1810年，浩罕三代伯克对清朝是臣服和恭顺的。19世纪初，浩罕开始扩张势力，穷兵黩武，迅速膨胀为占有几乎整个锡尔河流域的中亚强国。1820年至1828年浩罕唆使和支持张格尔入侵南疆，结束了其与清朝长达60多年的藩属关系。1830年，浩罕兵数万直接入侵南疆。清朝妥协、退让，与浩罕媾和，道光帝下诏:“一切如其所请”，表明了清廷的软弱和无能，浩罕在新疆地区的侵略活动变本加厉。中国的大片领土一度被浩罕侵扰、蹂躏，造成严重后果。

1 《筹办夷务始末》，同治朝，卷八。

2 《清高宗实录》卷六〇五。

3 椿园《西域闻见录》卷三。

中　编
清朝边疆民族政策

第四章　清朝对边疆民族的管理及政策

第一节　行政管理制度与立法管理

一　管理边疆民族事务的中央与地方机构

在 18 世纪，中俄美政府为了加强对边疆的开发和管理，各自设置了不同的管理机构处理边疆问题。美国联邦政府设立移民局，在各州设移民推进局。俄罗斯国家中央机构中，管理西伯利亚边疆地区的机构称“西伯利亚衙门”。西伯利亚衙门是随着俄国向东不断扩张领土而产生的，其前身是喀山事务府内的专门分支机构西伯利亚事务局。16 世纪中叶以前，俄国东部、东南部的相邻国家尚未被兼并，俄国外务衙门办理与西伯利亚汗国、喀山汗国、阿斯特拉罕汗国、克里米亚汗国等国家的外交事务。

16世纪 50 年代，俄国急剧向外扩张，以武力吞并了喀山和阿斯特拉罕两汗国后，于 80 年代征服了西伯利亚汗国。16 世纪末，设立了西伯利亚事务局。进入 17 世纪，俄国殖民势力不断向东推进，20 年代占据了叶尼塞河流域，30 年代又占领了勒拿河地区的大片土地。为了适应领土迅速扩张的需要，俄国沙皇政府于 1637 年将西伯利亚事务局从喀山事务府分出，正式建立直属中央的西伯利亚衙门。西伯利亚衙门负责西伯利亚地区的行政、司法、军事、财政、税收、贸易、驿站以及同毗邻国家和民族的外交、外贸等一切事务。西伯利亚衙门是俄国向东殖民扩张的决策机关和总指挥部，为俄罗斯国家占领西伯利亚领地发挥了巨大作用。俄国在西伯利亚建省后，西伯利亚衙门渐渐失去原有的权势，1763年俄国政府撤销了西伯利亚衙门。

清朝管理边疆事务的机构是理藩院。18 世纪中叶以前，理藩院管辖范围主要在蒙古地区。清朝创建理藩院时，即明确这是专门处理蒙古事务的机构，当时称蒙古衙门。蒙古衙门更名为理藩院，实际的管理范围也没有扩及其他边疆地区。自皇太极至康熙帝，清朝治理内外蒙古取得了成功，康熙帝总结说："朕阅经史，塞外蒙古多与中国抗衡，溯至汉、唐、宋，至明，历代俱被其害，而可宣威蒙古，并令归心，如我朝者，未之有也。"[1]通过处理蒙古问题，理藩院在清朝国家机关中的地位大大提高。

17 世纪下半叶清朝宣布"今作礼部所属，于旧制未合。嗣后不必兼礼部衔，仍称理藩院尚书、侗郎，其印文亦著改正铸给"[2]。尔后，又进一步明确了理藩院的官制体统，"理藩院职司外藩王、贝勒公主等事及礼仪刑名各项，责任重大，非明朝可比，凡官制体统应与六部相同，理藩院尚书照六部尚书，入议政之列。该衙门向无郎中，今照六部，设郎中官"[3]。17 世纪中叶至 18 世纪上半叶，蒙古部的势力扩大到天山南北和青藏高原，理藩院的管辖范围也开始涉及西藏、青海和回疆的政治、经济、宗教、军事诸问题，尽管如此，理藩院在边疆地区的活动范围和作用还是有限的。以蒙古为核心的基本方针没有变化。

18 世纪中叶，清朝完成了对边疆的统一，理藩院的职能也发生了重大的变化。这种变化表现在理藩院对边疆地区的管理已经

1 《清圣祖实录》卷一八〇。

2 《清圣祖实录》卷二。

3 《清圣祖实录》卷四。

由北方蒙古地区扩展到其他边疆地区，重点是北部、西北部和西南边疆。管理的内容也有扩大，涉及边疆地区的行政建制、社会经济、民族立法、宗教文化，等等。与此同时，理藩院与其他政府机构在边疆地区设置的各个施政部门的关系更加密切，分工更加明确。

17世纪中叶至18世纪初，清朝处理西藏事务，一般是直接派理藩院官员入藏。尽管理藩院参与处理了诸多的西藏事务，西藏地区的事务仍然没有纳入理藩院的管辖范围。18世纪初，清朝驻藏大臣正式设置后，清朝政府对西藏事务的处理主要通过驻藏大臣实现，由理藩院给以各种协助管理，理藩院参与管理西藏事务，主要体现在：对西藏地方官员的任免有一定程度的决定作用，负责查核噶布伦、戴本的俸禄和升革；西藏地区领兵将领戴本，地方职事第巴和管束喇嘛的堪布任命后要由理藩院发给执照，才能正式合法地分司藏事；对西藏地区发生的情况，除驻藏大臣全面掌握外，亦应报告理藩院；派专员管理达木蒙古八旗官兵三十九旗事务，承办驻藏大臣衙门的满文稿案。由此可见，到18世纪以后，西藏事务已经成为理藩院职责的重要部分。

理藩院对天山南北路的管理，也是在18世纪中叶以后，即清朝统一西北边疆之后。天山北路的卫拉特蒙古事务均照漠南、漠北蒙古事例办理，而回部地区，则由理藩院设专门机构管辖。乾隆二十六年（1761年），乾隆帝谕示军机大臣："理藩院专理蒙古事务，尚可兼办回部。著将理藩院五司内派出一司，专办回部事务。"[1]清朝在南疆设有办事大臣、领队大臣、参赞大臣节制各城，统受伊犁将军管辖，但同时又以理藩院专办回疆地区事务。理藩院管理回疆地区事务，主要内容包括：以札萨克制度管理哈密和吐鲁番；以伯克制度管理回部其他地区；管理回部地区的户口、钱粮及回

1　《清高宗实录》卷六四八。

部地区王公、伯克进京朝觐事宜；负责征收回部地区的田赋和杂税，办理商税。

18世纪，理藩院为了加强对边疆的治理，对下属机构进行了调整和扩充。康熙四十年（1701年），划柔远司为前司和后司。乾隆二十二年（1757年）改录勋司为典属司，宾客司为王会司，柔远后司为旗籍司，前司仍为柔远司。关于柔远司，《大清会典则例》中规定："院属五司内柔远一司，原系承办西藏、喀尔喀、青海、厄鲁特及各喇嘛，哈密、吐鲁番回子诸部事，后有军机以来，因事务益繁，一司不能承办，立有柔远后司。查议喀尔喀、厄鲁特、西藏等事及事关军机者，皆隶后司办理。"[1]乾隆二十六年（1761年），并旗籍、柔远为一司，增设徕远司；二十七年（1762年），旗籍、柔远仍分为两司；二十九年（1764年）改典属司为旗籍司。后又增设理刑司。至18世纪中叶，理藩院各司机构基本调整完毕，共有旗籍、王会、典属、柔远、徕远、理刑六个清吏司。

理藩院的组织由四部分组成：中枢机构部分，直属机构部分，附属机构部分，派出机构部分。

理藩院六司管理地区有别，职责明确。

旗籍清吏司承办漠南蒙古六盟，归化城土默特左右翼，黑龙江打牲、索伦、呼伦贝尔等处官员的升降、袭替、田产、比丁、过继、承嗣、家谱、奉赠、赐恤、致祭、议叙、议处；查核各旗公仓米石；查验军器、煤窑；办理有关边疆地区驿站兵丁奉饷、颁发驿站官员时宪书等。

王会清吏司承办漠南蒙古六盟王公等年班、俸禄、朝贡、颁发时宪书；每年更换内外馆监督。

典属清吏司承办漠北喀尔喀蒙古、漠西蒙古土尔扈特、杜尔伯特，西藏、青海等处王公的升降、袭替、田产、比丁、过继、

1 《大清会典则例》卷一四三。

承嗣、家谱、奉赠、赐恤、致祭、议叙、议处、赈济事务；办理与俄罗斯往来事务；办理商民信票；处理北部、西北部驻扎司员、笔帖式的任职和差旅盘费；在京喇嘛考列等第、升迁、调补、札付、度牒、路引，奏请寺庙名号，各寺庙工程等事务。

柔远清吏司承办漠北喀尔喀蒙古、漠西蒙古土尔扈特、杜尔伯特王公以及呼图克图喇嘛的年班、进贡、俸禄；各寺庙喇嘛钱粮；颁发漠北喀尔喀蒙古诸部时宪书等。

徕远清吏司承办住京回部王公台吉家谱；哈密、吐鲁番回部王公台吉的俸禄；回疆各城赋役、官税；颁发回疆各城时宪书；浩罕、哈萨克等朝贡事务；四川土司头人的朝觐事务；另外，处理新疆沿边的哈萨克、布鲁特、浩罕、安集延、爱乌罕、玛尔噶朗、纳木干、塔什罕巴达克山、博罗尔等部的事务。

理刑清吏司承办边疆地区的刑罚事务。

理藩院直属机构也就是负责行政事务的部门，有司务厅、满档房、汉档房、蒙古翻译房、当月处、督催处、银库、饭银处等。附属机构包括唐古特学、稽察内馆和外馆、木兰围场、俄罗斯馆、托忒学、蒙古官学、喇嘛印务处、则例馆，各职多由满洲、蒙古人担任。派出机构部分包括乌兰哈达、三座塔、八沟驻扎司官，察哈尔游牧处理事员外郎，张家口、喜峰口、独石口、杀虎口、古北口管理驿站员外郎，神木、宁夏理事司员，热河都统衙门理事司官，张家口随同将军大臣办事笔帖式，赛尔乌苏管站司员、笔帖式，恰克图、库伦管理买卖事务司员，管理印房事务司员、笔帖式，西藏、西宁随印司员、笔帖式，科布多、乌里雅苏台兵差司员，四川、陕西总督衙门蒙古笔帖式。

18世纪，理藩院在清朝中央各机关中取得了与六部平行的重要地位。乾隆帝说："吏、户、刑三部及理藩院均属紧要"[1]，有关

1　《清高宗实录》卷三三二。

边疆地区的重要事务，都要有理藩院参与办理。理藩院直接听命于清朝皇帝，唯皇帝的意志办事。理藩院大臣的升降赏罚、荣辱安危，也全然取决于皇帝。在中央，理藩院有尚书、侍郎和各司属机构，在边疆民族地区派有专驻官员，在最基层则有笔帖式，从中央到地方，形成一套比较完整的严密体系。

从纵向来看，清代理藩院组织严密，职掌分明，为以往中国历代的中央治边机构所无法相比；从横向来看，清朝六部遇事掣肘颇多，无与地方督抚直接联系的权力，而理藩院则在行政上具有相当的独立地位，且对驻边的将军、大臣具有直接指导的权利，因此处理边疆要政，上通下达，事权统一，职责明晰，有迅赴机宜之功。理藩院组织系统和边疆地区的将军、都统、大臣相辅相成，从而确保了清政府对边疆地区的有效管辖和统治。理藩院宏观控制各边疆民族地区的行政机构和地方官员，各民族可以自己选置旗札萨克、伯克等官员，但必须经理藩院认可，领属于理藩院[1]。

二　边疆民族地区实行多种行政管理体制

清朝在边疆地区设置军政机构统辖该地区的军政事务。

（一）东北地区

17 世纪末，东北三将军的驻防体制已经基本确定。清朝在东北地区设置奉天将军、吉林将军和黑龙江将军。

奉天将军又称盛京将军。奉天将军下设有副都统四，管辖范围，南至山海关，东至朝鲜，西邻漠南蒙古，北达吉林乌喇界。奉天将军统率辖区内驻防官兵并负责柳条边边门驻防、节制奉天府尹，管理漠南蒙古哲里木盟六旗军务，守卫盛京陵，稽查旗地，管理驿站。

1　参见赵云田：《中国边疆民族管理机构沿革史》，中国社会科学出版社，1993 年。

吉林将军原名为镇守宁古塔等处将军，设副都统五，为宁古塔副都统、吉林副都统、伯都讷副都统、三姓副都统、阿勒楚喀副都统。吉林将军管辖区域东至海，西至开原县界，南接朝鲜，北临蒙古部。吉林将军还要统辖乌第河以南黑龙江下游的全部地区、库页岛及沿海其他岛屿。吉林将军统率吉林地区的驻防官兵、柳条边边门驻防，稽查卡伦，管理驿站、官庄、旗地，管理汉族民户和边疆各民族事务。

黑龙江将军原驻瑷珲城，也称瑷珲将军。黑龙江将军管辖地区北界俄罗斯，西邻喀尔喀蒙古部，南至松花江宁古塔界。黑龙江地区在将军下设有黑龙江副都统、墨尔根副都统、齐齐哈尔副都统、呼伦贝尔总管四个辖区。黑龙江将军统辖黑龙江地区的驻防官兵，管理驿站、卡伦、屯田、巡查边境，监督漠南蒙古哲里木盟三旗及索伦八旗。

东北三将军的职责是统军、治民、防边、缉盗。在三将军下，清朝根据东北边疆地区各民族的分布和社会、经济、文化特点，建立了四种不同的民政制度，即地方行政管理制度。

1. 驻防八旗制

18世纪初，东北地区有24城设八旗驻防，其中盛京15座，吉林5座，黑龙江4座，总兵额26000余人。雍正十年（1732年），八旗驻防制扩大，总兵额达35300余人，共有44城实行驻防八旗制。八旗驻防统辖系统“不隶府县”，自成体系。尤其是吉林和黑龙江地区长期不设州县，地方民事由驻防八旗统辖管理。除上述44城外，清朝还对黑龙江上游、黑龙江下游乌苏里江流域和海拉尔河流域的各民族进行编旗，实行八旗编制管理。先后编入八旗的有“布特哈八旗”“新满洲”“巴尔虎旗”和锡伯人，共有331个佐领。

黑龙江上游的索伦、达斡尔、鄂伦春人多以狩猎为生，清朝将其编入布特哈八旗，共编有97个佐领，隶属于黑龙江将军。清朝也对黑龙江下游及乌苏里江流域三姓辖区的一部分赫哲、费雅喀人按照旗制编成 78 个佐领，令其驻防边陲，后又移驻宁古塔、吉林一带驻防，称之为新满洲。巴尔虎旗有陈巴尔虎和新巴尔虎。17 世纪末，600 余户巴尔虎人从俄国返回蒙古地区，清朝将其编为 8 佐领，加上原有巴尔虎人编旗 18 佐领，共计 26 佐领，称之为陈巴尔虎。18 世纪上半叶，一部分布里亚特蒙古人自喀尔喀地区迁至呼伦贝尔牧场游牧，清朝"照索伦之例，挑选二千四百人充兵，分为八旗，编为四十佐领"[1]，史称新巴尔虎。乾隆八年(1743 年)新巴尔虎中 24 佐领正式编入海拉尔驻防八旗。

2. 民户州县制

17 世纪后半叶，由于"招民开垦"政策的实施，辽东地区的垦户大量增加，清朝开始设府县管理民户，从而结束了单一的八旗制统辖东北地区的状态。18 世纪初，由于关内流民不断流入，东北地区土地得到大量的开发，为了加强对民户的管理，曾在雍正年间出现设县的热潮。18 世纪中叶，乾隆帝对东北和蒙古地区厉行封禁政策，禁止内地农民进入东北，实行裁撤州县的做法，使民户州县制度的设置出现反复。此后，虽然再次出现封禁——开垦——封禁的反复，但由于内地农民的流入和垦殖的扩大，东北地区出现了旗民两重管理体制，实施民户州县制的范围也越来越大。

3. 边民姓长制

17 世纪初，在黑龙江下游、乌苏里江两岸和滨东海地区，居住着赫哲族、费雅喀族；在库页岛上，居住着费雅喀族、库页族；在锡霍特山区，居住着乌德盖族。清代档案，通常把黑龙江下游、乌苏里江两岸等地的民族统称为赫哲费雅喀人，把库页岛上的各民族统称为库页费雅喀人。清朝对赫哲、费雅喀等民族的管辖采

1 《清世宗实录》卷一四六。

取编户和编旗两种管理制度。编户就是“各设姓长、乡长，分户管辖”[1]。规定边民以户为单位，每户每一年缴纳貂皮一张。18世纪初，清朝多次对该地区进行编户，至乾隆十五年（1750年）三姓衙门辖区的赫哲、费雅喀、奇勒尔、库页、鄂伦春、恰克拉等边民贡貂户共56姓，2398户。[2]清朝有效地在库页岛上实行姓长编户管理制度和贡貂税收制度，一直到19世纪70年代，即不平等的中俄《北京条约》签订，库页岛归属俄国13年后才终止。

（二）蒙古地区

漠北蒙古设乌里雅苏台将军、科布多参赞大臣和库伦办事大臣。乌里雅苏台将军又称定边左副将军，是清廷在喀尔喀蒙古地区设立的最高军政建置。乌里雅苏台将军驻扎于喀尔喀蒙古赛音诺颜部境内乌里雅苏台城。乌里雅苏台将军府内设有定边左副将军1员，参赞大臣满洲蒙古各1员，总统乌里雅苏台、科布多等处官员及各部落蒙古官兵事务。乌里雅苏台将军辖区内的行政区划，分为四部：扎萨克图汗部、土谢图汗部、车臣汗部、赛音诺颜部以及科布多地区、唐努乌梁海地区。此外，哲布尊丹巴呼图克图驻库伦，清廷设库伦办事大臣统辖。科布多参赞大臣管理科布多地区的旗务、年班、围班、牧厂、游牧、屯田、卡伦、军台、商务等、库伦办事大臣驻扎库伦城内，其职掌主要为办理有关中俄交涉事务及车臣汗部、土谢图汗部、哲布尊丹巴呼图克图所属地区的命盗案件。

漠南蒙古设绥远城将军、察哈尔都统和热河都统。绥远城将军衙署设在归化城东北5里外新建的绥远城内。绥远城内还设有兵部和户部司署衙门、副都统衙署、理事厅衙门等机构。绥远驻防设左右二司，由礼部颁给关防。绥远城将军在军事上的管辖区

1　《清朝文献通考》卷二七〇《舆地三》。

2　《三姓副都统衙门满文档案译编》，第460~462页。

域有归化城土默特二旗、乌兰察布盟和伊克昭盟。察哈尔都统管辖范围有察哈尔八旗所属官兵、阿尔泰军台、锡林郭勒盟军务以及察哈尔地区的四牧群。热河都统统辖热河各处的驻防官兵及卓索图盟和昭乌达盟两盟军务、热河所属各驿站、木兰围场、八沟、塔子沟、三座塔、乌兰哈达理事司员等。

18世纪，上述蒙古各部的军府建置趋于完善。军府是清王朝驻蒙古各部的最高权力机关，军府的首领就是当地的最高军政长官，负责该地区的政务和军务，具有控制地方，保卫边疆，对外交涉和监督盟旗的作用。与其他地区不同的是理藩院在蒙古地区有着特殊的地位和作用，军府首领重点负责军务和社会治安，理藩院则直接管理盟旗。理藩院对盟旗的行政建置、盟旗官员任免、朝觐以及立法、司法等诸方面拥有全权。蒙古地区在理藩院管辖和军府建置下又分别以盟旗制度和府厅州县制两种不同的民政制度管理地方。

漠南蒙古设 6 个盟：锡林郭勒盟，辖 5 部 10 旗；乌兰察布盟，辖 4 部 6 旗；伊克昭盟，辖 1 部 7 旗；东蒙古三盟，划分为14部 26 旗，哲里木盟，辖 10 旗；昭乌达盟辖 11 旗；卓索图盟辖 5 旗。漠北喀尔喀蒙古分 4 部，土谢图汗部称喀尔喀汗阿林盟，辖 20 旗；赛音诺颜部称喀尔喀齐齐里克盟，辖 22 旗；车臣汗部称喀鲁伦巴尔和屯盟，辖 23 旗；扎萨克图汗部称札克必拉色钦毕都哩雅诺尔盟，辖 19 旗。

旗是清朝国家行政体制中在蒙古地区的基本军事、行政单位，同时也是清朝皇帝赐给旗内各级蒙古封建主的世袭领地。旗是经过编制佐领，安置属民，分给牧地，划定旗界，任命札萨克形成的。札萨克由清廷任命，以蒙古王公、台吉中忠顺有功者为之。札萨克管辖旗内的属民和土地，俨然若“君国子民”，职位世袭。札萨克的职责是按照清廷所授予的权限，负责处理旗内行政、司法、赋税、徭役、牧场以及旗内官吏的任免等事务。

旗也是基本军事单位。旗内男丁，除喇嘛与庙丁、随丁外，18岁以上60岁以下一律编入丁册，都有服兵役的义务。札萨克为全旗的最高军事长官，旗内的箭丁，无论是谁的阿勒巴图，都归札萨克统辖。

札萨克下面设有固山额真、协理台吉、梅伦章京、甲喇章京、牛录章京、拨什库、什家长等。旗由若干个佐（苏木）构成。佐是旗以下的行政、军事单位。佐以下分户，每十户设“十长”一人。清朝将札萨克旗分为内札萨克和外札萨克。漠南蒙古49旗称内札萨克，内札萨克拥有统率兵丁之权。喀尔喀蒙古86旗、漠西卫拉特蒙古34旗、青海28旗与阿拉善、额济纳旗为外札萨克旗，无兵权，受当地将军、大臣及参赞大臣的节制。

若干旗会盟一处，召集人称为盟长。盟长由参加会盟的各旗札萨克中选任。初期，盟长的权力有限，一般只是协助理藩院或军府长官处理有关军政事务。后来盟长权力增大，由单纯的军事意义上的会盟转变为集军政于一体的行政建置。

（三）新疆地区

18世纪中叶，清王朝在新疆正式实行军府制度，任命第一任伊犁将军，议定伊犁将军职掌。伊犁将军为清王朝在新疆地区的最高军事、行政长官，授权代表清廷中央总揽全疆各项军政事务。伊犁将军下设都统、参赞大臣、办事大臣、领队大臣等官，分别管辖伊犁、乌鲁木齐、塔尔巴哈台、喀什噶尔等地区。在伊犁辖区有伊犁将军驻伊犁惠远城。伊犁将军下的参赞大臣和领队大臣与将军同驻伊犁。参赞大臣赞理伊犁军务，领队大臣分管各城各营事务。乌鲁木齐辖区有乌鲁木齐都统驻乌鲁木齐巩宁城，管理乌鲁木齐及周围诸城。各城设有领队大臣任事。塔尔巴哈台辖区有塔尔巴哈台参赞大臣驻扎，参赞大臣下辖协办领队大臣和专理游牧领队大臣。喀什噶尔辖区有喀什噶尔参赞大臣驻扎管理，总辖喀什噶尔、英吉沙尔、叶尔羌、和阗、阿克苏、乌什、库车、喀喇沙尔八大城事务。参赞大臣下设办事大臣和领队大臣分管各城事务。伊犁将军"节制南北路"，统辖整个新疆军政事务，如驻兵屯田；稽查台站卡伦；经理牧厂贸易及统辖外藩属国。

除了上述军政机构，清王朝针对新疆天山南北的居民特点，在军府制度下建立了三种不同的民政制度，管理地方行政。

1. 伯克制度

清朝统一西域以前，即18世纪中叶以前，新疆地区就实行了伯克制度，"伯克"一词主要指特权阶层或贵族，有时行政长官也用此号[1]。明末，在新疆及中亚定居民族中，"伯克"一词已成为对官吏的泛称。《回疆志》中说："回人（维吾尔人）亦有官职制度，所谓伯克者，即其官也。"[2]当时已存在30余种伯克。清朝统一新疆以后，对南疆地区继续实行伯克制度，但同时进行了改革。改革的主要内容是：废除伯克世袭制度；伯克的任免、资格、任期由参赞大臣和驻扎大臣提名呈报；制定伯克回避制度；明确规定伯克的品级与养廉；确定伯克入觐制度。

乾隆二十四年（1759年）、二十五年（1760年），清朝在各地设置了各类伯克，各级伯克在各驻扎大臣的监督下，管理当地的行政、司法、赋税、治安等各项民政事务。清朝在库尔勒和布古尔各设伯克9员，各级伯克由喀喇沙尔办事大臣管辖；库车设伯克17员、沙雅尔设伯克11员，各级伯克归库车办事大臣管辖；阿克苏设伯克35员、赛里木设伯克6员、拜城设伯克6员，各级伯克归阿克苏办事大臣管辖；乌什设伯克8员，归乌什办事大臣管辖；喀什噶尔设伯克49员、英吉沙尔设伯克5员，各级伯克归

---

1 伯克一词在不同的历史时期，不同的民族或部落中，含义主要是指：（1）突厥和回鹘汗国时期的特权阶级和贵族；（2）部落的酋长或首领；（3）蒙古时期的可汗或部落首领的女儿；（4）萨满教的领袖；（5）行政官员；（6）处理诉讼案件，以及对习俗方面的博学者。"伯克"一词的词源，众说纷纭，一般认为源于突厥语。见苗普生：《伯克制度》，第5页，新疆人民出版社，1995年。

2 苏尔德：《回疆志》卷四。

喀什噶尔办事大臣管辖。叶尔羌、色勒库尔设伯克 49 员，由叶尔羌办事大臣管辖；和阗的各级伯克归和阗办事大臣管辖。据统计，新疆各地共设伯克 242 员。

2. 州县制度

州县制度主要施行于北疆及南疆东部部分地区。

3. 盟旗—札萨克制度

18 世纪中叶，清朝统一天山北路的诸部后，以盟旗制度管理卫拉特蒙古各部，设赛音济雅哈图 2 盟 16 旗；乌讷恩素珠克图南北东西 4 盟 10 旗；巴图塞特奇勒图盟 3 旗；青塞特奇勒图盟 2 旗。盟旗制度的基本行政单位是旗，旗的负责人称札萨克（扎萨克）。依清制，"外藩各部每旗设掌旗札萨克一人"[1]。一般地说，旗札萨克在旗内爵位最高，掌有实权。也有称这一制度为札萨克制度。清朝也将札萨克制度运用于新疆地区的游牧哈萨克部落和以农业经济为主的哈密、吐鲁番。

(四) 西藏地区

18 世纪初，和硕特蒙古部退出西藏，结束了蒙古汗王在西藏 70 余年的统治。康熙六十一年（1721 年），清朝废除原来西藏地方政权中的第巴一职，设置噶伦数人负责西藏地方的政务。由于西藏地方政权中五噶伦不断发生内讧，并由此引起西藏社会的动乱，清朝决定于乾隆十六年（1751 年）起，废除由郡王总管西藏地方政务的制度，授权达赖喇嘛正式掌管，建立政教合一的地方政府办事机构。此外，自雍正五年（1727 年）起，清朝在西藏设置驻藏大臣办理西藏事务。在乾隆五十八年（1793 年）的《藏内善后章程二十九条》中规定，驻藏大臣监督办理西藏事务，地位与达赖、班禅平等；地方政府中噶伦以下大小文武官员，一律由驻藏大臣会同达赖喇嘛拣选人员，奏请清朝任命，官员的升迁赏

1　《皇朝文献通考》，第 7398 页。

罚，必须呈报驻藏大臣批准；地方政府处治罪犯，要呈报驻藏大臣备案；地方人口户籍、造具花名清册，送驻藏大臣和达赖喇嘛处各存一份，以资稽查。西藏地方的赋税、收支、差税及储备粮饷统归驻藏大臣稽查管理。

清朝在驻藏大臣之下设立的管理西藏事务机构有：

1. 夷务章京，负责管理达木蒙古八旗官兵和三十九族事务，承办驻藏大臣衙门满文文件；

2. 笔帖式，专司驻藏大臣衙门满、汉文翻译的文书工作；

3. 驻藏大臣衙门内设译字房，从事汉藏文、廓尔喀文文件翻译；

4. 设粮务委员若干员，专司支放兵饷、监造银钱。

18世纪，政教合一的西藏地方政府行政机构主要有：

1. 噶厦。噶厦的全称为噶伦厦伦杰 Bkav-Blon-Shag-Lhan-Rgyas，其办公地点在大昭寺南门楼上，创立于乾隆十六年（1751年）。噶厦为西藏地方政府的主要行政机构，设有噶伦四名，三俗一僧。

噶伦以合议方式秉承驻藏大臣、达赖喇嘛或摄政之命综理地方事务，无专职分工，其中一个常被派出去以基巧的身份执行某项特殊任务。噶厦所属官员有噶厦仲译（秘书）5 人，负责文牍工作；噶厦卓尼尔 3 人，负责向噶厦呈送下级官员的申请、报告；噶厦雪巴负责有关宗教方面的事务；仔本 3 人，负责保管政府的帐簿，为西藏地方政府发言人、讨论主持者；商卓特巴，负责管理仓库的出纳；朗仔辖密本 2 人，负责管理拉萨街道和市政；雪第巴，负责管理布达拉一带人民；协尔邦 2 人，负责管理刑名诉讼。

2. 基巧堪布，此官设于 1788 年至 1792 年廓尔喀战争期间，为僧官系统的最高首领。基巧堪布在僧官中的地位与噶伦在俗官中的地位相仿，他随侍达赖喇嘛以协助其处理一切巨细事务。不仅掌管达赖喇嘛的所有私人财物，而且在政治上总管布达拉宫的译仓勒空、孜噶、朗赛根佐、佐普（内库）、佐穷（小库）、雪奇热（雪的马厩）。基巧堪布的办公所在地称为改厦，其所属机构有译仓勒空等。

3. 雪噶，此为历代摄政发号施令的机构。1757 年，雪噶随着摄政制度的建立而生。雪噶官员的职责与孜噶官员的职责大致相同。

4. 地方行政机构，西藏的地方政府机构一般以宗为单位，每宗由一两名地方官员负责，称为宗堆或宗本。宗本任期三年，若某个宗有二名宗本，那么这两名宗本可能都为俗官，但更普遍的是一俗一僧。宗本负责所管地方的税收、行政、司法、军事等事务。

清朝沿袭了前代对西南地区的统治制度，对西藏部分地区及川、青、滇、甘等省的藏族地区实行了土司管理制度。在康区、安多地区和三十九族地区分别设置土司管理。这些地区的土司制度与其他地区的土司制度有一定的差别。如有的土司制度是与寺庙合而为一的政教合一的制度，有的是政教联盟的土司制度。寺庙的大活佛是政教大权的执掌者，土司受大活佛的节制。

从总体上讲清朝沿袭了元以来的西藏旧制，同时派驻藏大臣进行直接管理。而在行政区划建置上，比前代更加明确。

雍正三年（1725 年），清廷把察木多以南的大片地方一并划给西藏管理；雍正四年（1726 年），明确了云南与西藏的界线；乾隆十五年（1750 年），将那曲地区东部等地及当雄（达木）收归驻藏大臣管辖；乾隆五十七年（1792 年），清朝整顿西藏事务，进一步明确了西藏地区的疆域和地界。

有学者研究认为，西藏的行政区划可分成 16 块：1.达赖辖地；2.班禅辖地；3.三十九族地区；4.昌都呼图克图辖地；5.类乌齐呼图克图辖地；6.察雅呼图克图辖地；7.济隆呼图克图辖地；8.萨迦法王辖地；9.波密土王辖地；10.拉甲日法王辖地；11.当雄蒙古八旗；12.止贡呼图克图辖地；13.三岩地区；14.拉多土司辖地；15.德格土司部分辖地；16.巴塘土司部分辖地[1]。

三 《理藩院则例》与边疆民族区域的立法

18 世纪中叶，清朝经营边疆的重点发生了较大的变化，即由重点治理蒙古转变为治理与管辖整个边疆地区。与此同时，清朝对边疆民族区域的立法也由单一的蒙古地区扩展到东、南、西、北边疆的各个民族和地区。

(一) 《理藩院则例》

18世纪末至 19 世纪初，适用于边疆各个民族和地区的《理藩院则例》修订告成。《理藩院则例》源于《蒙古律例》，而《蒙古律例》又是清朝先后颁行于蒙古的《盛京定例》《蒙古律书》《蒙古例》等法令的最后修订本。乾隆六年（1741 年），《蒙古律例》告成。尔后，乾隆年间又多次增补修订，至乾隆五十四年律例条文已有 209 条。19 世纪初，嘉庆十六年（1811 年），清廷在理藩院设立“则例纂修馆”，在增补刊印《蒙古律例》的同时制定《理藩院则例》。历时三年编成了《理藩院则例》713 条。据嘉庆十六年理藩院“原修《则例》原奏”载:“查臣院（按指理藩院）旧有满洲、蒙古、汉字《则例》二百九条，自乾隆五十四年校订后，迄今二十余载，所有钦奉谕旨及大臣等陆续条奏事件，俱未经纂入颁行。臣等请将自乾隆五十四年以来应行纂入案件增修纂入，永远遵行。”又据嘉庆十九年理藩院“原修《则例》原奏”奏称：“将旧例二百九条逐一校阅，内有二十条系远年例案，近事不能援引，拟删，其余一百八十九条内，修改一百七十八条，修并二条

1 房建昌：《清代西藏的行政区划及历史地图》，载于《中国边疆史地研究》，1993 年第 2 期。

外，并将阖院自顺治以来应遵照之稿案，译妥汉文，逐件覆核，增纂五百二十六条，通共七百十三条。”

由此可见，《理藩院则例》的编修，虽然是在《蒙古律例》的基础上增补的，但大部分内容是根据边疆各个民族和各个地区的情况而编修的。《理藩院则例》的制定是清朝在边疆地区的正式立法，用国家颁布的法律来约束各个民族地区，达到国家法制的统一。可以说，《理藩院则例》是理藩院机关内部指导边疆地区的工作条例，有的学者认为，《理藩院则例》绝不只是理藩院机关内部的工作条例，更重要的意义在于：是中央政府颁布的地方区域性的基本法。“所谓基本法，是相对于普通法或单行法而言，基本法由国家最高当局制定和颁布，规定了国家或国家有关区域的基本经济、政治制度，权力、行政机关的设置体系和活动原则，有关区域的单行法和习惯法都不得与基本法相抵触。《理藩院则例》就是适用于蒙古等特定区域的基本法。”[1]

（二）《蒙古律例》与蒙古立法

1644 年以前，清朝已经颁布了《蒙古律书》，这是适用于蒙古地区的单行法规。顺治、康熙、雍正年间，《蒙古律书》屡经修订、完善，构成了蒙古律的基本框架，初步创立了蒙古法律制度。乾隆五年（1740 年），清朝根据《大清律例》对蒙古法律进行了大规模的纂修，次年，《蒙古律例》告成。《理藩院则例》虽然是针对边疆各个地区和各个民族制定的“基本法”，但由于是在《蒙古律书》、《蒙古律例》的基础上修定的，大部分内容规定适用于蒙古地区和蒙古民族，因而有的学者认为其内容是蒙古地区的“自治条例”或“自治条款”。

《蒙古律例》和《理藩院则例》确定盟旗制度为蒙古地区的基

1　郑秦：《清朝统治边疆少数民族区域的法律措施》，载于《民族研究》，1988 年第 2 期。参见徐晓光：《清代蒙藏地区法制研究》，第 18 页，四川民族出版社，1996年。

本行政制度，各旗在自己的范围内行使中央政府授予的权力；确立了清王朝对蒙古的行政管辖，在蒙古地区有效地行使国家主权，在边防线上设置哨所，巡边保卫。在刑罚制度方面，将蒙古传统的刑法规范和清律的刑法原则相结合，制定出适用于蒙古的刑事立法。在民事法律方面，考虑到蒙古民族的大量民事纠纷往往是通过长期形成的传统习惯来解决，因而在立法中，较多地沿用了习惯法。与此同时，注意将中原地区倡导的封建伦理纲常、封建礼仪制度和蒙古习惯法互相渗透、结合，制定出适宜蒙古地区的民事法律规范。在《蒙古律例》和《理藩院则例》中，都有关于喇嘛教的立法，规定了理藩院管理喇嘛教事务的权限及喇嘛条规，使清朝的喇嘛教政策法律化，依法管理喇嘛教事务。

《蒙古律例》所规定的主要内容有：

第一，“旗分”，规范蒙古盟旗的划分。

第二，“品秩”和“袭职”规范蒙古王公、台吉等封建贵族的顶戴、服色、坐褥、坐次；规范蒙古汗、王、贝勒、贝子、公、台吉、塔布囊等袭爵、袭职的办法。

第三，“职守”，规范理藩院派驻蒙古地方的机构人员与当地地方军政长官的关系及职守划分。

第四，“设官”“擢授”“奖惩”，规范蒙古地方设官制度以及蒙古盟旗各官的擢授和奖惩制度。

第五，“比丁”“地亩”“仓储”“征赋”，规定蒙古地区的人口及比丁管理、地亩管理、仓储及征赋办法。

第六，“俸银俸缎”，规定蒙古王公贵族等的俸赏；“廪饩”，规定对蒙古王公贵族及其使者进京或因公外出的差旅、招待标准；“朝觐”，规定年班等朝觐制度；“贡输”，规定蒙古王公等应进贡数额与办法；“宴赍”，规定对来京和驻京蒙古王公的宴赏办法；“扈从事例”，规定皇帝出巡时沿途各蒙古王公扈从侍值办法；“仪制”，规定蒙古王公等应遵守的各种礼仪规制；“印信”，规定驻扎蒙古地区的大臣、司员以及蒙古盟旗长官的关防、印信的制度；“婚礼”，规定满族公主格格“下嫁”蒙古额驸制度；“赐祭”，规定蒙古王公贵族身故致祭办法；“优恤”，规定对蒙古王公的优恤办法。

第七，规定了蒙古各旗的出征条例和有关军务；“会盟”规定了会盟的时间、地点和仪注；“邮政”和“边政”规定了蒙古地区的驿站邮政及与内地往来的管制办法。

(三)《西宁青海番夷成例》与青海立法

雍正二年（1724 年），清朝颁布了《青海善后事宜十三条》及《禁约青海十二事》，次年在西宁设置西宁办事大臣，统掌青海的蒙藏事务。雍正十一年（1733 年），清廷又对《青海善后事宜十三条》及《禁约青海十二事》进行了较大的修改，制定了《西宁青海番夷成例》（或称《西宁番子治罪条例》），以加强对青海地区的管辖。《西宁青海番夷成例》是以雍正五年的《大清律》为立法原则，具体条文则根据青海地区蒙藏民族的风俗习惯和习惯法，参考蒙古例，从蒙古例中摘选关系番民易犯条款 68 条修定的。《西宁青海番夷成例》又称《番律》《番例》。“番”“番夷”是清朝对青海地区游牧的蒙古民族和世代居住在青海的藏族的称呼。青海地区的蒙藏民族社会习俗、游牧方式、宗教信仰与北方蒙古民族相近，借鉴于《蒙古律例》纂修的《番律》基本适用于青海，乾隆十三年（1748 年），清朝宣布《西宁青海番夷成例》作为治理青海地区的法律条文长期有效。

(四)《回疆则例》与新疆立法

新疆地区分南疆和北疆，18 世纪中叶清朝统一新疆后，以《理藩院则例》和《蒙古律例》治理北疆，在南疆颁行《回疆则例》。《回疆则例》简称《回例》，可以说是清朝政府治理南疆的单行法规。《回疆则例》颁行较晚，乾隆二十六年（1761 年），理藩院设徕远司管理“回疆”事务后，逐渐摸索、制定了一些治理南疆民族事务的办法。嘉庆十六年（1811年），制定出《回疆则例》。道光六年（1826年）和十三年（1833年）清朝两次修订《回疆则例》。

通过《回疆则例》的制定，明确了回部与清朝中央驻防的关系，清王朝对回疆政务拥有最终裁决权和监督权；《回疆则例》规定了“回疆”的基本政治制度，即在军府制度下，回疆各城实行伯克制度；《回疆则例》体现了清王朝对回部的“因俗而治”政策，保护了维吾尔族伊斯兰教信仰，但控制阿浑（阿訇），不使干预政务。

《回疆则例》的主要内容有：

第一，规定回疆各城伯克官的设置。

第二，有关回疆各城伯克的职掌和伯克调补和授职的规定。

第三，有关回疆王公等的服饰、坐褥、护卫、王公伯克俸银俸缎及优恤、奖叙等规定。

第四，规定回疆各城伯克年班、进贡、朝觐制度。

第五，规定对回疆、哈萨克、两金川土司等的赏赉及有关设通事事宜。

第六，规定权量、铸钱、税赋以及其他禁例。

第七，有关回疆与其他藩部的贸易事宜。

第八，有关约束伯克各级官员的条文。

（五）《西藏通制》与西藏立法

清朝对西藏的立法主要有：乾隆十六年（1751年）的《酌定西藏善后章程》13条、乾隆五十四年（1789年）的《设站定界事宜十九条》、乾隆五十五年（1790年）的《酌议藏中各事宜十条》、乾隆五十七年（1792年）的《藏内善后章程》29条（又称《钦定西藏章程》）和《裁禁商上积弊章程》等。《钦定西藏章程》几经修订为《西藏通制》26条，编入《理藩院则例》。上述立法内容有：西藏的行政体制立法、民事法律、刑事法律、喇嘛教寺院法律和军事法律等。

至 18 世纪后半叶，西藏的行政体制才由清朝政府以法律形式正式确定下来。乾隆十六年（1751 年），清朝在《酌定西藏善后章程》13 条中首次以立法的方式对西藏的行政体制进行了改革。13 条规定：废除世俗藏王、郡王、贝子掌政制度，由达赖喇嘛执掌西藏地方政权；正式建立噶厦政府，办理藏务；各个噶伦的地位平等，听命于驻藏大臣和达赖喇嘛；噶伦等重要官员由清廷任命；在达赖喇嘛的系统下，设立译仓（秘书处）进行工作。

乾隆五十七年（1792 年），清朝在整顿西藏政务的过程中，吸收了《酌定西藏善后章程》13 条中行之有效的管理内容，进一步充实和完善了西藏的行政体制，制定了《钦定西藏章程》29 条，使《钦定西藏章程》29 条成为清朝政府在西藏地方的最高法律条文。《钦定西藏章程》29 条中最重要的内容是把西藏地方政府置于驻藏大臣的监督管理之下，表明了清朝政府对西藏地方的直接统辖权。

如果说，《理藩院则例》是清朝关于边疆各民族的基本法，那么《西藏通制》则是清王朝颁布的关于西藏的基本法。19 世纪上半叶《西藏通制》编入《理藩院则例》，除个别部分调整外，与《钦定西藏章程》29 条基本相同，两种法律文件都明确了清王朝对西藏拥有国家主权。

《西藏通制》的主要内容有：

1. 清朝在西藏设驻藏大臣。

2. 西藏诸处事务均隶驻藏大臣核办。

3. 稽查商上公用。

4. 稽查商上收支。

5. 稽查外番差人来藏。

6. 打箭炉税银拨赏达赖喇嘛。

7. 噶布伦戴王奉颁给达赖喇嘛。

8. 噶布伦以下各官给予顶戴。

9. 后藏扎什伦布增设业尔仓巴（管粮官）等官。

10. 噶布伦等官房庄田随任交代。

11. 拣放坐床堪布喇嘛。

12. 西藏喇嘛钱粮不许预领。

13. 番民争讼分别罚赎不得私议抄没。

14. 禁止私给照票免差。

15. 达赖喇嘛班禅额尔德尼族属不得搀越管事。

16. 唐古忒属额设噶布伦以下各官。

17. 补放噶布伦以下各缺。

18. 增设戴王奉以下各缺均按等第递升。

19. 边缺营官三年更换。

20. 东科尔及岁方准当差。

21. 设立番兵定额。

22. 番兵军器定制。

23. 唐古忒兵丁号衣。

24. 校阅番兵技艺。

25. 番目番兵应支银米于春秋二季散给。

26. 驻防员弁及戴王奉等不得滋扰兵丁。

清王朝在边疆地区的立法和司法制度具有很突出的民族特点，民、刑审判，一般是按习惯法进行，由本民族部落自行审理，保留着非常浓厚的民族传统。

四　蒙古民族传统习惯法

蒙古族是古代北方草原游牧文明的集大成者，其民族社会时期所形成的某些习俗，随着蒙古民族共同体的形成与不断壮大，逐渐演化为以禁忌为典型特征的被称为“约孙”的蒙古族古代习惯法。

禁忌事实上是蒙古族最早的行为规范，它是蒙古族约孙最初的主要内容，可以说，约孙在蒙古族早期的日常生活中发挥着不可替代的作用。随着大蒙古国的建立，在继承蒙古族传统约孙的同时，以《成吉思汗大札撒》为标志，蒙古族古代成文法开始形成。历经几代蒙古大汗的努力，传统约孙继续发挥作用，同时，以《成吉思汗大札撒》为主要载体的大蒙古国成文法得到进一步的发展。

古代蒙古民族法文化的产生、发展、形成，与古代北方草原游牧诸民族的法律制度有着一脉相承的渊源关系。古代蒙古法既体现了古代蒙古族自身的智慧，也吸纳了古代北方其他草原游牧民族的法律遗产。

对于1638年以后的塞北元政权，明朝一方称其为元，或故元、前元。朝鲜《高丽史》称北迁后的元政权为北元，该称号后为人们所普遍接受。明朝和北元并存的时期被认为是中国历史上又一次南北朝时期。

北元后期蒙古地区长期处于分裂割据局面。蒙古各部封建主单独或联合制定了若干法规，其中包括图们札萨克图汗所制定的《图们汗法典》；图们札萨克图汗时期土默特万户首领阿勒坦汗制定的《十善福经法》《阿勒坦汗法典》；16世纪下半叶至17世纪40年代喀尔喀四旗、六旗、七旗诸汗、诺颜通过会盟制定的《喀尔喀七旗法典》（《白桦法典》）；卫拉特旧察津毕其格；1640年《蒙古—卫拉特法典》；噶尔丹洪台吉统一卫拉特蒙古各部建立准噶尔汗国后发布的《噶尔丹洪台吉旨令》；西迁至伏尔加河下游游牧的土尔扈特蒙古制定的《敦罗布剌什补则》等。这些法典是由蒙古一个部落或几个部落联合制定的法规，内容多是关于各部间会盟、结盟、调整各部关系、社会秩序和风俗习惯的规定，也有关于保护封建主和喇嘛教利益，共同防御外来威胁的规定。

这个时期法律制度中最具代表性的当属《阿勒坦汗法典》和

《蒙古—卫拉特法典》。

《阿勒坦汗法典》是北元时期蒙古右翼土默特部首领阿勒坦汗（1507~1582年）制定的一部通行于东起辽东、西至卫拉特、青海、西藏的蒙古法典。阿勒坦汗为蒙古右翼土默特万户汗，汉籍称俺答，因此该法典又称《俺答汗法典》。《阿勒坦汗法典》最初有十三条，其中规定蒙古人违法，依蒙古法律制裁；汉人违法，依明朝法律制裁。该十三条规定经不断增修，最后形成《阿勒坦汗法典》，经今人分类共十三章一百一十五条。《阿勒坦汗法典》按其所规范的内容可以归纳为三个部分，第一部分前言，第二部分刑法，第三部分是关于抗灾保畜的规定。《阿勒坦汗法典》所规定的内容是传统蒙古法精神的重要体现，其所使用的刑罚方式也具有鲜明的民族特点，如以杖责、罚畜、顶替等处罚方式处理各种诉讼案件。《阿勒坦汗法典》不仅为维护当时蒙古社会政治统治所必需，而且对于安定社会秩序、保护人民生命财产，也具有良好的作用。

《蒙古—卫拉特法典》是1640年喀尔喀与卫特拉为结束长期征战、和平共处共同对敌而制定的一部重要的法典。该法典是喀尔喀和卫拉特联盟精神的结晶。作为一部比较完备的民族法典，继承和发展了蒙古民族法制传统，在蒙古族法制史上具有较高的声誉，曾一度影响整个阿尔泰—通古斯语系的诸民族。噶尔丹洪台吉建立准噶尔汗国后，于1676年和1678年对其进行了两次补充，后人称之为《噶尔丹洪台吉旨令（敕令）》。该法典颁布一百年后，西迁伏尔加河流域的土尔扈特汗廷第七任汗敦罗布喇什认为该法典的一些内容已不适应实际需要，故而于1741年至1758年间对其进行修订和补充，约有五十余条，后人称其为《敦罗布喇什补则》。

清朝在对蒙古等边疆民族地区国家立法的同时，允许蒙古民族在大清律和清代蒙古例所规范的范围内依照自己的传统和习俗，自行制定适用于本地区的地方性法规，以此来补充和调整蒙古地区政治社会中的各种关系。这一历史时期比较有典型的地方性法律法规有《喀尔喀·吉如姆》（又译《喀尔喀法典》或《喀尔喀法规》）、《阿拉善蒙古律例》（又作《阿拉善蒙古法律文档》）、《乌兰哈其尔图法规》、《察哈尔正镶白旗察干乌拉庙庙规》、《布里亚特法规》等。

（一）喀尔喀蒙古地方法规：《喀尔喀·吉如姆》

《喀尔喀·吉如姆》（Qlhajirum），又名《三旗大法典》，由清代喀尔喀蒙古土谢图汗部、扎萨克图汗部、车臣汗部僧俗封建主在康熙四十八年（1709 年）到乾隆三十五年（1770 年）间陆陆续续商定而成的一系列法规所组成的。目前学术界或译作《喀尔喀法典》，或译作《喀尔喀律令》，《喀尔喀·吉如姆》是一部 18 世纪最有代表性的蒙古地方性法规。

该法典不是单一的法律文书，而主要是以《三旗大法典》（γurban qošiγun-u yeke čaγaja）为主的 18 个大小法律法规所组成。

1.《三旗大法典》

康熙四十八年（1709 年）五月二十八日，土谢图汗多尔济额尔德尼阿海为首的喀尔喀三旗王公贵族 29 人在鄂尔浑河支流宜宾河畔会盟制定大法，共 194 条。这是《喀尔喀·吉如姆》主体法典。

第一，《三旗大法典》规定了呼图克图格根（哲布尊丹巴呼图克图）和汗诺颜的乌拉（ulaγ-a）、舒思（xiγusu）事，共 25 条。确立了哲布尊丹巴呼图克图至高无上的特权。规定汗、诺颜、赛特、哈喇出平民给格根“无限供给大车（即‘乌拉’）、饩羊（即‘舒思’），拒绝给大车、饩羊者，即将全部财产收归格根官库，犯人及其生命交诺颜处置”。此外，汗、钟金哈屯（jünggen，中宫皇后，即汗的夫人，法典里出现的钟金哈屯可能是瓦齐赉土谢图汗之父土谢图汗察珲道尔吉之妃）、各级诺颜以及使者享用乌拉、舒思方面也作了详细的规定。法典对这方面的规定比《蒙古一卫拉特法典》详细具体。

第二，有关偷盗方面的惩罚条例，共59条，依法保护格根及寺庙的财产。规定“偷窃格根官库之白马群‘察罕·苏鲁格’者，没收其全部财产，但留其活命于同伙中。鞭打八十下，并令其(在库伦的周围) 罚走三百周、跪拜三千次”。此外详细规定了其他各种偷盗行为的惩处规定和对偷盗者的审判程序，法典要求审判官公正审判，不得营私舞弊。

第三，有关婚姻家庭、男女关系、债务和捕亡等事，共37条。法律条款中规定塔布囊（tabunang，汗、诺颜的女婿）不得娶两位阿拜（abai，贵族女儿），规定“诺颜将郡主（‘阿拜’）嫁给娶有郡主之塔布囊者，应罚取骆驼十四、马一百匹入官”。法典不允许塔布囊离婚，规定“塔布囊抛弃郡主者，只能手执一短鞭走开；郡主应取其陪嫁，在本旗内自行安排。从塔布囊处没收之全部财产，分为两半，一半收归当局，另一半交给郡主”。已娶郡主的塔布囊另娶平民之女，“将此女离去塔布囊，没收此女之父全部财产，塔布囊鞭打八十下，不得赎免。”诸诺颜不得互娶已许嫁之女。诺颜在三旗境内娶平民之已许嫁之女者，应给未婚夫骆驼一匹，由他从本旗内挑选一未许嫁之少女为妻。法典还规定了诺颜与诺颜之间、哈喇抽与诺颜之间、哈喇抽与哈喇抽定亲彩礼定额。

男女关系方面，规定，诺颜与平民之妻通奸者，罚以一百五十头牲畜，平民与王公之妻（包括郡主阿拜）通奸者，没收其全部所有之物，将其本人罚充旗内奴隶。与平民之妻私通之平民，罚三百头牲畜“安珠”（赎金）及三十别儿克，安珠不足，一“博多”（牛）罚打二十五鞭，以一百鞭为限。有关捕亡和债务方面的规定，与《蒙古—卫拉特法典》的处罚规定基本相同。

第四，有关“哈布其古尔”事，共2条。哈布其古尔译成汉文，即“被夹带而来之人”，与逃亡之人不同，是清代蒙古社会新出现的一类人。他们是被夹在逃亡者之中而来，原籍有诺颜和赛特，故不是被追捕的对象。他们若携带某些物品投靠“土希古鲁克其”（投靠人）处，返回时带走其当初携带的物品。在投靠人处繁殖的牲畜返回时可以全部带走或平分。投靠者不给，可以告发，法律保护哈布其古尔，他们也是自由人。

第五，有关违犯格根旨令和保护自然生态方面的规定，共12条。喀尔喀三旗人，不管诺颜、台吉、塔布囊，不得撒谎和诽谤，违者处罚；无论任何人，不得违犯格根旨令，违者不管哪一阶层人，严厉惩罚。禁止砍伐树木和树枝，禁杀野生动物，规定了禁杀范围、禁杀日期、禁杀动物。

第六，有关致人死亡、打架斗殴、说谄言害人、骂人、殴打、走失之牲畜、传播恶疾、疯人疯狗、猎场等方面的处理规定，共37条。禁止打架斗殴和谩骂行为。按致伤的轻重和受伤的不同部位罚牲畜。禁止传播疾病，得传染病不得隐匿，疯狗咬人死亡或咬死牲畜，处罚主人；疯人杀人，按杀人的一半处罚，抓送疯人，要一骆驼和鞍马，杀死疯人，罚九九牲畜；不得违犯猎场的规则。

第七，其他有关墓地、狼害、住宿、饮水、宿营地址、买卖、荒火、征用盔甲、堕胎等事项共21条。

2.《水狗年法规》，共8条

这部法规是1718年（康熙五十七年）冬十月初一，以土谢图汗旺吉勒道尔吉、商卓特巴、贝勒为首众诺颜通过商讨制定的有关武器、打印的驼马和抽丁方面的法律规定。

3.《火虎年事例》，共3条

这部条例是1722年（康熙六十一年）仲秋月在鄂尔浑河源头塔米尔河畔召开“马尼成就大会”时，土谢图汗旺吉勒道尔吉、王、众诺颜商定的有关使者使用乌拉方面的事。需用乌拉，必须加盖印章。除格根等上级事和军政事宜外，七旗内使者办个人事，不得骑用乌拉。

4.《康熙六十一年秋九月初三规定》，共 1 条

此条规定“除三项大事外，使者不得使用乌拉，使者和驿站人明知故犯，按古法处罚”。

5.《木龙年法规》，共 1 条

1724 年（雍正二年）春三年月初七日，有关追索债务方面的规定。

6.《木龙年禁酒法令》，共 6 条

1724 秋七月十七日，因一班第醉酒，为防止类似事件发生，堪布诺们汗为首的众喇嘛制定了禁止僧侣喝酒方面的规定。规定“格隆饮酒者，罚五岁马九匹，格楚勒饮酒者，罚五岁马五匹，班第饮酒者，罚五岁马三匹。所罚之马归证人（指出者）所有。予他们以酒者，罚五岁马五匹，见醉僧隐瞒者，按饮酒者处置。饮酒者及隐瞒者所罚之马，输入格根库”。另外，“凡予僧人以酒者，不论汗或哈喇抽，均罚五岁马四匹，其中二匹入官，其余二匹归证人所有。并由其住持喇嘛按法典予（僧人）以惩罚。”

7.《火马年法规》，共 4 条

1726 年（雍正四年）规定的有关禁止给喇嘛喝酒、卖酒，禁止僧俗人员住宿汉人家和禁止转手倒卖等规定。

8.《火马年联合法规》，共 5 条

1726 年，斡齐赉巴图土谢图汗、额尔顿车臣商卓特巴、二王以及外藩蒙古理藩院札尔忽赤阿喇希延共同商定的有关在库仑（格根所在地）贸易的规定。规定禁止内地商人在库仑嫖娼和禁止蒙古人到口内贸易时在妓院等地住宿嫖娼。严禁内地商人偷卖酒水，内地商人给蒙古人赊贷货物，必须报官，不报官而不还，该官概不负责。

9.《土猴年法典》，共 7 条

1728 年（雍正六年）八月吉日，由斡齐赉巴图土谢图汗以及喀尔喀左翼副将军为首的各札萨克，遵照清朝大皇帝旨令，在鄂

尔浑河、土拉河交汇之处会盟时制定的有关惩罚偷盗方面的法律规定。规定“若有人犯盗，无论盗贼多寡，一律掘一深、宽为四丈之牢，监禁一年。主犯之妻子、帐幕和牲畜全部没收，交给牲畜的主人。从犯每人罚三九博多。盗贼出牢后，每人鞭打一百，并拣柴三年”。并规定了审判人员和使者的报酬数额。九畜为马二匹、沙日牛二头、乳牛二头，希都楞（三岁牛）三头，牛犊一头。

10.《土猴年法典》（续），共 11 条

1728 年制定的这部法典，仍然是有关惩治偷盗方面的法律条款。奖励告发罪犯的证人，惩罚从牢中放出盗窃罪犯者。法典一般按照“旧律”处罚，这里所说的“旧律”，应该是《白桦法典》或 1640 年法典的处罚规定。《喀尔喀·吉如姆》的有些刑律是按照清律处罚。如“台吉偷窃，按清律处罚”。

11.《赛马法》，共 13 条

1729 年（雍正七年）制定的有关赛马的法律规定。赛马是蒙古民族传统三项竞技比赛之一。这项法典是蒙古法制史上唯一的一部较详细的赛马方面的法律规范。规定了赛马时的种种规范、裁判、参赛者、赛马以及违规者的处罚和得冠军者的奖励等。

12.《火龙年法典》，共 36 条

1736 年（乾隆元年）秋末二十五日，由土谢图汗敦多克多尔吉达赉车臣汗策布登班珠尔以及大小诺颜，在土拉河的查干布隆地方聚会制定。主要是有关处罚偷盗寺庙及喇嘛财物方面的规定。

13.《乾隆十年条款》，共 1 条

1745 年三月十七日，由某寺庙管理机构与和托辉特旗协理台吉缔结的协议，今后如有误杀人者，取偿命赎金一九牲畜，另罚三九牲畜。

14.《乾隆十一年规定》，共 1 条

1746 年八月十日，由扎萨克图汗、车臣汗、达钦扎布亲王、额林钦亲王以及几位副将军在库伦会盟时制定的有关惩罚盗窃

的规定。规定“任何进行抢劫的人，均照大清旧法处死，其帐幕、牲畜、妻子、子女全部给牲畜的主人。从犯取三九牲畜给牲畜的主人，并鞭打一百。此外，若牲畜不够给罚款，即应将帐幕、家具、碗、三脚铁架等缴付罚款，抵作一九，若此人有子女，一个小孩抵作一九，二个小孩抵作二九。但超出二个小孩即不交出。若没有子女，只有夫妇（二人），则将妻子交出。若为单身汉，则将他本人交出。若将牲畜和妻子、子女交出后，还是不够判罚的牲畜数，则按照至尊皇帝的法规，每头牲畜鞭打 25 下，但不得超过 100 下。如此一来，道德败坏之盗贼即不敢再（犯罪）了”。

15.《火虎年法典》，共 25 条

1746 年十月十三日，在孟和吉日嘎朗地方制定的有关僧俗事项的规定。制定者不详。主要有如何出家、僧人不负担赋税和劳役、破坏戒律的处罚、喇嘛与平民间纠纷的处理、接待西藏等地方来僧侣等诸多内容。

16.《乾隆十九年禁酒法令》，共 4 条

1754 年秋七月二十六日，额尔德尼车臣商卓特巴、格斯贵喇嘛等以及赛特们商定的关于喇嘛禁止喝酒和有差人喝酒方面的规定。规定，格隆喝酒罚马三匹，格苏勒喝酒罚马二匹，班第喝酒罚马一匹，乞雅喇嘛、看门人喝酒，罚马二匹，然后把这些人勒令还俗。有公差的人喝酒，罚马一匹，所罚的马，赏给告发喝酒者的证人。谁隐瞒喝酒者，罚马一匹。对以上人，谁给酒罚马一匹，所罚的马匹，归格根仓。

17.《铁虎年达木吹喇嘛抢官奇格妻判决案》

这是一项抢妻案。1770 年（乾隆三十五年）夏五月二十二日，将军土谢图汗旗官奇格的人，告发达木吹喇嘛抢其妻一案，经将军土谢图汗、副达格贝公、额尔德尼公、额尔德尼商卓特巴、达喇嘛等审讯，事实确凿，依照蒙古例所定的“平人奸淫平人之

妻，罚三百安珠、三十别儿克”规定处罚达木吹，并逐出寺庙，令其还俗，永为俗人。以此来警示出家之人，如若破坏法戒，跟达木吹一样处罚。

18.《策旺疫畜传染疾病案》

1770年夏闰七月十七日，告策旺隐瞒疫畜，传染堪布诺们汗苏鲁克（畜群）一案，经将军土谢图汗、副达格贝公、额尔德尼公、额尔德尼商卓特巴、达喇嘛等商定，规定“凡有疫畜迁近他人畜群，传染其牲畜以致死亡者，应如数赔偿病死之畜”。将来发生类似情况，案此案处罚规定办理。

上述《喀尔喀·吉如姆》的产生，一方面是由于喀尔喀三部有着调整内部关系和稳定社会秩序方面的立法传统，另一方面也和当时清朝还没有制定出适用于全蒙古地区的法律有关。

《喀尔喀·吉如姆》是一部调整喀尔喀地区僧俗关系的以民事法规为主兼行事法规的地方法规。其主要法源是蒙古习惯法、喇嘛寺庙庙规以及制定此法典前的《喀尔喀七旗法典》、《蒙古—卫拉特法典》。《喀尔喀·吉如姆》和《蒙古—卫拉特法典》一样，以游牧生活和畜牧业经济为基础。刑罚体系上，继承蒙古习惯法传统原则，仍罚畜财产刑为基础，处罚以九畜为科罚单位。司法程序上，汗、诺颜、商卓特巴、副将军等通过商定处理地方民事案件。而清律实施范围内的案件则报理藩院或联合理藩院派出机构共同审理。刑罚处罚上受到了清朝法律的影响。

清代蒙古地方立法除了《喀尔喀·吉如姆》外，还有沙比衙门制定的《乌兰哈其尔图（红脸谱）》法规、阿拉善和硕特蒙古《阿拉善蒙古律例》、富有宗教法规色彩的察哈尔正镶白旗《查干乌拉庙庙规》以及呼和浩特地区法律文档等地方性法规。上述几部法律文书多为审判案例、办公档册、内部事务管理规章制度、佛教戒律、寺庙法规等。这些地方法规并不规范，且适用范围不广，影响不大而一般不为人所知。

（二）察哈尔正镶白旗寺庙法规：《查干乌拉庙庙规》

察哈尔正镶白旗的《查干乌拉庙庙规》，是一部独具时代特征和民族特色的寺庙法规。由清代著名学者察哈尔格布希罗桑楚勒图木（又译罗桑楚臣，1740~1810 年）编纂，原名为《额尔德尼都希庙青册》，另又有《察哈尔格什青册》《查干乌拉青册》等名。

罗桑楚勒图木为察哈尔正镶白旗人，年轻时在多伦诺尔东寺随翁牛特固什学习，后来应乾隆帝之召到雍和宫学经。乾隆三十三年（1768 年）罗桑楚勒图木返回家乡正镶白旗弘扬佛法。经 20 多年努力，罗桑楚勒图木于乾隆五十二年（1787 年）正式修建查干乌拉庙并为该庙制定了庙规。该庙规的内容可以分为史传、戒律、规章等部分。

1. 诵经法会以及庙殿制度。

2. 寺庙服务方面规章制度。

3. 庙仓财务管理制度。

4. 习俗、禁忌等事宜。

5. 庙仓清点银钱、牲畜账目制度。

6. 处理僧侣错误的规章制度。

《查干乌拉庙庙规》虽然不是由清朝政府正式颁布的国家法律，但是这个庙规在寺庙内部具有强制执行的效力，具有喇嘛教与蒙古民族习惯法相结合的特点。根据正镶白旗八苏木书的规定，如果寺庙掌权者不平安善行，则法会的僧人与苏木的军民人众相商，报苏木和旗里惩处。

（三）《乌兰哈其尔图》与阿拉善和硕特额鲁特旗法律文档

1.《乌兰哈其尔图》。

《乌兰哈其尔图》法规是喀尔喀沙比衙门根据《喀尔喀·吉如姆》制定。由《名为乌兰哈其尔图规章》《名为忽古尔海的制度旧档》《衙门规章》等三部案例法规构成，是有关寺庙、喇嘛们权益事和打架斗殴、骂人、伤人、禁酒等方面的案例。主要记录

1820年至1913年共93年间审断的487类案例，作为审断将来发生的类似案件的参考依据。1755年以后，清朝政府加强了对喀尔喀各旗王公诺颜（那颜）的控制。从乾隆二十八年（1763年）开始，沙毕衙门归属库伦大臣管理。《乌兰哈其尔图》法规即为沙毕衙门根据《喀尔喀法典》审断案件所形成的具有判例性质的案例汇编。《乌兰哈其尔图》法规有两本档册，一本记录了184个案例，另一本记录了303个案例。

与《乌兰哈其尔图》法规有关的两个抄本为《衙门规章》和《名为忽古尔海的制度旧档》，他们均为沙毕衙门所实行的行为规则。《衙门规章》1825年编定，涉及沙毕衙门的机构、官员的定额、等级、大沙毕官员的职责以及过节和举行宗教仪式的规定等，属于沙毕衙门的内部事务管理制度。《名为忽古尔海的制度旧档》主要是沙毕衙门的办公档册，记录有乌拉、舒思的使用事项等。

2. 阿拉善和硕特额鲁特旗法律文档。

阿拉善和硕特额鲁特旗祖先是清康熙年间自天山北路迁移至阿拉善地区的和硕特人。在清代文献史料中，把阿拉善的卫拉特人称之为“西道里额鲁特部”抑或“阿拉善额鲁特部”。

在阿拉善王府存有《永为定例以示遵行之档——印务衙门之档》的蒙文档案。这些档案是阿拉善和硕特额鲁特蒙古第四任札萨克玛哈巴拉亲王于道光元年（1821年）作为定例立档留存在蒙文档案中的律例，主要记载乾隆、嘉庆、道光、咸丰、光绪年间“审判的各种案件”。后来命名为“清代单行法规及民刑案件判例摘译”。

《清代单行法规及民刑案件判例摘译》编印本由两部分组成。第一部分有单行法规21件，札萨克令和批复令44件；第二部分有民、刑案件判例95件，共160件。该法律文档是蒙古地区盟旗自行制定颁布的地方法规中最具代表性的立法成果和判例法汇编。

五　《蒙古—卫拉特法典》

17世纪中叶，漠南蒙古归附清朝以后，蒙古的政治中心转移到了四卫拉特联盟和喀尔喀蒙古地区。为了反对沙皇俄国的入侵和抵制满洲清朝势力的扩展，加强蒙古内部的团结，卫拉特、喀尔喀蒙古统治者于1640年在伊犁的塔尔巴哈台制定了著名的《蒙古—卫拉特法典》。这部法典，继承和发展了蒙古法制传统，在蒙古立法史上可称为继成吉思汗《大扎撒》后的第二次高潮。

（一）铁龙年（1640年）楚勒干（会盟）与《蒙古—卫拉特法典》

喀尔喀卫拉特封建主们在准噶尔部额尔德尼巴图尔珲台吉（名和图克沁）和喀尔喀札萨克图汗素巴第（或者其子诺尔布）的积极倡导和共同努力下，于英雄铁龙年仲秋第五吉日（1640年），在塔尔巴哈台玛尼图渡口地方举行了楚勒干会议。会议由札萨克图汗为首的七鄂托克喀尔喀诺颜们和巴图尔珲台吉、额齐尔图台吉为首的卫拉特诺颜们和蒙藏黄教僧侣参加。占领青海的顾实汗和远在伏尔加河流域驻牧的和鄂尔勒克也率其二子参加了会议。参加会议的有3位（一说4位）呼图克图，26位（一说27位）诺颜，共29位。迪雷科夫认为参加了32位诺颜和呼图克图。[1]法典前言中署名者是：参加会议的三位呼图克图，即恩振仁布齐（又称音赞仁布齐）、昂吉·合比·满珠室利、阿穆巴·希第·满珠室利。参加会议的喀尔喀卫拉特诺颜依次是额尔德尼札萨克图汗（素巴第或诺尔布，不详）、土谢图汗（衮布）、乌巴什达赖诺颜、达赖洪诺颜、车臣诺颜、岱青洪台吉、叶勒丁诺颜、墨尔根诺颜、额尔德尼洪台吉、戴本洪台吉、腾格里陀音、墨特池台吉、博额耶尔登、阿尤希哈顿巴图尔、额尔德尼巴图尔珲台吉、昆都仑乌巴

1　迪雷科夫：《大法典——十七世纪蒙古封建法的古文献》，转引自马大正摘译，《民族译丛》，1984年5期。

什、顾实汗、鄂尔勒克台吉、舒库尔戴青、额尔登台吉、岱青和硕齐、额齐尔图台吉、莫尔根岱青祖克尔、彻辰台吉、莫尔根诺颜、达马琳等。

根据法典蒙文抄本前言中“都沁杜尔本二部诺颜制定了大法典”的记载，法典应称为《大法典》。另外巴图尔乌巴什图们所著《四卫拉特史》上也说“亦克察济”（汉译——大法典）。想必当时把1640年的法典都叫做《大法典》。但目前学术界对法典却有以下几种称呼：

1.《都沁·杜尔本大法典》，“都沁”（四十）指大漠南北的东蒙古，即蒙文史书所记载的“都沁图们蒙古”（四十万蒙古），“杜尔本”指卫拉特蒙古，即“杜尔本卫拉特”（四卫拉特）。蒙古文献习惯上用“都沁·杜尔本”来泛称全蒙古。

2.《喀尔喀—卫拉特法典》，因为这次会议是由喀尔喀蒙古和卫拉特蒙古封建主联合召开的，所以一般以此来定法典名称。

3.《蒙古—卫拉特法典》，因为当时大漠南北的蒙古部落通称蒙古，为区别于卫拉特蒙古，喀尔喀蒙古单独也被称为蒙古。另外法典第一条“无论何人破坏此政权，如杀掠、抢劫大爱玛克、大兀鲁思，蒙古卫拉特联合起来，擒斩其身，没收其全部财产。擒杀者得其财产之一半，另一方两方共分之”条款来看，如此称呼也是合情合理的。

4.《卫拉特法典》，目前学术界普遍所接受的一种称呼。这是因为，一方面，此法典是在卫拉特的领地上制定的，从法典的内容看，比起喀尔喀地区，它较适用于卫拉特地区。另一方面，从法典制定之日起，卫拉特社会严格遵照法典来调整内外关系，自觉维护法典的精神。准噶尔汗国（政权）建立以后，成为国家大法，并有所更新。远在伏尔加河下游的土尔扈特汗廷也一直使用此法典，并使其进一步发展。

5. 新《察津毕其格》，这是为区别于1640年法典以前的旧

《察津毕其格》而命名的称呼。

6.《1640年法典或铁龙年大法》，因为此法典是铁龙年（1640年）制定的，所以有此称呼。

7.《卡尔梅克法典》，因为手抄本是从卡尔梅克获得，故有此称，国外学术界多有这种称呼。

（二）法典的抄本、译本

土尔扈特部首领和鄂尔勒克参加1640年《蒙古—卫拉特法典》会议后，把法典带到伏尔加河下游，作为土尔扈特部众的法典。因而引起许多俄国学者对它的兴趣。18世纪中期至19世纪前半期，可以说是俄国研究土尔扈特历史的开端。当时一些学者或征服官吏到伏尔加河流域土尔扈特人地区进行实地考察，并据此写成一批著作，就土尔扈特游牧民族社会的历史、经济、社会制度、文化等方面作了探讨和研究。巴库宁、米勒、菲舍尔和帕拉斯等学者作出了重要的贡献。我们现在能见到的文本主要有：

帕拉斯（Pter Simon Pallas）《蒙古民族历史资料集》（Sammlungen Historischer Nachrichten über die mongolischenVö-lkerschaften Iueiuen ausführlichen Auszuge）一书德文版第一卷，第194页至218页所载，1776年由德国约翰·格奥尔格·弗莱舍出版社出版。该书作者1768年至1774年受俄国女皇叶卡捷琳娜委托，赴俄国的亚洲地区考察研究。他在书中大量利用亲身调查材料，对当时留居于伏尔加河的土尔扈特人的历史、法律、社会习俗作了详尽叙述。他在卡尔梅克期间首次发现托忒文抄本，对法典的研究者们提供了史料来源。邵建东、刘迎胜二先生以《内陆亚洲厄鲁特历史资料》之名，翻译成中文。[1]法典最早俄译本是1776年刊登在《莫斯科大学俄罗斯自由协会试作丛刊》第三卷上，以

1 帕拉斯著，邵建东、刘迎胜译：《内陆亚洲厄鲁特历史资料》，云南人民出版社，2002年。

《蒙古和卡尔梅克族法规译文》的标题发表。第二版是在 1828 年刊登在《北方档案》第 2 期和第 3 期上，以及刊登在同年出版的《祖国之子》第一册和第二册上。

列昂托维奇教授根据宾特科夫斯基的抄本，出版了俄文新译本：《古代蒙古卫拉特或卡尔梅克民族制定的法规》（《论俄国异族人的法律史：古代蒙古卡尔梅克人或卫拉特刑法条例》）1879 年在敖德萨出版。

戈尔通斯基教授俄译本：《1640 年蒙古卫拉特法典，附噶尔丹珲台吉的补充敕令和在卡尔梅克汗敦杜克达什时代为伏尔加河的卡尔梅克民族制定的法规》，1880 年，圣彼得堡版。戈尔通斯基对敦杜克达什补充法规的研究，为我们研究土尔扈特游牧于伏尔加河下游时期的社会结构、阶级关系、管理体系和宗教情况等方面提供了重要的资料。

古尔梁德：《自上古至十七世纪的草原法》（1904 年，喀山版）中介绍了法典。

梁赞诺夫斯基：《蒙古部落之习惯法》所载 1929 年英译本；梁氏《蒙古习惯法之研究》所载青木富太郎 1931 年日译本。

1956 年内蒙古师范学院整理了《卫拉特史资料（托忒文）》，以油印本的形式发行，其中就有《蒙古—卫拉特法典》和敦杜克达什法规的残本。

田山茂是专攻蒙古社会制度史的学者，其 1954 年出版的《清代蒙古社会制度》一书附录中，作者根据帕拉斯的德文译文，将《蒙古—卫拉特法典》和《敦杜克合什的补充法规》译成日语，并加以注释，这是日本对上述《法典》和《补充》的第一次完整的介绍。潘世宪先生在翁独健教授的推荐下，从 1964 年开始翻译，最终 1984 年译成中文。

C. Д. 迪雷科夫：《大法典——十七世纪蒙古封建法的古文献》，1981 年莫斯科版。他在这本著作中把托忒文本撰写成蒙文，又翻译成俄文。对几种抄本和他人的研究成果进行了较详细的论述并且为学术界提供了诸多信息。

科特维奇和戈利曼在他们的著作中提出俄国有五种抄本。而迪雷科夫说，他就看到了四种抄本。俄国现有四种托忒文文本，一种保存在莫斯科中央国家古代文书档案库卡尔梅克全宗中；有三种保存在圣彼得堡。其中两种保存在前苏联科学院东方学研究所列宁格勒分所手稿部，一种保存在列宁格勒（圣彼得堡）大学东方系图书馆手稿库。科特维奇认为所有的抄本都是残本。他写道："据俄国档案材料记载，在卡尔梅克诸汗牙帐附近札尔固帐幕内，保存了一份写在带花纹的白缎上的各种法规的全文，但是在卡尔梅克人内讧时期，这份法规已丢失，根据敦杜克达什说，他不得不在草原上到处搜寻法规的抄件。"[1]

对此迪雷科夫认为："绝不能从科特维奇的看法中得出：流传到现在的法典的卫拉特文抄本都是残本。相反，对这些抄本进行比较研究后，我们有根据推断，我们现在所掌握的《大法典》的几种抄本是《1640年法典》的全文。……事实上，除去呼和浩特有缺漏的文本外，所有四种卫拉特文抄本，都以同一项条款为结尾，该条款宣称，偷盗锅或三脚铁架应根据所盗物的质量罚盗贼一定数量的牲畜。要知道这些抄本并不是完全相同的副本，何况是在不同的地方发现的。其次，在所有这四种抄本中，紧接着这项条款后都是噶尔丹珲台吉的第一项敕令，只有两种抄本中没有他的第二项敕令。如果第197条款（迪雷科夫分成197条）的法典结尾已丢失，那么怎么会在所有四种抄本中保留的都是噶尔丹第一项敕令？在第197条款后，不曾有过其他任何条款。"[2]

1　科特维奇：《有关十七—十八世纪与卫拉特人交往的俄国档案文献》，彼得格勒1919年第一册，《蒙古文集》1959年，第141页。

2　《厄鲁特蒙古封建法的整理和研究》，马大正摘译自（苏）迪雷科夫《大法典——十七世纪蒙古封建法的古文献》（莫斯科1981年版）一书之绪论，《民族译丛》，1984年第5期。

新疆学者额尔德尼先生把托忒文本法典以《卫拉特大札撒》的名义刊登在新疆《汗腾格里》杂志 1981 年第 4 期上，引起国内蒙古史学界的极大的反响。后 1982 年第 4 期《蒙古语文》杂志上转写成回鹘体蒙文。

内蒙古社会科学院墨日根巴特儿先生把该院馆藏托忒文文本转写成回鹘体蒙文。

道润梯步先生校对《汗腾格里》刊登的文本、墨日根巴特儿撰写本和迪雷科夫撰写本等三种文本，以《卫拉特法典》[1]的名义校注，目前为止，学术界普遍认为这是一部较好的蒙文校注本。

宝音乌力吉、包格以道氏校注本作为蓝本，校注了《蒙古—卫拉特法典》，2000 年由内蒙古人民出版社出版。

齐格先生在编写《古代蒙古法制史》时，除了参考道氏本外，还参酌了内蒙古社会科学院藏托忒文《卫拉特法典》。

从 18 世纪末开始，研究者们对法典进行搜集、整理、注释、翻译工作。对法典的研究，俄国的学术界作出了重要的贡献。国内对法典的研究较晚。清代学者虽然对西域历史、社会作过详细的论述并有多部著作诞生。但卫拉特社会内部关系等方面的记载却不多。

（三）《蒙古—卫拉特法典》的主要内容

我们探讨 1640 年法典以前，肯定会涉及帕拉斯《蒙古民族历史资料集》中记载的八条有关通奸（第 1~4 条）、财产分配（第 5 条）、侮辱行为（第 6 条）和妇女地位（第 7、8 条）方面的片断记载。

旧《察津毕其格》约于 15 世纪至 16 世纪上半叶编纂，全文已失传，现在保存下来的，仅仅是帕拉斯片断记载。前面加旧字是为了同 1640 年制定的《蒙古—卫拉特法典》相区别。其编纂年

1　道润梯步：《卫拉特法典》，内蒙古人民出版社，1985 年。

代，学术界持不同的看法。分歧的焦点是法典条款中的有关喇嘛教的规定。就是“与僧侣之妾通奸，完全不受处罚”一条。

卫拉特地区何时传入黄教，目前尚未明确。卫拉特毗邻的东蒙古地区16世纪后半叶开始佛教的传入，这在一定程度上会影响卫拉特地区。据托忒文文献，大概是卫拉特联盟盟主拜巴噶斯1616年召开的一次楚勒干上，决定引进藏传佛教。但是在此之前，已经有西藏僧人在卫拉特地区活动。因为1604年被请到喀尔喀的察干诺们汗（又说迈达里呼图克图）不久就到了卫拉特。史料证明，1616年楚勒干上卫拉特诺颜们决定引进黄教时，他已经在卫拉特了。[1]

列昂托维奇教授认为，旧《察津毕其格》是卫拉特联盟形成初期的产物，在15世纪制定和颁布的。[2]田山茂认为是“15世纪到16世纪前半叶”。[3]齐格先生认为，田氏判断有误，应该是1616年以后，因为这个时期黄教尚未进入卫拉特地区，有关对僧侣的规定不符合时代。[4]

法典大部分内容是蒙古社会古来约定俗成的习惯法内容。跟《阿勒坦汗法典》《喀尔喀七旗法典》的相关条款相比较，有些内容基本相似。《阿勒坦汗法典》也禁止揪别人的头发，规定“男人揪妇女头发者，罚牲畜五九”。旧《察津毕其格》规定：“卡尔梅克人格斗时，乱揪别人的辫子便构成犯罪。因为辫子属于王公所有，是表示恭顺的象征。但是，如果是没有梳成辫子的头发，谁揪也不受处罚。因为没有梳成辫子的散发是属于个人的并不视为王公所有。”蒙古以前的法典中虽有不准揪别人的辫子的规定，但为什么这样会犯罪，并没有作出解释。而旧《察津毕其格》对此

1 巴图尔乌巴什图们著：《四卫拉特史》（托忒文）。
2 转引自梁氏《蒙古法基本原理》，第50页。
3 田山茂著：《清代蒙古社会制度》，第231页。
4 齐格著：《古代蒙古法制史》，第111页。

作出了明确的答案。就是已经“梳成的辫子的头发”，实际上是代表人身依附关系，“没有梳成辫子的头发”是不受法律保护的。

法典规定的有关通奸方面的内容，比起成吉思汗《大札撒》和《图们汗法典》宽容许多。随着人类社会不断向前发展，有些落后的、野蛮的、稀奇古怪的陋俗会被时代所淘汰和摈弃。除僧侣之妾通奸不受处罚外，法典规定“与王公的夫人通奸被抓住时可拿出牝山羊及山羊羔各一只作为赔偿；一般通奸，奸夫拿出四岁马一匹给奸妇之夫，奸妇应拿出三岁马一匹给审判官；捉到私自跑到自己女奴隶那里来的人，可扣留他所带的钱、马及其他一切持有物之后，予以驱逐。女奴隶不受处罚”。

对子女的财产分配方面，法典规定“青年人可以长到自己可以独立生活的成年人时，立即脱离他父亲的权力控制，按照他的要求分给一部分畜群，去过完全独立的生活，可以直接为王公服务”。蒙古社会自古就有幼子继承父亲的大部分财产，留居其身旁共同生活外，其余子女都另立门户的规定。

蒙古法的一个重要特点之一是，依法保护妇女的地位。这是与游牧民族社会中妇女在生产劳动中所起到的地位有关。蒙古妇女一方面，经济上是相对独立的。所以她们在法律上受到保护。这在男尊女卑的封建农耕社会中是绝对不可能的事情。这可以说是游牧法与中华法系法典的区别之一。法典规定“妇女如果坐帐篷里自己的座位上（即入门的右侧、灶炉的后面、家长卧床跟前的座位）的话，她骂客人，甚至向客人投掷柴块或家具，谁也不能用手触及她；但是，这个妇女如果是在争执中一旦离开她的座位，走出帐篷，这种特权便消失了，她对客人的打骂便应受处罚；妇女到王公跟前请求免除自己或其家族的处罚时，从尊重妇女的原则出发，轻罚一般全免，重罚减半”。

旧《察津毕其格》的有些内容还反映在 1640 年《卫拉特法典》当中，有的在实际生活中已有修正或废止。

1640年法典原文没有分条款，因此，研究者们按照内容的区别和自己的理解，把法典的原文归纳若干项和分若干条款。帕拉斯德文版把它分为 130 条，列昂图依契俄文本分为 150 条，戈尔通斯基俄文本分为 121 条，道润梯步先生蒙文校注本把它分为 120 条。宝音乌力吉和齐格遵循道润梯步条款。道氏把法典的内容分成 27 项，齐格分成 26 项，宝音乌力吉等分成 34 项。

《蒙古—卫拉特法典》的法源大体上相沿古代蒙古社会一直遵循的约定俗成的风俗习惯以及《图们汗法典》、《阿勒坦汗法典》、1639 年前的《喀尔喀七旗法典》等成文法和法典中经常出现的“以前的法典”，即旧《察津毕其格》。法典是在这些法律文献的基础上适应当时的实际情况而编纂、制定。

《蒙古—卫拉特法典》一开头就有一首赞美佛教，虔敬叩拜黄教创始人宗喀巴以及黄教两位领袖达赖喇嘛和班禅额尔德尼的赞美诗，然后祈求参加本次会议的恩振仁布齐呼图克图“为众生做成善业”，这无疑是 17 世纪蒙文文献的一种编纂模式。这足以说明黄教在蒙古地区传播的深入和广泛被接受。第二段记述了参与本法典的四十四二部 29 名僧俗官员。第三段开始进入正题，即法典的有关行政、民事、刑事、宗教、诉讼、审判以及相应的处罚条款。

《蒙古—卫拉特法典》的主要内容如下：

1. 有关蒙古、卫拉特内政以及调解各部关系的规定。“无论何人破坏此政权，如杀掠、抢劫大爱玛克、大兀鲁思，蒙古、卫拉特联合起来，擒斩其身，没收其全部财产。擒杀者得其财产之一半，另一方两方共分之。”

双方以法律的形式规定，不能无端地互相“争夺边界，进入小爱马克或和屯”。若违犯“罚铠甲百领、骆驼百峰、马千匹作为赔偿，并应归还所掠之物”。并且有公务的人的处罚比平民严。

双方规定，共同御敌。当大敌当前时，双方都有互相通报敌情的责任。对通报后没有出兵的相邻部落的大诺颜，处罚赔偿铠甲百领、骆驼百峰、马千匹；如果小诺颜不来，处罚赔偿铠甲十领、骆驼十峰、马百匹。若得知大规模入侵，而不及时通报，将受到“永远流放其子子孙孙，斩杀其人，夺其一切”的严厉惩罚。若不通报一般强盗来犯，没收其一半的牲畜。

发生骚乱（包括外敌侵略所造成的骚乱和内部骚乱）时，集合到诺颜处，闻讯而不来者，受到前面提到条款的惩罚。如果因路途遥远而迟到者，酌情处理。对放走强盗而造成的损失，不同阶层的人负有不同的责任。法典规定“谁放走强盗，没有追回被抢的马群，罚没其牲畜、财产的一半。如死了人，按照习惯顶替。追回的人死，由丢失者之兄弟以一别尔克顶立。看见、听到而不追赶，如是赛因库蒙，罚分其牲畜、财产之半；如是顿达库蒙，罚一九；如是毛库蒙，罚一五”。

1640年会议上，还就逃人问题进行了讨论。17 世纪卫拉特联盟发生内讧，而后喀尔喀、卫拉特蒙古部又出现多次大小规模的战争，很多部落为逃避战乱，移居到他处，造成部族迁徙，部众离散，各部常常为逃散的部民而引发冲突。为解决离散部民，双方协商，形成解决方案，即“从火蛇年（1617 年）到土龙年（1628 年），承认已经融入其他部落的部众，如承认在蒙古的巴儿虎、巴图特、辉特已被蒙古融合，在卫拉特的已被卫拉特融合。其他部众，该归喀尔喀的归喀尔喀，该归卫拉特的归卫拉特。如有人不予归还，按占有之人数计，向占有者每人罚马二十匹、驼二峰，连同占有者本人一起归还所属方。与却图[1]一同进卫拉特的人如逃回喀尔喀，要归还给卫拉特”。

1　却图，史称楚库尔却图台吉或库苦诺尔却图汗，是喀尔喀格埒森扎的第三子诺诺和威征的第五子巴阿赉子，生于 1581 年。在喀尔喀地区积极推广黄教，后因政见不同而导致喀尔喀内讧，率领部众迁居青海，占领青海，1637 年被顾实汗的卫拉特联军打败身亡。他曾支持红教，联络林丹汗、藏巴汗、白利土司，建立四方联盟，共同对付黄教势力。林丹汗的败亡，使这一计划受挫。

为了制止双方再发生类似的情况，并避免接受对方的逃亡者，《法典》规定："不论谁那里来了逃亡者，罚其财产、牲畜之一半。然后送交其主人。如逃亡者杀了人，以大法罚畜八九，给证人一九。如收容之诺颜作梗阻拦，不听处罚、不给牲畜，罚此诺颜铠甲百领、驼百峰，卫拉特、喀尔喀平分。"

也就是说，由某一方诺颜处逃出，投奔另一方，应当送还；从喀尔喀逃出的投奔者应给还喀尔喀；从卫拉特逃出的投奔者，应还给卫拉特。双方亲属也应彼此送还逃亡者。《法典》还规定："从别人那里来的人，从哪儿来的回到哪儿去。其投靠的诺颜如给其生活资助，要给他靠本人劳动所得牲畜的一半。"如杀外地寻名而来的逃亡者，罚五九。如送还给其主人，有几个箭袋要几匹马。如抓捕外逃的逃亡者，除其人外，其财产、牲畜对半分。如根本不交出逃亡者，依法惩处。其真假要通过证人证实。如无证人，逼审其爱玛克首领。

2. 有关保护藏传佛教黄教派的规定。蒙古、卫拉特联盟皈依藏传佛教黄教派后，先后依法取缔萨满教，推广黄教。因此萨满教受到限制，黄教利益得到法律的保护。

《法典》规定，谁如请乌都干（女萨满）、孛额（男萨满）做法事，没收邀请者之马和罚来做法事的乌都干的马，看见之人如不依法没收，罚马；谁如看见翁供，要取走，其主人如拦阻不给，罚马。萨满行巫诅咒上等人，罚一五；诅咒下等人，罚马二匹；以黄鸟、阿兰雀、狗等行咒，罚马一匹；以阿拉克山之蛇、其他种类之蛇行咒，罚箭二支。如无箭，罚刀一把。

相反，黄教僧侣的生命财产受到保护，若违犯法律规定，不管是汗、洪台吉都受到惩罚。规定"如杀掠、抢劫寺庙喇嘛所属爱玛克，罚铠甲百领、驼百峰、马千匹，更有特殊者处罚伊克黑卜"。

喇嘛阶层有特权，他们不缴纳赋税，汗、诺颜等不能向他们征用乌拉。法典规定"向喇嘛、班第们征用乌拉骑乘，罚牛一头。

骑用拴有敬佛鬃尾的马匹，罚一马。如系乌拉赤抓给的，所罚之马向乌拉赤要，如系使者自己骑的，向使者要”。

《法典》还规定，骂绰尔济等，罚九九；骂诺颜的巴克什喇嘛，罚五九；骂格隆，罚三九，动手打，罚五九；骂乌巴什、乌巴三察，罚马一匹，如动手打人，根据打人的程度处罚。僧侣受到保护的同时，他们的属民（沙比纳尔）也受到特殊的保护。规定，危害或杀戮喇嘛属下的上等人，赔五个人；下等人，赔两个人。法典的制定者们认为："没有人违犯此条。"

这充分说明，黄教教义、戒律、仪轨已经深入人心。如果谁人违犯此规定，大诺颜罚驼十峰、马百匹；墨日根、岱青、楚库尔一级别的诺颜，罚驼五峰、马五十匹；小诺颜罚以驼为首的三九牲畜；塔布囊、执政的四图什墨尔，罚以驼为首二九牲畜；各鄂托克的赛特、图什墨尔罚以驼为首一九牲畜。

另外，对僧侣也制定了相应的限制措施。规定“托因人随意犯戒，罚其财产、牲畜之一半”。

3. 有关乌拉和使者的规定。古代蒙古社会里，使者起着举足轻重的作用。大敌当前时，通过使者来传递敌情。各部之间举行会盟时，派遣使者来通知各部。除公事外，大小僧俗封建主的私人事情，都有使者来传递信息。所以，蒙古社会使者是一个特权阶层。使者大体上履行三种“伟勒”（事情），即政教二大事和大诺颜和哈屯治病事。

乌拉是指为公事而准备的车马，有专门的乌拉赤来管理。乌拉是属民对国家必须履行的义务。有关使者、乌拉方面的规定，《喀尔喀律令》中有具体的规定。清朝，乌拉已经发展成台站的形式，有了专职人员从事这项工作，《理藩院则例》的规定更加详尽。

《法典》对使者使用乌拉方面详细的规定。规定，“供给无权的衙穆图人乌拉使用，要区分为政教而行之使者事。如为大诺颜、阿嘎（诺颜夫人）得重病，如为抗击大敌而行的使者，要给乌拉。要有人不给乌拉，罚九九”。没有公事的使者不能随便骑乘乌拉。规定，“无公事的使者要从自己的爱马克使用骑乘。如从别处寻找骑乘，罚三岁母牛一头。如在本日乌拉赤不请示畜主而提供乌拉，罚绵羊一只。如隔宿过了一夜，罚三岁母牛一头”。

《法典》规定，不能冒充使者进行欺骗，“如谎称使者骑用乌拉、吃舒思，罚一九，或杖责五下，罚一五；违犯两者的一项，罚一五”。由于游牧地区人烟稀少，对使者的吃住有特殊的规定。规定“远行的使者中午吃饭或过夜时，吃一只羊，如多吃，罚其马。使者远行马瘦，如有人不给换马，罚三岁母牛一头。不准过夜，罚三岁母牛一头。无子女的妇女家不准使者住宿，罚其棉坎肩。如其找理由强行辩解，逼罚之”。

另外《法典》还给使者规定“使者答应出使而不走，罚一九。指令给使者及其从者骑乘而不给者，犯连带罪罚双马。使者往来各地间不要喝酒。喝酒者，受到‘塔布喇胡’惩罚。如系诺颜给酒，可以喝”。对“塔布喇胡”一词，道润梯步解释为“罚一五”，而 Q. 巴图解释为“拘禁几日，减断饮食来惩戒喝酒的使者”。[1]

4. 保护统治阶级利益的法律规定。《蒙古—卫拉特法典》是一部维护封建统治秩序和保护封建领主利益的法典。其法律条文中有很多有关保护大小封建主阶层特权的规定。平民不准打骂领主，不能断大诺颜的舒思和破坏诺颜的猎场。《法典》规定：“如骂大诺颜，没收其全部财产和牲畜。骂雅穆图职官、塔布囊，罚一九，动手打，罚五九。骂小诺颜、小塔布囊，罚一五。动手打，如打得厉害，罚三九，如打得轻微，罚二九。骂乞雅、收楞格，罚一匹马、一只绵羊，如动手大打，罚一九，轻微打，

1　Q. 巴图：《商榷〈卫拉特法典〉中有些词语的错误解释》，《语言与翻译》，1997 年第 4 期。

罚一五。”

《法典》还规定，职官诺颜们、塔布囊们、赛特、小诺颜、小塔布囊们、得木齐、收楞格这些人，不能随意打人，随意大打，罚一九，中打，罚一五；小打，罚一马。但是这些赛特在法律实施过程中，根据主人的旨令为护法打人，无罪，打人后致死亦无罪。从这里我们看出法典有鲜明的阶级性。

狩猎是蒙古社会自古以来的一种军事训练性质的集体活动，法典规定“猎手破坏诺颜们的猎场，以驼为首罚一九；未破坏者无事”。

早在蒙古汗国时期，窝阔台汗规定了有关提供舒思方面的制度以后，这项赋税制度一直到古代蒙古社会的各个阶段，《法典》规定“如断大诺颜的舒思，罚九九；断职官诺颜、塔布囊的舒思，罚一九；断小诺颜、小塔布囊舒思，罚马一匹，但如多吃（舒思），罚（小诺颜、小塔布囊）马一匹；以午饭、晚饭之名吃舒思，罚马一匹”。由此可见，封建阶级的特权一直受到法律保护。

5. 有关道德行为规范的规定。《法典》旨在建立一个良好的社会秩序和安定的社会环境。法典以法律的形式明确师生、父母与儿女、夫妻间的关系，如果违背伦理道德，责打自己的老师、父母、岳父母、妻子等行为者，要受到法律的惩罚。《法典》规定，“任何人如大打教育自己的老师、自己的父母，罚三九；中打，罚二九；小打，罚一九。大打自己的妻子、岳母、岳父，罚三九；中打，罚二九；小打，罚一九；大打者责打三十下；中打者，责打二十下；小打者，责打十下。”

另外，《法典》规定，父母错打儿女或父亲打儿媳等都是犯法，“如父亲教育儿子、母亲教育儿子而责打，无事。但如错打，大打者罚一九；中打，罚一五；小打，罚马一匹。父亲如打儿媳，大打罚二九，中打罚一九，小打罚一五。”依法保护妇女权益，这在封建社会是难能可贵的进步现象。

《法典》规定："断女人的发穗，罚一九。堕女人之胎儿，有几个月罚几九。抓摸女人的乳房，吻嘴，触摸秘密地方，罚一个媵者（Yinji，分物品媵者和女媵者）。触犯十岁以上的女孩要受处罚。触犯十岁以下的姑娘不受处罚。以邪淫眼看女人和姑娘，以牙齿在脸上或其他地方留下印记，罚一五。以好眼、好齿虽无事，但要五头畜之半。"

《法典》规定"如与歪心人勾结，给其提供骑乘、肉食，罚七九。其逃亡前，在别人家存放物品、牲畜，存放者藏匿不交公，罚三九"。防止这类事情的发生。禁止戏耍致别人的牲畜死掉。规定："因戏耍而致死牲畜，以其质量定立，罚要其乘马。如不是因戏耍致死，对两人通过审断决定其处罚。"

《法典》还采纳了蒙古社会古代有些习俗，作为成文法的内容。成吉思汗《大札撒》也明确规定，路人不经过主人的允许，直接可以食用饮料或食品。我们在《阿勒坦汗法典》当中也看到同样的内容。这是因为蒙古地区人烟稀少而造成的，若不给路人和使者等饮料或食品，会导致渴死和饿死，今天的蒙古人仍然遵守这一古老习俗。《法典》规定："不给远行口渴的客人马奶酒喝，罚绵羊一只。但如客人抢酒喝，罚其带鞍马。"

《法典》还规定"破坏包帐，罚一匹马。火灶上插木棍，如是诺颜的火灶，罚六九。如是阿勒巴图的火灶，罚一九"。对"破坏包帐"方面，前面提到的《阿勒坦汗法典》的规定更详细。蒙古人崇拜火神，"火灶"是火神的载体。所以在"火灶上插木棍"是对火神的不恭敬，从更大的角度上来说是对主人的不尊重。蒙古人认为，对火神的亵渎，会导致各种各样的灾难。

6. 关于人命案。《法典》除对危害国家安全和侵略"兀鲁思""鄂托克"等重大情况时"杀其身，罚没其全部财产"外，不轻易杀人。《法典》主要以罚没财产来顶替杀人偿命。

《法典》对于儿子杀害自己的父母或父亲杀害自己的儿子方

面，规定："儿子杀自己的父母亲，谁看见都要抓捕送交诺颜，并以一别尔克为首吃一九，除杀人者自身外，其他财产分与众人。如父亲杀了儿子，除其本人外，没收其全部财产。"

北元时期，社会上存在大量使用奴隶的现象。奴隶大部分是家奴。《法典》中的奴隶来源不明，可能有以下几种情况：犯法的人，被罚没全部财产后变成了奴隶；杀人者或严重致人残废者到被害者家里当奴隶；生活上穷困潦倒者变成奴隶；战争中的俘虏或逃亡者。对男女奴隶，《法典》称呼不一样，男奴隶叫"昆孛斡勒"（kun-bogol），女奴隶叫"额么孛斡勒"（em-bogol），奴隶是社会最底层的人们，法律上受到不平等的待遇，尤其是女性奴隶地位更低。但是《法典》规定，主人不能随意杀戮奴隶，若杀害奴隶，受到罚畜的惩罚。规定："人如杀了自己的男奴隶，罚五九；如杀了女奴，罚三九。"

《阿勒坦汗法典》和《喀尔喀七旗法典》对疯子（精神病患者）、疯狗致人死亡都有明确的规定。《法典》也规定："疯子杀人，罚其家财之半或者罚畜五九，要据其家境而定。但死者因一路上做坏事害人而被杀，无事。""疯狗咬畜致死，从其主人五头牲畜中罚一头。如咬人致死，赛因库蒙（上等人）罚一九，顿达库蒙（中等人）罚七头，毛库蒙（即阿达克库蒙，贱人）罚一五。"[1]

游牧社会，牲畜致人死亡的事情时有发生。针对这一特殊情况，《法典》规定："有主的牲畜在山沟致死人，如是赛因（库蒙）的，以一别尔克为首罚一九。顿达（库蒙）的，罚一五。毛（库蒙）的，罚一别尔克。如是无主、无人牧放的牲畜致死人要其中一头牲畜。"。此外，《法典》还规定，走失的公驼、公牛、公马致人死亡时，不赔偿。这是因为公驼、公牛、公马对畜牧业生产

1　古代蒙古社会把人分成三个等级。"赛因库蒙"直接翻译是"好人"的意思，实际上是"上等人"的意思，主要又诺颜等贵族阶层组成。"顿达库蒙"即"中等人"，"毛（阿达克）库蒙"即"平民"或"贱人"。

繁殖，起着非常重要作用的缘故。但是“散畜致死人，与山沟里无主畜致死人一样处理。乘马致死人，与有主牲畜致死人一样处理”。

对于狩猎时和战争中过失杀人，《法典》规定：“战斗中误杀自己人，证人如证明确属误杀，罚一九，如不是误杀，罚三九；猎人失手杀人，按杀人罪之半以前法罚之。”这里所说的“前法”就是战斗中过失杀人时的处罚条款来惩罚的意思。另外，在狩猎时过失伤害方面也制定了详细的处罚规定：“损伤人的六器官，罚一别尔克加五九；折损拇指、食指，罚二九加一五；折损无名指，罚一五；小指，罚三只牲畜。失误伤人而治愈，罚一别尔克加一九；少量出血，赔一五；损坏衣服，罚一匹马。”狩猎用的明弩或暗弩等致人死亡时，法典规定“以明弩伤人致死，以一别尔克顶立，如未死，无事。以暗弩伤人致死，罚三九；伤人未致命而康复，选罚好马一匹。偷下地弩人们不知而致死人命，罚五九。没致死而康复，罚一五”。

戏耍而致对方死亡也应属于过失杀人。《法典》规定：“如因以戏耍而死人，有多少人罚多少马。罚家里大人一别尔克。两人途中嬉戏而死人，罚一九。致死人而隐匿，罚三九。”从“罚家里大人一别儿克”的规定来看，小孩子戏耍而致对方死亡也应该受到惩罚。

《法典》没有规定有关诺颜杀死属民和属民杀死诺颜时怎样处理的条款，而有“杀了自己遗弃之妻，罚五九；男人之妻如杀了别人之妻以杀人的习惯法处理；或者割其耳朵，把她给别人，但只能选要女人、牲畜二者之一”的规定。

《蒙古—卫拉特法典》中，处理有些案件时，经常按“黑布”（heb，约孙或习惯）来处罚的现象，但没有明确这习惯指的是哪一部法典。很可能是蒙古古代约定俗成的习惯法以及《蒙古—卫拉特法典》制定前的喀尔喀、卫拉特地区适用的《喀尔喀七旗法典》和旧《卫拉特法典》的有些相关条款来处罚。“黑布”分“大黑布”和“小黑布”，一个“黑布”具体处罚多少头牲畜，《蒙古—卫拉特法典》没有明确的规定。譬如对故意纵火恶意报复致人死亡时有“如杀赛因库蒙，要进攻而杀之。如杀顿达库蒙，罚三十别尔克、三百头牲畜。如杀阿达克库蒙，罚十五别尔克”的按照“大黑布”来惩罚的规定。

7. 有关财产分配、婚姻家庭的规定。财产的分配上，《法典》规定：“父亲按习惯法（黑布）给自己的儿子财产。如父亲穷困，五只牲畜中要一只。”这里所说的习惯法的规定，很可能是萧大亨说的“财产的继承上，长子或幼子继承家产，女子嫁出去后，没有分家产的权力，但虽聘人而未嫁，可以分到一部分。如果无子女，其家产和妻子归所辖的台吉。养子如果养父母在世时，到所管的台吉处登记，并且‘应差者’，可以继承家产”的规定。父亲把财产分配以后，如果生活困难，已经独立的儿子们帮助父亲解决生活困难，即《法典》所规定的“五只牲畜中要一只”。

《法典》对婚姻家庭方面有很多的规定。对不同阶级的人婚嫁时的彩礼因经济状况不同而不同。《法典》规定：“职官诺颜们、塔布囊们的做亲家的牲畜（彩礼）数三十别尔克，一百五十匹马，四百只绵羊。小诺颜、小塔布囊们的牲畜（彩礼）数十五别尔克，五十匹马，一百只绵羊。陪嫁的物品和媵者要根据所给的牲畜数而定。如要减少，亲家两方自愿办理；四十户得木齐姑娘的牲畜（彩礼）数，要五峰驼，二十五头大畜，四十只绵羊。陪嫁物要给长袍十件，短袍二十件，马鞍、马嚼、大皮袄、棉坎肩（各一件），马二匹。如有媵者，要以骆驼回谢。陪嫁的物品，要据其质量给回谢礼；二十户收楞格要的牲畜（彩礼）要四峰驼、二十头大畜、三十只绵羊。陪嫁物给五件长袍、十五件短袍、一匹马、一峰驼。（娶家）要根据（陪嫁）物品的质、量给回谢礼。乞雅们的牲畜彩礼与收楞格同；敦达库蒙（中等人）的牲畜彩礼，三峰驼、十五头大畜、二十只绵羊，陪嫁物驼马二、四件长袍、十件短袍。（娶家）要根据物品质、量给回谢礼。阿达克库蒙（贱民）的牲畜（彩礼），二峰驼、十头大畜、十五只绵羊。（陪嫁物）给马一匹、一峰驼、大皮袄、棉坎肩、马鞍、马嚼。”

《法典》规定，姑娘法定婚龄为十四岁，姑娘直到二十岁还不嫁人受到处罚。各阶层的人婚礼上食用的牲畜也有明确规定，不得跨越自己的阶层食用牲畜。得沁（四十户）得木齐每年给四户人家帮助娶妻的任务，这对拿不出彩礼的人解决成婚有很大的帮助。已经订婚的姑娘不能毁婚约。

《法典》规定：“要迎娶十四岁以上的姑娘，十四岁以下的要报告得木齐、收楞格。谁要违犯此规定，要将其姑娘给别人，而不能要牲畜；四十户得木齐的（婚礼）食畜，三头大畜、四只绵羊，顿达库蒙的，二头大畜、三只绵羊。阿达克库蒙的，一头大畜、二只绵羊；每年每一得沁要四户人家之子娶妻。有儿子的十户人家，要帮助一户娶妻。（帮助之家）如给了大畜，回要一件长袍。如给了绵羊，回要一件短袍。（但）不许要姑娘的衣裳。如不帮助成家，依法罚（四十户）二峰驼、五匹马、十只绵羊；每一得沁每年要制作二副盔甲，如不制作，罚马、驼各一；年已二十岁的姑娘（还未过门），要向婆家催说三次，如仍不娶，向诺颜报告（另嫁别人）。如不报告（另嫁别人），以习惯法（原定婚主）向姑娘的父亲要回牲畜（彩礼）；结婚后姑娘死亡，要给陪嫁物。如未结婚（死亡），（彩礼）牲畜（两家）对半分。如（陪嫁物）给了头盔，以一五畜返换。铠甲、腕甲、以驼为首还一九。如给了火枪，还一五畜；订婚的亲家有法律约束，无订婚的亲家无法律约束，如女家的父母把姑娘另嫁别人，赛因库蒙的，罚五九驼，顿达（库蒙）的，罚三九驼，阿达克（库蒙）的，以驼为首罚一九。（原婚约主）要回（彩礼）牲畜和他的女人。如其父母不服此罚，查其父母是否清白无罪，依法罚三倍。这项罚畜向（另嫁之）女婿取要，姑娘的父亲吃（女婿）给的（彩礼牲畜）；收容没有婚约的姑娘，罚赛因（库蒙）七头（牲畜），顿达（库蒙）五头，毛（库蒙）一峰驼。”

北元时期离婚的妇女可以再嫁，这是蒙古法律在民事法规上的进步现象。以往规定，如果丈夫去世后，女子再嫁或离婚后再嫁，没有财产继承权，因为有这样的严格规定，妇女一般不再婚。《法典》规定，“对于迎娶别人遗弃之妻者，如果是赛因库蒙的女人，要给一别儿克加一九迎娶；顿达库蒙的女人，给一五；阿达克库蒙的女人，给一马一驼迎娶”。

对于破坏已婚人家的家庭行为，法典规定“如收容赛因库蒙之妻，以驼为首罚九九。收容顿达库蒙之妻，以驼为首罚五九。收容阿达克库蒙之妻，以驼为首罚三九。携别人之妻远逃，要其丢弃之妻和牲畜。其兄弟要用迎娶时所给牲畜数赎回。如无兄弟，其爱马克族属兄弟以一九赎回。在爱马克无兄弟之人，交诺颜处理”。

赡养制度是人类社会组成家庭的又一种方式。法典明确规定：“养子愿意去生父那里，可以只身带儿子去。养女可以在养母家。养女之亲生父母要想叫女儿回去，九岁以上需给九头牲畜。如其养父母不善，只给九头牲畜之一半。十五岁以上的，要在养父母家。结婚时两个父母各收彩礼之一半。给相同数量的陪嫁物。”

8. 有关战斗中的法律规定。封建统治阶级为争夺牧场和财富经常发动战争。另外，为了抵御外敌对卫拉特、喀尔喀领土的挑衅和侵略，在军事上必须采取有力的措施以抵抗外侮。《法典》规定：“谁拼命杀敌，杀一男人，可要其女人。杀穿铠甲之人，要其铠甲，后到之人可要其腕甲或头盔中之一件，再后之人以到之先后分取。被杀之人如一无所有，以先法处理。”这里所说的“先法”即战斗中杀死一无所有的人以后，因为被杀的人没有财产，所以只能“要其女人”。

成吉思汗《大札撒》中，对战斗中救死扶伤、互相协助有比较严格的规定。为了鼓励英勇战斗，《法典》规定“拼命救出被敌击溃逃跑之人，连同铠甲要二匹马。救出受敌围困之人，从总缴货物中要一别尔克加一九。抗敌中忽突赤（马夫）死亡，经请示诺颜，如有缴获物，以一别尔克加一九顶立”。自古以来，蒙古法中就规定对私自将战利品据为已有者进行严厉的惩罚。《蒙古秘史》记载，成吉思汗按照《大札撒》规定，曾经惩罚过违法者。《法典》规定：“行军作战清缴战利品，先到之人要拦截马匹，最后要将所获牲畜交公，收缴者要一九。如有三日而不缴，罚一五，跟随者也有罪。”

《法典》规定，大诺颜从战场上逃跑，罚铠甲百领、驼十峰、五十户人、马千匹；岱青、楚库尔级别的诺颜逃跑，罚铠甲五十领、驼五十、二十五户人、马五百匹；小诺颜罚铠甲十领、驼十峰、十户人、马百匹；塔布囊阶层、执政的四图什墨尔若逃跑，处罚铠甲五领、驼五峰、五户人、马五十匹；鄂托克图什墨尔罚三别儿克、三户人、马三十匹；旗手、号手的惩罚跟塔布囊、图什墨尔同，先锋诺颜的惩罚跟鄂托克图什墨尔同，并且没收其甲胄，使其穿“其葛德格”（妇女的内衣）；额尔克腾、恰处罚一户人、头盔为首一九牲畜；普通骠骑兵（鲁卜齐图）罚以甲胄为首的四匹马；装兜兵（都拉噶图）罚铠甲、三匹马；甲胄兵（德格埒胡亚克图）罚铠甲、两匹马；普通人罚弓箭、一匹马；如果奴隶从战斗中逃跑使其穿“其葛德格”。《法典》还规定，如果在战场上救出诺颜（也包括塔布囊、图什墨尔），奖励救出诺颜的人在和硕里做“达尔罕”。若把自己的诺颜弃之不管，杀其身，夺其一切。从战场上悄悄溜走的人和战斗中逃跑者的区别，要有证人证明。

9. 有关失火、荒火、防火方面的法律规定。成吉思汗《大札撒》规定了“禁遗火而燎荒”。人为的或自然火灾会对人们的生命财产带来严重的灾难。尤其是对主要依靠大自然的游牧经济生产方式的影响更大。“逐水草而游牧”的蒙古民族，因为没有固定住所，经常迁移。迁移时不灭掉遗火，会导致火灾。《法典》规定:“如有人灭掉已迁出的努秃黑之火，向遗火人要一只绵羊。”

《法典》还规定了从荒火中救出人、畜群、物品等东西的报酬。从草原荒火或水中救出将死之人，要一五畜。在草原荒火或水中想要救助别人而死亡者，以驼为首要一九。骑乘死亡，以一别尔克顶立。救出孛兀勒（奴隶）、头盔、铠甲这三种，各要一匹马。如救出甲士及其铠甲，要一匹马、一只绵羊。如救出帐篷及物品，要一匹马、一头牛分而食之。从草原荒火中救出几群牲畜，群数多要二群，群数少要一群，要不同季节决定而分取。《法典》没有像《阿勒坦汗法典》那样出现对见死不救者处罚的规定。对于恶意放火致人死亡的，“以大法处理”。《法典》规定:“因报复而放草原荒火，以大法处理。如杀赛因库蒙，要杀之。如杀顿达库蒙，罚三十别尔克、三百头牲畜。如杀阿达克库蒙，罚十五别尔克。”

10. 有关偷盗的处罚规定。蒙古法对于偷盗行为，自古以来就制定了十分严厉的惩罚条款。有时其惩罚胜过杀人放火的处罚。《蒙古—卫拉特法典》对禁止偷盗行为的条款很多，齐格先生统计有 13 条。[1] 其中包括对偷盗驼、马、牛、羊等牲畜、军械如头盔、铠甲、腕甲、火枪、札枪、剑、箭、箭袋，各种质地的衣服、首饰、马鞍、马绊等骑乘用具以及很多游牧生活不可缺少的锅瓢斧钎等必需品。

《法典》对偷盗骆驼的处罚最严，偷骆驼罚十五九，然后依次是偷骟马十九，騍马八九，偷牛、两岁马、绵羊三种牲畜罚六九，一九里包括骆驼。在此前的蒙古法以九为基数处罚时，九畜中不

1　齐格著：《古代蒙古法制史》，第 126 页。

包括骆驼。被盗人不能谎报被盗数目，如果谎报，也受到“罚谎报数目的一半”的处罚。对于外甥偷盗舅家的东西，《法典》也遵循蒙古古代法，不构成犯罪，如果《法典》中出现与以往的法律条款不同差别时，舅家依法索要赔偿。

11. 有关治奸、打架斗殴、致伤方面的规定。17世纪以前，蒙古法对不合法的两性关系有严厉的惩罚条例。但《法典》则有较大的变化，对非婚姻关系的两性关系，也有一定程度的处罚，但惩罚比以往要轻。《法典》规定:“男、女相好（通奸)，如两人情愿，女人罚四头牲畜，男人罚一五。如女人不是自愿，而系被迫，男人罚一九。如是女奴，罚男人一匹马。如女奴愿意，无事。如姑娘不愿意，罚二九。如愿意罚一九。”

对打架斗殴的处罚规定：打架时拉架人不能偏袒一方。如果“两人斗殴中有人偏袒一方而致死人命，罚一别尔克加一九，有几人偏袒罚几匹马”。根据打架时使用的凶器的不同，致对方伤害的轻重，作出不同的惩罚条款。规定:“以利剑大劈、大搅、大砍，罚五九。中劈、中搅、中砍，罚三九。小劈、小搅、小砍，罚一九。如指向人，罚一马。如有人夺下其利剑，可要其剑。如制服其人，要一匹马。以木、石大打，罚一别尔克加一九。中打，罚一匹马、一只绵羊。小打，罚一头三岁母牛和他的随身物品。以拳、鞭大打，罚一五。中打，罚一匹马、一只绵羊。小打，罚一头三岁公牛。”

因打架而损坏衣服等，要给予处罚，法典规定:“如毁坏大皮袄，罚二岁马一匹，毁坏帽缨、发辫，罚二五畜。毁地弩，罚绵羊一只、马一匹。向人脸上唾吐沫、扔土、打马头、扯衣大襟、[犯]赛特的乘马等加起来，罚一匹马、二只绵羊。如犯其中两项，罚一匹马、一只绵羊。如犯其中一项，罚带羔绵羊一只。”因嬉戏伤人眼、齿、手、腿，经治疗痊愈，无事。但不与理会，罚一五。

12. 有关债务方面的法律规定。债务问题是一项重要的民事责任问题。法典规定，有关债务，要与证人去三次讨要。讨要前要向收楞格（税收官）报告。如收楞格偏袒欠债人不给，罚其乘马。如不报告而讨债，废除此债务。如不报告夜里去讨要，罚一九。有关布喇台什时期的债务废止。女人拿着酒、绵羊前去借的，废止。如借得多，要一半。（布喇台什是卫拉特联盟盟主哈喇忽拉的父亲，《法典》的主要制定者之一）。此外，蒙古社会中，舅甥关系一直是非常特殊的，法典规定“外甥对舅舅家的人无债务”。

13. 有关救人、救牲畜和走失牲畜的法律规定。《阿勒坦汗法典》中对这一问题已有明确规定。1640年法典也有相应的补充规定，如“治活上吊之人、新生儿、生病之人，原来答应给什么就要给什么。如不曾答应，给一匹马”，“旅行者在途中打猎丢失马匹步行时，谁给予帮助送回其家，要一匹马。”“儿童骑马马惊脱蹬时，救助者要一匹马。”

草原上的牲畜经常被狼群赶跑和其他人为的和自然灾害等原因走失。为发展畜牧业，保护畜群，法典规定，应该救助被狼赶跑的羊群，如不救助，要罚活羊和死羊，十个以下要五枝箭。被狼咬死的羊，不能吃，如果吃了，罚三岁母牛。对走失的牲畜，收留到失主认领前，要报告给收楞格或通告众人，予以保护，不能据为己有。失主也不能诬陷他人。对跑失之牲畜，收留者三宿后通知大家可以骑用。不到日子（三宿）而骑用，罚三岁母牛一头。若是已打印的，罚一九。若是剪鬃尾的，罚一五。若是通告大家后骑用，无事。抓到离群之牲畜要交给收楞格。收楞格交给贺日格。抓捕者要与收楞格一同交给贺日格（审判官）。如不交给，罚双马。如藏匿，罚一九。如把离群之畜给远方之人，以偷盗之习惯法惩处。如给近处之人，罚三九。在野外得到离群之死畜不通知大家而吃食，罚七头牲畜。跑到远方之畜，失主有证据证明而索要，失主要回好畜，买主留下次畜。抓取离群之畜者，如牧养一年，留取其繁殖的僚畜之半。一年以后，由自己的公马、公牛、公驼［配种］所生之仔畜全部归其所有。抓取牧养离群畜二头，不能吃，留一头，十头以上吃留二头，九到十头以上吃留一头。对别人丢失的牲畜，谎说是自己的，而要走者，罚一五。诬陷别人偷盗而抢夺丢失之畜，后来知道他以诬陷而抢夺，要判其罪。畜主要把其诬陷所吃之畜全部收回。对母畜，收留者除海达格母驼、拴马绳上跑掉的母马、新生仔的牲畜以外不可以随意挤奶，如挤奶，罚三岁母牛一头。

谁救出被狼驱赶的羊群，要一只活羊和死羊。救出十只，要五枝箭。但如吃了狼咬死的羊，罚一头三岁母牛。救出马，要一只绵羊。从泥淖中救出骆驼，要一头三岁母牛。救出马，要一只绵羊。救出牛，要五枝箭。救出绵羊，要二枝箭。

14. 有关狩猎方面的规定。对围猎时，“谁如破坏打猎，并行站立、并行骑走，罚马五匹。三次错跑路线，罚其乘马。二次错跑，罚绵羊一只。一次错跑，罚箭五枝。”对杀死已训成之猎鹰，“罚一匹马”，法典没有杀死猎狗方面的规定。

狩猎所准备的地弩经常有伤人畜以及致死的事情。《法典》规定，“散弩致死什么牲畜，以同等牲畜顶替。如是明弩，无事。”地弩猎获物，归其主人。明弩之猎获物如别人吃了，要以此物赔偿，只赔一只。如是散弩之猎物，罚一五。

15. 有关司法审判程序方面的规定。卫拉特社会，有“札尔忽”的审判机构。由札儿忽赤、收楞格等官员组成。审理案件时，必须有证人。诉讼时，原告被告双方必须同时到达札尔忽，如不同时到达法庭，不予审理。诉讼人要带好证人去法庭说三次要求审断。如被告人不来，要与使者前去罚其乘马。两位罪人在诉讼中，如被告反诉原告，废止此案。如反诉有证人，可以审断。《法典》规定，证人如果正确地证明被偷盗的牲畜和财产，从罚畜中吃一九，并根据物品情况给予奖赏。“女奴不能作证人。”女奴

“如拿来骨和肉，可以作证人”。

对偷盗者觅踪三审断。觅踪时与赛因格日赤（好证人）一起追查到底，以罚处理。如没有赛因格日赤，继续审查。最后找到盗窃者住户之踪，要逼其牧户长处理。如牧户长不管，为找回丢失的东西，找到盗窃者之家以法惩处。牧户长到鄂托克赛特处报告。鄂托克赛特到诺颜面前汇报。牧户长虽然清白，但因“管理不善，罚一别尔克加一九”。

（四）法典的补充与延续：《噶尔丹洪台吉旨令》与《顿罗布喇什补则》

1670年卫拉特联盟盟主绰罗斯贵族家庭内部发生内讧，巴图尔浑台吉继承者僧格被异母兄所弑。导致远在西藏当喇嘛的僧格之弟噶尔丹还俗回卫拉特。噶尔丹1671年初继承洪台吉之大位，五世达赖喇嘛赐“博硕克图汗”号。噶尔丹经过几年的发展，基本上控制了卫拉特各部。噶尔丹博硕克图汗为加强统治，贯彻1640年制定的《蒙古—卫拉特法典》，并且在《法典》的基础上，补充法典的不足而颁布了两项法令。史称《噶尔丹洪台吉第一项补充敕令》和《噶尔丹洪台吉第二项补充敕令》。

第一项补充敕令约于1676年前后公布，共10条。《敕令》的主要内容有收集已散失的部众、扶助贫困者、关于鄂托克爱玛克的组织方式、禁止逃亡、偷盗以及有关诉讼审判的规定。在诉讼审判方面，除正规的审判官外，其他人所作的判决无效。不论何种诉讼，如带证人告三次而不予审理，不论对错，对札儿忽赤都要进行处罚。平常，札儿忽赤断案不能在札尔忽外进行。札儿忽赤不上交乌日古格（诺颜的庭帐，此处指类似法庭的审判地点）的德吉（审判费用），罚其双份德吉。札儿忽赤三次断错案，要撤其职务。敕令还废除了巴图尔洪台吉时期马年（1654年）前的债务。并且规定，马年以后的债务有证人的话，可以讨要。如没有证人，予以废除。

第二项补充敕令是准噶尔部统一天山南路以后，为处理维吾尔地区所面临的问题而发布的。大概颁布于 1678 年。共 5 条。其内容包括：对札儿忽赤的规定、关于蒙回之间的离婚、安抚被统治的和屯人（维吾尔人），允许被统治的维吾尔人有一定的司法自主权。

诉讼审判方面，针对过去没有统一的法律规范，经常出现错判现象，于土马年（1678 年）正月初一，对札儿忽赤们制定了“谁承担了诉讼案件，就要自己做主审断。如不能明断、吃贿赂、出大错，没收其所吃财物，抓其人，撤其职。对于厄鲁特蒙古人和维吾尔人之间的案件，谁对谁错要通过审断弄明白。札儿忽赤们诉讼时不要以钱行贿，如有人行贿，看见的人要其人以及财物。如有人暗地行贿，罚双份”。维吾尔人之间的案件由维吾尔札儿忽赤审断。尼仑札尔忽（大诉讼）由这里的大札儿忽赤审断。

《敕令》规定“与厄鲁特人结婚的维吾尔人，如愿意离婚，给予审断离婚，与其他维吾尔人一样对待。如为了离婚找各种理由把错误加在厄鲁特人身上的话，不能随其愿而批准离婚，要维持原来的婚姻。这种两族关系事，由亦克札尔忽审断”。

《顿罗布喇什补则》是 17 世纪前叶迁徙到伏尔加河下游地区游牧的土尔扈特汗廷法典。它是对 1640 年法典的补充和修改。制定年代大约在 1741 年 7 月 31 日之后至 1758 年 2 月 20 日之前的十余年间。[1] 由绕迥巴罗布桑、绕迥巴桑结嘉措、巴勒登噶布楚、阿布格隆、隆力克乔日吉、昂旺桑结等六位上层喇嘛和土尔扈特汗顿罗布喇什为首的僧俗众人制定颁布的。

土尔扈特西迁以后一直跟卫拉特联盟保持着政治、经济、军事方面的联系。到后来他们同清朝和西藏来往不断。1640 年蒙古卫拉特会议时，土尔扈特首领和鄂尔勒克率其子参加了会议并参

1　马汝珩、马大正著：《飘落异域的民族》，第 144 页，中国社会科学出版社，1991 年版。

与制定了察津毕其格。并带着《法典》返回伏尔加河下游，此后一直按照《法典》治理国家。[1]

土尔扈特首领顿罗布喇什执政期间（1741~1761 年），为巩固汗国统治秩序与维护民族独立，对《蒙古—卫拉特法典》，作了多方面的补充与修订，制定颁布了适应新历史条件下所需要的法规，即学术界所说的《顿罗布喇什补则》下称《补则》。原文由托忒文书写，托忒文抄本藏于苏联科学院东方研究所。[2]

俄国对《补则》的研究较早。俄国学者们对手抄本进行整理、注释、翻译、研究、出版。其中戈尔通斯基的研究最为突出。他在 1880 年译注出版的《1640 年蒙古—卫拉特法典》一书中，以《在卡尔梅克汗敦杜克达什时代为伏尔加河的卡尔梅克族编订的法规》为名，连同噶尔丹的两项敕令的托忒文本，作为该书的附录，进行全部译注。

对于顿罗布喇什修订新法方面的原因，《卡尔梅克诸汗简史》有这样的说法：

"原来由 40 部和 4 部团结制定的大法典，对卫拉特蒙古的生存很有用，但卡尔梅克离别卫拉特年长日久，风俗习惯变了，染上原来没有的种种恶习，需要新的法规补充。"[3]

西迁的土尔扈特汗廷与俄国当局经常发生冲突。从上面提到的史料中我们不难看出，新法规的制定，还与俄国法律对卫拉特法典的影响、渗透以及土尔扈特汗廷传统法律对异民族法律的抵制有着很大的关系。

西迁初期，土尔扈特人是相对独立的。阿玉奇汗（1642~1724 年）从 1670 年开始执政，"本民族案件审理事项只归他一人掌

1　《土尔扈特诸汗史》，托忒文。

2　〔苏〕普契柯夫斯基著，余大钧译：《苏联科学院东方研究所所藏托忒文〈卫拉特法典〉抄本三种》，《蒙古史研究参考资料》新编第 24 辑，第 42~44 页，1982 年。

3　诺尔布汉译稿《卡尔梅克诸汗简史》，转引自《飘落异域的民族》，第 144 页。

管”，凡汗国内部各兀鲁思之间的重大案件，“都由汗亲自审讯”。[1]所以托忒文的《土尔扈特诸汗史》记载，阿玉奇执政的50年间从来没有向俄国称臣，行政司法上一直保持独立地位。

阿玉奇去世以后，随着沙皇俄国势力的不断扩张，俄国对土尔扈特汗廷加强政治控制的同时，“对卡尔梅克人犯罪的审讯也开始插手干涉”。[2]双方法律方面的冲突主要集中在有关人命案和偷盗两类犯罪行为的处理上。众所周知，1640年法典一般情况下，不轻易作出杀人偿命的决定，而用牲畜或其他财产来顶立。阿玉奇子沙克杜尔扎布曾提议：“对于杀死俄罗斯人和卡尔梅克人的案件，最好按照共同商议规定罚款，而不要处以死刑。”[3]

但是俄国方面，对处理土尔扈特人的案件是，强行推行俄国《法典大全》的规定来处罚。俄国政府通知顿罗布喇什汗“凶杀案不再用罚款的办法，而应处之以刑法，并流放出去服官役”。[4]对偷盗方面的规定，“处之以刑讯”，施以鞭笞、烙、钳等残酷的刑法。顿罗布喇什前任汗顿罗卜旺布执政时曾经提出过“俄国作的使人屈辱的裁判，我们是不会听从的”。[5]看来当时土尔扈特人很难接受俄国的法律。这种情况下，有必要颁布一种能适合当时双方情况的规定。因此，1736年10月8日，顿罗卜旺布把一份“卡尔梅克法典大全送往彼得堡”。[6]

顿罗布喇什执政后，又向俄国提出制定新法规问题。俄国政府于1742年8月31日致阿斯特拉罕省长塔吉舍夫的指示中命令：

“按顿罗卜旺布和敦罗布喇什的要求，制定审理卡尔梅克人和

1 〔苏〕诺夫列托夫：《卡尔梅克人》，转引自《飘落异域的民族》，第143~159页。
2 〔苏〕诺夫列托夫：《卡尔梅克人》，转引自《飘落异域的民族》，第143~159页。
3 〔苏〕诺夫列托夫：《卡尔梅克人》，转引自《飘落异域的民族》，第143~159页。
4 〔苏〕诺夫列托夫：《卡尔梅克人》，转引自《飘落异域的民族》，第143~159页。
5 〔苏〕诺夫列托夫：《卡尔梅克人》，转引自《飘落异域的民族》，第143~159页。
6 〔苏〕诺夫列托夫：《卡尔梅克人》，转引自《飘落异域的民族》，第143~159页。

俄罗斯人之间案件的法律；同意两类主要案件规例为：凶杀案按俄国法律论处，偷盗案则处之以罚款和刑罚。”[1]对此戈尔通斯基谈道：

“这样一来，伏尔加河卡尔梅克人的生活状况和条件，以及俄国政府对他们的关系的改变所引起的。当时俄国政府已扩张其势力于卡尔梅克人的内政，并使其服从于俄国政权。”[2]

《顿罗布喇什补则》（以下简称《补则》）大体上由两个部分组成。一部分是对1640年法典的修改，一部分是对该法典的补充。

道润梯步先生校注《卫拉特法典》时，把《补则》分成53条。齐格先生基本依照道氏版本进行翻译，并分类18种内容。马汝珩、马大正二先生在《飘落异域的民族》一书中分为三大类。

《补则》中增加了保护宗教利益的内容，同时，制定了《僧侣法》来约束僧侣阶层。禁止僧侣违犯宗教法规，禁止出家人喝酒和淫乱贪色，违犯者受到不同程度的处罚，严重的除名或服役。不能殴打喇嘛，僧侣依法遵守宗教戒律，表扬勤奋好学的僧人。托因必须穿袈裟而行。世俗人员应尊重宗教戒律。要执行八个季节的法规，每月三号要禁守戒律。如违犯，按人的不同阶层，罚30戈比（钱）或10戈比，并打面颊三下或五下。包括赛特为首的大小官员，在活佛面前不能失礼，不能触犯苏力德山(祭祖之山)。

《补则》对抗击外敌方面的规定，比《蒙古—卫拉特法典》更加详细，内容包括受到外敌侵略时紧急报告，迎敌，按时到达军事约定地点，有关战利品以及分配等。

1　〔苏〕诺夫列托夫：《卡尔梅克人》，转引自《飘落异域的民族》，第143~159页。

2　〔苏〕戈尔通斯基：《1640年蒙古卫拉特法典》，转引自帕里莫夫著，许淑明译，徐滨校：《卡尔梅克族在俄国境内时期的历史概况》，第55页，新疆人民出版社，1986年。

在教育方面，《补则》规定，为了保持土尔扈特蒙古人自己的传统与文化，无论是贵族还是一般牧民，其子弟都必须接受教育，学习本民族的文化。规定:“赛特（臣员）们的儿子如不懂蒙古文，罚其父四岁公马一匹，并把孩子送给老师，教他学习。大家认识的人之子，如不懂蒙古文，罚其父四岁公绵羊一只。大多一般人之子，不懂蒙古文，罚其父十五戈比。要把其子像以前一样送交老师，让他学习。孩子到了十五岁还不懂蒙古文，要依法处理。”

《补则》对诉讼审判方面的内容非常广泛。为整顿社会秩序，维护封建统治秩序，在司法审判制度方面通过新的立法来保证法规的正常运行。对夜宿、宣誓、抢劫、刑审等作了详细的规定。执法人员一定要大公无私，不能偏袒诉讼一方。若违犯，“人们可当众耻笑和羞辱之；再犯，同样处之；三犯，则停止其审判职务。”审理过程中，证人起到重要的作用，证人不能说谎言。

对盗贼案件的惩处更为突出。有权势者也不能偏袒盗贼。《补则》一个明显的内容就是，司法审判实践中有了体罚。如对盗窃者“重笞 50，带脚枷一个月，并于双颊烙以印记；再犯，同样处之；三犯，将其卖至库班和克里木”。这很可能是受到俄国法律的影响的缘故。对外国人的东西也不能偷盗。奖励告发者，惩处隐瞒者。

除此之外，《补则》还涉及了有关债务、内政外交、乌拉、使者、证人、抢劫、丢失马匹、逃亡、救助牲畜、习俗、走失的牲畜的处理、禁打牲畜等诸多内容。

土尔扈特汗廷的最高司法审判机构是“札尔忽”，也是管理国家的机关。即土尔扈特汗的议事会。随着来自俄国政治压力的加强，俄国改组札尔忽而削弱汗权。札尔忽有专门的雅尔忽赤（札儿忽赤）官、宰桑来审理案件。帕里莫夫谈到：

“顿多卜达什的法律在卡尔梅克人的审判事件中一直沿用着。

1803年，汗国消灭后，保留了札尔固法庭，正是根据这些法令开审和审判的，因为这些法令符合卡尔梅克人的风俗和习惯。正因为如此，顿多卜达什法律（同1640年法律一起）成为'津齐林决定'的基础，津齐林决定是在1822年卡尔梅克领主上制定的。"[1]

噶尔丹洪台吉两项敕令和《顿罗布喇什补则》是《蒙古—卫拉特法典》的有机的组成部分，是《蒙古—卫拉特法典》的延续，它们形成了富有民族特色的法典体系。成为18世纪《喀尔喀律令》以及清代蒙古立法的主要法源之一。

《蒙古—卫拉特法典》是喀尔喀卫拉特封建主们在17世纪内忧外患的历史条件下通过王公会议制订的法律法规，用以解决面临的各种社会问题。此法典在卫拉特蒙古社会和喀尔喀地区一直使用到18世纪，并且经过几次修订和完善。不论在民法、刑法、行政法以及诉讼程序等方面逐步形成了自成一统的体系，即卫拉特法典体系。可以说，该法典的适用范围相当广泛，影响深远，是中国法制史上具有重要地位的民族法典。

《法典》在相当一段时期内缓和了喀尔喀蒙古和卫拉特蒙古之间的矛盾冲突。从1640年到噶尔丹进攻喀尔喀为止，近半个世纪未发生过冲突。通过法典，以法律的形式确立了达赖喇嘛、班禅喇嘛的宗教领袖地位，黄教的利益受到保护。卫拉特联盟各部充分利用这一有利条件，调整内外关系，有效地抵制俄国侵略，发展壮大了自己的力量。

《法典》是我们研究卫拉特社会组织、宗教信仰、政治制度、经济制度、卫拉特社会生产生活方式、婚姻家庭、道德规范、风尚习俗等方面迄今为止最珍贵的一部成文法典。

1 〔苏〕帕里莫夫著，许淑明译，徐滨校：《卡尔梅克族在俄国境内时期的历史概况》，第58页，新疆人民出版社，1986年。

第二节　边防管理制度

一　边防政策与驻军、卡伦、巡边

清代前期的边防指导思想是什么？有的学者提出，康熙皇帝所说："本朝不设边防，以蒙古部落为屏藩"[1]；"我朝施恩于喀尔喀，使之防备朔方，较之长城更为坚固"[2]。这是清朝以蒙古等少数民族为屏藩的边防指导思想，这种思想适应了当时的历史发展需要。也有的学者认为这种思想从稳定边疆的意义讲是高明的，而从巩固边防的角度看，却是愚昧的。

上述所提的康熙皇帝的说法，只是问题的一个方面，并不能够准确全面地反映清朝前期的边防思想。康熙所指的"不设边防""不修长城"，是针对清以前所出现的农耕文明与草原文明的对峙及历代中原王朝的"夷夏之防"的边防政策。历代中原王朝把国家分为"中原"和"周边"，把民族分为"华夏"和"四夷"，边防的任务就是"夷不乱华"。清朝统治者的夷夏观念在其治国过程中发生了根本的变化。康熙皇帝提出的："帝王治天下，自有本原，不专恃险阻。秦筑长城以来，汉唐宋亦常修理，其时岂无边患？……可见守边之道，惟在修德安民，民心悦则邦本得，而边境自固，所谓众志成城是也。"[3]雍正皇帝所说的："历代以来，各蒙古自为雄长，亦互相战争，至元太祖之世，始成一统。历前明二百余年，我太祖高皇帝开基东土，遐迩率服，而各蒙古又复望风归顺，咸禀正朔，以迄于今。是中国之一统，始于秦，塞外之一统，始于元，而极盛于我朝，自古中外一家，幅员极广，未有如我朝者也。"[4]又说"自

1　《承德府志》卷首一。
2　《清圣祖实录》卷一五一。
3　《承德府志》卷首一。
4　《清世祖实录》卷八三。

我朝入主中土，君临天下，并蒙古极边诸部落俱归版图，是中国之疆土开拓广远，乃中国臣民之大幸，何得尚有华夷中外之分论哉”[1]？都是强调国家的大一统，不因循历代修长城防卫边疆民族的做法，抨击传统的夷夏观念。

如果说康熙皇帝的说法不能完全反映清朝的边防指导思想，那么什么是清代前期的边防思想呢？

在清代前期，随着沙俄等外敌对中国边疆地区的觊觎，传统的“夷夏之防”观念发生变化，“夷”已经由专指边疆各民族和周边藩部转变为“外夷”“洋夷”“海外诸夷”等西方列强诸国。“夷夏之防”观念的变化，导致清朝边防思想发生变化，即由“夷夏之防”变为“中外之防”。当然这种变化是逐步发生的。可以明确地说，清朝“既不无理强取他国之寸土，亦决不无故轻让我寸土于人”及“天朝尺土俱为版籍，疆址森然。即岛屿、沙洲，亦必画界分疆，各有专属”[2]是清朝前期边防政策的指导思想。

清代前期的边防政策，在边防建设中有三个方面比较突出：

第一，陆路屯重兵于陆疆；

第二，海疆设立全面的防御体制；

第三，设立卡伦，定期巡边。

清朝在东北三省设置东北三将军，由八旗兵驻守防卫，驻军数额奉天约 2 万余人，吉林约 1.1 万余人，黑龙江约 6400 余人。主要兵种是骑兵。

蒙古地区设绥远将军、呼伦贝尔副都统、察哈尔都统、热河都统、定边左副将军、科布多参赞大臣、库伦办事大臣。蒙古八旗仿满洲旗制驻扎北部边疆。此外，蒙古各部另轮流派“备操

1　《大义觉迷录》。

2　《粤海关志》卷二三《贡舶三》。《清高宗实录》卷一四三四。

兵”，自带口粮、马匹、火药、铅丸，前往乌里雅苏台常驻训练，每期四年，受定边将军调遣。

新疆设伊犁将军、塔尔巴哈台参赞大臣、喀什噶尔参赞大臣等。驻军分“驻防”制和“换防”制。“驻防”军队在伊犁、乌鲁木齐等冲要地区，由八旗和绿营携眷永驻；“换防”军队在塔尔巴哈台和南疆各城更番轮戍，三年一换。新疆总兵额 2 万余人，由“总统伊犁等地将军”节制。

对于西南门户的西藏，由驻藏大臣和噶厦政府共同负责管理边防。乾隆末年以前，驻藏清军一直保持在 500 至 2000 人之间，驻藏清军每三年一换。乾隆末年制定了《钦定藏内善后章程》二十九条，规定：

第一，完善西藏的常备驻军制度，将西藏的常备军分为绿营兵和藏兵两种。

第二，绿营兵编制、装备等同内地，兵额为 646 名，分驻定日、江孜等处；另在打箭炉到前藏驻粮台兵 782 名。

第三，藏军定额 3000 人，拉萨、日喀则各驻 1000 人，江孜、定日各驻 500 人。清朝又命四川总督、成都将军、西宁办事大臣与驻藏大臣声势联络，遥制西藏。

云贵、两广各设总督，并制南疆；又设广州将军，统兵 5200 余人，扼守南疆门户。

自康熙朝开始，清朝在海疆设置防御系统，到乾隆朝，已经形成了海疆的三条防线。最外一条是绿营水师为主的海岛防线；居中一条是八旗与绿营水陆相维的海岸防线；内里则是以八旗和绿营为主，连接沿海重镇的东南防线。从北到南，设置东三省水师、直隶水师、山东水师、江南水师、浙江水师、台澎水师、福建水师、广东水师、长江水师等。八旗水师战船数百，官兵逾万，与八旗绿营驻防陆师表里相依，扼要戍守，水陆兵额高达 35000 余人。清代前期，东部、东南部形成了海口与海岛相维、岛屿与海岸并重的海疆全面防御体制。

在边疆地区靠近边境的地方设立卡伦[1]。定期巡查，是清朝边防的一项重要军事设施。清代前期，陆路边疆东三省、蒙古、新疆、西藏、云南、广西都设置了卡伦，如在新疆共设卡伦 250 多座，在漠北设 60 余座，黑龙江设 51 座。除设置卡伦外，清政府还制定了较为严格的边境巡查制度。如在新疆，每年春秋两季，伊犁将军委派参赞大臣巡查各所属卡伦，及卡伦以外所辖地区。外蒙古卡伦巡查由乌里雅苏台左副将军委派干员，带兵稽查，定为每年一次。黑龙江边境巡查分为每年巡查和三年巡查两种。西藏由驻藏大臣每年春秋两季到边界巡查。云南、广西也规定了每年巡查和定期巡查的巡边制度。清朝在边境地带还设置了巡逻鄂博，定期巡边的主要任务是勘查界碑、界牌，修整鄂博，守卫边防。

海疆的巡防，是海防水师的重要任务。巡防有外海巡防和内河巡防，外海巡防按水域分为总巡和分巡，总巡负责较宽水域的巡查，分巡隶属于总巡。巡防规定“……乃令各镇总兵官每阅两月会哨一次，其会哨之月，上汛则先巡北洋，后巡南洋，下汛则先巡南洋，后巡北洋……南北会巡，指定地方，蝉递相连”。[2]

清代前期，清朝通过对边疆地区驻防将军、大臣的设置，海陆两地军队的部署，巡边制度的订立，体现了国家对领土主权的有效管辖。

清代前期的边防政策有三个显著的特点：

第一，考察清朝对边疆地区的军事部署和边防建设，可以看出，不论是海疆还是陆疆，清王朝都给以极大的关注，形成了全面的防御体系。清朝在完成陆疆防御体系的同时，也注意改善海

1　卡伦即哨卡，西清说：“更番守望之所曰台，国语谓之喀伦，俗称卡路。”见西清《黑龙江外记》。

2　《清史稿》卷一四《兵志》六。

疆的防御系统。康熙五十五年（1716 年）设金州驻防水师营，雍正三年（1725 年）设天津水师营，雍正四年（1726 年）扩建旅顺水师营，雍正五年（1727 年）设京口水师营，雍正六年（1728 年）新设福州驻防水师营，七年（1729 年）又建乍浦水师营和广州驻防水师营。清政府为建设水师倾注了大量的资金，投入了相当的力量。有人估计，至鸦片战争前夕，清军水师兵额在 15 万至 20 万之间[1]。清军水师在 19 世纪初拥有船舰 890 多艘[2]。

从边防的战略来讲，清朝在建立海陆全面防御系统的同时，根据形势的变化，还是有所侧重。17 世纪 80 年代后期，战略重点转移到内陆边疆。当时，康熙皇帝已经预见到日后海患问题的严重性，“海外如西洋等国，千百年后中国必受其累。国家承平日久，务须安不忘危”[3]。但是，沙俄对我国北部边疆的入侵及清朝政府在处理西北边疆民族问题上的长期性和艰巨性，使清朝在统一台湾以后的数十年中不得不将其战略重点一直放在西北边陲。

何秋涛在《朔方备乘》中对清朝的战略意图及边防建设做过深刻的分析，他指出：“统计北徼自东迄西，接壤俄罗斯之处不啻万里，其最东则自海以外之库页大岛，迤而西至海以内之混同江口、恒滚河源，以及外兴安岭，约横亘三千余里，我朝设三姓副都统辖其地，以吉林将军统之，其外以控制赫哲、费雅喀、俄伦春诸部，其内以捍卫宁古塔、白都讷也。自三姓以西直抵牛满、钦都、精奇哩诸水上源，限以兴安大岭，约横亘亦三千余里，我朝设黑龙江将军统之，其外以控制索伦、达呼尔诸部，其内以捍卫吉林、奉天也。自黑龙江以西约两千余里，为克鲁伦河诸水上游，我朝设库伦办事大臣统之，其外以控制车臣汗、土谢图汗诸部，其内以捍卫蒙古东四盟及直隶、山西边境也。自库伦以西约

1 《中国近代海军史》，第 9 页。

2 《中国近代战争史》第 1 册，第 3、9 页。

3 王庆云：《石渠余记》卷六，北京出版社，1985 年版。

二千余里，为色楞格河诸水上游，我朝设乌里雅苏台将军统之，其外以控制唐努乌梁海及扎萨克图汗、赛因诺颜部，其内以捍卫蒙古西二盟及陕西、甘肃边境也。自乌里雅苏台以西约千里，据额尔齐斯河上游，我朝设科布多参赞大臣统之，其外以控制阿尔泰乌梁海及杜尔伯特、新土尔扈特诸部，其内以捍卫巴里坤、乌鲁木齐诸境也。以上皆与俄罗斯接壤之处，各有重兵，形势联络。自科布多以西约千余里为塔尔巴哈台，有大臣驻焉。自塔尔巴哈台以西约千余里，为伊犁，有将军驻焉，其外境皆哈萨克部落，受封爵、纳赋税，比于内地蒙古各部，而哈萨克之外，惟俄罗斯为强国，然则边防所重，益可知矣”，“然常宿重兵于漠北，将帅大臣星罗棋布，东西相望，其所以防患于未然者，意至深远也”。

第二，清朝在边疆地区的驻军和设卡伦巡查，具有保卫国家安全和抵御外敌入侵及维护边疆地区安定的双重职能。无疑，保卫国家安全和抵御外敌入侵是边防的首要任务。但是在清代前期，尤其是康雍乾鼎盛时期，国力强盛，西方殖民主义势力尚未形成对中国疆域的威胁，而在国内边疆地区，清政府对局部地区割据势力的用兵和管辖则需要调遣驻防军队协同行动，其作用是十分明显的。

边防驻军的双重职能还表现在卡伦巡查上。首先，在卡伦的设置上，有多种类型，如围场卡伦，国家禁区、牧场、屯田卡伦，禁止越界游牧卡伦，稽查行旅，缉捕逃犯，维护地方治安卡伦和巡查边界，防备外来侵略而设于边境地区的卡伦。前几种卡伦的作用，伊犁将军松筠曾明确说过：“新疆南北各城皆设卡伦，而伊犁为最多。伊犁境内东北则有察哈尔、西北则有索伦、西南则有锡伯，自西南至东南则有厄鲁特，四营环处，各有分地，其禁在于私越；又有铜场、铅场、屯工、船工，安置发遣罪人，其禁在于逋逃；至于境外，自北而西则有哈萨克，自西而南则有布鲁特，壤界毗连，其禁在于盗窃。故设卡、置官，派兵巡守。”[1]

至于边境地区的卡伦，也没有设置在边界线上。如中俄东段边界黑龙江境内的山川险要和边境之地设立卡伦67处。其中，齐齐哈尔地区3处，墨尔根地区6处，黑龙江地区6处，呼伦贝尔地区12处，每个卡伦设官1人，兵30人，三个月换防一次，两卡之间设一鄂博，逐日巡查。雍正十一年（1733年），重设内卡15处。乾隆五年（1740年），增设总卡官1人、佐领2人、蒙古包48座（每卡4包）。边境卡伦归呼伦贝尔总管管辖，统于黑龙江将军。东北15处，西南16处，布特哈5处，呼兰4处。中俄北部交界，在沿边设卡伦47处，其中恰克图以东设置28处，以西设置19处，恰克图以东沿中俄国界设置界牌鄂博63处，该地段的卡伦任务是保护边防，巡查界碑鄂博。显然卡伦与国界不是同一回事[2]。

呼伦贝尔是边防要地，有长达2200余里的中俄边界线。清政府为了加强中俄边界的防守，于雍正十年（1732年）建呼伦贝尔城，派副都统衔大臣1人率兵驻守。乾隆八年（1743年），改呼伦贝尔副都统为总管。呼伦贝尔的边境除设卡伦外，又采取分防游牧的办法巡察。分防游牧于中俄边界及喀尔喀河一带，以后又添兵员，至乾隆三十七年（1772年），呼伦贝尔定额兵数为2500名[3]。

黑龙江中、上游设置的卡伦归黑龙江副都统管辖。它们是：乌鲁苏木丹卡、精奇里江卡、毕拉尔河口卡、苏楚那（西林木迪河支流）卡、博屯河上游的检貂卡伦、牛满河口卡、黑龙江和松花江汇流处北岸的黑龙江口卡。黑龙江沿岸各卡，初各设佐领卡官1人，卡兵9名、10名或15名不等，驻于卡房，按日巡察，一周或一月更防，或三月更防，遇有越境逃盗各事，通报缉治。卡

1 松筠：《钦定新疆识略》卷一一。

2 李之勤：《西北史地研究》，第370~380页，中州古籍出版社，1994年。

3 《呼伦贝尔志略》第2册，第107页，《军备》。

伦傍江河水程者，冰泮则往，冰结则撤。

黑龙江中、上游边界地区的管理采取定时巡边制度。每年五六月间，派齐齐哈尔、墨尔根、黑龙江（瑷珲）三姓协领各 1 人，佐领、骁骑校各 2 人，率兵丁 240 人，分三路至格尔必齐、额尔古纳、墨里勒克和祖鲁海图巡查。三城兵丁的巡边路线是：齐齐哈尔官兵巡查格尔必齐、额尔古纳二河；黑龙江城官兵巡查祖鲁海图；墨尔根官兵巡查墨里勒克河。每年齐齐哈尔协领与墨尔根协领会，墨尔根协领与黑龙江协领会合，各书衔名月日于牌座山上，明年巡边者取归，呈将军、副都统作为凭证。巡边情况每年于七月内咨报理藩院，年终专折上奏。从 1765 年（乾隆三十年）起，黑龙江将军派官兵同时全面巡查外兴安岭南各河源，分由格尔必齐河、精奇里江、西里木第河及英肯河、牛满河等河口，溯河行至外兴安岭。这种巡边制度，一直继续到咸丰初年。巡边制度是清朝政府对黑龙江边界地区进行有效管理的措施之一。但是，弊端是一年巡边一次，对于边界的防卫极其松弛。

黑龙江中游以下至库页岛等沿海岛屿，以及乌苏里江广大地区属于吉林将军辖区，由三姓副都统衙门管理。三姓衙门在其辖境内设立边卡和派兵巡察。在松花江与黑龙江汇合处，在乌苏里江口及宛里和屯，设立卡伦 3 处；在通往乌苏里江以东地区的旱路上，如莫克图、胡哈河、音达穆等地，设卡伦 8 处；卡伦兵守卫边境，保护山林和参场。三姓副都统衙门每年派官兵会同宁古塔副都统衙门和吉林副都统衙门的官兵，巡查南海、和罗河、毕歆河、乌苏里和德克登等地。

第三，中国历史上所形成的传统的疆域观和边防观念与近代对国家、主权、疆域、国界、边防的理解有明显的差别。直至清代前期，政府对国界的管理仍然和对整个边疆地区的管理交错在一起，国界观念不强，边疆地区、边境地带和国界线混淆。将边疆地区的和边境地带的管理权都归驻边将军。有人称这种管理制度为军府制度。驻防边疆地区的将军的职能是："掌镇守险要，绥和军民，均齐政刑，修举武备"[1]，边疆将军、都统、办事大臣管理各统辖地区的边防、台站、卡伦、屯田、贸易、征税诸事务，以达到"控驭抚绥，以固邦瀚"[2]的目的。驻边军队、哨卡的双重职能，自然削弱了守卫边防、抵御外敌入侵的功能。

二　驿站与交通

驿传，是由封建国家经营管理的主要用于邮递公文和传送军报的交通设施，包括驿路及其沿线的组织机构如驿站等。从一定意义上说，在现代化通讯和运输方式出现之前，驿传设施的周密性和广泛性，反映了某一历史时代开发交通的水准。

18世纪，清朝的驿传遍布全国各地，由兵部统一管理，它对确保封建国家机器的正常运转，对维系国家的统一，具有重要作用。清朝政府在全国的驿传机构，因传递文件性质和所在地紧要程度的不同而有若干分类："凡置邮，曰驿，曰站，曰塘，曰台，曰所，曰铺，各量其地之冲僻而设焉。"[3]其中，站（军站）和台（军台），多设于北京通往蒙古、新疆的所谓"西北二路"，作为传递紧急公文之用。清廷一向重视西北边情，故于这一方向设有这种特殊的台站系统。而内地各省的驿传机构则基本只有驿站和铺这两类机构。

驿站设于冲要之地，亦即置于交通要道之上，拥有较强的人力物力，每站均额设驿夫、驿马若干，此例大体是"一夫二马"。驿站传递的特点是所谓"马上飞递"，即利用马力疾驰达到迅速传递的目的，因而驿站所传送公文的性质是非同一般的。清政府规

---

1 《清史稿》卷一一七《职官》四。

2 《清文献通考》卷七八。

3 （嘉庆）《大清会典》卷二《兵部》。

定："各省督抚等于寻常公事，俱不准轻用驿马"[1]；"各省驿站，原为驰递紧要公文而设……无论私事不得擅动驿马，即地方公事亦当斟酌缓急"[2]。据此以观，驿站主要用于传递事关大局的政治、军事方面之"紧要公文"，而普通的行政咨呈文一般不能使用驿站，后者是依赖铺来传送的。

铺不尽设于冲要之地，而是遍布冲僻各地。凡有州县建置地区，莫不有铺。铺与铺之间距离较近，全赖步行走递公文。相对驿站，铺递速度缓慢，因而其所递公文大都是并非紧要的"寻常文移"。清政府规定："各省行文各府州县及各府州县公文到省，并各省各府州县互相往来，均发铺司递送，不得擅用驿马。"[3]顺便说明，其由北京到各省城的铺递线路称"京塘"，京城各部衙门行文各省，或各省上行京师各部的一般公文，都由京塘传送。

要而言之，驿站系统拥有较强的人力物力，以马上飞递方式快速递送重要公文，是其优势所在，但其缺点是数量较少，而且分布单调，即一般只设于各省城通向北京的主要大道上。铺递系统虽是以步行走递寻常公文，但铺之为数甚多，而且分布广泛，在各省偏远地区往往只有铺递而无驿站，从开发交通的意义上看，铺递系统显然具有更大的作用。

(一) 东北地区

东北边疆连接京师的驿道兴建于雅克萨战争时期。当时，需要开辟畅通的交通线以加速公文的传递和粮食兵员的运输。康熙二十四年（1685 年），雅克萨战争前，在黑龙江北岸自瑷珲至索伦村之间设驿 4 站；在黑龙江南岸，自吉林的茂兴至瑷珲，路程 1340 里，设驿 19 站。雍正五年（1727 年），在茂兴、古鲁两站之间，增设乌兰诺尔站。至此，自茂兴至瑷珲共设驿 20 站。茂兴至

1　（光绪）《大清会典事例》卷六七八《兵部·邮政》。
2　（光绪）《大清会典事例》卷五一。
3　（光绪）《大清会典》卷五一。

瑷珲的驿道与茂兴至京师的驿道相接，全长4000余里，共设驿67站。茂兴至瑷珲的驿道归北路站官管辖。

雍正十年（1732年），清朝在黑龙江境内的呼伦贝尔和呼兰设防，便增设了西北和西南两条驿道。西北驿道共17站，起自齐齐哈尔，终至呼伦贝尔城。此条驿道归呼伦贝尔副都统管辖。东南驿道共8站，起自茂兴，终至呼兰城。此驿道归南路站官管辖。[1]自此，黑龙江6城（齐齐哈尔、墨尔根、黑龙江、呼伦贝尔、布特哈和呼兰）互有驿道相通，又以茂兴为中心，连接奉天境内的驿道，抵达京师。另有驿道，起自茂兴，西南行，经蒙古扎赉特、乌珠穆沁等旗境入喜峰口，接顺天驿道至京师。公文急件有时从这条驿道传递。在吉林将军的辖区内，开辟了宁古塔至三姓（依兰哈喇），三姓至阿勒楚喀的驿道，以及宁古塔至珲春的驿道。

（二）北部地区

18世纪，蒙古地区的交通发展，主要表现在建立了四通八达的台站。台站即驿道，因区域不同，可分为漠南蒙古地区、漠北蒙古地区和漠西蒙古地区三部分。

清朝最初在蒙古地区设置了驿站，随平准战争的军事需要，大规模、长距离、固定的官方台站成为蒙古地区转运物资和传递军报的主要交通设置。

康熙三十一年（1692年），开始筹划在漠南蒙古设立五路台站，即喜峰口外设15站，古北口外设6站，独石口外设6站，张家口外设8站，杀虎口外设12站。以后又对各路台站驿道作了调整，但五路的规划基本未变。

康熙三十五年（1696年），清朝议设漠北蒙古地区驿站，至雍正五年（1727年），各路台站基本确定。漠北蒙古地区官设驿站，亦称北路驿站，又名阿尔泰军台，主要线路有：由赛尔乌苏

1　徐宗亮：《黑龙江述略》卷二《建置》，黑龙江人民出版社，1985年。

至库伦，由库伦至恰克图，由赛尔乌苏至乌里雅苏台，由乌里雅苏台至科布多。

漠西蒙古地区的台站，亦称天山北路台站，主要包括：从巴里坤到乌鲁木齐，从乌鲁木齐到伊犁，从库尔喀喇乌苏到塔尔巴哈台。清代蒙古地区的交通也有所发展，主要表现在建立了四通八达的台站。

清朝政府在蒙古地区设置台站的主要目的是“宣传命令，通达文移”[1]。尤其当边疆用兵的紧张时期，台站不仅要传报公务，而且负有押送军饷、钱粮，以及押解发遣人犯，护送投顺人员的重任。台站既是交通站，又是兵站。随着清朝统一多民族国家的发展与蒙古地区安定统一局面的出现，蒙古地区台站不仅具有国防上的意义，而且成为边疆与内地物资交流和人民往来的重要交通设置。

蒙古地区商人，前往内地纳贡或贸易，大都通过驿道南行，沿途以台站为休息场所；而台站对其安全亦有护卫的责任。内地商人到蒙古地区贸易，经多伦诺尔可以到漠南蒙古东部各盟旗及漠北车臣汗、土谢图汗部；经张家口可以到漠南蒙古北部、西部各盟旗及漠北蒙古各地；经归化城可以到漠南蒙古西部各盟旗、漠西蒙古伊犁、塔尔巴哈台和漠北蒙古。商路即是台站，商人沿驿道而行，沿途经商贩卖。清政府还根据需要调整驿道、台站，使整个北部、西北地区的台站相通连，形成了一个“四通八辟，星罗棋布”[2]的交通网。

蒙古地区的城镇，往往是各条驿道的中心，是交通台站的枢纽，如归化城、多伦、库伦、恰克图、乌里雅苏台、科布多、乌鲁木齐、伊犁、巴里坤等地，都成为该地区政治、经济、文化、

1　《清朝通典》卷二六。
2　钟广生：《新疆志稿》卷一。

宗教的中心及交通要道。

清朝于蒙古地区设置的台站很多，今就漠南、漠北、漠西三个地区的台站设置列表如下：[1]

地　区	驿路名称	所辖台站名称	设施概况	通达地点
漠南蒙古	张家口驿道	张家口、察汉托罗海、布尔哈苏台、哈留台、鄂罗依琥图克、奎苏图、札哈苏台、明垓、察汗尔图、庆岱、乌兰哈达、木巴、锡拉哈达、布鲁图、鄂伦琥图、察罕琥图、锡拉穆楞、敖拉琥图克、吉斯黄郭尔。	共额设官马四百九十七匹，驼一百八十只，廪羊四百五十只，马甲一百五十名，乌拉齐一百八十名，军夫、马夫各二十四名，兽医一名。	四子部落旗，苏尼特右翼旗、左翼旗，喀尔喀右翼旗，茂明安旗。
	古北口驿道	古北口、鞍匠屯、王家营、红旗营、什巴尔台、坡赖村、美尔沟、希尔哈、阿美沟、卓索、陈博图、赉散琥图克、色拉木伦、噶察克、海拉察克、阿噜噶木尔。	共额设官马四百九十五匹，乌拉齐九百七十四名，兽医六名，马夫二十八名，壮丁八十名，轿夫四十八名。	翁牛特右翼旗、左翼旗，札噜特右翼旗、左翼旗，巴林右翼旗、左翼旗，阿噜科尔沁旗，乌珠穆沁右翼旗、左翼旗。
	独石口驿道	独石口、奎腾布拉克、额楞、额墨根、卓索图、锡林郭勒、胡鲁图。	共额设官马三百二十九匹，兵丁三百名，马夫四十三名，兽医一名。	克什克腾旗，阿巴噶右翼旗、左翼旗，阿巴哈纳尔右翼旗、左翼旗，浩齐特右翼旗、左翼旗。

1　本表摘自赵云田：《清代蒙古政教制度》，第178~183页，中华书局，1989年。

续　表

地　区	驿路名称	所辖台站名称	设施概况	通达地点
	杀虎口驿道	杀虎口、八十家、二十家、萨勒沁、归化城、杜尔格、栋素海、吉克苏台、巴彦布拉克、阿噜乌尔图、巴尔素海、察罕札达垓。	共额设官马二百八十匹，兵丁五百二十八名，马夫二十名。	乌喇特旗，鄂尔多斯六旗。
漠北蒙古	奇拉伊穆呼尔至赛尔乌苏路	奇拉伊穆呼尔、苏吉布拉克、托里布拉克、图吉里克、赛尔乌苏。	共额设官马一百六十四匹，驼一百一十只，廪羊一百五十只、马甲三十六名，乌拉齐六十名，领催一名，副参领一员。	向南承接漠南蒙古张家口驿道，向北以赛尔乌苏为枢纽，分达漠北蒙古各地。
	赛尔乌苏至库伦路	和尼奇、哈扎布巴、卓搏里、库图勒多兰、他拉多兰、苏鲁海、托克达、套里木、莫敦、那蓝、佛都尔多布、吉尔噶兰图、布哈、图拉。	共额设官马六百四十八匹，驼二百二十四只，章京十四名，拨什库十四名，兵丁一百四十名，总管图萨拉克齐两名。	
	库伦至恰克图路	库依、搏罗诺尔、呼齐干、伯特格、库特勒那拉苏、努克图。	共额设官马四百六十九匹，驼一百八十八只，章京十一员，拨什库十一名，兵丁四十八名。	
	赛尔乌苏至乌里雅苏台路	和尼奇、哈札布巴、卓博里、库图勒多兰、他拉多兰、莫端、什保太、老萨、吉里、翁金、乌努格特、哈喇呢敦、塔楚、推河城、推河、鄂罗海、	共额设官马一千五百八十匹，驼一千二百四十只，乌拉齐二百名，马甲一百二十名，兵丁二百四十名，领催二十名，骁骑校四十员，章京四十员。	

续 表

地　区	驿路名称	所辖台站名称	设施概况	通达地点
		都特库土勒、札克、乌兰班巴图、鄂博尔托斋、呼吉尔图、特木尔图、察罕瘦尔。		
	乌里雅苏台至科布多路	呼都克乌兰、珠尔库珠、阿尔噶灵图、巴罕淖尔、札哈布拉克、哈喇乌苏。	共额设官马六百七十二匹，驼三百零八只，兵丁一百四十名，戏骑校十四员，章京十四员。	
	科布多至索果克卡伦路	沙拉布拉克、辉觉博尔济尔、哈透乌里雅苏台、乌鲁格依、索果克。	共额设官马一百六十区，驼四十只，兵丁三十二名，章京八员。	
	科布多至搜吉卡伦路	察罕布尔噶苏、达布索图淖尔、纳林博罗齐尔、依什根托罗该、札哈布拉克、布哈喇、西博尔图、那兰布拉克。	共额设官马三百六十四匹、驼一百六十只，兵丁七十二名、章京八员。	达于西路，以及喀尔喀、杜尔伯特、旧土尔扈特、和硕特、乌梁海、札哈沁等处游牧。
漠西蒙古	巴里坤至乌鲁木齐路	肋巴泉、套赖泉、梧桐窝、盐池、齐克腾木、苏鲁图、辟展、里雅木沁、胜金、土鲁番、根忒克、哈必尔罕布拉克、喀喇巴勒噶逊、昂吉尔图。	共额设官马三百四十六匹，车三十辆，兵丁五十六名，回回兵一百三十六名，跟役二十二名，字识十四名，把总四名，外委十名。	
	乌鲁木齐至伊犁路	洛克伦、呼图壁、图古里克、玛纳斯、乌兰乌苏、安吉海、奎屯、库尔喀喇乌苏、布尔噶济、墩木达、固尔图、托多克、精河、托	共额设官马八百七十五匹，牛一百六十只，车六十辆，兵丁二百七十名，字识十五名，跟役四十名，笔帖式二十名，外委十五名。	

续　表

地　区	驿路名称	所辖台站名称	设施概况	通达地点
		里、托霍木图、胡素图布拉克、鄂尔哲图博木、博洛济尔、塔尔奇阿满、乌哈尔里克。		
	库尔喀喇乌苏至塔尔巴哈台路	库尔必喇、沙拉乌素、鄂伦布拉克、沙尔札克、乌尔图必拉克、坤都伦乌苏、雅玛图、托里布拉克、沙喇霍罗素、阿布在尔莫我、色德尔莫多、于齐罕莫多。	共额设官马一百七十四，牛五十五只，车十七辆，兵丁一百三十五名，字识三名，笔帖式四员，外委三员。	

(三) 新疆地区

18世纪，新疆的台站驿传体系包括四种设施：军台、营塘、驿站、卡伦，四种设施的建立略有先后，分布和职能侧重也有所不同。军台之设始于康熙年间用兵西域之时，为了军报的快速传递，大学士富宁安奏设哈密、巴里坤军台。乾隆中叶两次平定准噶尔之役，飞羽传檄，添设军台，辅以营塘。西路军自甘肃花马池经宁夏、甘州出嘉峪关抵巴里坤，北路军出张家口后沿蒙古草地抵乌里雅苏台，再由乌里雅苏台西达科布多，由科布多分道至古城，军台、营塘大量分布在这两条进军路线上。乾隆二十四年(1759年)清军为平剿大小和卓进军天山南路，军台进一步延展到南疆各城。全疆安定后，战争成为历史，而开发屯戍提上了日程，结合这一需要，清政府对已有军台营塘的布局加以调整，进而设置驿站、卡伦体系，形成覆盖全疆的交通网络。

军台和营塘本身都是军用设施，主要任务是递送公文军报，接待奉差过往人员，及官需物品的转送。驻守军台以绿营官兵为主，兼派本地维吾尔人户供差。乌鲁木齐、巴里坤一线，每台设兵二三名至二十名不等，由笔帖式或把总、外委统领，以驻兵十三四名的居多，配给台车三辆及乘骑挽运马牛各若干[1]，伊犁各台间或派驻满营和锡伯、厄鲁特、察哈尔兵丁。南疆各台则主要使用维吾尔人户，如喀什噶尔和叶尔羌的台站，每两台设委笔帖式一员，每台绿营兵四名，回子十户，马十四匹至十七八匹不等，牛二只至十七八只不等，车四辆，共骡两头，共驴四头[2]。南北疆军台的马牛由官牧厂按额补给，坐台维吾尔人户和官兵一体给予口粮、盐菜银，并将台站附近的地亩拨给台站耕种。营塘任务同于军台，系辅助军台而建，集中于北路精河以东地区，靠近军台干道或营汛之处，规模小于军台，归绿营管辖。

乾隆以后全疆的军台干线通达四处，主要有以下数条：[3]

伊犁——乌鲁木齐——哈密，这是北疆的主干道，它西起伊犁惠远城，中经精河库尔喀喇乌苏、绥来、呼图壁、昌吉至乌鲁木齐，再从乌鲁木齐分东南、东北两路至哈密。东南线经由吐鲁番，东北路经由巴里坤，在哈密底台会合，再通过哈密——星星峡——嘉峪关段与通往北京的皇华驿道相接。这条干道不仅设置军台，还有大量营塘相配合，其中，伊犁——乌鲁木齐段长 1920 里，军台 21 座，营塘 13 座（营塘至精河为止），乌鲁木齐北路（经巴里坤至哈密）1680 里，军台 20 座，营塘 23 座，乌鲁木齐南路（经吐鲁番至哈密）1700 里，军台 20 座，营塘 3 座。

自塔尔巴哈台分别至伊犁或乌鲁木齐。塔尔巴哈台是西陲最边远的城镇，北疆主干道通过两条支线与其相接，一条在奎屯台分道向西北抵塔城，形成塔尔巴哈台——奎屯段长 630 里，军台8 座。

1 和瑛：《三州辑略》卷五。

2 和宁：《回疆通志》卷八。

3 此处军台营塘里程主要根据《西陲总统事略》，卷三的《南北两路军台总目》统计，间有参考《驿站路程》、《三州辑略》等书者。

从塔城到奎屯后折向西行可达伊犁，东行可达乌鲁木齐。另一条为塔尔巴哈台——伊犁卡伦道路，在塔勒奇阿满与主干道会合，进抵惠远城。此路共 17 站，长 1420 里[1]。此外，在古城有向北与外蒙古科布多南路连接的台站道路，计 3 台，290 里，使北疆主干道与喀尔喀蒙古的驿路联通，并可由此经乌里雅苏台、张家口驰往北京[2]。

哈密——吐鲁番——喀什噶尔，这是天山南路的主干道，途经南疆各重要城镇。一般以吐鲁番为界分东西两段，东段从吐鲁番至哈密，与乌鲁木齐南路重合，西段从吐鲁番至喀什噶尔，中经喀喇沙尔、库车、阿克苏，在阿克苏与向伊犁和向乌什的军台分道，折向西南到叶尔羌，通向和阗的军台分道，再向西北经英吉沙尔到喀什噶尔，其中吐鲁番至喀喇沙尔 870 里，设 10 台，喀喇沙尔至库车 950 里，设 10 台，库车至阿克苏 730 里设 8 台，阿克苏至叶尔羌 1760 里设 16 台，叶尔羌至喀什噶尔 500 里设 6 台，计 50 台，4410 里。南路主干道向东经哈密连接内地，由喀什噶尔越葱岭而西可达中亚各国。途中有两条重要支线，一为阿克苏——乌什段，凡 3 台，240 里，一为叶尔羌——和阗段，设 6 台，长 700 余里，使塔里木盆地南缘的绿洲与南疆干道连为一体。

在天山南北之间，则有两条主要通道相连。一条是前面已提到的乌鲁木齐——吐鲁番线，中间翻越齐克达巴罕，可行车，一条是阿克苏——伊犁线，中间翻越险峻高耸的穆素尔达坂，乾隆二十五年（1760 年）正式设置[3]，计 14 站。这条路是伊犁通南疆的要道，但山顶冰雪覆盖，道路状况较差，清政府派人维修道路，凿刨冰蹬，使之成为入南疆的捷径，每年有大量南疆物资由此源源运往伊犁。除此之外，伊犁至喀喇沙尔还有一条山间道路，乾

1　《西陲总统事略》卷一〇。

2　《驿站纪程》。

3　《清高宗实录》卷六〇九。

隆二十二年（1757 年）曾安设卡伦维护交通，但后来随上述两条要道的开通和完善，这条道路下降为普通的民间道路，可骑马通行[1]。

清代新疆的交通体系，军台营塘无疑是其主干，把天山南北各地及其周边地区连接起来，从哈密东行和从古城北行的道路，还起着保障新疆与内地，新疆与京师联络畅达的作用。与此同时，卡伦路线的作用也不容小视。《西域图志》称："我朝德威遐布，通道荒陬，如安西、哈密、巴尔库勒为甘凉门户，早经置亭设障，棋布星罗。洎乎荡平西域，全隶版图，地周二万余里，为之遍置军台，而于其岩疆要隘，毗接外藩处所，酌设卡伦，以资捍卫。"卡伦是"更番候望之所"，有常设、移设、添撤三种，在高山广漠、军塘不及的偏远地域，卡伦兼具稽查防卫、驿递转运、定期巡查等多种功用。由一条条卡伦路线构成的通道，与军台干道纵横交织，声气相连。

据粗略统计，乾嘉时新疆有卡伦 174 处，如：塔尔巴哈台至科布多辖境夏季卡伦 13 处，冬季卡伦 8 处，塔尔巴哈台至伊犁卡伦 17 处，伊犁东北 23 处，伊犁自西而南 24 处，自南而东 17 处，分别与哈萨克、布鲁特等部游牧地相接。自伊犁越穆素尔达坂西南至乌什，卡伦 23 处，此外，喀什噶尔、叶尔羌、阿克苏等地也各有卡伦十数处至数处不等[2]。

交通网络的健全不止给军事行动提供了便利，在和平时代，它更是中央政府与边疆各地上情下达、下情上达，加强政治支配力的重要条件，台站道路又是商旅通道，民间的人口流动和商业贸易往来也因此而得到发展。乾隆四十年（1775 年）以后，以乌鲁木齐地区为中心，又增辟三条驿站路线，即乌鲁木齐以东至巴

1 松筠：《新疆疆域总叙》。

2 《西陲总统事略》卷三。

里坤的宜禾县18站，1757里，乌鲁木齐向南至吐鲁番7站，480里，与乌鲁木齐向西至绥来县4站，270里。每站各置驿丁、马夫，用于地方民政事务，进一步方便了民间商旅[1]。随着时间的推移，驿站台塘两旁，民户不断聚集，有的开办旅店，出售饮食，为行旅服务，有的则从事耕植，定居落户，渐成村落气象。道光二十四年（1844年）林则徐自伊犁赶赴南疆途中，多处见到民舍、旅店与军台兵房并立，“林木森疏，泉流清洮”[2]，荒漠险远的跋涉虽然艰辛，但比起往日，景象已大为改观了。

（四）西南地区

18世纪，滇桂二省的交通体系，主要体现在清政府所广泛建立的驿传系统上。雍正年间改土归流以后，清朝在调整和改革行政建置，并广布驻军的同时，清政府又积极开辟驿路，设立驿站、兵站和铺递等，从而组织成一个覆盖各地的驿传网络，有力地推动了这一地区的交通运输业。

广西通航河流众多，其主要城镇一般皆位于河流沿岸，故此清代广西的驿传系统自以水路为干线，并且驿站多无马匹，而以船舶、水手为主。其驿站又有一种称作“千里马”的人夫，盖因广西除水路之外，山路多狭窄崎岖，当地又少有养马习惯，遂选用长于攀行山路的健夫从事陆路传送公文，称之为“千里马”，推其意大概是希望他们可如内地大道上驰奔的骏马一样快速完成传递目的。

广西的驿传系统以桂林府为枢纽，自湖南循湘江南行而抵桂林的大道，是该省省城通往北京以至内地各省的主要交通路线。又自桂林循桂江（漓江）南行经苍梧以达广东的驿站线路，是广西巡抚衙门以及其他行政衙门同驻于广东的总督衙门间相互联系

1　《三州辑略》卷五。
2　林则徐《乙巳日记》多处记载沿途道路、台站情形，可资参考。

的大道。其自桂林循桂江经苍梧后再西向沿浔江、郁江、左江水路经浔州、南宁、太平等府而至镇南关一线，是广西省内的一条主要交通线路，也曾是当时安南贡使入境后去北京的经行路线，同时也是北京通向西南边陲的大道之一。该线沿途各府州县一般不设驿站，只有铺司和“千里马”，因为在清代前期它并非有关政治、军事大局的交通要道，不同于广西巡抚衙门同北京和总督驻地间的线路那般重要，后者沿线设有驿和铺两个系统。再者，上述自苍梧循浔江、郁江水路至南宁一线，于南宁西北行，沿右江水路抵桂西重镇百色，再至云南广南府这一大道，是清代西南边疆同长江航线平行的一条连接粤、桂、滇三省之交通动脉，对于三省间的经济文化交流和广西西部地区的开发，都有着不可轻视的作用。

清代云南所设用于传递紧要文报的驿站，分为驿、堡和军站三种形式，略与内地驿站情形不同。其中，堡是明代卫所制下的驿传设施之一，迨至清初已连同卫所多半裁撤，剩余者亦大都附属于毗邻的驿站，成为驿站的一种派出机构，而且为数甚少。而云南的军站则数量较多，但这种军站却不同于上述“西北二路”的军站，后者作为朝廷与蒙古、新疆的将军、都统等通信联络的工具，其规模实力都比较强大，重要性在内地诸省驿站之上；但云南设于迤南和迤西两条交通线上的军站，主要用于传递绿营驻防军队的军报，规模实力较为弱小，其重要性在驿站之下。如就传递文报的性质和方式而论，云南的驿站和军站因为都是以“马上飞递”方式递送“紧要文报”的驿传机构，所以两者实属同一系统，即驿站系统，区别仅在于所在地域的冲僻和规模实力的大小不同而已。

清代云南的“驿”站全部设置在昆明至贵州间的滇黔大道上。因为这段驿路是省城通京师及内地诸省的主要道路，即所谓“通京大道”，所以清政府格外予以重视。统计清代云南全省共置驿

81处，内计“驿”15，军站54，堡12；额设夫役1674名；额设驿马508匹。而迤东滇黔一路有驿20处，包括全部15处“驿”站，共有夫役1430名，驿马400匹，因此其夫役和驿马数量便各占全省额设总数的85%和79%，可见清政府把云南的大部分驿站力量都集中在滇黔大道上了。譬如位于这段驿路上的昆明县滇阳驿、板桥驿，嵩明州杨林驿，寻甸州易隆驿，曲靖府白水驿等，每站各有驿马40至60匹，马夫20至30人，又有附属堡夫各达百余之多，其人力物力皆十分可观。相形之下，位于迤南和迤西大道上的军站，每站仅有驿马2匹，马夫1名[1]，规模实力远不及迤东大道上的驿站。

迤南、迤西两条军站线路，是清政府为了保持和加强同边远地区驻军的通信联络而开辟的。嵋峨以南的元江、普洱、思茅以及十二版纳一带，都是清代始经设置派官府治之地，同时又在山野丛林间通设驻军，而以普洱镇总兵统辖之（元江地区部分驻军归临元镇统辖）。为使普洱镇与省城以至京师间有迅捷流畅的通信联络，清政府于昆明至普洱间置设军站10余处，这一军站线路遂逐渐演变成由滇中腹里地区通往滇南边远山区的交通干线，即后来的所谓“迤南大道”。又，从昆明经楚雄、大理、保山以至腾冲的迤西大道，是汉唐以下古商道，有谓之西南“丝绸之路”美称者。东汉时有著名的“兰津之歌”，便是当年开发澜沧江以西道路时候所作[2]。清政府沿此线置设军站和堡共计40余处以为云南提督（驻大理）及腾越镇、鹤丽镇总兵同省城督抚以至北京朝廷之间传递紧急文报之用。毫无疑义，上述驿站和军站线路对于清政府加强西南边陲统治，对于清代云南地区的交通开发，均具有一

1　（光绪）《大清会典事例》卷六五七《兵部·邮政》《置驿三》。

2　《华阳国志·南中志》记歌词曰：“汉德广，开不宾；渡博南，越兰津；渡澜沧，为他人。”

定的促进作用。

但是，驿站（军站）毕竟数量有限，而且仅分布在以昆明为中心，东抵黔省，南迄普洱，西至腾冲这样三条呈丁字状的交通要道上。而在那些没有交通干线经过的广大地面上的州县都没有驿站设施。然而，就后者来说，则有着四通八达的铺递线路。如上所述，铺作为与驿站同时并存的又一驿传系统，其特点在于为数众多，星罗棋布，以人力步行走递公文。铺与铺之间距离不等，或十里、二十里以至三四十里不等，各铺迤逦相连，组成一条条纵横交错的铺递线路。清代云南全省共置铺460余处，大大超过驿站和军站数量，无论冲僻之地，莫不有铺相通。即使深山密箐，羊肠一线，亦多有铺点设立，对于交通开发的影响当在驿站之上。其铺递线路的构成，大抵是以每一厅州县的行政衙门所在地为起点，即以“县前铺”（或“州前铺”“厅前铺”）为中心，呈四向散射状与周围毗邻州县的铺递线路相联结，再与驿站系统的要道相互贯通，因此组成一个覆盖全省的交通网络。显而易见，这种十分周密完整的驿传网络，不仅直接促进了清代交通事业的开发，而且对维护边陲地域的稳定及多民族国家的统一起到相当重要的作用。

第三节　“分而治之”“因俗而治”的民族政策

政策是国家等行为主体在一定历史时期为实现某一特定的目标、任务而制定的行动准则。在不同的历史时期，由于边疆民族的格局不同、族际关系性质不同、政策制定者的利益集团不同以及认识水平不同，都会形成不同性质、不同种类、不同特征的边疆民族政策。从历史上看，历代统治者根据自身的利益和当时的形势所制定的边疆民族政策的成败得失，又直接影响着彼朝彼代的兴衰存亡，关系甚巨。中国封建社会的边疆民族政策，自秦汉时期初具规模后，经隋、唐、元、明、清诸强大统一王朝的充实、完善，形成了完整的体系，这在世界各国历史中是颇具特色的。

清朝，吸收前代的经验，制定了较为成功的边疆民族政策，促进了国家的统一。清朝统治者在其制定对边疆地区的统治政策过程中不能不受到中国儒家传统文化这一特定历史背景的影响。在中国传统文化中，社会目标价值观念体系包含多种尺度，但最重要的则是“天下太平，长治久安”。孔子就曾经直接表达了“安”与“和”作为社会目标超乎其他一切的至上性。道家、法家等尽管关于治道的学说互有歧异，但在希望天下太平这一点上，却基本上所见略同。因此，稳定和谐的社会便成为中国封建地主阶级政治家们所追求的目标，封建君主的贤愚功过均以社会的治乱为准绳来加以评判。清朝统治者，自然也把国家臻于安定和平作为自己孜孜以求的鹄的。对于清朝来说，保持边疆地区的稳定是其制定边疆民族政策的出发点。

清朝边疆民族政策有什么特点，概括起来有四个方面的问题值得研究。

一　“分而治之”“众建而分其势”

清朝对边疆各民族实行“分而治之”“众建而分其势”的政策，最初源于对蒙古问题的处理。蒙古高原，自古以来一直是任凭北方游牧民族自在牧放、豪迈驰骋的广阔草原。清朝人说：“鞑子蒙古乃诸游牧国总称，无城郭宫室，驾毡帐逐水草而居，谓之行国。”[1]从中国历史上看，中原历代王朝苦于北部边疆问题。早在汉代，扬雄就提出：“……北地之狄，五帝所不能臣，三

1　林谦纂：《国地异名录》，见《小方壶斋舆地丛书》，第一帙，页20下。

王所不能制。”[1]严尤也曾讲过:“匈奴为害……周得中策，汉得下策，秦无策焉。”[2]从汉代到明代，汉患匈奴，唐忧突厥，宋虑契丹，明苦鞑靼，几乎无代无之。蒙古部虽然强悍，但其弱点亦突出，早在17世纪初，满族刚刚崛起时，努尔哈赤就提出削弱蒙古力量，制服蒙古的对策。努尔哈赤说:“云合则致雨，蒙古部合则成兵，其散犹如云收而雨止也。俟其散之，我当亟取之。”[3]17世纪初至下半叶，努尔哈赤、皇太极、顺治、康熙等抓住了蒙古部的弱点，采取“分而击之”的策略，把蒙古部纳入清王朝的管辖之下。

17世纪末至18世纪，康熙、雍正、乾隆帝等一直惧怕蒙古人再次崛起，威胁清朝的统治，因此采取的策略是既要利用蒙古的军事力量维护清朝统治，又要削弱蒙古的地方势力。

清朝提出:“本朝不设边防，以蒙古部落为之屏藩”[4]，“我朝施恩于喀尔喀，使之防备朔方，较之长城更为坚固”[5]。同时又针对蒙古人的弱点提出:“蒙古人欲各自为札萨克，不相统属。朕意伊等若各自管辖，愈善。昔太祖、太宗时，招徕蒙古，随即分旗佐领，分为札萨克，各自所统，是以至今安辑。”[6]也就是说，利用蒙古部各不相统属的矛盾，由“分而击之”变为“分而治之”。“分而治之”的目的，就是要防止蒙古部联合起来形成对清朝统治的威胁，昭梿在总结清朝治蒙政策时说:“蒙古生性强悍，世为中国之患。”[7]魏源认为清朝治理蒙古的基本思路是削弱蒙古的力量:

1 《汉书》卷九四。
2 《汉书》卷九四。
3 《清太祖实录》卷四。
4 《承德府志》卷首一。
5 《清圣祖实录》卷一五一。
6 《清圣祖实录》卷一八五。
7 昭梿:《啸亭杂录》卷一《善待外藩》。

“然蒙古衰弱，中国之利也。”[1]削弱蒙古的办法，即是“分而治之”。通过“分而治之”达到“众建而分其势”的目的。

“分而治之”政策最早用于漠南蒙古，而后推行于漠北蒙古，最后成为清朝对边疆地区实行统治的基本政策。在蒙古地区，漠南蒙古由六万户变为六盟四十九旗；漠北蒙古由七鄂托克变为四盟八十六旗。其中察哈尔部“官不得世袭，事不得自专”[2]，直接由清中央政府派官统治。

清朝在推行其“分而治之”的政策过程中，遭到了来自卫拉特蒙古部的顽强抵抗。乾隆二十年（1755年），清军进军西北，其初衷是削除准噶尔部与清朝的对抗，在清王朝统一管辖下，重新“封四卫拉特，各为一汗，令自管辖”[3]。实际上也是“分而治之”政策的另一种形式。但是，卫拉特蒙古部王公阿睦尔撒纳称：“但我等四卫拉特与喀尔喀不同，若无总统之人，恐人心不一，不能外御诸敌，又生变乱。”阿睦尔撒纳总统四卫拉特的目的，引起清廷的担忧，乾隆帝认为：“若止封阿睦尔撒纳为汗，则办理准噶尔一事，全为伊一人集事矣。”实际上就是违背了清王朝“分而治之”“众建而分其势”的边疆政策。

自此，对抗清王朝“分而治之”政策的卫拉特蒙古人遭到了清军毁灭性的打击。乾隆帝敕谕清军对四卫拉特蒙古人：“其应行剿戮者，即行剿戮，所余妻子，酌量分赏官兵，毋得稍存姑息。”[4]昭梿记载当时清军对准噶尔人的杀戮情形时描述道：“时厄鲁特慑我兵威，虽一部有数十百户，莫敢抗者。呼其壮丁出，以次斩戮，寂无一声，骈首就死，妇孺悉驱入内地赏军，多死于途，于是厄鲁特之种类尽矣”，“其他诸贼，既降复叛，自取诛灭，草

1　魏源：《圣武记》，附录，卷一二《武事余记》。

2　魏源：《圣武记》卷三《外藩》。

3　《清高宗实录》卷四八九。

4　《清高宗实录》卷五三五。

薙禽狝无噍类，固无论已，此固厄鲁特一大劫，凡病死者十之三，逃入俄罗斯、哈萨克者十之三，为我兵杀者十之五，数千里内遂无一人。”[1] 清朝平定准噶尔后，清朝将漠西蒙古由四卫拉特变为八盟三十一旗。

总而言之，“分而治之”“众建而分其势”是为了强化清王朝在边疆地区的统治权威。这项政策，适用边疆各个地区，各个方面。如在西藏地区，将部分藏族地区划归青海、四川、云南管辖。清政府通过这项政策达到了削弱边疆民族上层人士的权力，“少其地而众建之，既以彰赏罚之典，又使力少不能为乱，庶可宁辑边陲”[2] 的目的。如在行政建置方面，各种行政机构，包括各盟旗长、各级伯克、各部土司互不相统属，任免权掌握在理藩院或清政府各驻扎大臣手中，虽然边疆民族地区各级行政官员有负责处理该地区民政事务的权力，但处在清朝驻边各级大臣的监督之下。如在宗教方面，在西藏和内外蒙古分封四大活佛，削弱达赖喇嘛的宗教权威和影响。

清朝统治者实行的“分而治之”“众建而分其势”的统治政策与很多国家历史上都出现过的二元或多元政治体制又不一样。二元或多元政治体制是指在一个国家内有两个或多个主体民族，而在它们之间的历史文化传统相差较大的情况下采取的政治体制。如世界近代史上的奥匈帝国，就属于这一类型。清朝是继承中国历代传统而建立的统一多民族国家。主体民族是汉民族，而边疆各民族和汉族的历史文化传统相差较大。“分而治之”“众建而分其势”与“因俗而治”，是一个政策的两个方面。一方面，根据边疆地区各民族的情况“因俗而治”，“修其教不易其俗，齐其政不易其宜”，“从俗从宜”，“各安其习”。也就是说，在一个国家

1　昭梿：《啸亭杂录》卷三《西域用兵始末》。
2　《清高宗实录》卷二九五。

内实行多种政治制度，进行统治。另一方面为了强化清王朝对边疆民族的控制，“分而治之”使他们之间隔绝、封闭，大大地限制和缩小边疆民族首领的权限，使他们不能联合起来反抗清朝的统治。本世纪50年代，蒙古史学者黄静涛先生曾对此项政策进行过深刻的批判，指出：“这一政府极端嫉恨南蒙古以至整个蒙古族的统一及其与汉族的联系；极端仇恨国内各民族间的平等与自由。清统治者采取了一系列狠毒政策，使蒙古处于‘藩属’的地位并使其与汉族隔绝了起来。”[1]

二　“因俗而治”

清朝是继承中国历代王朝传统而建立的统一多民族国家，主体民族是汉民族，而边疆各民族和汉族的历史文化传统相差较大，如何根据各民族习俗特点，制定适宜的边疆民族政策，是清王朝统治边疆地区的重要任务。松筠治边的体会是：“首在熟悉‘夷’，然非特知其长技，察其习尚已也。其部落之强弱，形势之夷险，以及承袭之世次，官制之维系，尤必固知之，而后以得其心，以制其命。”[2]李兆洛在《皇朝藩部要略》序中高度概括了清朝实行的“因俗而治”政策，李兆洛说：“其于诸藩也，容之如天地，养之如父母，照之如日月，威之如雷霆，饥则哺之，寒则衣之。来则怀之，劳则劳之，患则救之。量材而授任，疏之以爵土，分之以人民，教之以字畜，申之以制度，一民尺土，天子无所利焉，寸赏斗罚，天子无有私焉。修其教不易其俗，齐其政不易其宜，旷然更始而不惊，靡然向风而自化……”[3]

也就是说，在政治、经济、思想文化、风俗习惯等方面“从

1　陶克涛（黄静涛）：《内蒙古发展概述》（上），第135页，内蒙古人民出版社，1957年。

2　松筠：《新疆识略》卷一二。

3　祁韵士：《皇朝藩部要略》序。

俗从宜”，“各安其习”。

（一）不改变生活方式、风俗习惯、衣冠制度

清朝追求边疆地区政治上的稳定，力求不改变当地的旧的生产方式和生活方式。蒙古地区，仍旧是“行则车为室，止则毡为庐，顺水草便骑射为业”[1]的游牧经济和游牧生活方式。对于西藏，乾隆认为：“西藏乃极边之地，非内地可比，其生计风俗，自当听其相沿旧习，毋庸代为经理。”周蔼联考察西藏指出：“边氓之气宜静不宜动，此等番民羁縻之足矣，召募垦田，患有不可胜言者，子知其一不知其二也。”[2]清朝不改变边疆民族各部的宗教信仰习惯。奉行扶植藏传佛教的政策，规定喇嘛不服徭役、不纳赋税，对喇嘛教上层人物给予极高的礼遇和政治、经济特权。蒙古部“因蒙古崇奉喇嘛，最信黄教，因而加以保护，用示怀柔”。[3]

不改变边疆民族的服饰及生活习惯。乾隆针对蒙古部的服饰说过：“至于衣服制度，不妨仍其旧俗，若因归降天朝，必尽用天朝服色，势亦有所难行。尔等习惯自然，一时岂能骤易？且将旧时衣服尽行弃置，亦殊非爱惜物力之道。即朕所颁赐物件，亦止善为收贮，传之子孙，惟来京朝觐，暂时服用。”[4]对于回疆各部采取了“缠头环耳各随宜，何必衣冠尽改之”的尊重回部习俗的政策。清朝宣告南疆各民族“不令汝等更改衣冠，照旧各安生业，其中有被霍集占逼勒随行者，亦不过查办有心党恶数人，其余概不深究”。[5]对于西南地区“沿边土司番众，如德尔格、霍尔等处，自可仍听其各仍旧俗，毋庸饬令一律更换服饰。……即现在收服这两金川番众，亦止须遵制剃发，其服饰何妨听从其旧，又况沿

1 《明太祖实录》卷一九六。

2 周蔼联：《西藏纪游》。

3 《普陀宗乘之庙瞻礼纪事诗》自注，见《西藏图考》，卷首。

4 《清高宗实录》卷五五一。

5 中国第一历史档案馆：《朱批奏折·民族类》卷四五五。

边土司番众，何必更改服饰耶”[1]。

（二）在边疆地区对各民族实行多种形式的管理制度

东北地区居住着众多的民族，各个地区各个民族的管理制度都不相同。共有四种形式：八旗制以统辖八旗兵民，州县制以统辖汉人民户，姓长制以统辖吉林边民，盟旗制以统辖东蒙蒙民。

蒙古地区是蒙古民族的聚居区，清朝实行盟旗制度进行管理。

新疆地区地域广阔，民族众多，境内有维吾尔、汉、满、回、哈萨克、布鲁特、锡伯、索伦、蒙古等民族。清朝根据各个聚居区的民族分布情况实行了多种制度：汉族聚居区实行郡县制；维吾尔族聚居区实行伯克制；游牧的哈萨克、布鲁特、蒙古诸部及哈密、吐鲁番维吾尔人实行札萨克制。

西藏地区实行地方政府的行政管理制度，川、青、甘、滇藏区实行土司制度。

西南多民族聚居区实行土司制度。

东南台湾与海南岛的行政管理实行郡县制。

上述在边疆地区的多种政治管理制度中，除了与内地相同的郡县制以外，盟旗制度、札萨克制度、伯克制度、土司制度及西藏地区的地方行政管理制度都与内地的政治制度有较大的区别。盟旗制度是在蒙古高原上蒙古民族原有的适用游牧民族鄂托克和爱马克制度的基础上，参照满洲八旗制，在蒙古地区实行的政治制度。伯克原来是我国维吾尔族和中亚地区一些操突厥语族语言的民族历史上的官制，18 世纪，清朝政府统一新疆以后，对这项官制进行改革，成为适合于维吾尔族聚居地区的政治制度——伯克制度。土司制度也称土官制度，形成于元代，元政府在保留各族官吏原管的土地和百姓的基础上，任命原来的土酋为土司。土司制度也就成为元明清三朝统治者对西南边疆各民族聚居地区实

1　《清高宗实录》卷一一〇三。

行的一种特殊的政治制度。西藏地区，在明代由帕木竹巴第司政权名义上统治了200多年，在帕木第司政权存在的同时，还有仁蚌家族，辛霞巴及其他土酋和藏巴汗噶玛政权进行统治，实际上处于分裂状态。清代，从蒙古和硕特部顾实汗开始，清政府曾尝试以第巴制度、噶伦制度来解决对西藏的施政，但都未取得成功。1751年，清朝废除西藏封建郡王制度，建立地方办事机构噶厦，并且逐步完善，最终形成了噶厦内四噶伦中三俗一僧的“政教合一”制度。

清朝对边疆地区各民族实行的统治制度带有明显的阶级压迫和民族压迫的性质。但是，清朝政府保持边疆地区原住民族的格局，实行多种形式的政治制度，显然和欧洲殖民者在美洲、澳大利亚以及非洲一部分国家里划分土著保留地制度的性质不同。欧洲殖民者建立土著保留地的目的是要大规模地掠夺和占有这些国家的土地资源，剥夺当地原住民拥有和使用这些土地的权利，把贫瘠荒凉的土地划归土著居民居住，使他们没有能力自己养活自己，从而或者使他们逐渐灭绝，或者使他们成为白人工矿业与农业的廉价劳动力的提供者。如美国白人在西部对印第安人实行的“保留地”制度，是以不再保留印第安人在东部的土地为前提，使印第安人既与原有的生存条件分离，也与整个美国社会脱节。清朝强调保持边疆原住民族土地的完整性，原有民族分布格局不变，保持原有的习俗、语言、文化和生活方式。其地方行政由本民族的人士负责。清朝统治者严禁其他民族人口流入边疆，他们认为，允许大量内地人口流入，会引起边疆民族的不安定，不利于边疆地区的稳定。

将民族地区的统治权委托给当地民族的首领，通过他们的治理来贯彻统治民族的统治阶级的意志，这种民族政策被称之为“间接统治制度”。近代以来，英国对国内民族和殖民地民族都曾经实行间接统治制度。有人认为，我国清代所实行的土司制度、盟旗制度、伯克制度等都属于这种类型。我们认为，的确，清朝政府对有的边疆地区也曾经采用过间接统治制度，如清朝初年，利用蒙古和硕特部汗王对西藏进行的统治就属于这种类型。

蒙古和硕特部进入西藏，并不是缘于清朝的帮助，而是由于蒙古和硕特部顾实汗帮助格鲁派推翻了红帽派藏巴汗政权后，掌握了当时西藏地区的军权、行政权和司法权。和硕特部顾实汗和西藏宗教领袖达赖、班禅形成蒙藏僧俗贵族互相支持、互相依赖的统治格局。清朝定鼎北京之初，尚无力量顾及西藏事务，不能对西藏进行直接的统治，只有利用已经归服清朝的和硕特部汗王顾实汗对西藏进行间接统治。清朝利用和硕特部汗王对西藏间接统治达六十余年。自1709年起，清政府根据当时西藏情况，派官直接管辖西藏事务，结束了间接统治制度。除此之外，在清代没有出现其他被间接统治的地区和民族。

实行郡县制，这主要是针对台湾与海南。清代台湾和海南二岛与腹地边疆不同，其汉族人口远多于土著民族人口，故清政府在台琼二岛始终推行内陆一体化政策。台琼二岛地方府县隶属于沿海邻近省份，两岛的民族事务，另有衙署管理，但均直接听命于本省的布政使司，与中央的理藩院无涉。清朝对两岛的土著民族实行汉化政策。两岛凡划入州县统治的黎民、番众与内地百姓无异，迫其剃发蓄辫，以示归附。清政府大力推行儒化教育，加速其汉化进程。这和美国在西部地区逐步“美国化”的进程极其相似。当然，美国是以掠夺印第安人的土地为其开发前提的，和清朝政府统一台琼二岛性质完全不同。但是，美国在得到土地以后，大批的移民从东部带去美国的制度和生活方式，使西部最终和东部融为一体。

对原有民族的政治体制加以改造后再利用。如对伯克制度、土司制度、盟旗制度和西藏地方行政管理制度等都进行了改革。以伯克制度和土司制度为例，伯克制度，在清朝统一新疆前夕

"回部阿奇木等伯克向系世袭"，也就是说，维吾尔族地区是由阿奇木等伯克控制，如果仍采用世袭制，将与清朝政府高度集中的封建中央集权统治相矛盾，不利于其在新疆的统治，废除伯克世袭制度，将伯克改为流官，是伯克制度改革的首要内容。此外对伯克的任免、任期、回避制度、品级、养廉、入觐制度和政教关系都进行了改革。

土司制度的改革在清代具有很大的影响，史称"改土归流"。清政府在西南各省进行大规模的改土归流后，土司制度受到很大的冲击，土司的承袭制度、分袭制度、奖惩制度、抚恤制度都有了新的规定，形成了流土并治及分别流土考成等一整套严格的管理制度。改革后，土司的割据性、独立性不复存在，中央政府对这些地区的统治得到加强。

清朝以"因俗而治""分而治之"的方针治理边疆地区，收效甚大，但是在强调边疆民族地区的特殊性和制定特殊政策时，也出现了一些不利于各民族交流，影响边疆民族社会发展的消极的政策，影响比较大的有"隔离政策"和"封禁政策"。

隔离政策出现在台湾和天山南部的回疆等地区，台湾有汉番隔离政策，但是最典型的还是南疆汉回隔离政策。汉回隔离政策，除了清朝政府行政制度和军事制度上采用不同的制度外，经济措施上，监督汉民进入回疆经商，限制汉人到回疆垦殖。在社会生活上，严禁汉民移住南疆，并设有"汉、回城"使汉、回人分居。严禁汉、回两族通婚，限制回人留辫发等。封禁政策主要针对东北三省和蒙古地区，这一政策的推行较大的影响了东北、蒙古等边疆地区的经济开发。

三　边疆民族上层人士的优待政策

在中国古代历史上，各民族的统治者对各民族的劳动人民共同进行压迫、剥削，而各民族的统治者之间也存在民族间的互不信任、歧视、戒备、仇恨、冲突和斗争。这种存在于民族之间的民族对立、民族摩擦和民族矛盾在各民族统治者之间表现得尤其明显。18 世纪，摆在清朝统治者面前的重要问题之一，就是要对边疆各民族的上层人士制定适宜的政策，充分利用他们熟悉本民族的历史特点和生活情况，在本民族中的威望和政治号召力，以利于化解矛盾，减少摩擦，促进团结，维护清朝的统治。

在总结清朝的治边方针，提到清政府对边疆各民族上层人士的政策时，人们往往强调笼络政策，其实，这只是问题的一个方面。清朝统治者对边疆各民族上层人士的控制包括两个方面：一方面“众建而分其势”，分化和削弱边疆民族各部上层人士的权势；另一方面，优待和抚绥各民族上层人物。

优待和抚绥各民族上层人士主要表现在：对归顺清朝的各民族上层人士，一般均保留和承认他们原来统治本民族本地区的特权，给以优厚俸禄，封以崇高爵位；与部分边疆民族上层人士家族实行联姻，尤其和蒙古王公贵族实行满蒙联姻，一方面从蒙古王公家族中选择后妃；另一方面，把公主下嫁给蒙古王公；实行朝觐制度，亦称年班、围班制度，年班制度规定：边疆各民族上层人士每逢年节来京、朝觐皇帝、瞻仰圣容；围班制度亦称木兰行围制度，邀请边疆民族上层人士到塞外，赐宴于避暑山庄并进行木兰行围狩猎。

清朝统治者将其对边疆民族上层人士的政策归纳为“恩威并济”，乾隆帝认为：“中国抚驭远人，全在恩威并用，令其感而知畏，方为良法。若如明季汉官，当外藩恭顺，则藐忽而虐侮之，或且勒索滋弊，及其有事，则又畏惧而调停之，往往激变，率由于此。……历观往代，中国筹边所以酿衅，未有不由边吏凌傲姑息，绥驭失宜者，此实绥靖边隅、抚驭外人之要务。”[1]

1 《清高宗实录》卷一一一六。

第四节 藏传佛教的传播与清朝的宗教政策

关于蒙古地区早期藏传佛教格鲁派的传入，汉籍史料鲜有记载，清朝前期的三部高僧传记《内齐托音一世传》《咱雅班第达传》《哲布尊丹巴传》则详细地记述了这一段鲜为人知的史实，结合清朝前期的藏文史料、汉籍史料、朝鲜史料和其他外文史料，可以将藏传佛教格鲁派传入的情形清晰地展现在我们面前。

一 《内齐托音一世传》与藏传佛教传入蒙古

内齐托音一世是明末清初蒙古地区藏传佛教的著名僧人。早年学佛于西藏，后半生一直在东蒙古传播藏传佛教。我国存有清代木刻本《内齐托音一世传》（1697年，蒙古文），是额尔德尼毕力衮达赖所作。

《内齐托音一世传》主要记述了以下几个问题：

（一）关于藏传佛教再次传入西蒙古的时间

元亡以后，藏传佛教再次传入蒙古已经到了16世纪下半叶。1578年（明万历六年），俺答汗邀请喇嘛教格鲁派领袖索南嘉措到青海蒙古各部传教后，蒙古各部改宗黄教，使喇嘛教在蒙古地区迅速地、广泛地传播开来。在俺答汗的影响下，漠北喀尔喀蒙古部的阿巴岱汗也于1587年（明万历十五年）迎佛至外蒙古。1615年，卫拉特蒙古各部盟主拜巴噶斯正式宣布，喇嘛教黄教派为他们的宗教，并选派贵族子弟到西藏学佛。

卫拉特蒙古各部接受喇嘛教黄教派和喇嘛教黄教派的传入是两个不同的概念。对于后者，至今没有明确的结论，有的学者认为，卫拉特大约在17世纪初传入黄教，而据《内齐托音一世传》记载，大约在16世纪80年代，俺答汗改宗黄教以后，黄教也流传到漠西蒙古。

据传记所载，内齐托音出生于1557年，系土尔扈特部著名的万户墨尔根特木纳之子，原名阿毕达，自幼具有仁爱之心。一次狩猎中，射中一匹野驴，野驴腹中掉出小驴驹，小驴驹战栗着，那母驴疼爱地舔吻自己的幼驹，阿毕达见此情景顿生恻隐之心，想避世出家为僧。他返回家，请示父母，父母不允，并为其娶妻。虽然娶妻生子，阿毕达并没有取消出家学佛的意念，在家念诵佛教经典，并得到机会出走到了西藏。他在扎什伦布寺学佛，师事于班禅，法号“内齐托音”。学成之后，班禅派他到东方传教。他最先到喀尔喀蒙古，拜见了却楞宰桑，又从喀尔喀蒙古来到归化城，拜见了俄木布洪台吉和广化寺住持察罕喇嘛，尔后在阿巴嘎哈喇山修行十二年，在黄帽山修行二十三年，共三十五年。在这三十五年当中，不断为土默特的贵族和平民讲经诵法，受到众人的尊敬。林丹汗占领归化城后，内齐托音带领三十名弟子离开土默特游历到东部蒙古地区，在科尔沁、翁牛特一带传教，并到盛京朝觐了清太宗皇太极，和清朝取得了联系。后遭谗言，被五世达赖诏往呼和浩特居住，岁次癸巳年十月十五日圆寂，年九十七岁。

按照上述记载，内齐托音入寂于1653年（顺治十年）。《清实录》中有关内齐托音在东部蒙古地区活动的记载是1638年（清崇德三年），[1]他是在林丹汗攻克归化城之后才来到东部蒙古地区的，[2]即1630年至1638年间离开最后坐禅修行的黄帽山东来的。我们判断1635年为其东行的年代，东行之前在呼和浩特北面的山洞修行三十五年，也就是说，大约在1600年从西藏到达蒙古，如果以学经十五年计算，那么他大约在1585年前后，由土尔扈特来到扎什伦布寺的。

内齐托音在16世纪80年代出家为僧绝非偶然，是与当时喇

1　《清太宗实录》卷四四，崇德三年戊寅冬十月丁巳条载：“于是以内齐托音及诸无行喇嘛等所私自收集汉人、朝鲜人，俱遣还本主，给以妻室。”

2　见《内齐托音一世传》下，第36~37页。

嘛教对漠西蒙古的影响相联系的。

元亡以后，喇嘛教在蒙古地区曾一度衰落，但这并不意味着喇嘛教完全消失。据汉籍史料记载，明代的漠西蒙古地区，喇嘛教要比东蒙古活跃得多，《明英宗实录》记载说："命瓦剌顺宁王脱欢使臣哈马剌失力为慈善弘化国师，大藏为僧录司右觉义，答兰帖木儿等为指挥千户镇抚等官。初，哈马剌失力自陈屡来朝贡，厚蒙恩赉，乞赐名分，以便往来。行在礼部以闻，故有是命，仍赐哈马剌失力僧衣一袭及答兰帖木儿等冠带。"[1] 这段记载，说明元亡以后，在瓦剌仍有佛僧活动，并且受明封为国师。到了也先时代，佛教活动并无减弱，1446 年瓦剌太师也先奏："所遣朝贡灌顶国师喇嘛禅全精通释教，乞大赐封号，并银印，金襕袈裟及索佛教中合用五方佛画像、铃、杵、铙、鼓、缨络、海螺咒施法食诸品物。"[2] 因此看来，在瓦剌也先极盛时代，瓦剌首领是敬佛的，对其供养的喇嘛僧奉灌顶国师法号，并要求明英宗赐法器。到 1452 年，也先又分别为瓦剌国师三答失里，番僧撒灰帖木儿等奏求僧帽、僧衣、佛像、帐房、金印、银瓶、供器等项[3]。以上史实多是瓦剌也先时代，即 1452 年以前的，从 1453 年也先死后，到 1566 年内蒙古鄂尔多斯部开始接触喇嘛教，这一百多年间，对蒙古喇嘛教没有确切记载。但是佛教的影响不会完全消失。

这个时期，瓦剌受到东蒙古达延汗的攻击，主力逐渐移向漠西。到 16 世纪初叶，瓦剌的西界已到额尔齐斯河。这时东蒙古诸部加紧向西南鄂尔多斯及青海迁徙，极力排斥瓦剌，而瓦剌为寻求牧场也开始向东南甘青一带扩展新牧地，双方不断引起新的冲突。甘青一带距西藏最近，是到西藏礼佛的必经之路，东西蒙古势力进入青海后，复向西藏伸张，必然要接触喇嘛教。

1 《明英宗实录》卷三七，正统二年十二月甲子。
2 《明英宗实录》卷一三七，正统十一年正月庚辰。
3 《明英宗实录》卷二二三，景泰三年十一月辛酉。

实际上，在这一时期，西藏喇嘛教发生了重大变化，即宗喀巴实行“宗教改革”，创立了新的教派——黄教派。到16世纪中叶，黄教寺院集团形成后，不但广泛地结纳藏族社会的封建领主阶级，而且出自它们的需要，主动地和蒙古封建主建立联系。

据《蒙古源流》记载，俺答汗及其侄儿库图克图彻辰洪台吉在西征途中已和喇嘛教有所接触[1]，受喇嘛教的影响比较大的青海蒙古部已经开始兴建寺庙，传习经典[2]。尤其是1578年，三世达赖索南嘉措在察卜齐雅勒与俺答汗会晤后，喇嘛教在蒙古地区迅速传播开来，对此，汉文史籍中有详细的记载，可是，对于漠西蒙古与喇嘛教的关系却只字未提。而有关藏文史料为我们提供了一些线索。据《宗教流派镜史》记载：“有厄鲁特牧人曾向三世福海请有《金光明经》一卷，问其名，答以阿坦迦热，乃为授记云：‘二十年后，当以此法宏于汝土。’后遂为施主，翻译《金光明》等经典甚多，建立佛教基础。”[3]对这一故事，第五世达赖也有相应的记载：“有一鄂罗人（厄鲁特）礼拜《金光明经》的时候，法王索南嘉措看见，问他礼拜是什么经？他回答说：阿敦格格日乐(蒙语，意为金光明)。法王当即授记曰：‘再过二十年后，在你的区域中，这一正法将兴盛起来。’后来果如预言所说。”[4]藏文史料中向达赖三世求《金光明经》的阿坦迦热和内齐托音是同一时期的人，内齐托音出家前后，阿坦迦热从漠西蒙古来向达赖求佛，可以证明，当时喇嘛教对漠西蒙古的影响日益加深。

我们说，16世纪80年代前后，喇嘛教再次传入漠西蒙古，并非说它已经普及，而是逐步渗透。内齐托音出家十年之后，和

1　萨囊彻辰：《蒙古源流》卷七。

2　《万历武功录》卷一四《切尽黄台吉列传》。

3　善慧法日著，刘立千译，王沂暖校订：《宗教流派镜史》，第223页，1980年，西北民族研究室。

4　五世达赖著，郭和卿译：《西藏王臣记》，第176页，民族出版社，1983年。

硕特部顾实汗对“佛法生起无比信仰”[1]。内齐托音之父墨尔根特木纳向盟主拜巴噶斯提出共奉喇嘛教的建议，拜巴噶斯愿意接受，但因为交通不便，与西藏没有直接联系而推迟了，到1615年，有察罕诺门汗亲自劝导拜巴噶斯，卫拉特各部才正式接受了黄教。

对于《内齐托音一世传》中，内齐托音97岁圆寂的记载，曾经引起人们的怀疑，有的学者认为97岁不可信，是67岁的误刻[2]。并推断内齐托音1607年21岁那年到了扎什伦布寺，1619年33岁那年到达归化城。[3]内齐托音97岁的享年是否正确，有待于进一步考证。但是我们不赞成67岁的提法，这种计算是不准确的。

我们试以享年67岁的说法计算，内齐托音学佛15年，在山洞里修行35年，在东部蒙古地区传教18年，共计68年，再加上他学佛之前娶妻生子，那么67岁的说法已经矛盾。67岁的说法，是计算者漏掉了1635年至1653年内齐托音在东部蒙古地区传教活动时间。据《内齐托音一世传》记载，内齐托音在呼和浩特北面山中修行了三十五年，之后，在一次盟法轮会上，他说：“往东方去的时刻到了”[4]，便带领弟子起身东行，先到翁牛特为翁牛特格格治病。然后到盛京朝觐了清太宗，从此他的宗教活动得到清朝的支持。他往来于科尔沁、乌珠穆沁、扎赉特、郭尔罗斯、哈喇沁、奈曼、敖汗、巴林一带弘扬佛法。十旗王公在白音和硕为他建立了宏大的寺庙。[5]他在哈喇沁达尔罕贝勒处为王公们撰写了《甘珠尔经》，[6]他在东部蒙古地区的宗教活动，《内齐托音一世传》中有详细的记载，其篇幅约占全文的一半，不能把山洞里

1 《宗教流派镜史》，第223页。

2 〔日本〕冈田英弘：《乌巴什洪台吉传》，转引自若松宽《蒙古喇嘛教史上的两位弘法者》。

3 〔日本〕若松宽：《蒙古喇嘛教史上的两位弘法者》，第78页。

4 《内齐托音一世传》上，第34页。

5 《内齐托音一世传》下，第61页。

6 《内齐托音一世传》下，第73页。

坐禅修行三十五年和在东部蒙古传教的十八年混为一谈。

此外，据《内齐托音一世传》记载，内齐托音初到内蒙古不久，呼和浩特三个月未下雨，俄木布洪台吉聚众求雨，仍滴水不见，察罕喇嘛说："去请住在阿巴嘎哈刺山的老喇嘛，他能够让天降雨。"[1] 这里的"老喇嘛"蒙古原文写作"ebugen blama"，即年老、年迈的喇嘛，试问，如果以 67 岁计算，当时内齐托音尚不足 40 岁，何以称为老年？又如《内齐托音一世传》下第五十五页中写道，当内齐托音喇嘛来到科尔沁卓利克图亲王处时，卓利克图亲王兄弟二人前往拜见，内齐托音说："我的年事已高，和你们议论身体吃不消，这后面的帐幕中有许多年轻僧人，你们和他们谈论吧。"[2] 在传记中，类似的议论比比皆是，说明此时的内齐托音已经年事很高。

综上所述，内齐托音享年 67 岁的计算是不够准确的，由此，内齐托音 1607 年出家到扎什伦布寺学佛的推断值得商榷。我们认为 16 世纪 80 年代，黄教已经开始传入西蒙古，一些佛教经典已经流传，受其影响，一些贵族子弟投身佛门，因此内齐托音"信奉三宝，视世途如水火，想避世出家为僧"[3]。终于成为卫拉特蒙古第一批有成就的黄教僧人。

（二）蒙古地区喇嘛教和萨满教的斗争

蒙古族早期信仰萨满教。成吉思汗也以萨满教作为精神武器统一蒙古各部。13 世纪，蒙古地区萨满教又和基督教、伊斯兰教、佛教并存。到 16 世纪下半叶，黄教派喇嘛教传入蒙古地区，喇嘛教和萨满教几经激烈的反复的斗争，喇嘛教才占据了上风，萨满教被喇嘛教吞没而逐渐消亡。

萨满教的消亡，主要是因为作为古老的上层建筑，它是代表

1 《内齐托音一世传》上，第 20 页。
2 《内齐托音一世传》下，第 55 页。
3 《内齐托音一世传》上，第 6 页。

着原始社会氏族制度，以及狩猎生产的残余势力，到 16 世纪中叶，蒙古族社会经济有了很大的发展，萨满教成为社会生产力的极大障碍。

16 世纪下半叶，黄教派喇嘛教传入蒙古地区，黄教适应蒙古地区封建领主经济的发展，还带来了高度的文化，深受蒙古牧民的欢迎。但是，黄教要想战胜萨满教，在蒙古地区立足，不是轻而易举的事，还必须和萨满教进行反复的较量、长期的斗争。

1578 年，俺答汗和三世达赖索南嘉措揭开了对萨满教斗争的序幕，他们规定，蒙古人民一律摒弃原来的萨满教，毁掉原来供奉的翁滚，改供佛像，凡汗王的部众必须信奉喇嘛教，对喇嘛："不派畋猎，不索供赋。"以后，达赖喇嘛巡幸蒙古期间，将蒙古地方之龙、鬼、魑魅、驼、马、牛、羊、猫、雕、狼首各项妖魔，尽拘收镇服焉[1]。

《内齐托音一世传》中所记内齐托音和萨满教的斗争，是俺答汗与萨满教斗争的继续，也是我们所见到的黄教与萨满教斗争最翔实的一份蒙文史料。由于内齐托音坚决的态度和灵活的办法，加速了萨满教的灭亡，确立了黄教在东部蒙古地区的统治地位。

内齐托音到东蒙古传教，是被班禅活佛派遣而来的，而卫拉特蒙古另一高僧咱雅班第达被送回漠西蒙古，反映了西藏黄教领袖人物为了扩展黄教的精心安排[2]。他们返回蒙古的重要任务之一，即是镇压萨满弘扬佛教。《咱雅班第达传》中，对此有明确的记载，咱雅班第达曾明确提出："在人民中间，不管是谁，你们只要发现他还在崇拜翁滚，就把他的翁滚烧掉，并没收他的马和羊，你们发现谁让男女萨满烧香，就没收他的马。对男女萨满，

1 《蒙古源流》卷六。

2 据《咱雅班第达传》第 40 页记载，咱雅班第达曾对喀尔喀蒙古扎萨克图汗说："三圣者派我到四卫拉特传播佛教，对于你们，早就任命了呼图克图瓦齐尔达喇"，呼图克图瓦齐尔达喇即内齐托音的法号。

要用狗粪去熏烧。”[1]从《咱雅班第达传》中可以看出，咱雅班第达镇压萨满教的阻力较小，而内齐托音后半生经过极其艰苦的努力，才战胜了萨满。要想确立黄教消灭萨满教，光靠喇嘛教僧人的努力是不够的，必须得到统治者的大力支持，对此，内齐托音是很明智的。他从呼和浩特到东部蒙古不久，就在盛京朝觐了清太宗皇太极。皇太极是一个杰出的政治家，为了统一蒙古，入主中原，他大力推行尊崇喇嘛教的政策，对于内齐托音的来访，他表示了极大的兴趣。他对内齐托音说："看来你是一位有道行的喇嘛，你就在朕的皈依处留下来吧，给你建一座寺庙。”[2]内齐托音虽然没有应允留在盛京，但取得了当时东北地区最高统治者的支持。以后，他不但在蒙古人当中大力发展喇嘛教，而且在汉族人和朝鲜人当中传播黄教，造成大量汉人和朝鲜人出家为僧，壮大了黄教的力量。

在蒙古地区，为了发展黄教，内齐托音首先劝导各旗的王公贵族皈依黄教。他不辞劳苦，从科尔沁汗王处到郭尔罗斯王处，又从敖汗旗到翁牛特旗，奔波于上层贵族及其哈敦的家族之中。他曾为翁牛特旗的公主治病，取得旗主的信任。他为科尔沁王公讲经诵法，得到王公们的支持，并对部众宣传："为了抵制萨满，弘扬佛教，只要能背诵《秘密经集要》的，就赏他一匹马，只要能背诵《阎曼德迦咒》的就赏他一头牛。听到这个消息，所有的平民百姓都尽自己的努力来学习祈祷经文，先学会的人果真得到了马和牛，更多的人便效仿起来。不论大小佛经都加以背诵，使佛教得以广泛传播[3]。为了巩固自己已经取得的胜利，内齐托音依靠十旗王公的力量，在白音和硕建立寺院[4]，奉大藏经，成为喇嘛

1　《咱雅班第达传》，第 45 页。

2　《内齐托音一世传》下，第 41 页。

3　《内齐托音一世传》下，第 46 页。

4　《内齐托音一世传》下，第 61 页。

常往之所。实际上，这所寺院的建立，形成了以召寺为中心的喇嘛教圣地，由于统治者对喇嘛实行免征赋税、差役和兵役等政策，对信奉喇嘛教的人给予奖励，从而使贫困的百姓投奔到寺庙当了喇嘛，这样势必瓦解和削弱了萨满教的势力。

内齐托音及其弟子传播喇嘛教，不停留在上层贵族当中，他们对一般的牧民百姓及边远地区的人民也是极力拉拢。17 世纪中叶，喇嘛教已经流传于大部分蒙古地区，但一些边远地区的影响还是很小的。据《内齐托音一世传》记载："那时佛教还没有传到这个地方（指奥诺河以北的边远地区）。大多数人都信奉萨满教，还不懂得什么是佛教。"[1]一些地区也"只有几个诺颜和巴克实识字，而多数人都祭祀翁滚，崇拜巫师"[2]。内齐托音不畏长途跋涉，为他们讲诵佛经，劝导他们说："你们大家都祭祀翁滚，这对现世无益反而有害，对永世解脱是个障碍，因此要永远摒弃翁滚，敬奉三宝，如此去做，必有益处。"[3]即使对于最下等的囚犯，内齐托音也是尽力使其皈依佛教，《内齐托音一世传》中记载着这样一件事，有一个名叫布和额尔德尼的人有杀头之罪，他听到喇嘛内齐托音的英名，想供奉喇嘛，让内齐托音为其向主人求情免罪，内齐托音为他求了情，并让他出家为僧[4]。内齐托音不仅讲授佛教经典，还四处行医，以医术取得人们的信任。就是对患病的萨满巫师他也一视同仁，土谢图处有一位看阴阳的萨满女巫，眼睛患病，疼痛难忍，她想："我现在没有眼睛，还有什么用处呢？饿死算了。"正遇内齐托音传教到此地，为其治愈双眼。女巫十分信服，"在汗王处大力推崇喇嘛"[5]。由于内齐托音及其弟子的不懈

1 《内齐托音一世传》上，第 49 页。
2 《内齐托音一世传》上，第 53 页。
3 《内齐托音一世传》下，第 53 页。
4 《内齐托音一世传》上，第 24 页。
5 《内齐托音一世传》上，第 42~44 页。

努力，喇嘛教在东蒙古地区发展很快，正如传记所载："从郭尔罗斯公到边远的兀鲁思，佛教广泛传播，到处看见穿红袈裟的人。"[1]

尽管如此，喇嘛教仍然遭到萨满教的拼命反抗，他们议论说："西方要来一位神通广大的喇嘛，他若来了，我们就没有立足之地了。"[2]因此，对内齐托音表示极端的敌视。内齐托音为翁牛特公主治愈疾病后，众人都很惊奇、佩服，唯有萨满巫师不服气，他亲自骑马到内齐托音住处和喇嘛斗法[3]。为了黄教的利益，内齐托音在各旗王公们的支持下，对萨满教采取了强制消灭的手段，据《内齐托音一世传》记载，内齐托音曾宣布"信奉萨满教，永久不能解救你们的灵魂"，听了内齐托音的教导，统治者和贵族每个人都派了自己的使者，每个人都由喇嘛门下的僧人陪伴，他们骑上驿马向各处奔去。他们不管经过贵族的、有地位的人，还是平民的门前，都不加区别地喊道："把你们的偶像都交给我们吧！"许多人交出了偶像，还有些人不敢亲手触动这些偶像，便说出那些偶像的存放之处，僧人和使者被派遣到全旗各处，他们把偶像从各地带来集中在喇嘛住所前面，然后把这些偶像堆积起来，"堆成四个哈那蒙古包那样大的一堆，用火烧掉，就这样埋葬了异端邪说，使佛教变得更加完美无缺。"[4]

内齐托音及其弟子对萨满教的斗争持续了几十年，萨满教在蒙古地区基本消失，使藏传佛教在蒙古地区逐步兴盛发展。

二　《咱雅班第达传》与卫拉特蒙古政教史

咱雅班第达（1599~1662 年），又称拉然巴呼图克图咱雅班第达，俗名乌和特隆归达赖，法名纳木海嘉木错，出生于卫拉特蒙

1　《内齐托音一世传》上，第 66 页。
2　《内齐托音一世传》上，第 53 页。
3　《内齐托音一世传》上，第 39 页。
4　《内齐托音一世传》上，第 53~54 页。

古和硕特部古鲁青鄂托克桑葛斯家族。父和硕特蒙古部诺颜巴巴汗。卫拉特蒙古部藏传佛教著名僧人。

咱雅班第达 17 岁拜察罕诺扪汗为师，受沙弥戒。次年，前往西藏学经。获得拉让巴格西学位，被选为阿巴札仓的经师。咱雅班第达长期在五世达赖身边诵经，受到五世达赖和四世班禅的器重。崇祯十二年，奉五世达赖与四世班禅之命，回到卫拉特蒙古传教。十四年，赴喀尔喀蒙古弘扬佛法，被尊为七旗三大汗的喇嘛。次年，返回卫拉特蒙古祈福诵经、主持法事，翻译经典。1645 年（顺治二年），应土尔扈特汗部的邀请，前往伏尔加河下游，为书库尔岱青讲诵经典。

从 1644 年（顺治元年）开始，应额尔齐斯寺庙达尔罕绰尔吉之邀，着手翻译著名藏族文献《玛尼全集》。时，卫拉特蒙古尚使用回鹘蒙文。咱雅班第达以回鹘蒙文为基础，创制了托忒（意为清晰、明了）蒙文。托忒蒙文更能清楚地表达卫拉特蒙古方言。此后又将《金刚经》《金刚心经》《念咒法》《吉祥经》等大批藏文佛教经典和文学、史学、医学文献等二百余种藏文典籍译为托忒蒙文。

咱雅班第达一生在卫拉特蒙古部传播藏传佛教，致力于蒙古各部的团结。顺治三年和十四年，卫拉特蒙古两次内讧，兵戎相见，均经咱雅班第达奔走劝导，实现会盟和解。

康熙元年八月，病卒于赴藏途中。

咱雅班第达圆寂后三十年，他的弟子拉德纳巴德拉完成了《咱雅班第达传》，为我们留下了关于卫拉特蒙古藏传佛教发展的宝贵记载和咱雅班第达的历史传记。

（一）拉德纳巴德拉与《咱雅班第达传》

拉德纳巴德拉是卫拉特蒙古人，生卒年无确切记载，据《咱雅班第达传》中的零星记录加以粗略的推算，作者可能是 17 世纪 20 年代至 90 年代的人。据《咱雅班第达传》的记载，拉德纳巴德拉于 1645 年（顺治二年）就已经追随其师咱雅班第达进行传教活动。最迟在1650年，已经担任呼图克图咱雅班第达的主管侍从绥本堪布[1]。从西藏佛教寺院培养喇嘛僧人的一般过程来看，绥本堪布虽然不一定要取得格西学位[2]，但也必须“经过一条异常艰难和漫长曲折的学经道路”[3]。僧徒学经一般可分为十三级，每级需时一或三年，通常需要十五至二十年时间才能学完，假若拉德纳巴德拉十岁左右开始学经，那么，到1650年，担任绥本堪布职务时，他已是三十岁左右的中年僧人了。另外，这部《咱雅班第达传》是作者于1691年（康熙三十年）写成的，也就是说这部传记定稿的时间，是作者七十余岁的晚年，因此，我们有理由来推断拉德纳巴德拉大约是19世纪20年代至90年代的人。

根据作者在这部传记中叙述有关他个人活动的片断记载，我们可以看出，他作绥本堪布四十余年，对他老师咱雅班第达尊崇备至。而咱雅班第达生前也对他十分信任。1652年（顺治九年）咱雅班第达赴西藏时，拉德纳巴德拉陪伴入藏。1661年（顺治十八年），拉德纳巴德拉作为咱雅班第达的全权代表到爱呼斯河河源慰问阿巴赖台吉。1662年（康熙元年），他护送咱雅班第达的灵柩至西藏拉萨。1667年（康熙八年），他到西藏迎请咱雅班第达的转世灵童，在达赖喇嘛的宫殿受到达赖喇嘛的接见。由此可见，作

1　在蒙藏喇嘛教寺院，凡具有活佛资格的僧人都有各自的喇让，即上层僧侣公馆，达赖、班禅的喇让中主管事务的叫基恰堪布，在他手下还有绥本堪布（管理伙食）、森本堪布（管理起居）、却本堪布（管理法事）等三个堪布，合称“索森却松”。而一般小寺院的呼图克图或活佛的喇让，只有一名主管人，叫绥本堪布，兼管活佛的饮食、起居和法事以及整个寺院的事务。见柳升祺《西藏喇嘛教的寺庙和僧侣组织》，第4页，中国社科院民族研究所，1964年。

2　格西，原为藏语“格威喜联”的简称，意译为“善知识”，是西藏喇嘛教中对有学识僧人的一种称号，也是修完“五部大论”（《释量论》、《现观庄严论》、《入中论》、《戒律本论》、《俱舍论》）后才能得到的学位。见柳升祺《西藏喇嘛教的寺庙和僧侣组织》，第25页，中国社科院民族研究所，1964年。

3　柳升祺：《西藏喇嘛教的寺庙和僧侣组织》，第22页。

者与其师咱雅班第达长期朝夕相处，关系十分密切，因此，作者对咱雅班第达的生平事迹自然是了如指掌。

作者不仅是一生追随咱雅班第达弘扬佛法的喇嘛，同时也是一位才识颇高的学者，他精通蒙、藏语言文字。据《咱雅班第达传》记载，他和另外两名大喇嘛额尔和绰尔吉、拉然巴绰尔吉一起为咱雅班第达补充翻译了三十七种佛教经典，其中包括《佛经十二卷》《玛尔巴传》《大藏经目录》《达赖喇嘛撰佛说十二卷颂》等。

由于拉德纳巴德拉与咱雅班第达的特殊关系，以及他本人的学识才干，使作者有可能、有条件去完成写作咱雅班第达传记的使命。正如作者在这部传记的跋中所写："对于拉然巴咱雅班第达像月光一样的传记，由勤奋造福的罗卜藏格隆为首的格隆提议，以自己的能力，把耳闻目睹的事实，像把词汇的念珠穿在笔的线上一样，由格隆绥本拉德纳巴德拉编辑，由仁钦·卡·巴克实在纸上漂亮地写出来。"

那么，拉德纳巴德拉为什么要在他的晚年撰写这部传记？

本来，在蒙古族地区的喇嘛教，素有为其前辈有名望的大喇嘛写传的传统，这种传记既为佛教圣者树碑立传，又可为封建统治者歌功颂德，因此往往得到各地封建主的赞助。这种风气在蒙古族地区颇为盛行。如内齐托音圆寂后，漠南蒙古科尔沁、翁牛特、巴林、浩齐特部旗的王公贵族就极力主张为其作传，他们以弘扬佛法、纪念活佛为号召，从而提高他们自己的威望和地位。因此，《哲布尊丹巴活佛传》《章嘉活佛传》《诺颜呼图克图传》等喇嘛传记相继出现。而《咱雅班第达传》也正是在上述情况下，出现在漠西蒙古地区的第一部托忒文的喇嘛传记。然而拉德纳巴德拉撰写这部传记并非仅仅由于上述的原因，应该说作者还有更深一层的用意和目的。

首先，作者撰写这部传记寓有发扬宗教的目的。在传记的跋中，作者明确说明，他写此书是为了使无可比拟的佛法遍及十方，至高无上的菩提之心扎根于众生。作者是佛教的忠实信奉者，对其教旨教规严格恪守，笃信不渝。咱雅班第达去世后，在卫拉特地区的一些上层僧侣行为放荡，贪图酒色，鱼肉百姓，为所欲为。作者对那些操纵权势和生活放荡的行为深恶痛绝，他气愤地指出："佛法规定，受戒的佛教徒不准喝酒，何况是格隆宗喀巴创立黄教时指出，阻碍佛法发展的最大东西是酒，听说过弘扬佛法的圣者喝酒吗？卫拉特的拉然巴呼图克图（指咱雅班第达——引者）不饮酒，而获得好名声。咱雅班第达是漠西蒙古第一大教主，是七旗、四卫拉特共同的喇嘛经师。拉德纳巴德拉写作这部传记的用意就在于通过对咱雅班第达的颂扬，抵制教中的邪恶势力，维护佛教教义，弘扬佛法，以进一步巩固黄教在漠西蒙古的地位。

其次，拉德纳巴德拉写作这部传记的目的还在于对噶尔丹迫害黄教僧人行为的揭露与控诉。准噶尔首领噶尔丹于天山北路击溃其叔父楚库尔乌巴什与其岳父鄂齐尔图车臣汗以后，"变成了卫拉特丘尔干唯一的盟主"[1]。噶尔丹为了扩展实力，建立其专制统治，一面大力向外扩张，一面在内部极力消除异己势力，因而原来依附于和硕特家族的咱雅班第达僧人集团便不断遭受他的迫害与屠杀。据作者在《咱雅班第达传》中揭露，噶尔丹第一次对咱雅班第达僧人集团的迫害，是在博硕克图汗（即噶尔丹）军队攻进伊犁以后的1675年，噶尔丹部下对咱雅班第达僧人集团大肆抢掠，横征暴敛，引起广大僧众的骚动与不安。为此，作者拉德纳巴德拉亲自上书噶尔丹，要求制止暴行。1676年，拉德纳巴德拉又亲自与噶尔丹交涉，控告噶尔丹属下扰乱僧人的活动。此后，拉德纳巴德拉不仅屡次上书噶尔丹，而且还上书西藏达赖喇嘛，

1　前苏联兹拉特金著，马曼丽译：《准噶尔汗国史》，第252页。

要求停止对僧人的迫害。拉德纳巴德拉作为一个虔诚的佛教徒，并不了解当时纷纭复杂的政治斗争，对清朝、西藏和卫拉特统治者之间的政治较量，采取了回避态度。他声明说："我们大多数喇嘛的愿望是：我们是卫拉特的喇嘛，不应当把我们（按政治集团——引者）划分开来，因为谁作我们施主，对我们来说是无所谓的。"然而作者这种超然的态度，并没有逃脱政治浊浪的裹挟，仍然遭到噶尔丹对僧人更大的迫害。据作者在传记中揭露，1689年，噶尔丹命令属下对大喇嘛绰尔吉处以绞刑。此后杀戒大开，噶尔丹命其属下诺颜格隆大肆屠杀咱雅班第达属下僧人。据作者统计，原属咱雅班第达僧人集团的七百五十人，仅剩百余人，其余均被迫害致死，拉德纳巴德拉乃是这百余人中幸存者之一。不仅如此，噶尔丹还强征喇嘛当兵，1689年秋，噶尔丹出兵喀尔喀时，就征调喇嘛从征，而作者也在被征之列，幸亏作者借故避脱，才免于战祸。

综上所述，可以看出作为咱雅班第达僧人集团成员的作者，对噶尔丹的倒行逆施，是深受其害的。所以他到了晚年更加对噶尔丹不满，他认为出身于佛门的噶尔丹，严重地损害了佛教的声誉，他痛心疾首地指出噶尔丹的所作所为"败坏了堪布和汗的名声"。作者为了维护黄教利益，甚至向社会公众对噶尔丹暴行提出愤怒的控诉，他在书中写道："佛法和世俗（指噶尔丹的统治——引者）哪一方面好处多？请评论吧。"因此，这位年已古稀的作者，为了揭露、鞭挞噶尔丹迫害黄教的罪行，以进一步颂扬乃师咱雅班第达弘扬佛教的功绩，才以秉笔直书的精神写出这部传记的。

（二）《咱雅班第达传》与17世纪上半叶的卫拉特蒙古史

《咱雅班第达传》一书的主要内容分成四个部分：

第一部分，主要记述了咱雅班第达出家为僧的缘起及赴藏学佛的经过。咱雅班第达1615年由满珠习礼呼图克图为其授小戒，1616年经青海到西藏学佛。他先修显宗，后修密宗，因学习成绩优秀而考取拉然巴格西学位[1]，他在西藏学佛期间，正值四世达赖被彭错南杰刺死，五世达赖刚刚转世，黄教派喇嘛教处处受到第悉藏巴政权的压迫，形势对黄教派十分不利。达赖喇嘛阿旺·罗桑嘉措六岁时被迎到哲蚌寺坐床，年幼的五世达赖惧怕青海蒙古贵族势力，常常落泪。为了躲避蒙古贵族势力的威胁，某夜晚，五世达赖从哲蚌寺逃出，咱雅班第达当时正是二十三岁的青年喇嘛，他带着年幼的五世达赖荡舟渡河，骑马逃难，保护五世达赖度过危难。因此，咱雅班第达与五世达赖关系甚为密切，正如作者在传记中所说：凡诵经皆在达赖喇嘛面前，整整二十二年。传记还记述了1637年顾实汗于青海击败却图汗后，来拉萨与五世达赖、四世班禅会晤时，达赖、班禅命咱雅班第达返回卫拉特传教的情景，作者写道："两法师发慈悲，命咱雅班第达返回卫拉特地方，为济佛教与众生。班禅说：你去蒙古，为宗教和众生的利益，你是很不平凡的僧人，把手中的念珠赐予他。达赖也下诏道：为了我，为了蒙古喇嘛教的产生，讲习经典，弘扬佛教。这反映出西藏黄教领袖们在这时派遣咱雅班第达返回卫拉特传教，是与顾实汗在青海地区取得护教斗争胜利的历史背景有关。上述关于咱雅班第达在西藏学佛的经过基本上是真实可信的，和汉文及藏文史料记载基本吻合，只是年代上稍有出入。

第二部分，记述了咱雅班第达在卫拉特蒙古的政治、宗教、文化活动。这一部分是作者用力最勤之处，篇幅几占全书的二分之一，写到1645年以后，连年、月、日都有确切的记载。

在这一部分的一开始，叙述了咱雅班达的喀尔喀之行，在那里逗留的时间很短，因为达赖喇嘛和班禅活佛给他的任务是在漠西蒙古传教，至于东部蒙古，已派遣了内齐托音。在这里，含混

1　拉然巴，来自藏文"Lha-ranme-ap"，指取得一等格西的人，意为拉萨的博学之士。蒙古文译作"兰占巴"，见柳升祺《西藏喇嘛教的寺庙和僧侣组织》，第25页。

地提到1640年蒙古卫拉特王公举行会盟，并明确地指出，浩约尔台吉（即巴图尔珲台吉和鄂齐尔图台吉）已经成为四卫拉特联盟的盟主。接着传记中记述了咱雅班第达的宗教活动，他不畏酷暑严寒，四处漂泊游历。他到过阿巴赖寺，额尔齐斯昭庙，还率领庞大的僧人队伍到伏尔加河为土尔扈特王公诵经修法。在他的宗教活动中，铲除萨满教是主要任务之一，他明确提出：“人民中间不管是谁，你们只要发现他还在崇拜翁滚（萨满教的偶像——引者），就把他的翁滚烧掉，并没收他的马和羊。你们发现谁让男女萨满巫师烧香，就没收他的马。对男女萨满，要用狗粪去熏烧。”这可以看出，咱雅班第达为了推行黄教，与卫拉特蒙古原来信崇的萨满教进行了无情的斗争。

咱雅班第达风尘仆仆地奔波不仅是为了弘扬佛教，而且为了贯彻1640年蒙古卫拉特法典的精神，调整卫拉特各部封建主的关系。作者以较大的篇幅记述了昆都仑乌巴什，杜尔伯特台吉与卫拉特两台吉交战的始末。尔后，又记述了鄂齐尔图车臣汗和阿巴赖台吉的战事，无疑这两次战争对卫拉特蒙古社会产生了深刻的影响。虽然，经咱雅班第达调解，双方基本消除对立，但严重地削弱了和硕特蒙古部在漠西蒙古的力量。在记述漠西蒙古各部与清朝中央政府的关系时，作者忠实历史事实，采取了实事求是的态度。1652年（顺治九年），咱雅班第达从西藏抵达青海，会见了五世达赖喇嘛，当时五世达赖正准备进京朝见皇帝，咱雅班第达对达赖喇嘛说：“为了宗教和众生的利益，在蒙古语族中没有人能比满洲博克多汗（指清朝皇帝——引者）更高贵的人了。他（指清帝）不会违背你的（指达赖）意愿，请你对汗讲一讲，要传播蒙古文字，蒙古佛经也应普及起来好。”从上述谈话中可以看出，清初，清朝对西北蒙古各部有着很大的影响，而漠西蒙古的宗教领袖人物也试图借助清朝中央政府的力量，来发展黄教在卫拉特蒙古的势力。当时，顾实汗、巴图尔珲台吉、车臣汗等部族领袖同清朝建立了各种关系。这并不像有的历史著作所说，清初卫拉特各部与清政府没有建立任何联系的结论。

这一部分一直写到咱雅班第达去世为止，据传记记述，咱雅班第达的丧事极其隆重，由达赖喇嘛亲自主持，诵经四十九天。咱雅班第达的转世灵童也由达赖喇嘛指定。可见咱雅班第达在蒙藏地区宗教界的重要地位。

传记第三部分记述了咱雅班第达死后卫拉特蒙古部发生的动乱，这一部分更多地反映出17世纪后半叶初期，卫拉特各部封建主的政治与军事活动。作者对噶尔丹吞并和硕特部，征服南疆，出兵喀尔喀蒙古以及乌兰布通之战都有记载。这部分记载基本上与17、18世纪汉文史籍相符，只是详略不同。在传记的最后一部分，详细地叙述了噶尔丹独揽政教大权、排斥异己、屠杀僧众的独裁统治。当时卫拉特蒙古部的大部分僧人不满噶尔丹的统治，发生了大规模的叛逃活动，他们叛逃的方向是西藏、中原地区、喀尔喀蒙古和伏尔加河的土尔扈特部。

这部书的第四部分，实际上是作者对全书所作的简单结束语——跋，时间只写到1691年就停笔了。

这部传记的史料价值，首先在于它的真实性。作者在书的序言和跋中一再声明，这部书所记载的17世纪的史实，多是作者耳闻目睹、亲身经历的，故具有第一手史料的价值，凡是作者没有亲身经历或没有确凿的证据，大都标明只是“传闻”[1]，比如：传记的第四十页，记述咱雅班第达土尔扈特之行时，对于土尔扈特王公奉献的二万匹马的布施，作者声明说：“我没有去那里（指伏尔加河土尔扈特游牧地——引者），事后曾向人讯问，知道确实如此。又如：在记述昆都仑乌巴什失败的情况时，作者说：“以上情况都是听别人传说而撰写的，我自己不太清楚。”可以看出，作者

1　《蒙古社会制度史》，第18页。

在写作态度上是十分严谨的，所以前苏联学者符拉基米尔佐夫对这部书有很高的评价，他说：在 17 世纪编成的其他蒙古史书中，有《内齐托音一世传》和《咱雅班第达传》，这两部书对我们研究的问题有很大的参考价值，传记的篇幅中虽然有很多刻板的文句，但却记载着相当多关于南蒙古、喀尔喀和卫拉特游牧地区有兴味的生活细节，作者在很多处都能确切地说明自己所用的资料，在记述一些非常事件时，还附带说明出自传闻。应该说，这一评论是比较公允的。

这部传记的真实性还反映在作者把喇嘛教的说教与历史事实在叙述中加以严格区分。当然，作者作为一个喇嘛教的僧侣，处处维护佛教利益，竭力抬高黄教的地位，本书不可避免地“具有喇嘛教及其思想影响的痕迹”[1]。但是，这部传记并没有和它同一时期产生的《黄金史》《蒙古源流》《沙拉·图吉》等蒙古史书所记述的那样，往往把神话传说与历史事实穿凿附会地混杂在一起，使读者难以分辨历史真实与宗教传说。然而，由于本书作者在写作时，持以严谨态度，忠于史实，把历史与宗教截然分开，使读者能清楚地辨别历史真实和神话传说，无疑，这就更加提高了它的史料价值。

第二，这部传记的史料价值还在于它补充了汉籍史料记载的不足。

对于明末清初漠西蒙古的史实，汉籍中保留着有限的记载，而这部传记比较详细地揭示了 17 世纪上半叶卫拉特蒙古的内部事务，弥补了汉文史料中的空白。比如：卫拉特蒙古各部共奉黄教的时间问题，一直是卫拉特蒙历史研究工作者注意探讨的重要问题之一，明清两代汉籍鲜有记述，而目前所见到的藏文史料的说法也很含混。要确切地解决这个问题，必须考诸蒙古民族本身的

---

1 《准噶尔汗国史》，第 11 页。

文献资料。而《咱雅班第达传》在这方面却有着明文记载，该书在谈到咱雅班第达出家的经过时说："最初，赴西藏学佛的原因是这样的，咱雅班第达出生于土猪年（1599 年），以车臣汗之父诺颜拜巴噶斯巴图尔为首的四卫拉特诺颜皆许愿其子孙做班第。别的诺颜纷纷送其子做班第时，拜巴噶斯巴图尔诺颜对咱雅班第达说："代替我的后代去做班第吧，咱雅班第达十七岁时，曼殊室利（满珠习礼）呼图克图为其授小戒，做了班第。"上述记载明确地指出，咱雅班第达十七岁时，他和卫拉特蒙古其他各部的贵族子弟，一起被选派去西藏投身佛门，而这一年（1615 年），也正是卫拉特蒙古各部正式接受喇嘛教黄教的开始。关于黄教传入卫拉特蒙古的时间与情况，我们还可以从其他托忒文史料和俄文档案中得到印证。加班沙拉勃和巴图尔乌巴什丘缅在他们所撰的两部《四卫拉特史》中，就对黄教传入西蒙古后引起卫拉特蒙古内部反应的情况做了明确的记述[1]，俄文档案的记载也从侧面证实了《咱雅班第达传》记载的准确性[2]。然而汉文史籍关于这个问题的记载，几近空白，偶有所记，也笼而统之，语焉不详，难以说出什么问题，如《西域图志》在记述西蒙古习俗宗教时说，"卫拉特俗尚黄教，凡决疑定计，必咨于喇嘛而后行"，[3]仅此寥寥数语而已，既未指出黄教传入的时间，更没有说明卫拉特蒙古各部接受黄教的缘起，这就使问题难以解决。但在这部传记中，却给人们以明确的答案，使问题迎刃而解，这也就是这部民族文献的史料价值的所在。

再如，清初康熙朝噶尔丹吞并和硕特部的史实，清朝的各种文书，包括《蒙文档案》《清实录》《外藩蒙古回部王公表传》《蒙古游牧记》《皇朝藩部要略》等都有记载，其资料来源，或是和硕特部逃众所讲，或是清军侦察所得，了解情况往往零碎片面，

1　见两部《四卫拉特史》，托忒文。
2　《俄蒙关系史资料（1607~1636）》，第 35 页，1959 年，莫斯科。
3　《西域图志》卷三九《风俗一·准噶尔部·佛事》。

而作者拉德纳巴德拉目睹了噶尔丹吞并和硕特部的全过程，对双方每一次战争的时间、地点、兵力、交战实况都有比较详细准确的记录，毫无疑问，如把这部传记所记与汉文史籍相配合考察，就会更加清楚、全面地了解事情的全过程。

第三，《咱雅班第达传》不仅补充了汉文史料的不足，而且在某些方面也纠正了汉文史料记载的错误，应该说，这也是它的史料价值可贵之处。这里我们仅以西套卫拉特蒙古部起源问题为例。我国汉文有关蒙古史的著作中，多认为是和硕特部拜巴噶斯及其鄂齐尔图车臣汗、阿巴赖台吉移居西套的结果。[1]西套厄鲁特又称阿拉善厄鲁特，因在河套之西，故名西套，其界东至贺兰山，与宁夏府边外接界，南与凉州府、甘州府为邻，西至古尔鼐，北至瀚海。这个地区明末清初有鄂尔多斯部蒙古人游牧，清顺治年间又有内蒙古居住，而和硕特部从未进入这个地区。对于这个矛盾的说法怎么解释呢？拉德纳巴德拉的《咱雅班第达传》完全否定了汉文史籍关于自拜巴噶斯开始和硕特袭据西套的说法。从传记的一开始，即 1639 年，和硕特部鄂齐尔图台吉就在塔尔巴哈台接待了从西藏归来的咱雅班第达。此后，鄂齐尔图、阿巴赖除了到西藏朝佛，途经甘、青一带以外，从未到过西套游牧。传记中详细记叙了和硕特部每年游牧的场所。车臣汗以塔尔巴哈台为中心，阿巴赖以爱呼斯河为中心游牧。后来，车臣汗与阿巴赖交战，噶尔丹击败车臣汗也都是在天山北路。中国第一历史档案馆保存的顺治朝蒙文档案中，有鄂齐尔图车臣汗从其游牧地塔尔巴哈台向清朝顺治皇帝上的呈文更证实了汉文史籍记载的谬误。

1 见张穆：《蒙古游牧记》卷一一《阿拉善额鲁特游牧所在》；祁韵士《皇朝藩部要略》卷九；《厄鲁特要略》一；《钦定蒙古回部王公表传》卷七九，传六二《阿拉善厄鲁特部总传》。

三　《哲布尊丹巴传》与哲布尊丹巴活佛系统的形成

哲布尊丹巴呼图克图一世，喀尔喀蒙古部人，土谢图汗察珲多尔济之弟，生于明崇祯八年。四岁受居士戒，法名乍那巴乍耳。翌年剃度出家，法名罗布藏丹毕扎拉钦，于席勒图诺尔地方坐床。

初，西藏觉囊派高僧多罗那它至喀尔喀传教，被尊为哲布尊丹巴。顺治六年，罗布藏丹毕扎拉钦赴西藏，遍游名刹，布施求法，晋谒班禅额尔德尼和达赖喇嘛，改宗格鲁派。达赖、班禅确认其为多罗那它化身，授哲布尊丹巴呼图克图尊号，锡黄伞，是为哲布尊丹巴呼图克图一世。八年，携大批佛典及西藏僧众、工匠等五十余人返回漠北，弘扬佛法，备受喀尔喀僧俗尊崇。

康熙十二年，遣使清廷请和好，献马匹貂皮。十四年，在额尔德尼召主持喀尔喀左翼四旗法会。

二十五年六月，哲布尊丹巴奏称："臣自幼皈达赖喇嘛之教，叨哲布尊丹巴之名，普度为心，阐扬佛法，息列辟之争，救生民之苦。今蒙圣慈，谕臣亦至盟坛共议其事，臣当遵旨同赴盟所，竭诚公议，以仰副圣怀。"[1]

八月，喀尔喀两翼汗、济农、诺颜、台吉等盟于库伦伯勒齐尔。哲布尊丹巴与噶尔亶西勒图以平等之礼相见，未请摩顶。

库伦伯勒齐尔会盟后，土谢图汗仅归还逃众之半，两翼再度交恶。噶尔丹举兵进入漠北后，喀尔喀诸部皆震惊，群情汹汹，不知所措，有主张投俄罗斯者。哲布尊丹巴曰："我辈受天朝慈恩最重，若因避兵投入俄罗斯，而俄罗斯素不奉佛，俗尚不同，视我辈异言异服，殊非久安之计。莫若携全部内徙，投诚大皇帝，可邀万年福。"[2]

1　《平定朔漠方略》卷三，康熙二十五年六月乙卯。

2　松筠：《绥服纪略》。

九月，偕土谢图汗率所属请归附，遣使奏曰："久欲入觐天朝，自念生于荒徼，言词粗陋，恐不能奏对，是以不果。我诸弟子众多，愿依皇上神圣太平之治，以副夙望。仰乞圣恩俯恤，赐以水草善地，且望重建前庙。又左右两翼诸台吉皆奉我为师，言：库图克图欲入，则我等愿从。"[1]康熙帝准其请，令转输粮食牲畜，赈济贫乏。

三十年五月，康熙帝以喀尔喀全部内附，莅多伦诺尔举行会阅，漠北喀尔喀三部与四十九旗毕集。定会盟给赏与座位次第，皆以哲布尊丹巴居土谢图等三汗之上，列一等之首。又特封大喇嘛，使掌漠北黄教，礼遇极隆。

六十一年十二月，不顾垂暮之年，再次进京，为康熙帝奔丧。雍正元年正月十四日在北京黄寺圆寂，终年89岁。雍正五年十一月颁诏："哲布尊丹巴呼图克图，其钟灵原有根源，乃与达赖喇嘛、班禅额尔德尼相等之大喇嘛也，故众喀尔喀俱尊敬供奉之。著动用帑银十万两修建大刹，封伊后身，俾令住持，齐集众喇嘛，亦如西域，讲习经典，宣扬释教。"[2]乾隆元年大刹落成，赐名庆宁寺。

《哲布尊丹巴传》[3]有蒙、藏文多种版本。无名氏的《哲布尊丹巴传》（哥本哈根影印本，蒙文抄本）详细记录了哲布尊丹巴一世、二世、三世的生平，并简略地介绍了四世、五世、六世、七世的事略，该版本大概成书于1859年前后。

通过《哲布尊丹巴传》和其他史料的辨析，可以对喇嘛教黄教派16世纪传入蒙古，到17世纪中叶，开始形成实力强大的活佛转世系统；对1635年（明崇祯八年，金天聪九年）喀尔喀蒙古哲布尊丹巴活佛系统的出现，十五年后，哲布尊丹巴呼图克图改

1 《平定朔漠方略》卷五，康熙二十七年九月丁丑。

2 《平定朔漠方略》卷六三，雍正五年十一月庚午。

3 申晓亭、成崇德译注：《哲布尊丹巴传》，载《清代蒙古高僧传译辑》，1990年。

宗黄教，黄教派在喀尔喀蒙古正式确立，有着深入的了解。

（一）黄教（格鲁派）传入喀尔喀蒙古

1543年（嘉靖二十二年），达延汗去世，其季子格埒森札扎赉尔洪台吉统辖喀尔喀万户。格埒森札扎赉尔洪台吉死后，其后妃合屯该把领地分成七份，分封给七个儿子，形成喀尔喀七和硕。[1]蒙古贵族所实行的这种分封制，迅速破坏了达延汗所建立的统一局面，各个领地的封建首领互不相属，企图依靠战争和掠夺壮大自己的力量，充当蒙古新的大汗。在漠南蒙古，有右翼土默特的俺答汗统驭各部，威镇右翼蒙古三万户。在漠北蒙古诸部中，实力最雄厚的首推左翼诺诺和之子阿巴岱。阿巴岱青少年时期就以勇武善战著名，他“十四岁至二十七岁时战胜了许多敌人”[2]。其后，他不仅有力地控制了喀尔喀左翼诸部，并于1577（万历五年）出兵科布多、阿尔泰一带的库勃凯尔格林地方，击败瓦剌，派其子苏巴岱统辖瓦剌长达十年之久，迫使瓦剌为其纳贡[3]。阿巴岱在喀尔喀诸部中虽取得了较大优势，但是要想称霸漠北，统一诸部，还面临着许多困难。喀尔喀蒙古自己的经济实力还不够强大，各封建贵族连年战争，致使部众离散，人心不稳。况且自达延汗以后，喀尔喀万户就没有得到过汗号，格埒森札扎赉尔至死仍是洪台吉号，其七子仅仅是维持各自的封地，安于封建割据状态。阿巴岱要想打破这一局面，取得新霸主的地位，首先要取得汗号，名正言顺地统一诸部。另一方面，要想维系分散不能统一的蒙古各部，必须有一种新的精神力量。蒙古族一般牧民仍旧信奉萨满教，但是“这时无论是老的萨满教也好，旧佛教也好，已

1　长子阿什海统辖乌审与扎拉亦尔，二子诺颜台统辖别速惕与延吉干，三子诺诺和统辖合鲁特与郭罗斯，四子阿敏统辖豁罗古忽里耶绰郭豁尔，五子达赖统辖忽海特与哈塔斤，六子达勒丹统辖唐古特与萨木塔古勒，七子萨木统辖乌梁海。见沙斯季娜编辑：《沙拉·图吉》，第230页，莫斯科·列宁格勒，1957年。

2　善巴：《阿萨拉格齐史》，第76页，乌兰巴托，1960年。

3　噶勒丹著，纳顺巴勒珠尔辑：《宝贝念珠》，第88页，乌兰巴托，1960年。

不能满足人们的需要，而佛教新派则带来了高度的文化和华丽的宗仪。同时，新教派的宣教师既是读写兼长的人——巴克什，又是医师和星占师，从前喇嘛和萨满所能做到的一切，他们都能做到，不但如此，他们在许多地方还超过了喇嘛和萨满”[1]。阿巴岱急需倚重外界力量对他支援，以达到对喀尔喀各部的统一。这就奠定了阿巴岱迎佛及黄教传入喀尔喀蒙古的基础。

14 世纪末至 15 世纪初，西藏社会发生了一件大事，即西藏著名的宗教活动家宗喀巴针对当时藏族社会的实际情况，以及西藏佛教界出现的一些弊端而发动了一场“宗教改革”。宗喀巴“宗教改革”后创立了一支新的喇嘛教派——格鲁派，即黄教派。在喇嘛教的各个流派中，黄教派是最晚形成的一个。但它后来居上，实力发展很快，终于成为藏族社会中一个占绝对优势的喇嘛教派。至 16 世纪中叶，黄教寺院集团形成，黄教寺院集团与西藏社会上其他教派以及这些教派的支持者地方贵族势力展开更加激烈的角逐。为了黄教自身的利益，必须寻找新的强大的盟友和靠山，黄教教主索南嘉措跨出了民族界限和蒙古右翼土默特万户首领俺答汗取得了联系。

1571 年（明隆庆五年），西藏高僧阿辛喇嘛到内蒙古地区布教，阿辛喇嘛会见了俺答汗，劝其皈依佛教，敬奉三宝。[2] 1573 年（明万历三年），俺答汗“岁次癸酉，年六十七岁时，行兵喀喇·土伯特之地，收服上下锡喇·卫兀尔二部，下阿木图·喀木之阿哩克·萨噶尔齐斯吉巴，喀噜卜·伦布木，萨尔唐·色哩克·克卜等诺延及其国人，取来其阿哩克喇嘛、固密·苏噶师二人为首之众土伯特矣。于是阿里克喇嘛向合罕解说：三恶道中轮回之苦难，超升色究竟天之善果，宜取宜舍之分界。时合罕心中略萌经

1　符拉基米尔佐夫，刘荣焌译：《蒙古社会制度史》，第 285~286 页，中国社会科学出版社，1980 年。

2　《俺答汗传》，第 17 页，内蒙古社会科学院蒙古史研究所藏抄本。

义，始念六字心咒矣”。[1] 1577 年（明万历五年），彻辰洪台吉拜见俺答汗，劝他皈依喇嘛教，效法忽必烈与八思巴的故事，俺答汗经多年的征战，正想利用佛教来安定部众，对于彻辰洪台吉的规劝，“阿勒坦合罕（俺答汗——引者注）深然之”。[2] 而这时索南嘉措也正需要为黄教寻找一个有力的靠山，1578 年（明万历六年），索南嘉措和俺答汗在青海湖东面的仰华寺会面。在这次集会上索南嘉措“向汉、藏、蒙古、卫果尔及僧俗人等，十万余众”[3] 讲经传法，并有一百零八名土默特青年受戒入教，削发为僧。青海仰华寺会面后，黄教在内蒙古地区开始兴盛，俺答汗在归化城建立寺院，招徕僧众，喇嘛教僧人源源不断地由藏地到这里布教。

没有史料证明喀尔喀蒙古人参加青海大会，但是鉴于大漠南北经济上的往来以及俺答汗个人在政治上的地位和威望，索南嘉措和俺答汗会晤及内蒙古各部尊崇黄教的事实对喀尔喀蒙古部会产生一定的影响。据蒙文史料记载，喀尔喀蒙古最早接触黄教是 1581 年。“铁蛇年（1581 年），汗（指阿巴岱汗——引者）二十八岁（应为 47 或 48 岁——引者），在都热格齐巴嘎营地外，从蒙古勒津土默特来了一批商人，听说其中有一个被人称做巴克实的人，就派使者来请。在同这个巴克实的谈话当中，说到我们的格根汗（俺答汗）处奉有三宝和东科尔曼殊室利，土谢图汗（指阿巴岱——引者）萌生信奉之心，于是遣巴克实和克勒古特的阿拉克达尔罕二人去邀请喇嘛。适时格根汗已七十五岁，[4] 且染恙欠安，使者到时，汗已卧床七日，不能起身。听着喀尔喀使者到来，汗遣素敏囊苏赴喀尔喀传教。阿拉克达尔罕迎喇嘛至外蒙古，汗

1　萨囊彻辰：《蒙古源流》卷六，内蒙古人民出版社，1981 年，道润梯步译校。
2　萨囊彻辰：《蒙古源流》卷七。
3　萨囊彻辰：《蒙古源流》卷七。
4　俺答汗（1507~1582 年）。

(阿巴岱）斋戒供奉，这即是佛教最初传入喀尔喀之情形。[1]本来，阿巴岱的使者到呼和浩特是为了迎请三世达赖索南嘉措，但此时三世达赖已回西藏，阿巴岱的使者扑了空。俺答汗在病中会见了喀尔喀使者，进一步劝导喀尔喀蒙古人皈依佛教，加强与黄教的联系。这也就更坚定了他们信奉喇嘛教的决心。1585 年至 1588 年，三世达赖在内蒙古进行了长达三年的布教巡礼，达赖三世所经蒙古各部“各施主大臣官员无不邀请呈献贽仪”[2]。1587 年（明万历十五年），阿巴岱闻讯，亲自去归化城拜见了三世达赖索南嘉措。据《蒙古源流》记载：“丁亥年间，喀勒喀部之阿巴岱·噶勒札古台吉，前来叩见，献貂皮撒金帐房等财帛牲畜数以万计。”以经文赏其所愿。因谓此合罕曰：“汝可于我之诸佛中，随手取一佛。”因手当瓦齐尔巴尼之像，遂取焉。达赖喇嘛降旨曰：“此乃顶上花喀木巴瓦齐尔合罕之像也。昔日满堂之佛连室遭回禄之灾时，未尝焚毁之大有法力之佛焉。又赐大如拇指之释迦牟尼佛舍利子，白铜铸上药王佛像，自印度地方请来之众罗汉像等。又赐虎帐等财货。降旨曰：“（汝乃）巴萨尔巴尼之化身也。”遂赐法教之“大瓦齐尔巴尼合罕之号焉”[3]。阿巴岱从三世达赖那里得到瓦齐尔巴尼合罕号后回到喀尔喀。为了表示他对黄教的尊崇，在窝阔台及脱欢铁木尔住过的沙拉·阿吉尔嘎地方建立寺庙，即额尔德尼昭[4]。寺庙里供奉三世达赖喇嘛赐予的释迦牟尼舍利等[5]。阿巴岱拜见三世达赖后，名震遐迩。他不仅具有“虔诚和力量孕育出来的金刚

1 善巴：《阿萨拉格齐史》，第 77 页。

2 萨囊彻辰：《蒙古源流》卷六。

3 萨囊彻辰：《蒙古源流》卷七。按：在中外有关蒙藏佛教史的著作中，记载阿巴岱曾于 1589 年赴西藏拜见达赖三世索南嘉措，实际上，索南嘉措 1588 年 3 月死于卡欧吐密地方，所以阿巴岱于 1589 年会见索南嘉措之说不确。

4 据《宝贝念珠》记载，额尔德尼昭是由三世达赖赐名。

5 《宝贝念珠》，第 88 页。

石，光荣的汗”的尊号[1]，而且率先打起黄教的旗号，在自己汗王的高位上又添加了一层圣洁的光环。后世把他誉为喀尔喀复兴佛教的先驱，其孙土谢图汗察珲多尔济向康熙皇帝奏请敕印的表文中说到："国中向无佛教，自我曾祖往谒达赖喇嘛，得蒙优礼，加以瓦察喇赛音汗之号，于是我地佛法炳如日月。"[2]

如果说，黄教传入喀尔喀蒙古的时间是阿巴岱拜见三世达赖索南嘉措的1587年，那么黄教派在那里稳住脚跟，取得优势，却要推迟到17世纪中叶。

(二）哲布尊丹巴活佛系统的形成

明清之际，在蒙古封建主的积极倡导下。喇嘛教在蒙古迅速发展起来，各地寺庙林立，修佛正果的僧人日益增多，为了保证喇嘛教的传播及严格控制寺庙财产的外流。蒙古封建主和各个喇嘛教派相结合。在蒙古族地区出现了至高无上的活佛转世系统。而哲布尊丹巴活佛系统在外蒙古的确立，从一开始就是与西藏复杂的政治局势息息相关。

1588年（万历十六年)。三世达赖索南嘉措圆寂。四世达赖云丹嘉措在土默特部转世，1602年（明万历三十年)，四世达赖云丹嘉措由蒙古军队护送入藏。四世达赖喇嘛云丹嘉措在藏期间(1603~1616年）和五世达赖喇嘛罗桑嘉措的前半生共四五十年间，由于西藏内部僧俗领主之间以及他们各自引进的蒙古军队的相互斗争，西藏形成了长期动荡混乱的局面。四世达赖入藏后的第二年，后藏地区的辛厦巴家族（即藏巴汗地方政权）切断黄教与他的靠山帕主家族的联系，并不断地和支持黄教的蒙古军队发生摩擦。1616年四世达赖突然死于哲蚌寺，辛厦巴·彭错南杰禁止达赖转世，并于1618年（明万历四十六年）建立藏巴汗地方政权。藏

1　沙斯季娜：《十七世纪俄蒙关系》，第108页，莫斯科，1958年。

2　中国第一历史档案馆：《蒙古堂档》第20号，《土谢图汗奏文》；张穆《蒙古游牧记》卷七《斡齐赉巴图土谢图汗游牧》。

巴汗地方政权的执政者是彭错南杰之子丹迥旺布，丹迥旺布虽然同意五世达赖转世，但认识到蒙古军事力量的严重性，就联系了黄教以外的各派政治力量，于 1630 年左右，发动了一次反黄教的高潮，使黄教遭受到严重打击。

黄教在西藏与其他政治力量明争暗斗最激烈的时候，喀尔喀蒙古部汗王派人赴藏，要求西藏派高僧到喀尔喀蒙古传播喇嘛教。喀尔喀蒙古汗王要求迎请的，显然是黄教派。因为阿巴岱 1587 年首先在喀尔喀蒙古倡导的便是黄教，且当时在西藏的四世达赖云丹嘉措是蒙古土默特俺答汗的曾孙，喀尔喀的使者显然是投奔黄教派领袖四世达赖喇嘛云丹嘉措的。但是，掌权的藏巴汗地方政权为了扩展自己的势力，派遣了支持他的觉囊寺的寺主多罗那它到喀尔喀蒙古传教。"觉囊"是地名，在西藏拉孜东北，因"衮帮悲精进于觉摩囊建寺，笃补巴住持之，遂大宏本宗，自此而后其法嗣相承，遂名觉朗（囊）派"[1]。悲精进是八思巴的弟子，所以觉囊寺也是萨迦派的属寺，寺住持也都是由萨迦学成后转入觉囊派的。觉囊派采取活佛转世相传袭，到多罗那它已是第十五世[2]。喀尔喀蒙古人对当时的西藏教派之争不甚明了，"尚不知西藏之有萨迦派之红教与额尔德巴派之黄教也"[3]。1614 年（明万历四十二年）多罗那它被外蒙古诸汗王迎往库伦，蒙古汗王尊称他为

1　善慧法日，刘立千译，王沂暖校订：《善说宗教流派镜史》，第 109 页，西北民族学院研究室，1980 年版。

2　觉囊派采用活佛转世制度大约在 16 世纪晚期。多罗那它以前十四世是后人追加的，也有的著作认为多罗那它以前共有十三世（见妙舟《蒙藏佛教史》下册第 2 页，上海佛学书局，1935 年）。据藏文史料记载，衮噶卓乔的转世为多罗那它，多罗那它的原名是衮噶宁波，1575 年出生于为藏交界处的喀热琼尊，相传是嘉译师的后代，幼年在觉囊寺学佛，三十岁受比丘戒。1608 年著《印度佛教史》，1614 年创造达丹彭错林寺（见王森《关于西藏佛教史十篇论文》初稿）。

3　《蒙藏佛教史》下册，第 4 页。

"哲布尊丹巴"，蒙古语又称"温都尔格根"[1]。1634年（明崇祯七年，金天聪八年），多罗那它在库伦去世。次年，土谢图汗王妃生一子，被确认为多罗那它转世。

我们一般所说的哲布尊丹巴一世，是指被认为多罗那它转世的土谢图汗衮布多尔吉之子，喀尔喀蒙古哲布尊丹巴活佛系统的出现，是从此开始的。

哲布尊丹巴一世，1635年生于喀尔喀蒙古乌苏居勒地方[2]。其父土谢图汗衮布多尔吉，其母罕笃札木素。1638年（明崇祯十一年，清崇德三年），他三岁时，由扎木巴力巴诺们汗授乌巴什戒，法名：乍那巴乍耳。1639年（明崇祯十二年，清崇德四年），旺希布如勒喇嘛为其授小戒，是年任察罕诺尔地方寺的住持，取法名：罗卜藏旺布扎木齐。喀尔喀人奉其为温都尔格根[3]，那么，多罗那它的转世为什么确立在土谢图汗家族中呢？

喇嘛教的活佛转世制度，并非由黄教派达赖、班禅创立，而是13世纪初，由噶玛噶举派首创的。活佛转世制度是由于寺院经济的发展，寺院集团为解决其首领的继承而设立的一种制度。觉囊派也采用这种制度寻找"灵童"。觉囊派为了发展其在喀尔喀蒙古的政治和经济特权，从一传入喀尔喀，就和地方势力紧密地结合在一起，多罗那它去世后，觉囊派僧人为了巩固他们的权力，把寻找"灵童"的目光投向外蒙古势力最强大的土谢图汗部，使宗教和政治、喇嘛和贵族的统治利益结合起来，形成政教合一的统治。虽然，蒙古各汗王、诺颜都窥视着这一引人注目的神权地位。但是，土谢图汗是觉囊派的最大施主，土谢图汗王早已看到联合喇嘛教所带来的好处，尤其在西藏、内蒙古、青海等地的封

1 相传多罗那它赴外蒙古之前，四世达赖曾授予他"迈达理"活佛之号，因此外蒙古人也称多罗那它为"迈达理活佛"。

2 图尔根：《哲布尊丹巴呼图克图传》，清代蒙文手抄本，第90页。

3 温都尔格根，蒙古语，意为高僧。

建主利用活佛转世“皆以兄弟叔侄姻娅递相传袭，似此掌教之大喇嘛呼必勒罕，皆出一家”[1]，达到家族世袭，提高了封建主贵族的封建特权。

土谢图汗也效法相习，不仅是一般地利用、扶植喇嘛教，而且是更直接地要给自已穿上一件喇嘛僧人的外衣，以致形成僧俗一体、政教不分的局面。理所当然，土谢图汗是不肯随意把呼毕勒罕的位置让给别人的。

在多罗那它赴外蒙古之前，喇嘛教在土谢图汗部的势力就比较强大，扎根较深。当时，喀尔喀地区已有萨迦派的僧人和寺庙。1583 年（明万历十一年），萨迦派僧人萨玛拉囊苏被迎进喀尔喀，并主持建立了萨迦派寺庙额尔德尼昭[2]。其后，阿巴岱之却图台吉为发展佛教进行了大量活动，他研究翻译了多种藏文佛教经典，在土拉河西岸修建了六座佛教寺院，被认为是那个时期有教养、有学问的人[3]。此外，阿巴岱汗的四弟图蒙肯诺颜也是喇嘛教的忠实信奉者。1616 年（明万历四十四年，金天命元年），四世达赖喇嘛云丹嘉措被刺身死，图蒙肯闻讯率蒙古兵赴藏保护达赖。他在西藏和四世班禅罗桑却吉坚赞会晤，奉献了一万两银子，修建了黄教塔和寺院，返回喀尔喀后，图蒙肯一直是班禅和黄教的大施主[4]。由此可见，尽管土谢图汗内部的各个封建贵族信奉不同的喇嘛教派，但是，他们都尊崇释迦牟尼佛，佛教僧人是十分活跃的，喇嘛教的力量也是比较强大的，这就为活佛转世出现在土谢图汗部造成了有利因素。

活佛转世出现在土谢图汗部也与喀尔喀蒙古各部王公贵族的支持分不开的。如前所述，喀尔喀三汗中，土谢图汗部的力量最

1 《卫藏通志》卷首《御制喇嘛说》。
2 《阿萨拉格齐史》，第 78 页。
3 纳楚克道尔济：《喀尔喀史》，第 30 页，乌兰巴托，1963 年。
4 《喀尔喀史》，第 30 页。

强。诺诺和之后裔统辖左翼，从阿巴岱汗时代起就留下赫赫威名，蒙文史料记载："阿巴岱汗将敌人俘获归属自己，在诸兄弟中功劳最著，土谢图汗的名声大震。"[1]喀尔喀三汗的汗号，唯有土谢图汗是由达赖喇嘛正式赐封的。阿巴岱汗的后裔，依仗汗号的权威不断扩展自己的权势。三汗之一车臣汗畏惧土谢图汗的权威，极力推崇土谢图汗。多次往返库伦与克鲁伦河之间，为多罗那它的转世灵童产生在土谢图汗部而大造舆论。[2]

多罗那它在外蒙古二十年，一直以土谢图汗部的库伦为中心布教，所以多罗那它一死，转世灵童便稳稳地操纵在土谢图汗之手了。正如《蒙古逸史》作者黄成埈所说："图什业图汗（土谢图汗）衮布多尔济欲拥护蒙古势力，种种设施不遗余力，卒以喀尔喀贵族之权势，举其五岁之儿为蒙古活佛之始祖，此哲布尊丹巴降生蒙古之所由来也。"[3]

哲布尊丹巴一世在喀尔喀蒙古的确立，标志着哲布尊丹巴活佛系统的形成。但是，哲布尊丹巴一世欲巩固其在外蒙古的宗教统治地位，却要经历一场改宗黄教的激烈斗争。

（三）哲布尊丹巴改宗黄教

哲布尊丹巴一世在喀尔喀蒙古转世前后，国内外形势发生了急剧的变化。当时，中国社会的阶级矛盾和民族矛盾日益激化，明王朝的腐朽统治处于风雨飘摇之中，满族贵族在东北崛起，随时准备入主中原，取而代之。林丹汗走死青海，漠南蒙古各部相继归附金国。1636年，喀尔喀三汗开始向清朝贡献，与清朝发生贡使关系。然而，直接影响哲布尊丹巴一世宗教地位的是西藏、青海的局势。

17世纪30年代，喀尔喀蒙古部却图台吉和内蒙古林丹汗到

1　《阿萨拉格齐史》，第77页。
2　参阅《哲布尊丹巴传》。
3　《蒙古逸史》，第42页。

达青海，他们加入了噶玛·丹迥旺布的反黄教联盟，使藏巴汗排斥黄教的气焰更加嚣张。“立誓要摧毁色拉、哲蚌、甘丹三大寺，消灭格鲁派。”[1]处于危急关头的黄教领袖人物五世达赖和四世班禅遣使天山北路，请卫拉特蒙古和硕特部首领顾实汗南下，镇压反黄教势力。[2]顾实汗率卫拉特联军于1637年歼灭了喀尔喀却图汗，1639年进藏途中转向西康，征服了崇信苯教，迫害佛教的白利土司。最后，1642年全歼后藏第悉藏巴的军队，擒杀了噶玛·丹迥旺布。藏巴汗的败亡，标志着西藏黄教势力在顾实汗支持下转危为安，取得了西藏宗教大权。1651年（顺治八年），清朝中央政府邀请五世达赖进京，并且赉送金册、金印，封五世达赖“西天大善自在佛，所领天下释教，普通瓦赤喇怛喇达赖喇嘛”。五世达赖正式接受清朝皇帝册封以后，声威势力愈来愈隆，这自然要影响到喀尔喀蒙古哲布尊丹巴呼图克图的地位。哲布尊丹巴的先世受拉堆绛地方首领支持，自16世纪晚期拉堆绛失势后，又受藏巴汗的支持。17世纪早期是藏巴汗势力急剧扩张的时期，藏巴汗丹迥旺布和其父彭错南杰都支持觉囊派“与仁邦第巴迦玛护教王结供施之缘，若教、若政显赫一时”。[3]觉囊派依仗藏巴汗的权势“弘宣他空见，盛极一时，很敌视黄教”。[4]藏巴汗败亡以后，觉囊派失去了西藏地方政权的支持，被五世达赖看作是黄教的敌对派别，对它施行了巨大的压力。哲布尊丹巴一世亦不得不抛弃觉囊派，改信黄教，成为黄教僧人。

1　东嘎·洛桑赤烈：《论西藏政教合一的制度》，载《西藏民族学院学报》1981年第4期，陈庆英译。

2　巴图尔乌巴什丘缅：《四卫拉特史》，第9、10页，载鲁卜桑墩德布、鲁卜桑巴勒丹《托忒文献集》，乌兰巴托，1976年。

3　《善说宗教流派镜史》，第109页。

4　法尊：《西藏后弘期佛教》，第152页，载《中国佛教》第二集，知识出版社，1980年。

1649年（顺治六年），哲布尊丹巴呼图克图首次赴藏学经。[1]在他学经结束，即将返回喀尔喀蒙古时，五世达赖提出以改宗黄教为条件，否则不承认他的活佛身份和他在喀尔喀蒙古的宗教地位。与此同时，五世达赖运用权势把多罗那它建的达丹彭错林，改为黄教寺院，易名为甘丹彭错林寺，“其余屈垄，江孜等觉朗寺院，亦悉改为格鲁派寺院，其经籍、印板大概亦化归乌有矣”[2]。迫于五世达赖的权势，哲布尊丹巴呼图克图只好改宗。五世达赖也看到了哲布尊丹巴在喀尔喀蒙古的宗教地位，在哲布尊丹巴改信黄教后，五世达赖正式授予他“哲布尊丹巴呼图克图”号，班禅在扎什伦布寺为他授格楚戒。[3] 1651年，哲布尊丹巴呼图克图返归喀尔喀蒙古时，五世达赖为其选派了五十名工艺匠同赴喀尔喀蒙古修建黄教寺院，塑造佛像。

哲布尊丹巴呼图克图改奉黄教的原委，除了迫于五世达赖的压力外，还有其他一些原因应当说明。

首先宗喀巴“宗教改革”前的西藏佛教萨迦、噶举等各派渐渐失去人心，掌握教派权力的上层分子同时又是掌握地方政权的封建农奴主，他们享有特权，占有农奴、庄园，残酷地剥削压迫百姓，而许多佛教僧人也是整日饮酒作乐，胡作非为，鱼肉百姓，使西藏佛教呈现了“颓废萎靡之相”，[4]遭到人民群众的强烈反对。宗喀巴“宗教改革”后创立的黄教要求僧人严持“戒律”，反对萨迦、噶举各派僧人追求利禄，操纵权势和生活放荡的行为，获得了人民群众的同情和支持。宗喀巴“宗教改革”改变了以往西藏佛教各派只和单一的地方封建集团相结合的局限性，采取了与各地方封建势力广泛建立“施主”关系的新办法。黄教派跳出了地

1　《哲布尊丹巴传》，第91页。
2　《善说宗教流派镜史》，第109页。
3　《宝贝念珠》，第91页。
4　刘立千译：《续藏史鉴》绪言，第4页，华西边疆研究所，1946年。

区，民族界限，和满、汉、蒙古族统治者建都立了密切的联系。16世纪后半叶，黄教寺院集团形成后，经过与西藏社会上其他地方势力集团，尤其是藏巴汗地方政权的激烈角逐，取得了西藏地区的统治地位。17世纪上半叶，黄教寺院集团开始结纳清朝贵族，他们顺应历史发展的总趋势，密切了西藏地方政权与中央政府的关系，赢得了西藏人民的支持。与此同时，黄教派的威望日益增长，是其他任何教派都不能相比的。哲布尊丹巴呼图克图看到黄教派在蒙古僧俗民众中的影响，也主动结纳黄教领袖达赖、班禅，借以提高自己的宗教地位，最后终于拜倒在黄教派的旗帜下。

哲布尊丹巴呼图克图改宗黄教，也与清朝中央政府的喇嘛教政策有关。清朝利用喇嘛教的政策早在努尔哈赤时期就已开始，皇太极即帝位后又有了进一步的发展。他曾下令在盛京城西三里外建实胜寺，供上察哈尔墨尔根喇嘛送来的嘛哈噶喇佛，并于每年元旦带领众大臣和蒙古诸部亲王、贝勒前往“礼佛”。当时清朝与西藏喇嘛教各教派的领袖人物都有联系，1639年（清崇德四年），清朝遣使致书于掌握西藏地方政权的藏巴汗和“掌佛法大喇嘛”表示清朝要振兴三宝”“利益众生”[1]。1642年（清崇德七年），顾实汗率兵擒杀藏巴汗后，支持五世达赖取代了受明朝封为大宝法王的噶玛噶举派的黑帽十世却英多吉，而成为西藏地方的最高领袖[2]。此后，顾实汗牢牢掌握了西藏地方政权，达赖喇嘛控制了宗教大权。清朝入关以后，清朝统治者看到了西藏所发生的形势变化，注意到黄教在蒙古各部中的影响，曾四次派人入藏敦请五世达赖来京。清王朝自己并不信佛，为了利用喇嘛教，采取了崇佛的政策，其意图正是“兴黄教，即所以安众蒙古，所系非小”。[3]清王朝对五世达赖的优礼和对黄教的宠幸不能不影响哲布

1 《清太宗实录》卷四九。

2 《关于西藏佛教史的十篇资料》，第147~148页。

3 《卫藏通志》卷首《御制喇嘛说》。

尊丹巴呼图克图改变对黄教的态度。

第三，当时的蒙古各部，尤其是漠南蒙古、卫拉特蒙古的王公和僧俗百姓大多数都信奉黄教。漠南蒙古和青海地区的蒙古各部自从土默特部俺答汗皈依黄教，其孙云丹嘉措被选定为四世达赖以后，黄教在这些地区的势力迅速膨胀。清朝统一漠南蒙古后，又奉行了尊崇喇嘛教的政策，这些地区的黄教势力一直未衰。卫拉特蒙古各部供奉喇嘛教的时间较晚，但是在黄教僧人察罕诺们汗的鼓动下，卫拉特贵族子弟很快就被送到西藏学佛，他们跟随达赖、班禅诵经修法，成为黄教派的骨干力量[1]，其中内齐托音、咱雅班第达等都是当时很有影响的黄教僧人。在漠北喀尔喀蒙古宗教上也并非全部由觉囊派控制。喀尔喀三汗中，扎萨克图汗部和西藏黄教寺院集团关系最密切，黄教著名僧人东科尔呼图克图的代表在扎萨克图汗部进行宗教活动，并参与了喀尔喀蒙古的内政外交[2]。即使在土谢图汗部，也有黄教达赖、班禅最忠实的“施主”图蒙肯诺颜的后裔。图蒙肯诺颜是最早去过西藏的喀尔喀人，也是继阿巴岱汗之后第二个获得汗号的喀尔喀贵族。达赖、班禅始终推崇图蒙肯及其子丹津喇嘛。据记载，“初喀尔喀有所谓红教者与黄教争，图蒙肯尊崇黄教，为之护持，唐古特达赖喇嘛贤之，授赛音诺颜号，令所部奉之视三汗”。[3]

显然，哲布尊丹巴呼图克图如不改宗黄教，违背蒙古各部的共同信仰，达赖喇嘛很可能让丹津喇嘛取而代之。

第四，觉囊派提倡的佛教观点是“他空见”，它认为事物有它的真实体性，这种真实体性本身不能说它是性空，世间一切事物的本底是一种至高无上的“真谛”，这真谛是永恒不变的，所谓性

1　《咱雅班第达传》，第 4 页，乌兰巴托，1967 年。

2　《俄蒙关系史资料（1607~1636）》文献 115 号，第 247、248 页，莫斯科，1959 年；霍沃斯：《蒙古史》第 1 卷，第 616 页，伦敦，1880 年。

3　《外藩蒙古回部王公表传》卷六九，传六三，《喀尔喀塞音诺颜部总传》。

空是人的“虚妄分别”增加上的东西，而事物本身不能说是空的，事物本身是事物的“自”加在事物身上的，虚妄分别是事物的他，如果说性空只能说是他空，不能说是性空。这种说法和印度的湿婆派相似，而和黄教的观点是对立的，被认为是异端邪说。五世达赖便借此查封觉囊派。而实质上，宗喀巴“宗教改革”创立的黄教派，在教义上“其显教多采自噶当派，密教多采自萨迦、噶举，加以调理组织，严明次第，遂成一派”[1]。西藏佛教各个派别在本质上是没有区别的。所以哲布尊丹巴改宗黄教，从根本上并不影响其宗教信仰。

综上所述，1587 年阿巴岱迎佛，黄教传入喀尔喀蒙古，1635 年，哲布尊丹巴活佛系统在喀尔喀蒙古确立；哲布尊丹巴呼图克图改宗黄教，黄教才在外蒙古取得统治地位。哲布尊丹巴活佛系统形成后，对喀尔喀蒙古社会带来极其深刻的影响。根据黄教戒律的规定，僧人既不允许参加生产劳动，又不允许娶妻生子，这样，不劳而食的黄教僧人畸形增多，严重阻碍了蒙古族人口的增长，破坏了社会生产力的发展。到 1921 年，外蒙古拥有 2565 所寺院，105577 名喇嘛（占当时外蒙古男子总数的百分之四十四），其后果是十分严重的。

哲布尊丹巴活佛系统形成以后，活佛转世在喀尔喀蒙古历经八代，清朝为了便于它在蒙古地区的统治，竭力提高哲布尊丹巴活佛及其黄教势力的地位和权力，试图抬高僧权，抑制俗权，利用僧俗上层之间相互牵制的作用，达到清朝对喀尔喀蒙古部的统治。

四　边疆民族宗教政策

18 世纪，青藏高原、大漠南北和天山北路的蒙藏民族大多信

1 《续藏史鉴》绪言，第 4 页。

奉藏传佛教，而天山南路的各民族则信奉伊斯兰教。在边疆地区，这两种宗教有着巨大的传统影响和社会势力，有着强烈的民族性。宗教问题往往和民族问题、边疆社会问题交织在一起，政府在边疆地区的施政不能不考虑宗教因素。

藏传佛教在西藏地区的巨大影响毋庸赘言。崇奉藏传佛教不仅关系到西藏地区的安定，而且对稳定蒙古、青海等地区的政治局势有极大的关系。在蒙古民族聚居的地区，蒙古王公贵族和一般牧民无不虔诚信奉藏传佛教，在青海地区，西宁一带的藏传佛教寺庙据史料记载在17世纪中叶已有数千所，而且青海各台吉往往俱以达赖喇嘛的弟子自居，唯视达赖喇嘛之言而尊依以行。在新疆地区，卫拉特蒙古部部众“凡决疑宁计，必咨喇嘛而后行”。

自17世纪末开始，准噶尔部往往利用藏传佛教的影响，联络蒙古部众与清朝对抗。清王朝统治者也看到，佛教势力巨大的历史客观事实使其无法加以禁止，只有采取针锋相对的政策，即扶持藏传佛教中的黄教派集团，削除边疆地区出现的割据势力，达到统一边疆的目的。乾隆皇帝在《御制喇嘛说》中曾这样分析藏传佛教与蒙藏民族的关系：“盖中外黄教总司以此二人（指达赖喇嘛、班禅额尔德尼），各蒙古一心归之，兴黄教，即所以安众蒙古，所系非小，故不可不保护之，而非若元朝之曲庇谄敬番僧也。”在清朝统治者看来，要实现全国的安定，就必须确保蒙古地区的安定；要确保蒙古地区的安定，就必须利用藏传佛教；要利用藏传佛教，就不能不重视西藏问题，而解决西藏问题的关键还是在于利用藏传佛教，崇奉藏传佛教不仅可以绥服西藏，而且可以加强蒙古部对清王朝的向心力。

利用藏传佛教，可以保持西藏地区的长治久安。藏传佛教劝导贫苦劳动者忍受现实的苦难，安于现实的贫困，把希望寄托于虚无缥缈的来世和天堂。藏传佛教的这种说教可以消磨西藏人民反抗封建农奴主剥削和压迫的斗争意志，使西藏人民帖然服从于西藏封建农奴主的统治，有利于保持西藏地区的稳定局势。

清朝统治者认为利用藏传佛教是实现其控制西藏社会的有效手段。康熙说过："佛教之兴，其来已久，使人迁善去恶，阴翊德化，不可忽也。"雍正帝也说："因思古今之有佛教，特以劝善惩恶，济世觉民为本。黄教之传，所以推广佛经之旨也。……广布黄教、宣讲经典，使番夷僧俗崇法慕义，亿万斯年，永跻仁寿之域，则以佐助王化，实有裨益。"松筠治藏对此道有更深的见解，在其《西招图略》中写道："夫神道设教，仁以成俗。故仁以厉之，所以厉风俗也。无论遐方内地，各有所尚。譬如卫藏俗尚黄教，不过因其教而教之，俾僧俗相安而已。"

从上述分析可以看出，清王朝深知利用藏传佛教以达到保持西藏地区社会安宁这一社会控制目的的重要性。加强行政管理固然是清政府对西藏地区实行社会控制的重要途径，但藏传佛教对社会控制的特殊功效也是不能忽视的。清朝统治者对中国封建社会传统的统治术领悟颇深，运用颇为得心应手，极力利用藏传佛教，以求达到西藏地区长治久安的社会控制目标。

清朝统治者利用藏传佛教政策的主要内容有：

（一）优礼藏传佛教上层首领

达赖喇嘛、班禅额尔德尼在西藏僧俗人民心目中威望崇高，具有极大的号召力。乾隆曾经说过"敬一人千万悦"。清前期统治者对于达赖、班禅倾心归向于清朝中央政府极为重视，从礼制上给予达赖和班禅以逾于常格的优礼。顺治九年（1652年），清政府册封达赖五世为"西天大善自在佛所领天下释教普通瓦赤喇怛喇达赖喇嘛"，康熙五十二年（1713年）册封班禅五世罗桑益喜为"班禅额尔德尼"，给予达赖、班禅极崇高的地位，也从此确立了历代达赖喇嘛、班禅额尔德尼都必须经过清朝中央政府册封的制度。

康熙三十二年（1693年）清朝册封哲布尊丹巴为"大喇

嘛”，掌漠北喀尔喀蒙古藏传佛教事务。康熙五十年又册封章嘉胡土克图为“大国师”，总领内蒙古藏传佛教事务。这样，蒙藏地区藏传佛教分为四大部分，达赖喇嘛主前藏，班禅主后藏，哲布尊丹巴主喀尔喀蒙古，章嘉胡土克图主内蒙古，四大活佛既有崇高的地位，又各有领地，互不统属，形成藏传佛教大喇嘛分主教权的局面。

（二）支持藏传佛教的发展，赋予藏传佛教寺院集团种种特权

清政府支持藏传佛教发展的重要形式之一就是鼓励或者出资帮助修建佛教寺庙。因为，藏传佛教寺庙数量的多少是藏传佛教兴衰的标志，寺庙越多，则藏传佛教流传愈广，信教者也随之增加，清政府利用藏传佛教以安定西藏地区的社会控制目标便越容易达到。

据肖奭《永宪录》记载，在康熙末年准噶尔入侵西藏时，布达拉宫遭到了严重的破坏，清政府驱逐准噶尔侵藏势力后，代替西藏政府加以修缮，“所费数十万，铺地一大红玛瑙，饮食器皿皆黄金”。清朝统治者常常利用赐寺名、匾额等办法，以示对西藏人民修建寺庙的支持和鼓励。乾隆年间色拉寺修寺造佛时，清政府就曾经恩赏以匾额和哈达等物。又以乾隆六十年修建卫藏永安寺为例，乾隆帝当时“赐庙名曰卫藏永安，颁四译字匾额，建在磨盘山之南麓，参赞公海兰察巴图鲁等捐资修建，为济咙呼图克图驻锡之所。乾隆五十九年，工竣，钦差驻藏内阁学士、兼礼部侍郎和宁撰碑文，其辞曰：文殊皇帝，真天人师，大千普育，法轮护持，阿耨波净，耆闍云垂，憬彼廓番，蜗触坤维。皇帝震怒，乃命麾戈，大将军福，大司空和。军筹战律，秉算靡讹，巴图鲁海，霹雳摧阿。克震克捷，壬子之秋，元戎奏绩，虎将陈猷。爰发愿力，仰答神庥，布金五千，作庙山陬。载谋载度，济咙浮屠，鸠工阅岁，葳蕨辉辉。翼翼

辉辉，宝像金躯，于万斯年，永祝皇图”。[1]从卫藏永安寺这一典型的事例中可以看出，清政府修建这一寺庙的目的是为了使宝像金躯能够永祝皇图，使西藏地区长久保持安宁康乐，以达到清政府对西藏地区的永久控制。

清政府对藏传佛教的上层人物封授以各种职衔、名号，使其享有崇高的社会地位，以争取这些上层人物的诚心归附。清制，凡清政府所封授的呼图克图、诺们汗、班第达、堪布、绰尔济等均系职衔，而国师、禅师则属名号，封以职衔者可以兼授名号，但不可同时兼授职衔或名号。在清代，入理藩院档册并可转世的西藏呼图克图有 18 人，沙布隆 12 人。此外，清政府还制定了喇嘛的等级，将来自西藏的驻京喇嘛分为掌印扎萨克达喇嘛、副掌印扎萨克达喇嘛、扎萨克喇嘛、达喇嘛、副达喇嘛、苏拉喇嘛、德木齐、格斯贵、格隆、班第，等等。清政府对达赖喇嘛和班禅额尔德尼予以统治地方的特权，允许其直接向西藏人民征收赋税。

(三) 加强对藏传佛教的管理，创立金瓶掣签转世制度

18 世纪，清朝统治者一向对藏传佛教采取恩威兼施的政策：对诚心归向者，清政府不惜花费重赀施以褒奖；对妨害国政者，清政府则绳之以法，严惩不贷。藏传佛教固然能够起到维系西藏地区稳定的作用，但在一定场合、一定时期也有若干藏传佛教僧人违反国法和教规，因此清政府对藏传佛教不能不在崇奉中寓以加强管理的一面。对此，乾隆皇帝有十分清醒的估计，他说：“朕于黄教素虽爱护，但必于奉教守法之喇嘛等方加以恩遇。若为教中败类，罪在不赦者，即当明正典刑，断不稍为袒护。”[2]在清代前期，无论采取崇奉的手段，还是对煽构祸乱者置以重典，但清

1 《卫藏通志》卷六《寺庙》，西藏人民出版社，1982 年。

2 《清高宗实录》卷一三九三。

王朝的主旨，利用藏传佛教以安定蒙藏社会的既定目标从未有过丝毫游移。

金瓶掣签转世制度的确立，是清朝政府在管理藏传佛教方面的重大改革。在这项制度确立以前，蒙藏地区四大活佛的转世多出现在封建农奴主贵族家中，封建贵族操纵政教大权，其兄弟叔侄姻娅相传袭，几乎与世系封爵无异，不利于清朝中央政府对蒙藏政教的管理，使地方封建贵族割据势力膨胀发展。清朝政府创立了金奔巴制度，规定：各地呈报的达赖喇嘛、班禅的呼毕勒罕的姓名及出生日期用满、汉、藏三种文字写在牙签之上，放入清政府所颁发的金奔巴瓶之中，在驻藏大臣的监督之下，当众在大昭寺宗喀巴像前抽掣拈定真呼毕勒罕。

清政府对西藏地方施政的改革，必须考虑到宗教因素。因此在乾隆朝出现了借助于藏传佛教力量，缩小地方势力范围的改革思路，即“多立头目，以分其势”，地方噶厦政府内三俗一僧，地位平等，在驻藏大臣和达赖喇嘛的领导下处理行政事务。清朝政府授予达赖喇嘛直接掌管西藏地方政务的权力，地位和职权与驻藏大臣平等。从此，达赖喇嘛不仅是宗教领袖，而且是政治领袖，这就开始了格鲁派治理西藏的“政教合一”制度。

与藏传佛教不同的是清朝政府在新疆地区实行的是政教分离政策。

15世纪以后，由于伊斯兰教在新疆的迅速发展，宗教头目逐渐控制了世俗政权。在清政府统一新疆以前，作为伊斯兰教法规维护者的阿訇（又称阿浑、阿珲）的社会地位居于世俗的伯克之上。清政府统一新疆，大小和卓叛乱被平定以后，其后裔流亡浩罕，阿訇便成为伊斯兰教在新疆地区的集中代表，并拥有神圣的权力。阿訇常常制造事端，利用教徒聚会之际废杀伯克。乾隆说：“阿浑乃回人诵经识字者，与准噶尔喇嘛相似。从前厄鲁特等不知事体，听信喇嘛，致生变乱，岂可使回人仍因旧习。著传谕舒赫德等，晓示各城回人，嗣后诸事，唯听阿奇木等伯克办理，阿浑不得干预。”[1]清政府认为，必须及早削除阿訇在新疆社会的影响，如果阿訇势力膨胀，将会利用宗教危及清朝政府在新疆的统治。清朝政府统一新疆以后，支持世俗的伯克，令其署理南疆地区的各项民政事务，禁止宗教干预行政，实行了政教分离政策。这项政策在某种程度上抑制了宗教势力的发展，避免了宗教人员掌握世俗政权，滋生事端，对于社会的安定及清朝在新疆的统治是十分有利的。

1 《清高宗实录》卷六一五。

下　编
清朝边疆开发

第五章　蒙古地区的经济发展与生态环境

清代，大一统局面的奠定，结束了历史上形成的游牧民族与农业民族南北对峙的局面，消除了北方草原单一游牧经济与内地综合经济之间以武力开市的贸易形式，蒙古的社会经济逐步纳入了全国相互依赖的经济体系之中，单纯的官市、民市贸易已不能满足蒙古地区政治经济发展的要求，北部边疆的开发势在必行，蒙古地区的开发是历史发展的必然过程。清代 268 年间，倾注很大力量于北部边疆的经营与开发，使蒙古在传统的畜牧业经济基础上，出现了较发达的农业，其他行业如手工业、商业贸易和城镇交通业也都比前一代有了较大的发展，开发的规模和深度，远远超过了汉唐盛世，其开发的成就是应该予以肯定的。

清王朝是满族贵族集团建立的封建专制国家，其开发活动就必然带有时代和阶级局限性，在蒙古地区则表现为封建压迫和剥削、民族歧视和奴役、武力征伐和镇压，以及蒙古民族反抗的正义斗争。另外，由于当时科学知识的贫乏和垦殖政策的失控，大量的流民盲目开垦所造成的草原沙化，则又形成流弊至今的历史遗害，这也是值得我们吸取的教训。

第一节 蒙古地区社会经济

一 休养生息政策及蒙古经济的复苏

明末以来，漠南蒙古连年战乱，人口锐减，牲畜大量死亡，经济陷入低谷。清初顺治朝至康熙朝初年，“边外蒙古亦复凶荒”，“叠罹饥馑”，有的地方被灾，“青草不生，牛羊倒毙不尽”，牧民困苦不堪，“难以存活”。

康熙朝以后，边外社会秩序渐趋稳定，清廷实行了一系列有利于社会经济发展的政策，漠南蒙古经济开始走出低谷。

为了尽快恢复漠南蒙古的牧业经济，清廷对蒙民颁行休养生息、轻徭薄赋的政策，鼓励牧民“有一、二牲畜，择水草善地畜牧，能耕田者勤于耕种，则各得生理”。[1]康熙帝严谕蒙古各旗，“嗣后俱择好水草处游牧，轻役减赋，务求永远营生之道。”[2]雍正初年又告诫蒙古各旗王公“若仍厚敛重徭，纳之于玷危之域，使之于散亡，孰为尔等纳赋，孰为尔等供徭”，按照清朝有关蒙古赋役的条文规定，漠南蒙古贡献少量的马匹、汤羊、乳酒、石青等物，虽然还要承担守卡、驿递等劳役，但相对负担较轻。清初制定的轻徭薄赋政策，在清代前期一直奉行不渝。

清初塞外盗窃严重，影响牧民生计，破坏了牧业经济的发展。清朝统治者认为“欲复蒙古生业，必严盗禁，不严则不能弭盗”，因而规定严惩盗马贼犯。

为了有利于发展蒙古地区的牧业经济，清朝在各盟旗实行“分旗划界”措施。漠南蒙古 49 旗，各盟旗游牧部落“凡疆理，各识其山河之名而表以图，以定其游牧，无山河则树以鄂博”。[3]

1 《清圣祖实录》卷一一一。

2 《清会典》卷二二二。

3 《大清会典》卷六四。

盟旗分界不仅考虑到了各部落原有牧地的稳定性，而且也照顾到与牲畜息息相关的山川、河流、牧场等地理环境。各旗可以顺应季节的循环，安排四季牧场，调节畜群。社会的安定，诸盟旗划地而牧，是游牧经济进一步发展的必要前提。蒙古诸部多次举行会盟，划分牧地，规定分界后，各部旗都不准越界游牧，倘有越界放牧者，即定为侵犯之罪，至于往来游牧，又申定彼此会齐同时移动，不许参差。各旗内牧民游牧，仍是经营阿寅勒个体经济，有自己简单的生产工具和少量牲畜。阿寅勒在旗内指定地区游牧，不再远距离游牧；单独放牧，不再依靠同族人的集体游牧。各阿寅勒在安定的社会生活环境和较小的范围内游牧，有利于选择草场和水源，使蒙古地区的牧业经济尽快得到复苏。

清廷扶持畜牧业，还表现在赈济、养赡上。

蒙古地区一旦出现自然灾害，对蒙民生计及牧业经济威胁极大。清廷规定，凡蒙古遇到较大的自然灾害，官府都要调拨大量的米粮、皮裘、茶叶、牲畜、布帛、毡房及银两予以救济，使蒙民度过饥荒，畜牧业经济得到恢复和发展。

除了赈济外，还对蒙古族实行了养赡制。在荒年岁月，由清廷提出养赡，“先查明贫乏之户，由本旗札萨克及富户喇嘛等抚养，不足则各旗公助牛羊。每贫台吉给牛三头，羊十只，每贫人给牛二头，羊十只，令其孳育”；如本地无力养赡，由“盟内等共出牛羊协济养赡。设若连年饥馑，该盟内力乏不能养济，可申报理藩院遣官查勘，发布赈济”[1]。

经过蒙古族牧民近半个世纪的辛勤劳作，康熙中叶以后，漠南蒙古牧业经济基本复苏。各盟旗拥有的牲畜数量大增。康熙三十五年（1696年），“进边口，于沿途见蒙古生计，阿霸垓、苏尼特等旗骆驼皆健，马匹较少，牛羊饶裕”，而鄂尔多斯地区更出现

1　《大清会典事例》卷九九一《理藩院·优恤》。

了“无盗贼，驼马牛羊不必防守，生计周全，牲畜蕃盛”的富庶局面。[1]康熙帝在总结漠南蒙古经济复苏的原因时说：“又无差徭，安插牧场，赐以牲口，五六年间，牲口繁息，生计丰饶。”[2]基本上反映出当时的情况。

为了改变因战乱造成的“口外蒙古穷困，人不聊生”的窘迫局面，清廷劝导蒙民进行适当的农业开垦。康熙帝认为：“蒙古田土高而且腴，雨雪常调，无荒歉之年，更兼土洁泉甘，诚佳壤也。”[3]土壤肥沃，气候适宜，所种庄稼“见禾苗七八尺，穗长一尺五寸”，所获粮米可以解决蒙民生计，不能耕种的牧民，也可以就近贸易取籴，不必入边买内地粮米，而粮米也不致腾贵。据清初史料记载，清初的漠南蒙古有的地方已有农耕业，有的蒙古王公也要求边内汉人和蒙古人一同耕种。对此，清廷则因势利导，诏令理藩院派遣谙熟农业的官员去蒙古“教彼耕种”，每一二年轮换一次，包括开垦播种、引河灌田、田间管理、适时收获，有的还配给耕牛、籽粒、耒耜等。

康熙朝后期至雍正朝，出现了内地流民踊跃向北迁徙、流动的趋势，清廷对此采取了相应的措施，安置流民，同时推动了塞外的农业发展。

康熙朝末年，中原地区连年遭灾，至康熙五十九年（1720年），山西、陕西连续两年荒歉，“民有流离者”。雍正元年（1723年），“河南黄水溃决，泛溢于直隶地方，比年以来，两省近水居民耕种无资，衣食匮乏。”[4]大批流民拥入京师一带。为了解决流民问题，清廷一面设立粥厂，一面下令内地乏食民人可往口外可耕蒙地，开垦地亩谋生。清廷要求各旗容留流入蒙古

1 张穆：《蒙古游牧记》卷六。
2 《清圣祖实录》卷二二二。
3 《清圣祖实录》卷二二四。
4 《清世宗实录》卷四。

的灾民，“特许其吃租”。雍正帝颁令户部：“惟开垦一事，于百姓最有裨益……嗣后各省，凡有可垦之处，听民相度地宜，自垦自报，地方官不得勒索……不得阻挠。”[1]蒙古地区称此为“借地养民”令，或曰“一地养二民”。[2]此令一开，又有大批灾民涌入蒙古。乾隆三年（1738年），畿辅地方歉收，米价昂贵，而口外收成颇丰，清廷改变了口外米谷不进口的传统，言称要“酌量交通”，允许出口籴粮并贩运进口。但是，粮食进口并不能根本解决灾民缺粮问题。乾隆八年，天津河间发生旱灾，同时山东、河南被灾，灾民闻知口外雨水调匀，纷纷流往口外，清廷令喜峰口、古北口、山海关诸关口官弁，“如有贫民出口者，门上不必拦阻，即时发出”。清廷之所以放松边禁，是因为统治者看到“今日流民不比寻常，若稽查过严，若辈恐无生路矣……令其不必过严，稍为变通，以救灾黎”。[3]

雍正朝与乾隆初年对蒙古地区放松边禁、允民出口措施，不过是清朝统治者的一项权宜之计，然而其影响却很大。借地养民政策的推行，使蒙古地区的农业得到较大的发展。

二　封禁令的颁布与局部地区的开垦

清廷为了防止蒙汉之间及蒙古各部之间联合，共同反对其专制统治，自清初以来，便对蒙古地区实行封禁。早在顺治十二年（1655年）就颁令内地农民“不得往口外开垦牧地”。康熙七年（1668年），又下令“辽东招民授官永著停止”，封禁东北，并在山海关、喜峰口等九处边门设官卡稽查，以杜绝流民出口。东北与蒙古地区相连，边门被封，蒙古自然也在封禁之列。

对蒙古地区经济发展影响较大的封禁令主要有两个方面。

1　《清世宗实录》卷六。

2　张丹墀修，宫葆廉纂，王瑞岐续修：《凌源县志》卷三《纪略》。

3　《清高宗实录》卷一九五，卷二〇八。

其一，严禁各旗越界游牧与畋猎。清朝统治者采取这一措施的意图，主要是为了防止各盟旗之间的联系，以达到“分而治之”的统治目的。顺治康熙年间规定，“越境游牧者”，王罚马十匹；札萨克、贝勒、贝子、公七匹；台吉五匹；庶人罚牛一头。对“越自己所分地界肆行游牧者”，王罚马百匹；札萨克、贝勒、贝子、公七十匹；台吉五十匹；庶人犯者，本人及家产皆罚取，赏给见证人。雍正五年又规定，王、贝勒、贝子、公、台吉等，不论管旗不管旗，如果越自己所分地界游牧，皆罚俸一年，无俸台吉及庶民犯者，仍按原例罚取。

其二，限制内地农民进入蒙古垦种、经商贸易。康熙二十二年（1683 年）规定：“凡内地民人出口，于蒙古地方贸易耕种，不得娶蒙古妇女为妻。倘私相嫁娶，查出，将所嫁之妇离异，给还母家；私娶之民，照地方例治罪；知情、主婚和说合之蒙古人等，各罚牲畜一九。”[1] 雍正朝又规定，“种地之民人……不准带领妻子前往……俟秋收之后，约令入口，每年种地之时，再行出口耕种。”[2]

禁止越界游牧制度，是沿袭蒙古旧有习俗。元代，蒙古草原上各游牧部落都划分了界限，只是这种界限在一定时期内相对固定，另一时期又有变更。崇德五年（1640 年），卫拉特、蒙古王公制定的法典也严格规定了禁止爱玛克全体及个人变更居住地，否则要科以财产。满族贵族依据蒙古古代法制，在天聪初年就设旗划界，后来随设旗随划界，严禁越界游牧，违者依法处罚。当然，对于因灾荒影响牧场的特殊情况，也允许移往相近旗地游牧。

严格地划旗定界，禁止越界游牧，本是清廷为了加强对蒙古的控制而实行的一项政策，但在清初刚刚结束战乱的特定环境下，

1 《大清会典事例》卷九七八。
2 《口北三厅志》，《地舆》附录。

它对蒙古民族的畜牧业经济在客观上起到了保护的作用。牧民被分别固定在一定范围的土地之上，和土地、牧场紧密结合起来，注意有目的地保护和利用牧场，减少各部之间为争夺牧场而引起的纷争，消除大规模远距离的游牧，以使生产相对稳定，这些都有利于畜牧业的恢复和发展。

对于赴边外垦殖的内地农民，虽有封禁五关一口的法令，但并未认真执行，没有绝对禁止内地农民出关。康熙朝屡次申明严格控制古北口等“关口出入之人”，但大多是为了“防盗窃”，对“各地人民往边外居住耕种者”不明令提倡，也不严格禁止。康熙五十一年（1712年），曾说“今地少人稠，各地人民往边外居住耕种者甚多，比年又皆丰收，附近京师之人，俱赖此谷，大有裨益”。[1]显然，清廷已认识到从口外垦殖中得到的好处。因此，对出口外的垦民，规定：一、不许在蒙古娶妻生子；二、春去秋归，从事季节性劳动，不许在口外定居；三、不许携带家眷前往。对出口者，查明年貌、姓名、籍贯，一一登记入册，“给以印册”。总而言之，既要有利于蒙古地区的农业开展，又不允许在塞外聚集大批内地农民，以免将来形成蒙汉民族杂居局面，构成对其统治的威胁。

尽管清朝统治者为了对蒙古地区加强控制而屡下封禁令，但客观形势的发展，并不以统治者主观意志为转移。在顺康雍时期，蒙古地区的农业还是有所发展。应该指出的是，在蒙古地区，尤其漠南蒙古农业的兴起和发展，是与内地人口的向北迁徙流动有着密切关系的。

顺治初，中原地区灾荒不断，据不完全统计，黄河大的决口就有15次之多。康熙年间，河患更为严重，康熙初十六年间，黄河大的决口达67次。与此同时，八旗贵族在华北地区颁行

1 《清圣祖实录》卷二五〇。

“圈地令”，大量圈占土地，造成大批农民破产。频繁、严重的自然灾害及满洲贵族的残暴统治，迫使农民背井离乡，外出谋生。康熙末年，山西、陕西两省又连续两年荒歉，“民有流离者”。雍正元年（1723年），“河南黄水溃决，泛溢于直隶地方，比年以来，两省近水居民耕种无资，衣食匮乏。”[1]为了解决大批流民拥入京师的问题，清廷一面设立粥厂，一面下令内地乏食民人，可往口外可耕蒙地开垦地亩谋生。这样，又有大批灾民拥入蒙古。自顺治朝始，内地农民多由喜峰口、古北口、独石口、张家口、杀虎口、山海关和陕西边外关口“闯关”，出边谋生。虽然清朝也曾提出“酌开边门”，让内地农民出边耕种，但是大多数农民是冒险出关的。这些农民大部分来自河北、山东、山西，一部分来自河南、陕西、甘肃等省。至18世纪末、19世纪初，内地农民越聚越多，仅山东民人“或行商或力田，至数十万人之多”。[2]

内地农民进入草原从事农耕业，也得到当地蒙古游牧民族的支持。平常年月，蒙民需要农民耕种收获，提供食粮，遇到灾年，蒙人乏食，更得求助于内地农民。雍正十年（1732年），“鄂尔多斯荒歉”，“蒙民乏食”，向清廷提出“情愿招民人越界种地，收租取利”，清廷“听其自便”，“从此内地民人以口外种地为恒产，蒙古人亦资地租为养赡”。[3]也有些蒙民庇护种地的内地农民，当发生官府驱逐农民的事件时，他们往往站在农民一边。如克什克腾旗“该蒙古等以民人所垦成田之处俱在山坡隙处，并不碍其游牧，兼可得租养赡，所以一经驱散，又复潜为招往”。[4]内地农民垦种，按规定缴纳地租，有利于蒙民生计，自然受到欢迎，又如

1 《清世宗实录》卷四。

2 《清圣祖实录》卷二三〇。

3 《河套图志》卷四《屯耕》。

4 中国第一历史档案馆藏：《宫中朱批奏折·民族事务类》，直隶杨廷璋折4/361/1。

敖汉旗“蒙古招民垦种之初”，有大小揽头，辗转招种，“均出有押租钱文给以蒙古，并非凭空占种，这些内地农民盖房凿井俱系自出己资，而铺户贸易亦久已通商乐业”。[1]

蒙人主动招民开垦种植，蒙汉民和睦相处，是康熙朝以后“蒙古渐次皆已富饶”的重要原因之一。实际上，至乾隆初，内地农民出边耕种定居的范围还是很小的，只是沿长城边地，尚未深入到蒙古腹地，且多在偏僻的山谷中耕作，并不影响牧业经济的发展。清廷提出“若招民开种，则游牧地方必至狭隘，且民人蒙古杂居一处，亦属无益”，因而斥责蒙古王公贪图“私利”，私自招垦。应该指出，清廷指责蒙古王公，主要是担心“民人蒙古杂居一处”，不利于维护满洲贵族的统治秩序。

17 世纪末，出边农民逐渐在热河、喀喇沁、察哈尔和归化城土默特等长城沿边的一些地区形成农业点。

东部以热河、喀喇沁、土默特等地的农业发展较早，这些地区以山东农民聚集最多。据康熙五十一年（1712 年）估算，“山东民人往来口外垦地者多至十万余”，[2] 其中除了进入东北盛京、吉林等地以外，在内蒙古东部，大部分都率先进入热河、喀喇沁、土默特地区。出边农民耕种土地有三种形式：第一种，自己在山隅向阳处垦种，“热河地方辽阔，山沟险僻，远来垦荒就食之民，散处其中，复逾边境，与蒙古错处。”[3] 第二种，由蒙人招募内地农民耕种，“康熙年间，喀喇沁札萨克等地方宽广，每招募民人春令出口种地，冬则遣回，于是蒙古贪得租之利，容留外来民人……”[4] 第三种，由清廷将八旗官员的口内熟地换给口外荒

1 中国第一历史档案馆藏：《军机处录副奏折》，直隶总督胡季堂折“敖汗旗垦地民人事宜”，嘉庆五年五月，2350 号。

2 《清圣祖实录》卷二五〇。

3 《清高宗实录》卷四三〇。

4 《清高宗实录》卷三四八。

地，从而招募内地农民开垦种植。如《清高宗实录》所载，“古北口、热河等处，从前原无熟地，自康熙九年将八旗官员人等口内熟地换给口外荒地开垦，其原数作为额地，余地给本人执业，按亩交粮，热河东西共旗地一万九千九百余顷。又古北口至围场一带，从前原无民地，因其地土脉肥腴，水泉疏衍，内地人民愿往垦种，而科粮甚轻，故节年开垦升科者三千余顷。”[1]

借地养民令推行以后，垦民增加，垦区逐渐北移。喀喇沁三旗、翁牛特、巴林、阿鲁科尔沁、土默特、敖汉、奈曼、喀尔喀、锡勒图库伦、克什克腾等旗都程度不同地出现了农业。土默特贝子旗、喀喇沁左旗和中旗农业发展较早、较快。土默特贝子旗下有地 1643 顷又 30 亩，喀喇沁贝子旗下有地 400 顷又 80 亩，喀喇沁札萨克塔布囊旗下有地 431 顷又 80 亩。

在归化城土默特和察哈尔，各种官地的招垦占了较大的比重。顺治元年，清廷设立了分隶内务府、镶黄、正黄、正白三旗的官庄 132 所，其中若干设在喜峰口、古北口外。[2]顺治七年（1650年）确定:“外藩蒙古，每十五丁，给地广一里，纵二十里。”[3]康熙八年（1669 年），清廷提出以古北口等边外空地拨给无地旗人耕地。次年，正式确定将古北口、罗文峪、冷口、张家口外的土地拨与正黄、镶黄等 7 旗，作为宗室、官员、兵丁的庄田。按定制，归化城土默特兵丁无饷，拨给“户口地”为生。《土默特旗志》载:“弁兵无俸饷，马皆自备，均给田有差，每兵一名种地一顷，官弁递增。”康熙三十四年，归化城土默特添设粮庄 13 所。康熙年间，下嫁给蒙古贵族的“敬安固伦公主”，得到归化城土默特“效纳地亩数千顷”。[4]

1 《清高宗实录》卷一五五。

2 《清文献通考》卷五《田赋考》五。

3 《清代边政通考》，《耕牧·耕种地亩》。

4 《土默特旗志》卷五。

清廷圈占上述大量蒙古牧场，并设置官庄、户口地、召庙香火地、公主府地、军用驻防庄田。这些田地或因差役无暇自耕，或因不熟悉农耕，大部分被租佃给汉民。这些内地农民主要来自河北和山西两省，他们分往察哈尔东西两部分开垦。雍正二年（1724 年），察哈尔都统丈量右翼四旗私垦地共有 29709.25 顷。同时还发现，“自张家口至镶蓝旗察哈尔西界各处，山谷僻隅，所居者万余。”[1] 归化城土默特，乾隆八年（1743 年）统计，两旗蒙人共有土地 75048 顷，其中牧地只占 14268 顷，已不足五分之一。

陕西、山西与鄂尔多斯交界处，康熙年间有当地蒙人和内地民人合伙耕种，“开边之由自此”，[2]“沿边数州县百姓，岁岁春间出口……皆往鄂尔多斯地方耕种。”[3] 这些季节性出边种地者，或曰“伙盘”，或曰“雁行”。“边外所谓伙盘者，民人出口种地，春出冬归，暂时伙聚盘居之名，犹内地之村庄也。”[4]“百姓春种秋回，谓之雁行。”[5] 雍正朝以后，鄂尔多斯的垦区扩大，出边的农户越来越多，“搬移眷属”，“盖房屋居住”，并且呼朋唤友，互相援引，“一年成聚，二年成邑”，在鄂尔多斯“东部与南部毗连晋陕处，则有河曲、神木、府谷等县，农民沿套边开垦，渐成村落”。[6] 由此可以看出，顺康雍期间内地汉族农民的流入，已使漠南蒙古地区得到了局部开垦，使农业得到一定的发展。

自顺治、康熙朝对沿长城边口颁行限制流民出边的禁令后，有关封禁令已逐渐成为清朝前期治边政策的一项重要内容，涉及范围很广，包括牧业、农业、商业贸易、文化宗教等方面。至乾

1 《清高宗实录》卷一九八。
2 《河套图志》卷四《屯耕》。
3 中国第一历史档案馆藏：《宫中朱批奏折·民族事务类》，4/358/1。
4 《河套图志》卷四《屯耕》。
5 王建勋：《河套碑记》，转引自《归绥道志》卷二一。
6 《绥远通志稿》卷一。

隆朝，对蒙古地区的统治机构日臻完备，有关禁令逐渐演化成为法律条文。

乾隆六年九月（1741 年），理藩院提出纂修蒙古律书，同年十二月，《蒙古律例》告竣。乾隆二十四年撰修《大清会典事例》。乾隆二十一年（1756 年），理藩院奉旨编修《理藩院则例》，嘉庆十六年（1811 年）重修，二十年（1815 年）告成。《蒙古律例》《大清会典事例》《理藩院则例》等撰修告成后，颁发至蒙古各部盟执行。上述典籍中有关封禁的规定，成为了清朝在蒙古立法的重要法律依据，也成为清廷治蒙政策的重要组成部分，后人称之为“封禁政策”。

从历朝封禁令归纳、提炼而成的封禁政策可以概括为以下三个方面：人口的封禁、地域的封禁和资源的封禁。

人口封禁，主要是针对内地汉族流往蒙古地区进行农垦和贸易经商而规定的，其目的在于割断蒙汉两族人民，以及蒙古各部人民之间的联系，以加强对蒙古地区的统治。其主要内容包括：不准内地农民私入蒙地垦种；不准内地商人随意到蒙古地区经商贸易；不准内地民人携眷进入蒙古地区，不得在蒙地盖屋造房，不得定居，娶蒙古妇女为妻，取蒙古名字，入蒙古籍；不准蒙古人随意往来内地；不准蒙古人拐卖、容留和招致内地农民；不准蒙古各旗互相买卖，馈送属下人丁，严禁互留逃人；不准各旗蒙古人私行往来、私行联姻和贸易；严禁隐匿盗贼等。

地域封禁的内容，主要有以下各项规定：严禁私垦牧地；严禁各旗越界游牧、畋猎；严禁牧场失火；规定蒙古不得随意与俄国之间进行商业活动，只能按清廷规定进行交易。可见上述规定的目的，亦在于禁止汉族农民流入蒙地私垦，并防止蒙古各部盟旗间联系的加强，以便“分而治之”。至于对与俄国贸易的限制，虽有一定封禁作用，但也是清廷对蒙古地区行使国家主权的体现。

资源封禁的规定包括：严禁私自采伐树木；封禁各处矿藏，禁止私自开采；除日常生活所用金属器皿外，严禁把军器和其他铁器、金属携入蒙古等。上述资源封禁的规定，虽有其封闭资源的一面，但在此法令的干预下，蒙古地区的树木、矿藏免遭乱伐、乱开，在保持资源的生态平衡方面起到一定的积极作用。至于严禁携入军器、铁器等内容，则是从清廷统治者维护其在蒙古地区统治安全利益的角度规定的。

综观上述各条封禁条例，应该说人口的封禁是封禁政策的最主要部分，其政策的核心主要是严禁内地农民流入蒙地私垦与开发。所以，到了乾隆十四年（1749 年），颁布了比此前更为严厉的禁令，宣布“嗣后将容留民人居住，增垦地亩者严行禁止，至翁牛特、巴林、克什克腾、阿鲁科尔沁、敖汉等处亦应严禁出典开垦，并晓示察哈尔八旗，一体遵照”。[1] 为了落实禁令，令理藩院选派司官二人，会同地方官对蒙古进行巡查，规定若蒙古官员再有违禁之事发生，札萨克则“照隐匿逃人例，罚俸一年；管旗章京以下的官员，则处以罚牲畜、革职或鞭一百等处罚；其容留居住开垦地亩典种之人，亦鞭一百，罚三九”，“其开垦地亩及典种之民人，交该地方官从重治罪，递回原籍”，“该管同知通判，交该部察议”。乾隆三十七年（1772 年），又进一步强调“口内居住旗民人等，不准出边在蒙古地方开垦地亩，违者照例治罪”。[2]

到了嘉庆、道光朝，有关的禁垦令则更为严厉。嘉庆五年（1800 年），针对长春厅郭尔罗斯流民涌入的情况提出“一民不准容留，一亩不准开垦”。嘉庆十一年（1806 年）规定，蒙古札萨克、王、贝勒以下王公等，私行招聚民人开垦地亩，1 人至 10 人

1　《清高宗实录》卷三四八。
2　《大清会典事例》卷九七七。

者，罚俸1年，失察之盟长等罚俸1年，招聚11人至50人开垦，分别罚俸2年、3年、4年、5年，50人以上者，革职，不准开复。无俸协理台吉、闲散台吉、塔布囊等，根据其招聚人的多寡，罚牲畜不等。如获罪已结后，仍不知悛改，依旧违纪，发往南省交驿站充当苦差。

乾隆十四年（1749年）颁布“禁垦令”后，清廷曾一度派官员到喀喇沁、土默特、鲇鱼关、大安口、黄崖关、将军关等地稽查，要求各地方官员清查私垦，并三令五申禁止内地农民出关开垦。后来，又采取驱逐、撩荒等办法查禁私垦。对违禁私自出边的内地民人，规定“山海关、喜峰口及九处边门，皆令守边旗员，沿边州县，严行禁阻”，“若有官吏互相容隐，私行纵放，一经查出，即据实参处”，命令直隶、山东、山西各省督抚转饬各关隘，严厉查禁私行出口的内地民人。清廷认为，“如此各省关禁，一律申明，使出口之渐少，则私垦之弊，当不禁而除”。[1]

但是，自乾隆朝中叶以后，“违禁出边”和“违禁开垦”的流民不但未能消除，反而出现了流民出边涌入蒙地的移民高潮，出边的人数超过前朝，“至出口垦荒者，动辄以千万计”。[2]清廷虽派人驱逐，可是“一经驱散，又复潜为招往……年年有驱逐之名，而迄无驱逐之实”。[3]垦民不但未能驱逐，或限制在沿边地区，反而扩大了垦殖范围，越过了喀喇沁、土默特、热河地区向北流动，最北已到达郭尔罗斯前旗。《东三省政略》在记述郭尔罗斯垦务时也提到，“乾隆中，直隶、山东人出关就食，流寓旗地，渐事耕种。”[4]对于这种此禁彼垦，禁者自禁、耕者自耕、禁而不止的垦殖趋势，清廷无可奈何。嘉庆曾叹道：“流民出口，节经降

1 《清仁宗实录》卷二四九。
2 《清仁宗实录》卷一六四。
3 中国第一历史档案馆藏：《宫中档朱批奏折》，直隶总督杨廷璋折，4/361/1。
4 《东三省政略》，《蒙务上·蒙旗篇》。

旨查禁……每查办一次，辄增出新来流民数千户之多，再届查办复然。是查办流民一节竟成具文。”[1]

何以流民驱而不散、塞外土地开垦禁而不止呢？对此，清朝最高统治者往往怪罪下属查办不力，而下属官员又认为是“蒙古利其耕种收租”所致。这些说法都只是一些表面现象，实际上有其更深刻的历史原因。

第一，蒙古地区的经济需要农业。历史上长期以来形成的单一的游牧经济是较为原始而又非常脆弱的，这种单一的游牧经济随着历史的发展，日益不能满足牧民生活多样化的需要，也经不起任何自然灾害的侵袭。同样，没有农业的单一的游牧经济，束缚了分工的发展，影响了手工业、商业、城镇交通的发展。清代大一统局面的形成，消除了历史上长期形成的游牧民族与农业民族的南北对峙局面，为在塞外适宜的地方开发农业创造了条件。

第二，人口不断的迁移、流动是中国历史发展、中华多民族国家形成的大趋势。几千年来，正是由于人口流徙，才使不同的部族、民族得到交往和融合，彼此的关系才日益密切，逐渐形成了谁也离不开谁的民族关系。清朝的建立，客观上打破了民族封闭的壁垒，为各民族之间的交往，为人口更大范围的流动创造了极为有利的条件。塞外高原，地广人稀，发展经济需要增加一定的人口，尤其是发展农业、手工业和商业贸易，兴建草原城镇更需要内地人民的迁入。乾隆朝以后，中原人口急剧增长，耕地面积减少而造成的人地矛盾的不平衡状态，促使移民流入开发程度较低的地区。尤其是遇到自然灾害，灾民无法生存，只得外出觅食。《荣城县志》载：“地瘠民贫，百倍勤劳，所获不及下农，拙于营生，岁歉则轻去他乡，奔走京师、辽东、塞北。”[2]对此，清

1　《清仁宗实录》卷二三六。

2　《荣城县志》。

廷也很明了，“缘关外地方佣趁工价比内地多，若遇偏灾年份，山东、直隶无业贫民均赴该处种地为生，渐次搭盖草屋居住，是以愈聚愈众。”[1]

第三，就清朝的禁垦政策而言，并不是绝对的禁垦。清廷规定:“如有私开私招，该札萨克隐匿不报，照私募私垦例治罪”，[2]“严定招垦之禁，已佃者不得逐，未垦者不得招”[3]。也就是说，只禁私垦，保留已垦。另外，清廷禁止蒙古盟旗王公私招私垦，却在其直辖区内继续招垦。热河地区，是皇帝行宫所在，由热河都统直接管辖，热河都统可以任意招垦，即使颁布禁垦令后，也在继续招民开垦，不受禁令限制。土默特地方的官地，也不受禁令的约束。

第四，雍正、乾隆朝在一些已开垦的蒙古地区设置州县制度，等于承认农业开垦的合法性，农业区设立行政管理机构后，禁垦令亦随之而停止，如“热河迤北一带，系蒙古外藩游牧处所，自乾隆四十三年改设州县后，民人渐集渐多，山厂平原，尽行开垦”，[4]又如科尔沁左翼后旗昌图额勒克地方，嘉庆十一年定设理事通判，办理农民一切事件，继续“招垦闲荒”，“议定里数”，准民开垦。

由此看来，自乾隆至道光朝的一百余年间，虽然有关农垦的禁令不断，但是禁而不止，大量流民出边闯关，拥入蒙古地区开垦种植，从事农耕，因而使蒙古地区的农业以前所未有的速度迅速发展起来。

1 《清仁宗实录》卷一一一。
2 《清代边政通考》，《户丁·稽查种地民人》。
3 《清史稿》，《藩部》一。
4 《清仁宗实录》卷二三七。

三 蒙古经济的主体——畜牧业

清代，尽管有大批的内地“民人”涌入蒙古草原，尽管出现大量的草原地带被“垦殖”，但畜牧经济仍是蒙古经济的主体，游牧仍是蒙古牧民生产的主要方式。

清代蒙古游牧民，仍经营着阿寅勒个体牧业经济。在旗——苏木制度下的蒙古游牧地带中，阿寅勒既是普遍存在的游牧形态，又是游牧经济的基本单位。在清朝统治下，蒙古族阿寅勒个体游牧经济，依然保持了以往传统游牧经济时代的基本特征。清代蒙古阿寅勒经济，与清代之前相比较，主要差别源于清朝政府对蒙古地区所实施的旗——苏木为中心的统治制度。也就是说，阿寅勒在旗界内的指定地区游牧，不再远距离游牧、单独放牧，不再是依靠同族人的集体游牧，各阿寅勒在安定的社会生活环境和较小的范围内游牧。[1]

清代蒙古草原游牧地带中，除了有阿寅勒的游牧形式之外，还有浩特或和屯的游牧形式。浩特一词，在《蒙古秘史》中以两种含义被使用：阿寅勒驻营地之牲畜卧盘；聚集一定人口的一种组织。浩特中有一首领，称为“阿哈”，通常是由族中的长辈或资历深厚、威望高的较富足的男人来承担，负责选定浩特内的迁移方向、游牧地点等关系集体利益的社会任务。[2]

组成浩特的阿寅勒数目：由于蒙古地区及其内部的自然地理条件的差异性，各区域的浩特内的阿寅勒，即牧户数目也有所区别。蒙古国学者那楚克多尔济说，浩特阿寅勒的多寡情况：戈壁地带的浩特一般不超过一至两名牧户阿寅勒，相互距离一驿站或几个驿站之地。杭爱地带的浩特是夏季沿着河流，聚集数个牧户

1 乌云毕力格、成崇德、张永江撰写：《蒙古民族通史》第4卷，第154页。

2 〔蒙〕色·巴德玛哈敦等著，熬特根等转写：《蒙古人民共和国部族学》（一）(蒙古文)，第222~226页，内蒙古人民出版社，1990年。

阿寅勒驻牧。冬季亦由诸多牧户聚集过冬。[1]《蒙古人民共和国部族学》亦称：在漠北喀尔喀蒙古杭爱地区的浩特组织大体上是由三至五个阿寅勒组成，而戈壁地带中单独一个牧户的放牧是普遍现象。戈壁一带通常将二至三个牧户的结合称为浩特，并以该地井水之名，称作那个井（蒙古语称为胡都格）人少，驻牧着一个浩特、两个浩特等。[2]《蒙古游牧社会》一书又记载了20世纪20年代由后贝加尔地区移驻呼伦贝尔的布里雅特蒙古人的和屯情况：布里雅特人的浩特大多以二至三户成为一群放牧。[3]

组成浩特的阿寅勒结合形式：浩特内的各阿寅勒通常是以亲族结合形式为多，而且普遍以富裕牧户充当浩特的首领。如贫富结合形式，富户利用贫户的劳力，而贫户给富户放牧牲畜以及帮助从事其他畜牧生产，从而维持其生活，这种互有利益的经济上的结合关系在牲畜占有极不平衡的年代里越发显得重要，当然贫户的被剥削地位是不可避免的，组成浩特的阿寅勒数目的可变性：每一个浩特内的阿寅勒数目不是固定不变的，其结合形式是较松散性的。随着牧场、牲畜数目、季节的变化等，离合集散的情况是常有的。如漠北喀尔喀蒙古的戈壁沙漠地区，由于牧场很贫乏，通常看到的是孤零零的一户蒙古包或由两个蒙古包组成的阿寅勒。[4]一个浩特阿寅勒的牲畜数目多得不能一起放牧时，自然要分开放牧。蒙古游牧民一个浩特的阿寅勒数目随着季节的变化而有所不同，一般有春营地时期散开驻牧，在夏营地也不那么集中，以极少户结合形式分开驻牧，但各阿寅勒相距又不超过一公里驻牧的习惯。自秋季中月开始

1 〔蒙〕Ш·那楚克多尔济著：《满清统治时期的喀尔喀简史》（西里尔蒙古文），第110页，乌兰巴托，1963年。

2 〔蒙〕色·巴德玛哈敦等著，熬特根等转写：《蒙古人民共和国部族学》（一）（蒙古文），第226页，内蒙古人民出版社，1990年。

3 〔日〕后藤十三雄著，布林译：《蒙古游牧社会》，第11页。

4 〔苏〕穆尔札也夫著，杨郁华译：《蒙古人民共和国》（自然地理），第38页，生活·读书·新知三联书店出版，1958年。

各浩特阿寅勒的阿寅勒有集中驻牧的趋向。[1]

由此可以看出，阿寅勒是清代蒙古游牧民的基本游牧单位，从阿寅勒内各牧户的数量来说，是由一户或若干牧户结成的较小的集体。而浩特是由许多阿寅勒聚集而成的游牧组织。在外蒙古地区多采用浩特的游牧形态，浩特的规模当然大于阿寅勒游牧单位。内蒙古地区则阿寅勒的游牧形态较普遍，而且有时由较多的牧户结成同一个阿寅勒进行游牧。这时的阿寅勒，不仅仅是游牧单位，实际上起着与外蒙古的浩特组织相同的作用。正因为如此，阿寅勒与浩特有时可以被交替使用，甚至可以连起来称作浩特阿寅勒或阿寅勒浩特。

在清代蒙古社会中，阿寅勒是隶属于苏木组织的基本游牧单位，而且在每一个牧民阿寅勒中均有服兵役的兵丁。属于被统治阶级的广大的蒙古平民中，占绝大多数的是兵丁，他们是封建各种阿勒巴(赋役）的主要承担者，同时又是生产者，“出则为兵，入则为民”。

到清朝康雍朝之后，蒙古地区的畜牧业经济呈上升趋势，大约在乾隆后期的近百年间，畜牧业的发展达到高峰时期。

乾隆二十四年（1759 年)，清朝完成了对新疆天山南北的统一之后，治边政策的重心也发生了变化。这时，发展经济作为首要问题，被提到议事日程上来，对蒙古的畜牧业经济政策，在继续保持稳定发展的基础上，作了相应的调整。

对畜牧业和农业的关系，清廷采取了更加灵活的政策。在确定“蒙古资生之道，所恃牲畜蕃盛”的前提下，也肯定了内地农民出边耕种对稳定蒙古社会、繁荣边疆经济的重要作用。乾隆帝历次上谕明确允许内地农民出边垦种，主张畜牧业和农业兼容并存，互不排斥。

1 色·巴德玛哈敦等著，熬特根等转写：《蒙古人民共和国部族学》（一）（蒙古文)，第 231 页，内蒙古人民出版社，1990 年。

清廷对草原牲畜结构的比例亦作了适当的调整。平定西陲战争结束后，兵士解甲归田，战马归群。乾隆中叶以后的百余年间，因没有发生大规模的战争，不必再征调大批的军马，因而出现了“内地牧群，马亦足用”“官马多”“需用处少”的状况。军马多，用途不大，且占地毁草，不利于畜牧业经济发展。乾隆中叶以后，逐步减少官马群数，尤其是压缩骟马群，提倡发展牛、羊、驼。太仆寺两翼牧群也由每年查察 1 次，改为每 3 年 1 次。

清廷仍要求各旗“按照旧定界址，各守游牧”，不准互相侵越，不准以垦殖滋扰畜牧业。针对有些垦区人数过多，聚散无常，盲目地、任意地偷垦牧场，重申“游民占据游牧，有碍蒙古生计，自应严行驱逐”，“其有妨于游牧者，概行禁止”。[1] 道光年间，草原上偷窃牲畜之风又起，清廷依法采取严办措施。道光二十五年（1845 年），新订立捕盗弁兵章程，规定“边外蒙古游牧地方，如有盗贼藏匿，准该弁兵赴地方官领票出边缉拿，仍知照各旗蒙古协缉，如无照票，不准私行出边，以重边禁”。[2]

乾、嘉、道三朝，蒙古地区虽然也发生过一些自然灾害，但因当时国力鼎盛，赈济、赡养及时，抵抗灾害能力较强，对蒙古畜牧业经济的影响不大。相对清初而言，乾嘉时期，蒙古地区风调雨顺，牧场水草丰美，这对于依靠天然牧场游牧的蒙古畜牧业的发展来说是极为有利的。可以说，乾、嘉、道三朝，不论是漠南、漠北蒙古还是官马牧场和盟旗游牧都处于一个稳定发展的水平上。

漠南蒙古的畜牧业经济，一直未遇到大的伤损。各盟旗牧民除牧放自己的牲畜外，还协助管理官府牧场牧放马驼。乾隆四十八年（1783 年），锡林郭勒盟所属十旗，协助牧放大凌河牧场的马匹，3 年内增加了 2 成。乾隆五十八年（1793 年），科尔沁、喀喇

1 《清宣宗实录》卷三六二。

2 《清宣宗实录》卷四〇九。

沁、土默特、锡林郭勒盟牛马繁衍，孳生数千，清廷将额余马匹赏给各旗。

和漠南蒙古各部一样，漠北喀尔喀各部的畜牧经济的恢复和发展也是很有成效的。

根据蒙古国家档案馆所藏资料统计表明，这一时期漠北蒙古畜牧业已有很大发展，如哲布尊丹巴呼图克图所属大沙毕纳尔的牧户及牲畜数目就相当可观，详见下表。[1]

年代	户	人口	驼	马	牛	羊	牲畜总计（头）
1764	8513	61286	11117	102013	203201	117533	433864
1782							2395182
1785							1872941
1788	14670	77654	29747	289896	309484	1377734	2006861
1800	15630	82403	34743	268365	269482	1235644	1808234
1821	16195	82224	33788	202837	197991	1076811	1511427
1825	16653	83687	34630	204179	118530	1092379	1446718
1852	14424	76041	15993	120527	167770	537869	842159

另外，喀尔喀车臣汗部的户数，人口和牲畜数目也保存得比较完善，从中亦可看出该部畜牧业的发展概况。请见下表：[2]

年代	户	人口	驼	马	牛	羊	牲畜总数（头）
1828		103119	254589	33102	179469	1078660	1545998
1835	28510	129871	172415	25009	227299	894305	1319028
1841			157327	26479	203790	837145	1224741

1　蒙古科学院历史所存档案 XH149~170 号，转引自德策德布《大沙毕》，乌兰巴托，1964 年。

2　其中，1828 年数字引自蒙古国家档案馆：车臣汗人口、牲畜统计汇编，ФМ-31，XH-2085，XH-2120，ФМ-42，XH-5，ФМ-47，XH-6，ФМ-55，XH-15；1835 年数字引自 M·纳楚克多尔济的《苏木·随丁·沙毕·阿拉特》，第 126 页，乌兰巴托 1972 年出版；1841 年数字引自蒙古国家档案馆所藏道光二十一年车臣汗部牲畜档。

从上述统计数字可以看出乾嘉道时期蒙古地区牲畜繁衍、牧业经济发展的概貌。这在《乌里雅苏台志略》中也有记述:“富者驼马以千计，牛羊以万计，即赤贫之家亦有羊数十只，以为糊口之资。”[1]可见这里的描述与上述档案资料的记载是大致相符的。

清代，官办牧场的设立是推动蒙古地区畜牧业经济发展的重要措施。

历史上，北方天然草原以盛产良马闻名天下，辽金时代就在边外设立官方牧场，设群牧官，管理“内外牧场之事”。蒙古靠马上得天下，成吉思汗及其后人十分重视马政，至元代，忽必烈创设太仆寺，设置群牧所，掌管马政。清朝也是从马上得天下的，故入关后，承袭历代北方民族政权的作法，重视马政，而“马政之得失，首视乎牧场”。[2]

清朝设置牧场，更多的是从军事需要上考虑。清初虽然已经建立了对全国的统治，但是统一任务尚未完成。清廷需要强大的军事力量，以完成统一全国和镇压反清起义的任务，因此，马政更显得格外重要。此外，清统治者为巩固其统治，还要借助蒙古王公的政治力量和军事力量，为了不损害蒙古王公的经济利益，而由朝廷设立牧场，牧放牲畜，以满足军队及宫廷对牲畜的需求。这样做，既解决了清廷对牲畜的需要，也减轻了蒙古的经济负担，有利于蒙古地区经济的恢复和发展。

清朝在宣化以北察哈尔地区设立牧场也是经过深思熟虑和精心策划的。察哈尔一带历史上曾作过牧场，金代袭辽代马政，在这一带设“牧所”。而且，察哈尔离京师较近，易于控制，且水草丰美，适于牛羊马驼四畜繁息。布尔尼反清失败后，清朝正可以借开设官办牧场之机，拆散察哈尔部众，取消世爵制，以总管制

1 《乌里雅苏台志略》，《风俗》。

2 《清朝文献通考》卷一九三《兵考》十五。

控制察哈尔王公和部众，以此一举多得。

清朝在蒙古草原设置的牧场分为两种：太仆寺和内务府。

第一种属太仆寺。太仆寺的前身是顺治年间的兵部大库口外种马厂。康熙九年（1670年），大库口外种马厂改属太仆寺。设察哈尔左、右翼牧厂。太仆寺牧场只牧放马驼，不养牛羊，分左、右翼。太仆寺左、右翼牧场各养骒马80群，骟马16群，按规定，每群马不能超过400匹。两翼牧厂在厂的马群数目最多不能超过4万匹。太仆寺左右翼牧厂，平时的主要任务是繁殖和训练马匹，当军事上或运输上需用时，挑选出来去差用。骒马群经管马群的孳息生长，骟马群则经管训练生马，使马匹纯熟堪骑。

第二种属内务府。内务府又分上驷院和庆丰司。

上驷院牧放马驼，不养牛羊。上驷院的马，专供御用和皇子们骑乘。上驷院牧场分布在盛京大凌河、察哈尔上都达布逊诺尔和达里冈爱地方。

上都达布逊诺尔牧场（又称御马厂），在独石口东北145里处的博罗城，有骒马134群、骟马46群，走马1群，驼6群。马群1群200~500匹，驼群1群100~200峰不等。

达里冈爱牧场在多伦诺尔西、察哈尔东北部。达里冈爱地方虽属喀尔喀蒙古部，但一切牧务同属上都达布逊诺尔总管统领。达里冈爱牧厂有骒马60群，走马1群，驼16群，乌梁海骒马3群，畜群头数同上都牧场。

庆丰司的牧场，专养牛羊群，不牧放马驼。主要用于祭祀的牺牲、飨赐、廪饩和御膳房的乳油、乳酒、乳品、公主嫁礼，武备院所需的羊毛、牛皮等。庆丰司的牧场有3处：

察哈尔八旗牧场，依其驻牧方位又分东、西二翼，即镶蓝旗四旗牧场和正黄旗四旗牧场。其中，镶黄旗、正黄旗、正白旗三牧场又合称上三旗牧场。上三旗牧场每一场有牛95群，羊180群，牛以120头为1群，共30000余，羊以400只为1群，共216000只。

达里冈爱牧场有羊群 110 群，以 500 只为 1 群。牛群 5 群，以 120 头为 1 群，属上都达布逊诺尔总管兼辖。

养息木牧场，建于顺治初年，牛羊各 10 群，后又增设马群。康熙年间又新增牛羊群各 10 群，牛每群 50 头，羊每群 500 只，养息木牧场专养红牛、黑牛。

除上述牧场外，还设有礼部牧场、八旗兵牧场（属兵部牧场）、诸王、臣的小牧场。

乾隆朝以后，牧场牲畜发展很快，据《清实录》所载，乾隆十九年（1754 年），“查庆丰司三旗牧厂，现有羊二十一万五千余只，达里冈爱牧厂现有羊八万三千二百余只”；乾隆二十五年（1760 年）“查商都达布逊诺尔、达里冈爱牧厂，总计马驼十二万八千有奇，牛三万九百有奇，羊三十四万九千八百有奇”；乾隆二十六年“达里冈爱牧厂，现除照额存留外，尚余羊五万一百余只，马二千九百六十七匹，驼五百八只”；乾隆四十四年（1779 年）“据车布登札布等奏，牧放驼群之官兵，于三年内孳生驼驹二千三百十一只”。可见上述清廷官办牧厂中牲畜繁殖的数目几乎是与日俱增的。

再看乾嘉时期太仆寺左右翼牧场马群群数统计：[1]

年　代	骒马	骟马	总计
乾隆二十六年	160	32	192
二十九年	94	16	110
三十一年	94	16	110
三十五年	94	22	116
三十八年	104	30	134
四十一年	108	30	138
四十四年	116	30	146
五十年	116	24	140
五十九年	120	26	146
嘉庆十八年	122	28	150
十九年	98	20	118

1　引自陈安丽《清代太仆寺左右翼牧厂初探》，载《内蒙古大学学报》，1988 年 2 期。

从上述统计数字可以看出，乾隆二十六年（1761 年）以后，清廷较大幅度裁汰了官牧场的马群数目，骒马裁减 66 群，骟马裁减 16 群。而后，官牧场马群数目相对稳定，变化不大。

四　商业贸易

蒙古族以畜牧为生，单一粗放的畜牧业经济占主导地位。生产的这种单一性决定了他们对其他民族和其他地区各类物资需要的迫切性。清代“(蒙古) 风俗随水草畜牧而转移，无城郭，常居耕田之业，以肉为饭，以酪为浆，无五谷菜蔬之属，衣皮革，处毡庐，凡中国茶叶则宝之，而金银非其好也”。[1] 蒙古的贸易活动，多为以物易物，《蒙古志》载，“蒙古自昔未尝通货币，商业以是而困。然其以货易货，习以为常。”[2] 清代，随着蒙古地区社会经济的发展和边疆开发活动的逐步深入，蒙古与周边地区和其他民族的商业贸易活动发生了很大的变化。这种变化的特点主要表现在：第一，除了蒙民内部的贸易活动外，与其他民族的贸易，尤其同中原内地汉民族的产品交换日益扩大，既有同清官方的贸易，也有民间的互换有无；第二，在蒙古地区出现了内地“旅蒙商”。清中叶以后，旅蒙商贸易扩展到蒙古草原各个地方，其经营在蒙古地区具有举足轻重的地位；第三，由蒙俄贸易发展到恰克图互市，中俄贸易发展到了一个新的阶段。

清朝统一蒙古各部后，为蒙古族地区与内地进行商业贸易活动开创了有利条件。蒙古族与内地的贸易活动主要通过“通贡”与“官市”两种形式。所谓“通贡”，即蒙古各封建主在值年班、朝觐或其他事情来京时，向清廷“朝贡”，贡品有牲畜、猎物和各种手工业品。清廷通过“赏赐”回赐以各种丝织品、棉织品、农

1　张鹏翮：《奉使俄罗斯日记》，载《小方壶斋舆地丛钞》第三帙。
2　姚明辉：《蒙古志》卷三。

产品、佛经、佛器、银钱等。“通贡”所得到的“赏赐”数量有限，因而，贡使一般都随带人数众多的商队，携带大量的畜产品和土特产品，以从事另一种通商活动，即“官市”贸易。

“官市”贸易又分京师互市和边口互市。

京师互市。清初规定，蒙古台吉每年进贡一次，四季均可，进口时由地方官查明人数、贡物，亦用印文差绿旗步兵护送。以后，进贡的时间和方式虽有变化，但随贡使而来的商队贸易变化不大，商队人数为二三百名。清廷在北京御河西岸的南部，设有“里馆”，在安定门内外，设有“外馆”，专供来京贸易的蒙古王公及商队居住。

边口互市，是清廷承袭历代王朝“马市”贸易的传统，自清初就颁令设立边口互市，“凡外藩各蒙古来贸易者，俱令驻于边外，照常贸易，勿得阻抑。其喀尔喀部落来市马者令驻于口外，申报户部。”[1]蒙古各部把边口作为与内地贸易的主要场所，主要的边口有张家口、古北口、杀虎口、八沟、塔子沟、三座塔、乌兰哈达、归化城、定边、花马池、东科尔、肃州、西宁等地。蒙古商队虽以来京师贸易为最主要目的，但因清朝对入京人数有所限制，所以于沿途或边口进行交易。当时蒙古商人多以马、牛、羊、驼和皮张为大宗，此外，还有皮毛、蘑菇、药材等，以换取生活必需品。

蒙古地区的集镇和集市贸易在蒙民中影响很大。初期的集镇贸易点如归化城、多伦诺尔、库伦、乌里雅苏台后来都发展成为商业城市，如归化城“居民稠密，行户众多，一切外来货物先汇聚该城囤积，然后陆续分拨各处售卖”。[2]当时“牲畜交易约有数处，其马市在绥远城，曰马桥；驼市在副都统署前，曰驼桥；牛

1　席裕福、沈师徐辑：《皇朝政典类纂》卷一一六。

2　中国第一历史档案馆藏：《军机处录副》，巴延三《查明归化城税务情形》。

市在城北门外，曰牛桥；羊市在北茶坊外，曰羊桥；其屠宰牲畜，剥取皮革，就近硝熟，分大小皮货行，在城南门外十字街，俗呼为皮十字”。[1]

定期集市贸易，是蒙古地区的一种重要贸易形式。这种贸易是以寺庙和兵营为中心进行的定期交易活动，每逢集市之期，牧民和商人驱赶牲畜，驮载货物，不辞辛苦前来进行贸易。比较有名的集市、庙会有甘珠尔庙（呼伦贝尔）、大板（巴林右旗）、经棚喇嘛庙（克什克腾旗）、贝子庙（锡林郭勒盟）、准噶尔庙（鄂尔多斯）、百灵庙（乌兰察布盟）、南寺（阿拉善旗）、额尔德尼昭（外蒙古）、丹噶尔寺（西宁口外）、王呼勒（外蒙古）等。

内地商人到蒙古地区经商，蒙古人称其为“买卖人”，内地则称之“旅蒙商”。旅蒙商出现于17世纪末、18世纪初，并在18世纪中叶以后得到较快的发展。

康熙中叶清廷用兵卫拉特蒙古时，内务府皇商及一些小商贩随军作营中贸易以供军需，“行营进剿时亦必尾随前进”。在随军贸易过程中，商人们还与沿途所遇的蒙古人进行交易。商贩们“所带货物，以茶布为主”，布匹是蒙民服饰必需品，而茶叶更是蒙民日常生活所必需。商贩们“借名运粮”，甚至“货多粮少”，携带砖茶、散茶等，卖给蒙古人，“归则易赢马、毡裘，捆载雾集”。[2]由于有利可图，旅蒙贸易由此便发展起来。尔后，山西、河北等地的一些商人纷纷来到草地与蒙古人做生意，随着资金的增多、规模的扩大，贸易的范围也日渐广阔。

康熙中叶以后，清廷对进入草地的商人采取了鼓励和保护的政策，发给他们部票（龙票），其上用满、蒙、汉三种文字写有保护商人生命财产的条文，同时还给部分商人封官授爵。[3]另外，由

1 《古丰识略》卷二〇。
2 《万全县志》卷一〇。
3 内蒙古商业厅编：《多伦旅蒙商》。

于边口互市贸易的开展，蒙古王府、寺庙附近的集市贸易也逐渐增多，这更极大地鼓舞了深入草地的内地商人。尤其是赴蒙经商所获取的高额利润对他们具有很强的吸引力。蒙地交通闭塞，市场缺乏，旅蒙商利用地区差价，进行不等价交换，靠着以物易物的落后交换形式，使其获取了相当丰厚的利润。在强烈发财欲望的驱使下，越来越多的商人相继来草地经商。

康熙末年至乾隆中叶，旅蒙商贸易得到较大的发展。首先，由于贸易额的增大、资金的积累，旅蒙商逐渐改变了春入秋归的“雁行”贸易方式，不仅归化城、张家口、多伦诺尔等城镇变为其贸易的根据地和货物屯栈地，而且有许多行商小贩因资本扩大而在王府、寺庙附近居住下来，一面进行固定的交易活动，一面深入草原腹地流动经商。在漠南、漠北、漠西蒙古乃至中俄边境线及乌梁海地区都有旅蒙商的足迹及其设立的贸易点。

旅蒙商贸易扩大的同时，也带来了一些新的问题。一方面，扩大经营满足了当地蒙民日益增长的消费需要，而另一方面也加深了对蒙民的经济剥削，年久日长，旅蒙商人与蒙古牧民及王公贵族、寺院喇嘛之间因利害冲突，诉讼案件日益增多。尽管如此，清朝仍然认为旅蒙商深入蒙地贸易，有利于蒙古生计，继续鼓励内地商人赴蒙古开展商业贸易，提出:“嗣后凡有领票前赴（乌里雅苏台）贸易人等，所过喀尔喀各旗，仍照旧随便交易，俾内地及各部落商货流通，以俾生业。”[1]

随着旅蒙商贸易的发展，清廷陆续制定了一系列条规，对旅蒙商的人数、时间、出入关口、物品、居住地方等作了规定。

雍正五年（1727年），清廷规定：喜峰口、古北口、独石口、张家口、归化城、杀虎口、西宁等地为出入蒙地经商贸易的孔道。凡赴内外蒙古和漠西卫拉特贸易的旅蒙商人，须经驻张家口的察

1 《清高宗实录》卷五三三。

哈尔都统、归化城将军、多伦诺尔同知衙门和西宁办事大臣的批准，颁发准入蒙地的部票，在指定的蒙旗境内经商贸易。

旅蒙商人在登记领取部票时，必须注明人数、姓名、货物的品种和起程日期。在蒙地，须在当地盟旗札萨克衙门监督下进行贸易。旅蒙商人不准在蒙地建筑房屋，不准携眷定居，不准娶蒙古妇女为妻。

清廷对旅蒙商携入蒙地的商品种类也有限制，商品中除粮食、布帛、茶叶、烟酒、生活用品、佛器、铸铁锅等外，严禁武器和铜铁等金属输入蒙地。凡违反清廷规定者，分别处以罚金，没收货物，逐出蒙地并严禁再进入蒙古经商，甚至依法治罪。

清代，对旅蒙商贸易的种种规定，有限制其发展的一面，也有保护和鼓励其发展的一面。蒙古牧民和王公贵族对旅蒙商的贸易，虽憎恶其对蒙人的重利盘剥，但对其沟通并发展民族经济联系所起的作用又有所依赖。可以说，旅蒙商贸易是农牧两种生产方式互相补充的桥梁。在蒙古地区经销的商品由少至多，直接满足牧民生活的各方面需要，牧民因此对旅蒙商的依赖越来越大。当发生清廷驱逐旅蒙商人时，在牧区却出现“蒙民仍复私行交易”[1]的行为。道光年间，杜尔伯特盟长札萨克奏报“蒙民等数十年来服食已惯粮烟茶布日用所必需。今禁止，在蒙古有牲畜之家尚可往他处运贩，其穷苦之人，既无牲畜转运，而烟粮茶布皆为养命之源，一经断绝，益形坐困”。（同上引）由此可见蒙民对旅蒙商依赖之程度。

旅蒙商最初以行商形式出现。有山西、直隶等地来的小商贩“以车载杂货，周游蒙境”，[2]或用骆驼驮些杂货，甚至肩挑货物(蒙民称之为“丹门钦”)，前往草地与蒙民交易。后来，随着资本的日益扩大，旅蒙商人在张家口、归化、多伦诺尔等地定居下来，

1　中国第一历史档案馆藏：《军机处录副档奏折·民族事务》那彦宝折，卷宗号2371。
2　《蒙旗志》卷下《商业》。

开设铺面，由行商转为坐商。行商和坐商成为旅蒙商在蒙古地区经营的两种形式。

旅蒙商有晋帮、京帮、河北帮、陕帮等，尤以晋帮居多，“塞上商贾，多宣化、大同、朔平三府之人”。[1]他们经营的物品十分丰富，从绸缎到五谷茶酒，凡蒙人日常生活用品、消费品无所不备，无所不销。行商把派店员下蒙地叫“出拨子”，出拨子的伙计也叫“外营”或“外路”。出拨子每到春季开始出动，他们将蒙民需要的商品装在牛车或驼背上，普通是以三四人或十几人为一组，携带旅途所需食品、寝具、帐幕及炊具等，沿途不作零售买卖，一直到目的地。到达王府或寺庙附近的目的地后，便支帐挂牌，陈列货物，招徕蒙民。过几天再移往他处，如生意兴隆，也有长期停留一处的。初冬之后，出拨子的商品几乎已全部售完，然后他们把从蒙民手中购入的畜产品装上牛车，或用马驮，并雇佣蒙民为他们赶送换行的牛、羊、马、驼，到达贸易市场，把所购得的畜产品、皮毛卖给皮毛栈、皮店或皮铺，牛、羊、马、驼卖给牲畜栈，或卖给收购牲畜的商人，至此遂完成一次贸易周转。

旅蒙商行走的路线，大致有以下几条。以张家口为出发点的有：（1）张家口—库伦—恰克图或乌里雅苏台、科布多；（2）张家口—多伦—贝子庙—北部旗；（3）张家口—四子王旗等。以归化城为出发点的有：（1）归化城—库伦—恰克图；（2）归化城—乌里雅苏台—科布多—古城；（3）归化城—向西横亘沙漠到新疆。此外，还有满洲—赤峰—经棚和卜魁到海拉尔等路线。

坐商是以开设各式各样货栈的形式出现的，在张家口、归化、多伦等贸易中心有杂货行、陆陈行、皮毛栈、牲畜栈、布栈、粮栈、茶栈等，在草原小铺、王府或寺庙附近，有商铺、烧锅、粮栈、杂货栈等。在张家口、归化城、多伦等贸易中心，大小商号

1　纳兰常安：《行国封土记》，转引自李华《试论清前期的山西帮商》。

林立。以多伦诺尔为例，“多伦诺尔皆铺民聚集，以贸易为事，逐末者多，逐本者寡”[1]。到咸同年间，“商号增至四千余家，且多殷富”[2]。而张家口旅蒙商的经营范围则更加广阔，内外蒙古、青海、天山北路、乌梁海，几乎整个北部、西北部地区都有他们的足迹。“茶以张家口为枢纽，货物辐辏，商贾云集。”[3]在蒙古经商的旅蒙商商号林立，多以归化城为基地，并出现了有名的三大号：大盛魁、元盛德、天义德，稍小的有一善堂、三合永、庆中长、天裕德、大庆昌、永德魁、元升永等商号。

归化城流行着“三大号走货，带动各行各业”。如大盛魁商号，当时就有“大盛魁，上自绸缎，下至葱蒜，无所不走”的说法。大盛魁商号年代久远，资本雄厚，到光绪年间，资本积累已达 2000 万两银以上。大盛魁初期，总号设在外蒙古的乌里雅苏台，科布多和归化城只是它的重要分庄。乾隆后期、嘉庆初年，大盛魁经营扩大，以乌里雅苏台为基地，为清朝军政人员服务，进行军需供应，并以高利贷形式为前去北京纳贡、值班、朝觐的蒙古王公提供所需的一切费用。凭借着与清廷及外蒙古王公的密切关系，它甚至取得了代表清朝在外蒙古收税的业务。道光年间，又得到了征收驿站费用的业务。这样，大盛魁既是经营蒙古商业贸易的商号，又是清廷在外蒙古地区的税收代理人，成为亦商亦官双重身份的高利贷巨商。

在蒙古的贸易活动中，早期的蒙俄贸易占有重要的地位。早期蒙俄贸易，大致是指由 1607 年俄国第一次向蒙古派遣使团开始，至康熙二十八年（1689 年）订立中俄《尼布楚条约》为止。在这段 80 余年的时间里，蒙古诸部在该地区的力量较为强大。“蒙古人力求同俄国人保持马匹和牲畜的贸易来往，他们要求开设

1 《口北三厅志》。

2 《察哈尔口北六县调查记》。

3 《蒙古志》卷三。

类似明朝在中国边境城市与他们建立的那种马市。"[1] 俄国人随着它在西伯利亚领土的扩大，移民的增加，急需役畜和菜畜，急切需要通过贸易方式，从托木斯克、托博尔斯克、塔拉、伊尔库茨克、色楞格斯克等西伯利亚城市或蒙古游牧地，换取牛、马、羊和各种畜产品。同时，通过与蒙古保持经济联系，也可使俄国探明去北京的商路，以期同中国建立直接的贸易关系。

总的说来，早期的蒙俄贸易是在双方和平友善的正常贸易基础上进行的。双方主要围绕使团商队的交易活动开展边境贸易、民间贸易和集市贸易。

17 世纪 80 年代以后，俄国殖民势力到达精奇里江、黑龙江上游地区，对当地游牧民进行了不择手段的搜刮掠夺。俄国殖民势力蚕食大片的喀尔喀领土，其侵略行为不仅引起喀尔喀部众的不满，也影响了蒙俄贸易的正常进行。为了遏止俄国扩张势力对我国蒙古地区的侵略野心，清廷遂下令停止中俄边境贸易活动。康熙二十年（1681 年），黑龙江将军阿达哈马喇向清廷疏报："臣等至索伦屡行密询罗刹情况……喀尔喀巴尔虎人时贩牲畜等物至尼布潮（楚），尼布潮人亦捕貂与之交易，得以生存。臣等敕喀尔喀车臣汗，收其所部附近尼布潮者，并禁止交易。"[2] 康熙二十八年（1689 年），清廷与俄国政府签订了中俄《尼布楚条约》，条约明确划分了中俄两国东段边界，同时对中俄贸易也有所规定：中俄两国人民持有护照者，可以过界往来，贸易互市。由于该条约的规定，中俄双方确立了初步的贸易关系。这时，俄国商队贸易的兴趣已由蒙俄边境贸易转向北京。康熙二十八年至四十二年（1689~1703 年），俄国商队由尼布楚经额尔古纳堡来北京贸易者共有 7 次，因而使蒙俄贸易相对削弱，贸易重点逐步向我国北部的喀尔

1　前苏联沙斯季娜：《十七世纪俄蒙通使关系》，商务印书馆，1977 年。

2　《清圣祖实录》卷一一五。

喀蒙古与东西伯利亚沿边地区转移。清廷任命土谢图汗总理对俄贸易事宜。康熙五十九年（1720年），又经理藩院议准在库伦设立中俄贸易市场，允许喀尔喀各部蒙古与俄国进行直接的商品交易。

雍正五年（1727年），中俄两国签订了《恰克图条约》。条约划定了中俄在西伯利亚地区的边境线，并规定："按照所议，准其两国通商，现已通商，其人数仍照原定不得超过二百人，每三年进京一次；除两国通商外，有因在两国交界处所零星贸易者，在色楞额之恰克图、尼布潮之本地方，择好地建盖房屋，情愿前往贸易者，准其贸易，周围墙垣栅子酌量建造，亦毋用取税。"[1]中俄边关互市根据条约的规定主要集中在两个地点，即额尔古纳河的库克多博—祖鲁图海和色楞格东岸的恰克图。

恰克图原属喀尔喀蒙古土谢图汗部左翼末旗管辖，康熙初年渐成聚落，雍正年间规模略具。《恰克图条约》缔结时，由于它地处适中，交通便利，被确定为双方互市之地。旧市街归入俄领地，中方商贾在其南另建新市街，形成一个跨处两国疆界的边界贸易区，中俄两国市圈隔界相望，统称恰克图市场。

恰克图市场上的中国市圈，清代史书通称"恰克图"，内地汉商则俗称"买卖城"，恰克图贸易也可以叫作"买卖城—恰克图贸易"。

《恰克图条约》签订以后，中俄两国商人蜂拥而至，在恰克图、色楞格斯克、伊尔库茨克和库伦等城市建造永久性商店，从事贸易活动。何秋涛在《俄罗斯互市始末》中写道："内地商民至恰克图贸易……初时俗尚俭朴，故多获利，嗣是百货云集，市肆喧阗，恰克图遂为漠北繁富之区。"[2]而姚允之的《竹叶亭杂记》中对当时恰克图贸易情况记载得则更为详细具体："恰克图，我国与

1　《中俄条约始末记》。
2　《朔方备乘》卷三七。

俄罗斯交界之所，库伦大臣所辖。库伦土谢（图）汗地，商民皆居毳帐……交易即在恰噶尔，设监督。彼（俄国）亦遣人于恰噶尔总其事，以我之茶叶、大黄、磁器（瓷器）、棉等物，易彼之哦噔绸、灰鼠、海龙等物。恰噶尔地最高，至其地如登岭……我之货往，客货由张家口出票，至库伦换票，到彼缴票，库伦者，圈子之谓也，今有喇嘛圈子，圈内皆喇嘛，买卖圈子，圈内皆买卖人，客货俱载以骆驼，俄罗斯人每以千里眼镜窥之，见若干驼，即知所载若干物。”[1] 恰克图贸易兴起后，几乎全部变成内地汉商与俄国商人的交易，蒙俄贸易由此相对日益萎缩。恰克图“对俄贸易最盛时，约居十分七八，对蒙贸易居十分三四”。[2] 咸丰元年（1851 年），中俄签订《伊塔通商章程》，俄商获得在新疆合法贸易的权利，从而分割了恰克图的货物流量。同治元年（1862 年）《中俄陆路通商章程》的缔结，使俄商得以自行赴中国内地采茶、运茶，严重影响了恰克图市场华商的生计。19 世纪 80 年代以后，俄国扩大了对华海路贸易，恰克图贸易每况愈下，逐渐走上了下坡路。

清人林谦纂曰：“鞑子蒙古乃诸游牧国总称，无城郭宫室，驾毡帐逐水草而居，谓之行国。”[3] 林氏所言基本上概括了历史上北方蒙古高原城镇建设不发达的状况。因地理环境和生产方式与内地不同，蒙古的城市和交通发展缓慢。以呼和浩特城为例，几兴几废，明代后期俺答汗时代才有所发展。到了清代，蒙古地区的城镇建设才稍具规模。

蒙古地区城镇的兴建是与当时的政治、经济、文化发展相适应的。

清朝统一国家建立以后，对蒙古实行军府制度。在漠南蒙古设绥远城驻防将军、呼伦贝尔副都统、察哈尔都统、热河都统，

1 姚允之：《竹叶亭杂记》。

2 王金绂：《现代外蒙之概观》，第 173 页，商务印书馆，1935 年。

3 《国地异名录》，见《小方壶舆地丛书》第一帙。

在漠北喀尔喀蒙古设乌里雅苏台将军（定边左副将军）、科布多参赞大臣、库伦办事大臣，这些将军、都统、大臣的衙署所在地，逐渐发展成为该地的政治、经济、文化中心。此外，依蒙人习俗，蒙古地区广建藏传佛教寺院。寺庙多选择在依山傍水、交通便利、蒙民集中的地区。寺院规模宏大，僧人众多，前往朝拜的蒙民络绎不断，手工业者和商人也在附近造屋建房，从事手工业作坊和商业贸易活动，以寺庙为中心的小城镇也逐渐发展起来。17 世纪末 18 世纪初叶之后，内地汉民大量流入蒙古，从事农耕、手工业和商业贸易。内地移民的迁入，促进了农业的发展和牧业的兴旺，也为城镇聚集地补充了必要的人口。

清代发展起来的城市在漠南蒙古比较有名的有归化城、多伦诺尔、热河、丰镇等，漠北有库伦、乌里雅苏台、科布多等。

归化城，蒙古语“库库河屯（青城）”，汉名“呼和浩特”，明代赐名“归化城”。它在清初系一重要的储运站，西北各族部众及喀尔喀蒙古来往贡使，都要在归化城停留，清廷限定 200 人入京，其余都留在归化城或张家口贸易。到康熙中叶，“外番贸易者络绎于此，而中外之货亦毕集”，“货物齐全，商贾丛集”，“马驼甚多，其价亦贱”。[1]乾隆二年（1737 年），归化城新城建成，城内建有衙署官房 3083 间，土房 1653 间，兵士土房 1.2 万间，商业铺面房 1530 间。同年四月开始，在归化城东北营建绥远城，两年后建成，规模与归化新城相等，建有兵丁房 1.2 万间，四街市房 1530 间。归化城与绥远城通称“归绥”。新城建成后，迁入了大批满、汉、回、蒙古、鄂温克、鄂伦春、达斡尔人，随之兴建起与各民族宗教信仰和生活习俗相关的建筑物。规模宏大的藏传佛教召庙，林立于城内各处，到乾隆朝已建有大小召庙 40 余座，当地流传着“七大召，八小召，七十二个命名召”的说法。这些召庙

1　《清圣祖实录》卷一七七。

“殿宇雄伟，比拟佛国”，大的召庙僧人达数百名，小召也有几十人。归化城内的清真寺，按伊斯兰教的宗教要求，有大殿、讲经堂、淋浴室和望月楼等，位于呼和浩特旧城北门外的清真大寺就是康熙二十三年（1684 年）建立的，该寺外观宏伟，风格独特，至今仍旧保存完好。此外，还兴建了与汉族习俗相关的建筑物，如孔庙、先农坛、关帝庙、文昌庙等。

乾隆朝以后，归化城商业发展较快，位居塞外诸城榜首。声名显赫的大商号大盛魁、元盛德、天义德、义和敦等年贸易额分别达500万至 1000 万两白银；另外，一善堂、三合永、庆中长、天裕德、大庆昌、永德魁、元升永等商号的年贸易额也达 10 万至 25 万两白银。在归化城还有 12 家专营运输拉脚的驼行，每年可出租骆驼 7000 至 7500 峰。驼队外运的主要货物是布匹、茶叶、杂货，换回驼马牛羊和皮毛制品。马匹运往内地南方各省，羊群运往北京、河南、山西。各省在归化城设有收购站，北京的几家收购站每年从归化城收购 50 万只羊，归化城本地购买和消费的羊达 20 万只，牛 4 万头。[1] 归化城内分别设立 4 处税卡栅栏，其“南栅系杀虎口孔道；北栅通山后部落喀尔喀札萨克等处；东栅通察哈尔蒙古八旗；西栅通乌拉特、鄂尔多斯地方”。[2] 来自草原四面八方的蒙古商队，通过各处税卡栅栏进入归化城与汉商贸易，而“内地商民持布币往者，轮蹄万计”。[3] 蒙汉商人“番语侏离译不明，相看都用手传情”，[4] 可以看出，当时的商业贸易呈现出一片繁荣景象。

多伦诺尔城镇的兴建，是在康熙中叶“多伦会盟”之后。清廷敕建汇宗寺，吸引了周围的蒙古部众，多伦诺尔又是漠北、漠南东四盟蒙古等蒙古部众通往京师的交通要道，这些得天独厚的

---

1 〔俄〕波兹德涅耶夫：《蒙古及蒙古人》汉译本，第三章《归化城》。

2 《古丰识略》卷四〇《税课》三。

3 《清朝文献通考》卷二六《征榷》。

4 《口北三厅志》卷一五《艺文志》三。

条件为城镇发展提供了机会，商人渐多，“商务渐盛，居民亦众”。[1]至康熙五十二年（1716年），已是“居民鳞比，屋庐望接，俨然一大都会也”。[2]雍正八年（1730年），设多伦诺尔理事同知，十年设多伦诺尔厅，成为直隶口北三厅之一。康熙四十九年（1710年），多伦诺尔建成了东西宽2里、南北长4里的买卖营。乾隆六年（1741年）又建新营，南北长1里，东西宽半里，有街道5条。城镇的建设，促进了多伦诺尔的商业发展，嘉道年间买卖最盛时约有3000多家店铺。咸丰元年（1851年），在多伦诺尔从事蒙古贸易的商铺已达4000户。[3]

汇宗寺和普因寺的修建对多伦诺尔的城镇建设和商业发展起了促进作用。每年三月和七月庙会期间，蒙古各部王公和牧民从四面八方汇集而来，一方面参加庙会，一方面从事交易活动。据载，光绪十四年（1888年）七月的一次庙会商贾云集，马市如流，会期5天，参加庙会的竟达3万人之多。[4]又据《蒙古志》记载：“岁自蒙古进口，以千万计，有牛马羊猪骆驼等，而羊马驼尤多。秋冬间，市肆喧阗，街衢拥挤”，[5]买卖十分兴隆。

除上述几个大城镇外，在蒙古地区还出现了一些中小城镇。

首先应该提到的是热河，它是随避暑山庄的营建而兴起的。主要街道有西大街的头道牌楼、二道牌楼、三道牌楼，这是热河的主要商业区或称买卖街。此外还修建了二仙居街、旱河沿街、土地祠、皮袄街、马市街、草市街，等等。这些街市，热闹繁华，乾隆年间，买卖街“最称繁富”，“左右市廛，连亘十里”，[6]“商贾辐辏，酒旗茶旌，辉映相望，里闾栉比，吹弹之声彻夜不

1 《蒙古志》。
2 《汇宗寺碑文》。
3 《察哈尔口北六县调查记》。
4 妙舟：《蒙藏佛教史》第五篇。
5 《蒙古志》卷三。
6 朴趾源：《燕岩集》卷五《漠北行程录》。

休”，[1]宛如内地的闹市。

此外，在漠南蒙古地区还有包头、丰镇、平泉州等城镇也先后兴建起来。至于漠北地区的库伦、乌里雅苏台、科布多等地的城镇建设，在清代都有所发展。这些地区有许多内地汉族商人开设的商店、货栈等，如库伦城蒙汉分区居住，汉族商人不顾清廷的限制，在库伦建造房屋、货物仓库、铺房，“把库伦变成整个蒙古商业批发和零售中心”。[2]

清廷在蒙古地区设置台站的主要目的是“宣传命令，通达文移”。[3]尤其当边疆用兵的紧张时期，台站不仅要传报公务，而且负有押送军饷、钱粮、军械，以及押解发遣人犯，护送投顺人员等任务。台站既是交通站，又是兵站。随着清朝统一多民族国家的发展与蒙古地区安定统一局面的出现，蒙古地区的台站不仅具有国防上的意义，而且成为边疆与内地物资交流和人民往来的重要交通设置。

蒙古部众商人，前往内地纳贡或贸易，大都通过驿道南行，沿途以台站为休息场所，而台站对其安全亦有捍卫之责任。内地商人到蒙古地区贸易，经多伦诺尔可以到漠南蒙古东部各盟旗及漠北车臣汗、土谢图汗部；经张家口可以到漠南蒙古北部、西部各盟旗及漠北蒙古各地；经归化城可以到漠南蒙古西部各盟旗，漠西蒙古伊犁、塔尔巴哈台和漠北蒙古。商路即是台站，商人沿驿道而行，沿途经商贩卖。清廷还根据需要调整驿道、台站，使整个北部、西北地区的台站相通连，形成了一个“四通八辟，星罗棋布”[4]的交通网。

蒙古地区的城镇，往往是各条驿道的中心，是交通台站的枢纽，如归化城、多伦、库伦、恰克图、乌里雅苏台、科布多、乌

1 朴趾源：《燕岩集》卷一《热河》。

2 《蒙古人民共和国通史》，第184页，科学出版社，1957年。

3 《清朝通典》卷二六。

4 钟广生：《新疆志稿》卷一。

鲁木齐、伊犁、巴里坤等，都成为该地区政治、经济、文化、宗教的中心及交通要道。

第二节　蒙古地区人口迁入、经济开发和环境变迁的关系

一　内地人口迁入蒙古

蒙古民族的形成和发展也吸收和融合了大量其他民族成分。这些民族有的只是部分，有的则是整个民族融入到蒙古族之中。在融合过程中，或者是和平的，或者是经过流血的，或者是自愿的，或者是被迫的，但都是通过人口的迁移形成和发展的。一个地区的社会进步、经济发展，同样离不开人口的迁移，蒙古等边疆地区，信息传播手段和媒介比较落后，人口迁移是一种十分必要的传播媒介，尤其内地人口的迁入，不仅会带来一定数量的人力，也会带来较为先进的农业技术和比较活跃的思想，这些都有利于当地的经济开发。

清朝统一多民族国家的建立，客观上打破了民族封闭的壁垒，为各民族之间的交往，为人口更大范围的流动创造了极为有利的条件。但是，清廷面对日益发展的民族间往来，如潮涌般的人口流动趋势，既无明确的指导思想，又缺乏必要而积极的对策。清朝统治者认为“蒙古安，则边疆靖”，大量的异民族人口流入草原，“民人蒙古杂居一处”，易造成蒙古地区的不稳定，以致整个边疆地区“不靖”。为防止边疆地区民族关系的复杂化，清廷采取了简单化的处理方法，断然实行了与人口流动大趋势格格不入的人口封禁政策，禁止内地人口流入蒙古地区，不准蒙古部落之间人口任意移动。

清朝的人口封禁政策曾在一定时期和一些地区抑制住了蒙古

地区的人口流动，尤其是利用盟旗制度，把各旗人口固定在一定的范围内，隔断了蒙古族之间的任意往来。但封禁政策并没有挡住内地人口迁移浪潮的冲击。内地农民迁入北部边疆，主要是因为这里的土壤、雨水、气候适宜垦殖，而蒙古王公为解决食粮问题也主动招引内地农民垦殖，这是封禁政策不能彻底实行的原因。

清廷对人口迁移潮流和人口封禁政策之间产生的矛盾和冲突喜忧参半，喜的是民人赴边外垦殖之后，“年来五谷丰登”，可以解决蒙民的食粮和军粮，又能借蒙古土地行“借地养民”之政策，缓解内地日益膨胀的人口压力，但是更多的是忧虑和担心，恐汉民移入太多，“将来俱为蒙古”，难为管理。另外，随着蒙汉杂居而来的“盗贼词讼”容易造成难以处理的民族矛盾和民族冲突。清廷在边疆民族问题上的矛盾心理和徘徊瞻顾的态度，往往表现在人口迁移政策上的摇摆不定，即当边外开发取得成效，蒙汉民族关系融洽时，封禁松弛，并制定出相应政策，鼓励开发；而当有的开垦损害蒙民牧场或蒙汉民因故发生冲突时，则断然宣布“禁令”，驱逐汉民，或制定禁止汉民出边的严厉措施。

清代，蒙古地区日益发展的人口迁移有以下的作用和特点：

人口迁移一定程度上改变草原人力不足与人烟稀少的局面，使人口达到相对均衡，分布趋于合理。这不仅有利于缓和内地因人口急剧增长与耕地减少而造成的人地矛盾，而且移民流入开发程度较低的荒原，也促进了荒山僻野的开发进程。同时，人口迁移对草原城镇的兴建起着不可估量的作用。一般说来，城镇的急剧扩展无不以外来人口的大规模迁入为前提，若仅仅依靠本地原有人口的自然增殖形成一定规模的城镇是不可能的。人口的迁移对蒙汉民族文化的共同提高也是有利的。汉民要在迁入地生存下来，尤其要在生产方式、生活习俗、宗教信仰、语言文字差异较大的少数民族地区生存下来，就不仅要保持和发挥原有的文化优势，还必须吸收当地民族文化中的先进或有利的因素，以适应当地生产与生活条件的需要。作为土著的蒙古民族，在与汉族共同杂居、共同生产过程中，也必然受到汉族的生产技术与生活习俗影响，因而使蒙汉民族在互相融合、互相吸收的情况下，形成你中有我、我中有你、共同发展、共同提高的局面。

清朝封禁政策被迫松弛后，局部地区向内地农民开放，但受封禁政策影响，所制定的人口迁移政策不同于一般的移民政策。流入的农民春去秋归，不以定居为目的，当地称之为“雁行”人。从人口学角度看，他们不能算作是真正的移民。按照移民的定义，具有一定数量，一定距离，在迁入地居留一定时间的移动人口，才算作移民。清廷在蒙古地区的这种候鸟式的特殊的人口迁移方式持续了近一个世纪，至18世纪中叶，靠近长城的蒙古游牧区开始出现一定数量的农业村户，而后到19世纪中叶，农业区和半农半牧区迅速扩大，定居的农户越来越多，至设厅县管理制度，移民才逐渐固定下来。

清代，内地移入蒙古地区的人口数量是有限的，即使是清末推行“移民实边”政策以后，也没有出现大量移民涌入蒙古的现象。从清末蒙古地区的人口统计中可以得知，19世纪初，内蒙古地区的总人口为215万，其中蒙古族为103万，汉族100万，其他民族12万。根据1912年所颁布的宣统年间民政部的调查数目，内蒙古蒙古族人口为87万，汉族人口约为155万。一百年间，汉族人口增加了55万，平均每年增加5万5千人。这个统计数字表明，由于种种限制，清末汉族移民增加不多，并未形成影响蒙民生计的人口压力。

人口的增长，应以“既不破坏生态平衡，又能使经济效益达到最高点”为标准。蒙古地区虽然地域广阔，但人烟稀少，人口明显不足，分布不合理，再加上草原生态脆弱，生产力落后，有限的牲畜，只能养活有限的人口。迁入的内地人口过多、过速，必然会加剧人口对脆弱的游牧经济和草原资源的压力。此外，蒙古牧民和内地农民在生产方式、生活习俗、宗教信仰和语言文字方面都不尽相同，长期的南北对峙及封建统治者制造的民族隔阂，也并非短期内所能消除。而大量无组织的无业流民盲目涌入草原，不但达不到开发的目的，反而会因生态的破坏、蒙民的抵触而引起民族隔阂和矛盾，从而使开发力量变成内耗力。清廷对人口流动产生的进步作用缺乏远见，对因人口盲目流动所出现的破坏性也没有更深的认识，因而未能有计划、有指导地组织内地各行各业人口进入蒙古地区，从事开发活动，影响了蒙古地区开发的进程。

二　经济开发的影响

中华民族的历史是在消除各民族原始闭关自守的状态中迈步向前的，不管在它的最初阶段步履是何等的蹒跚，随着各民族文明的历史进程不断加快，全国性的政治、经济、文化以及其他方面的关系日趋紧密。在当时大一统的清帝国里，几乎没有一个地区的政治经济可以脱离全国的政治经济变动而独自运转，也没有一个领域的发展不受其他领域变动的影响。在中国历史上，民族疆界的分割，把自然资源的有机分布割裂开来，导致了各民族、各地区之间资源分布的不均匀。从生产力的发展来看，清代统一多民族国家的形成，打破了国内区域的隔离，是对社会生产力发展的一大解放，即生产和交换向全国性发展，使生产力的发展得到更为广阔的活动空间。因此，全国各民族、各地区经济的相互依赖关系成为一个体系，由各个分散、不同的因素构成一个相互影响、相互牵制和相互制约的有机整体。

蒙古无论在经济还是贸易上都更依赖于其他地区和外部市场。没有一个开放的、不断扩大的外部市场，其经济就会停滞下降，但却很难说其他地区对蒙古的依赖性究竟有多大。但是，如果把该地区放在中华民族相互依赖的体系里来考察，那么该地区所提供的牲畜、矿藏、木材及各种技术就都作为整个体系中的有机构成发挥作用了。

清代，基本上消除了历史上长期形成的游牧民族与农业民族的南北对峙局面，清朝统治者也在某种程度上认识到大一统局面对蒙古地区政治经济发展的意义，以及蒙古的政治经济与全国其他地区结合起来的必要性，屡次强调“内外之民，俱属一体”。蒙古地区优越的自然条件和蒙汉民族强烈的开发愿望加深了统治者对开发必要性的认识和制定开发措施的决心。首先是蒙古王公、牧民要求打破蒙古与其他地区的封闭状态，对蒙古地区进行经济开发。蒙民首先要求的是发展农业，以农业来弥补游牧经济的不足，减少自然灾害的威胁。清廷顺应了当地人民的开发愿望，制定了遣民赴边外垦殖的措施。

垦殖北疆的最主要力量是来自内地的农民，这些人披荆斩棘，艰苦创业，经过近百年的开发，至 18 世纪中叶，已形成了归化城土默特、察哈尔和热河三个有一定规模的农业、半农半牧区。至 20 世纪初，农业已逐渐成为蒙古地区一个重要的经济部门。东部的松花江，辽河，大、小凌河上游，中部的土默川平原，西部的河套地区，都进行了一定程度的开发，有些地方成为产粮较多的生产基地，为蒙古地区比较集中的农业生产区域的形成和发展奠定了基础。农业同时带动了商业和手工业发展，从而使蒙古地区的经济结构，由原来比较单一的游牧经济，发展成为农、商、手工业等多种经济形式，蒙古族也由原来只从事畜牧业，开始转向牧、农、商、手工业的多种经营。在一些垦殖发展较快的地区，尤其是长城沿边一带，形成了许多蒙汉杂居的农业区和半农半牧区。在这些农业区和半农半牧业区，蒙古原有的土地关系和阶级关系都发生了变化，租佃关系和土地变相买卖的关系发展迅速，原有的封建领主制经济已转化为封建地主经济。

从有清一代蒙古地区的开发进程来看，可以分为三个时期二个高潮，即清初至雍正朝为初期，乾隆朝至同治末年为中期，光绪初至清亡为后期。乾隆中叶至嘉庆朝为第一个高潮，光绪二十八年至宣统三年为第二个高潮。清代前期，国力强盛，财力充足，蒙古社会相对稳定，政府顺应蒙汉人民的开发要求，制定的开发政策得当，人口迁移，经济开发与蒙古地区的自然条件、社会承受能力大体吻合，因而开发成效显著。晚清以后，为了抵制帝国主义入侵，虽然实行了移民实边政策，但由于社会动乱，国势衰弱，财政拮据，政治腐败，指导不力，开发活动往往演变为统治者谋私敛财、掠夺人民的措施，从而导致民族矛盾、阶级矛盾尖锐化，生态环境恶化。前后两个开发高潮，表现出这样一种规律，当国家安定，民族团结，政府指导得当时，开发的成就显著，而当遭受外敌入侵，社会动乱，政府指导不当时，开发则变成了掠夺和破坏。

从清代蒙古地区以垦殖为主导的开发活动中，我们可以得出如下启示：

首先，蒙古地区的经济发展需要有农业、手工业、商业等其他行业作补充，没有农业的单一游牧经济，经不住任何自然灾害的袭击，也束缚畜牧业、手工业和商业的发展。清廷的封禁政策及其在开发上的摇摆不定挫伤了广大蒙汉人民的积极性，也造成开垦的盲目性，最终导致蒙古地区的经济发展长期停滞不前。

其次，受封禁政策影响，蒙古地区没有彻底打破民族经济封闭的疆界和体系，没有根本改变自有资源决定生产的格局，贸易、市场的规模和格局只能限制在较小的范围，牧民只为自身的消费而生产，没有和全国市场联系起来，最终导致蒙古经济发展不平衡，致使在近代以后，拉大了与全国其他地区经济发展的距离。

三　开发与生态环境

马克思、恩格斯曾指出："历史的每一个阶段，都遇到有一定的物资结果，一定数量的生产力总和，人和自然以及人与人之间的历史上形成的关系，都遇到有前一代传给后一代的大量生产力、资金和环境，尽管一方面，这些生产力、资金和环境为新一代所改变，但另一方面，它们也预先规定新的一代的生活条件，使它得到一定的发展和具有的特殊的性质。由此可见，这种观点表明：人创造环境，同样环境也创造人。”[1]草原牧民祖祖辈辈劳动生息在蒙古高原上，逐步创立和发展了这个地域的生态经济系统，历史上每一代人所遇到的生态环境状况和经济发展状况，都是前一代人留给他们在这方面状况的继续。一定的放牧时期，划分不同季节利用草场，划区轮牧，淘汰劣等牲畜，培养优良牲畜，等等，都是牧民历代沿袭下来的生产技术和保护、利用草原，保持草原生态系统平衡的方法。历史上这一代人治理生态环境和发展经济的状况又要对其下一代人的生产和生活环境的状况产生深远的影响。每一代人在发展经济和治理生态环境时，都要考虑当代人的眼前利益，又要考虑子孙后代的长远利益。清代蒙古盟旗制度治理下的社会环境，为蒙古牧民合理利用草场，划区轮牧，分季节放牧，确定合理的载畜量创造了条件。有了较好的生态环境，也带来了较好的经济效益，18 世纪至 19 世纪中叶，蒙古畜牧经济的兴旺发达就是草原生态效益和经济效益统一的表现。

人类的经济活动，是通过生态系统的能量转化和物质循环过程来达到预期经济目的的。因此，保持生态平衡与发展经济是对立的统一。一般说来，在生态平衡与经济平衡之间，前者是主导，生态失调必然导致国民经济各部门之间产生不协调而造成巨大损失。清朝，对生态平衡的认识不可能达到现代人类对自然界认识的高度，因此在制定经济政策时，并没有考虑生态因素。但是，从封禁政策的一些内容来看，反映出清廷对蒙古地区自然环境特点也有一定程度的认识，有些封禁条例，是针对大批流民迫于生

1　马克思、恩格斯：《德意志意识形态》，《马克思恩格斯选集》，第 1 卷，第 43 页。

计涌入蒙古地区后，无组织任意流动，无计划盲目开垦，与牧民争夺优良牧场，造成牧场狭窄，草原沙化，生态环境恶化等情况制定的，有些封禁条例是符合畜牧业的特点以及草原生态的客观要求。

近三百年来蒙古高原生态环境变化证明，人类的生产活动，尤其是在草原地带的土地开发一定要适度。

内蒙古的沙漠和沙地（干旱草原地区的沙漠，称为沙地），自东而西有：呼伦贝尔沙地，科尔沁沙地，小腾格里沙地，毛乌素沙地，库布齐沙漠、乌兰布和沙漠和巴丹吉林沙漠。根据历史记载和考古资料，这些地区原来大多是肥美的草原，但是由于这一生物带的特点是生物有机体与它周围的无生命环境处于较脆弱的相对平衡状态，自然因素本身又潜伏着引起沙漠发生的物质条件，如干燥少雨、日照强烈、冷热剧变、风力强等，因此人类不合理的生产活动，主要是滥垦、滥牧，极易造成对植被的严重破坏，引起就地起沙或流沙移动，沙漠化扩大。如科尔沁一带原是河川交错、水草丰茂、林木葱郁的草原，辽金两代，这里进行了大规模的垦荒，砍伐森林和迁徙人口，植被遭到破坏，沙漠漫延十分严重。鄂尔多斯高原的毛乌素沙漠和库布齐沙漠，也曾有河流湖泊分布，草木茂盛，野兽繁衍，适于人类生存，沙漠范围较小。但秦汉以来，人们过度的垦伐使原本脆弱的生态系统失去平衡，沙漠逐渐扩大。毛乌素沙漠地区的古代遗址，以汉代遗址深入沙漠内部最远，唐代遗址次之，明代遗址已退缩到沙漠东南边缘地区，呈现出西北、东南向的时代顺序性，正是沙漠逐步扩大的有力证据。[1]明人描述当时鄂尔多斯沙漠化的情况时说：沿边墙一带“四望黄沙，不产五谷”。[2]陕西以北，“龙沙漠漠，亘千余里

1 朱震达、吴正、刘恕等著：《中国沙漠概论》，第 24 页，科学出版社，1980 年。
2 《明经世文编》卷一八九，唐龙《大虏住套乞请处补正数粮草以济紧急支用疏》。

……大风扬沙，瞬息万丈”。[1]面对鄂尔多斯东南及陕西神木至定边以北长城沿线日趋恶化的生态环境，清初曾制定了严格的封禁条例，规定边墙外 50 里为禁留地。康熙二十一年（1682 年），始允许蒙古牧民在近 40 里外游牧。康熙五十八年（1719 年）又规定界址，有沙者以 30 里立界，无沙者以 20 里立界。雍正八年（1730 年）在旧界外再展 20 里或 30 里，以原禁留地 50 里为界。严格的划界封禁对蒙古西部地区植被的恢复、沙化的抑制起到了一定的作用。

清代前期对蒙古地区森林的封禁也是很严格的。清政府规定，不准任意砍伐林木。如康熙朝设立木兰围场，在围场四周各个隘口，以木栅和柳条为界，明令“蒙古、民人毋得阑入”。在清代前期，内蒙古地区有森林面积 2 万平方公里，外蒙古有 6 万平方公里，这些森林得到适当的保护，出现了林木茂盛、牲畜繁殖的景象。如围场内，“树木繁盛，内多千年古松，木兰秋狝，所获禽兽不可亿计。”[2]

清代前期，草原生态的恢复，原因是多方面的，从草原生态学角度看，对某一草原地带进行一定时间的封闭，可以使这块草场得到保养，逐渐恢复原来繁茂的生态。封禁政策恰恰适应了草原的这个特点。但就其本质而言，清朝制定封禁政策，并不是要创造新的生态环境，封禁之后草原生态的恢复是清政府所未能料到的。

清末“放垦蒙地”期间，滥伐滥垦，对草原的生态造成一定的破坏，但并不是近代以来蒙古地区草原沙化的主要原因。中国北部草原的沙化，是在民国以后北洋军阀和国民党统治时期造成的。1949 年以后，人们对自然资源利用不合理，也造成了草原大面积沙

1　《明经世文编》卷二三八，曾铣《总题该官条议疏》。

2　《围场厅志》卷二。

化。以鄂尔多斯为例，1948 年以前沙化面积为 15150000 亩（包括毛乌素沙漠和库布齐沙漠），1977 年沙化面积增加到 52500000 亩，1981 年又猛增到 1 亿亩。再如 1958 年至 1973 年全内蒙古开垦土地 1400 万亩，造成了 1800 多万亩的土地沙化。清末十年蒙古西部地区共丈放土地 900 多万亩，大部分是适宜农业种植的地区，河套农垦区占有 27000 余顷，察哈尔两翼 40000 余顷，归化城土默特 10000 余顷。到 1949 年，全内蒙古的耕地面积为 6497 万亩，清末十年西部开垦面积只占七分之一。可以说，把草原沙化的主要责任推给清末十年的垦丈是不客观、不公正的。

即使如此，对清末十年放垦蒙地所出现的问题也是引人深思的。农业开发是人类认识自然和利用自然的结果。在古代生产力和科学技术水平都十分低下的情况下，人类难以全面正确地认识和掌握自然规律。清末内地农民进入草原，正是清代前期封禁政策后，草原生态良好，沙化现象并不严重的时期，人们并未认识到大面积开垦、无限度向自然索取将会造成严重的后果。清廷错误地以农业经济取代牧业经济，在草原地区大办垦务，这一错误的指导思想被后人沿袭下来，清亡以来，盲目的、掠夺性的土地开垦愈演愈烈，终于遭到了大自然对人类的惩罚。

第六章　18世纪中美边疆开发比较研究

第一节　边疆人口流动与推动力的比较

一　人口流动的推动力

18世纪，中国人口流动出现新的格局和新的特征，即人口流动与边疆开发密切相关，而且人数多、地域广、持续时间长。与此同时，美国也出现了连绵不绝的人口“西进运动”。这种大规模的移民活动的推动力是什么？促使人们涌向边疆的原因何在？

在美国，研究美国出现大规模移民流动——“西进运动”的历史学者认为：在美国独立后开始的“西进运动”有多种因素，对这个运动起着重要推动作用的，主要有三种社会经济原因和三种社会势力。

三种社会经济原因的首要因素是皮货商与印第安人的皮货贸易；其次是18世纪以来的土地投机活动；第三是殖民地小农的经济状况日益恶化。

三种社会势力有：

第一，土地投机家。历史学家认为，首先给“西进运动”以主要推动的，既不是小农也不是奴隶主，而是土地投机家。土地投机家是一个形成于18世纪的特殊商人集团。这个商人集团在政治上和经济上具有较大的优势，他们的土地投机活动与官方的机构紧密结合，美国独立后，西部的公共土地已大量地被这个商人集团抢先占领。土地投机家以土地买卖为谋利手段，他们或者把大量的公用土地分成小块高价转卖给后来的移民，或者是通过直接组织移民前往他们所占有的土地上定居。

第二，普通的穷苦人。普通穷苦人是美国“西进运动”的基本动力。美国独立后，随着土地投机活动的扩展，土地集中现象越来越严重，许多小农丧失原有的土地，产生了一个人数不等的破产者阶层。许多穷人得不到土地，梦想到西部去寻找“自由土地”，从而成为“西进运动”中的一支重要力量。另外债务和经济不景气也是加快穷苦人“西进”的重要原因，许多债务人把西部看作避难所。

第三，奴隶主。[1]

在18世纪的中国，人口流动与清代统一多民族国家高度发展的历史条件相结合。清朝政治局势的稳定和疆域的空前统一，是内地人口流向边疆的首要条件。18世纪，康熙朝测定的《皇舆全览图》、雍正朝的十排《皇舆图》和乾隆朝的《乾隆内府舆图》奠定了超越以前任何朝代的疆域版图，成为中国多民族国家统一大业完成的里程碑。

清朝大一统版图的奠定，使历史上长期处于落后、分散、孤立和彼此隔绝——边疆各民族之间的隔绝和中原与边疆各地区之间的隔绝状态，从根本上得到了扭转。清朝中央和各边疆地区、内地和边疆、边疆地区之间在政治、经济、文化、宗教乃至习俗等方面的影响和交流，消除了以往存在的许多人为障碍。乾隆帝在上谕中曾说：“古北口一带，往代皆号岩疆，不敢尺寸逾越。我朝四十八部子弟臣仆，视同一家，沿边内地民人前往种植，成家

1 参见何顺果：《美国边疆史》，北京大学出版社，1992年。

室而长子孙，其利甚溥。……今乌鲁木齐、辟展各处，知屯政方兴，客民已源源前往贸易，茆檐土锉，各成聚落，将来阡陌日增，树艺日广，则甘肃等处无业贫民前赴营生耕作，污莱辟而就食多，于国家牧民本图大有裨益。”[1]乾隆帝的上谕，高度概括了18世纪清朝统一局面促使人口流向边疆的时代特点。

18世纪人口增长所产生的压力，是促使人口流动的重要原因。明清以前，中国人口从未对社会产生过压力，也从来没有成为一个全国性的问题。对于明代的人口，有的学者认为，在万历二十八年（1600年），已达到1.5亿[2]。但这样的高人口数持续时间不长，随后所发生的一系列自然灾害和社会动乱，抑制了人口的继续增长，经过明末农民大起义及明清战争，人口锐减。清初，由于清政府颁布了一系列恢复生产、安定民心的政策，人口开始逐渐回升，至乾隆四十四年（1779年），人口总数超过两亿，乾隆五十九年（1794年），人口总数超过三亿。如此高的人口数额是在传统农业的条件下取得的，既没有机械化，也没有集约生产，人地矛盾自然成为一个突出的社会问题。早在康熙年间，康熙帝就指出：“自平定以来，人民渐增，开垦无遗。或砂石堆积，难于耕种者，亦间有之，而山谷崎岖之地，已无弃土，尽皆耕种矣。由此观之，民之生齿实繁。”[3]

人口在急速地增长，但与此相对应的耕地，却没有发展得那么快。这种情况，清人已经觉察，提出：“人增其十而田增其五。”[4]据梁方仲先生的推算，乾隆十八年（1753年），全国人口是102750000，民田是708114288亩，平均每人占有耕地689亩；

1　《清高宗实录》卷六一二。

2　参考何炳棣著，葛剑雄译：《1368~1953年中国人口研究》，上海古籍出版社，1989年。

3　《清圣祖实录》卷二四九。

4　《清朝续文献通考》卷六七。

三十一年（1766 年），人口是 209839546 人，耕地是 741449550 亩，平均每人得耕地 3.53 亩。比较十二年前，每人平均减少耕地 3.36 亩。

与西方封建社会领主庄园制不同，中国封建社会是一个以小自耕农为主体的社会，历朝政府都不同程度地采取打击豪强地主、扶持自耕农的政策。因此，中国小农户数量庞大。按前面的数据，自乾隆朝以后，人口密集区的农户仅能维持最低的生活水平，时时面临着失去土地的威胁。在这种情况下，在故土无法生存的农民开始把目光转向人口稀少的边疆地区。正如乾隆帝所言："我国家承天眷佑，百余年来，太平天下，化泽涵濡，休养生息，承平日久，版籍益增，天下户口之数，视昔多至十余倍，以一人耕种而供十数人之食，盖藏已不能如前充裕。且民户既日益繁多，则庐舍所占田土不啻倍蓰，生之者寡，食之者众，于闾阎生计诚有关系。……犹幸朕临御以来，辟土开疆，幅员日廓，小民皆得开垦边外土地，以暂谋口食。"[1]

决定人口流动方向的因素有很多，其中最重要的是经济因素。在以农业经济为主的社会里，哪里适合农耕，哪里的人口就越多。这是一条不以人的意志为转移的规律。

根据自然条件，中国可以分为三个范围十分广阔的自然区域，即东部季风区、西北干旱区和青藏高寒区。这就在一定程度上决定了中国人口分布的基本态势：东部季风区是主要农业区，西北和青藏高原人口较少。从农业耕作历史传统上看，黄河流域是中国农业文明的发源地，随着社会的进化和生产力的发展，这里的人口变得越来越稠密。自南宋起，长江流域的土地得到开发，很快变成中国另外一个重要的农业区。至 18 世纪，这两个地区的人口已远远超过其他地区。雍正二年（1724 年），人口在 600 万以上

1 《清高宗实录》卷一四四一。

的省区，由多及少依次是山东、江苏、河北、河南、山西、浙江、安徽、福建、江西、陕西。人口在100万左右或少于100万的省区，由少及多依次是黑龙江、吉林、宁夏、青海、辽宁、台湾、内蒙古、新疆、西藏。至乾隆五十五年（1790年），人口超过2000万的省份，由多及少依次是江苏、安徽、山东、浙江、河南、河北、湖北和江西。人口在100万左右或不足100万的由少及多依次是吉林、黑龙江、新疆、辽宁、青海、内蒙古和西藏[1]。

从以上的统计数字可以看出，这一时期，人口繁庶的省份都集中在黄河和长江流域，而人口稀少的省份俱是边疆地区。清朝的人口迁移便是以黄河和长江流域为基点，向边疆地区扩散的“离心状运动”过程。

人口流动是人口在一定地理空间的聚集、扩散和变动，历代皆有，但流动形式及规模，却每有不同。魏晋以前，人口的流动多以黄河中下游人口密集经济发达区为中心，向四边扩散；魏晋至宋，随着北方游牧民族的不断南进，迫使汉民族开始不断南迁，出现了自北向南大规模流动趋势。18世纪的人口流动呈现出与以往不同的趋势，即人口流动普遍化，成为全国性、不可遏制的历史潮流，其数量规模之大，持续时间之长，均非以往任何朝代所能比拟；内地人口多方位流向边疆地区，成为占主导地位的基本趋向。

其次，自然灾害是推动内地汉人移往边疆地区的另一个重要因素。以黄河中下游地区为例，这里是中国历史上农业经济最早发展和文化最为发达的地区，也曾是人口最密集的地区。原有着十分优越的自然条件，但经过数千年的开发垦殖，又屡经战乱，生态环境遭到严重的破坏，自然灾害频仍。黄河及其支流作为这些地区的主要灌溉水源，既哺育了沿岸的广大人民，也屡屡成为

1　参考赵文林、谢淑君：《中国人口史》，第596~597页，人民出版社，1988年。

他们流离失所、背井离乡的根源。据统计，历史上黄河决口，有文献可考的就有1593次[1]。自公元15世纪起，中国大陆气候又开始进入一个由暖变冷、由湿转干的周期，寒冷地带向南推移，史料记载，“太湖结冰厚达数尺，人可在冰上行走，柑桔全部冻死。”[2]这导致黄河流域气温更为降低，自然条件对人类更加苛严，农作物的生长期、无霜期缩短，春旱频繁发生。从乾隆元年（1736年）到乾隆六十年（1795年），仅直隶一省发生的大旱灾就达12次之多[3]。因此，黄河中下游地区虽有着悠久的农业耕作历史，较为先进的农耕技术，但由于上述生态条件，农业生产环境又是十分苛刻的。

自然灾害既是推动内地民人前往边疆的一个重要因素，也是迫使清政府不断打开封禁地区大门的一个重要原因。这种事例在史料记载中不胜枚举。如雍正元年（1723年）因为河北、山东一带发生严重的自然灾害，而颁布了著名的“借地养民”令。乾隆五十五年（1790年）因直隶省京南一带发生旱灾，清政府“除已令热河道府，就近晓谕各贫民由张三营、波罗河屯等处，分往各蒙古地方谋食者不禁，其京南地方，亦应一体妥办……今年关东盛京及土默特、喀喇沁、敖汉、八沟、三座塔一带，均属丰收，尔等何不各丰稔地方，佣工觅食，俟本处麦收有望，即可速回乡里，如此遍行晓谕，并令其出山海关赴盛京一带，或出张家口、喜峰口，赴八沟、三坐塔暨蒙古地方，不必专由古北口出口，则贫民中稍可力图自给者，知有长途觅食之路，自必分投谋生”。[4]以上仅仅是两个比较典型的例子，清政府因灾荒所产生的困惑和

1 任美锷等编：《中国自然地理纲要》，商务印书馆，1979年；黄宗智：《华北的小农经济与社会变迁》，第57页，中华书局，1986年。

2 王会昌：《中国文化地理》，第83页，华中师范大学出版社，1992年。

3 戴逸：《乾隆帝及其时代》，第346页，中国人民大学出版社，1992年。

4 《清高宗实录》卷一三八二。

屈服可见一斑。

另外，在明末清初，由于内地连年征战，及清初的圈地运动，大量无法生存的贫苦汉民便辗转出塞，涌向相对安定的漠南蒙古地区。与此同时，山陕等地的抗清义军，有部分也在失败后退居蒙古西南，即所谓："明末鼎革之际，籍隶山陕之官绅，起兵抗拒清军。兵败后无所为，则挈家至塞外避祸。荒山僻野，耕稼其中。"[1]

明朝后期，土地的高度集中是产生大量流民的一个重要因素。对18世纪的地权状况，有学者指出，从康熙中晚期起，特别是雍、乾以后，土地兼并集中确已在全国普遍有了表现，在一些地区还发展得相当严重。但是，对这一变化也不能估计得过分。清前期的土地兼并在各地区的发展情况有所不同。根据目前所见到的材料判断，到鸦片战争前，真正达到地权高度集中的，只是东南数省和湖广的部分地区，而在北方和西南各省，除个别省份地区外，总的说地权还比较分散，并没有发展到高度集中的程度[2]。从现有的研究成果及史料记载看，这种观点是比较可信的。这就说明，土地兼并集中是18世纪内地人口向边疆地区迁移的一个原因，但不占重要地位。

二　人口流动与边疆开发

人口不断的迁移、流动是中国历史发展，中华多民族国家形成的大趋势。几千年来，正是由于人口流徙，才使不同的部族、民族得到交往、融合，彼此的关系日益密切，逐渐形成了谁也离不开谁的民族关系。清代移往边疆的人口多来自经济、文化较为发达的内地，且年富力强，有生产技能者居多，他们的到来，不

1 《绥远通志稿》，转引自（日）田山茂：《清代蒙古社会制度》，第258页。

2 参考史志宏：《清代前期的小农经济》，中国社会科学出版社，1994年。

仅在一定程度上改变了边疆地区人力数量不足、人烟稀少的局面，使人口相对均衡，也有力地改善了劳动力的素质。他们中的大多数最终融入边疆社会，成为本地居民的有机组成部分，某些地区，像东北、台湾，外来移民甚至取代土著居民成为边疆人口的主要成分和开发的主体力量。

移民群体在离开故土，踏上迁徙之途，准备迎接新生活、新机遇挑战的时候，其头脑中旧有的观念或多或少都会发生一些改变，增添了积极进取、勇往直前的精神。他们在边疆从事着多种多样的经济活动，或务农，或经商，或从事手工业，大大加快了边疆经济的发展速度。

中国传统的经济结构决定了移民大部分所从事的是农业。他们带来了内地较为先进的农业生产技术和农具，使得边疆农业很快形成规模。如东北的奉天、锦州两府，在顺治年间共有起科民地 60933 亩，随着出关移民增加，起科民地越来越多，至乾隆四十六年（1781 年），已有 2663097 亩[1]。基本上奠定了东北农业经济基础。口外蒙古地区，虽然农耕出现的历史可以追溯很远，但由于历代军事上的往来征战，农业、半农半牧业与游牧业交替经营，经济状况往往好景不长。经过元、明两代的变迁，蒙古高原基本上成为蒙古族的活动场所，仅有少数汉人零星分布于南部。

自 18 世纪开始，中原汉人开始以前所未有的规模越过长城，深入大漠，逐渐形成一股遏制不住的潮流。乾隆十二年（1747 年），仅八沟、塔子沟等处蒙古牧场，由于“贫户络绎奔赴，垦地居住”，达“二三十万之多”[2]。乾隆中期以后，随着对准战争的结束，向蒙古地区的人口迁移活动达到了一个新的高峰。人口迁移“动辄以千万计”，原来田畴不兴的大青山以北地区，于乾隆二

1　阿桂：（乾隆）《盛京通志》卷三七《田赋》一。
2　《清高宗实录》卷三〇四。

十六年（1761年）已发现民人三百余户[1]。热河迤北一带，即喀喇沁右旗、翁牛特左旗、敖汉旗，“系蒙古外藩游牧处所，自乾隆四十三年改设州县后，民人渐集渐多，山厂平原尽行开垦。”[2]在新疆，除天山南路维吾尔族人民从事农业外，北路广大地区，原来差不多都是牧区。自清政府招民开垦以来，变化很快，据乾隆四十年（1775年）的统计，共有民屯地70余万亩，如果加上兵屯和其他各类屯田，则已超过150余万亩[3]。经济格局发生了深刻的变化。

西南边疆农业的发展，最明显的是表现在对山地和一些河谷坝区的开发。如属云南边远山区的元江府。在清初以前属土司领地，基本无汉人居住。自从改土归流以来，“江左、黔、楚、川、陕各省贸易各家，家于斯焉”，该地逐渐发达，至道光时期已是“人烟稠密，田地尽辟，户习诗书”[4]，与内地基本无异。滇东南和滇南地区的广南、开化和普洱三地“深山密菁”，一向被视为“烟瘴之区”，鲜有内地人。雍正以后，“楚、蜀、黔、粤之民携挈妻孥，风餐露宿而来，视瘠乡为乐土。”[5]贵州的古州厅，“乾隆五十年后始有汉人入山伐木者”[6]，但不久，“境内有可开垦水田者，一丘一壑，纤悉无余”[7]。

流动的人口还是社会文化的载体，随着移民的脚步，内地的行政制度、文化传统、社会习俗也在边疆地区传播开来。不同的文化在磨合中最终得到融合，一方面，移民要学会适应边疆的生

1　《大清会典事例》卷一五八《户部·户口》。

2　《大清会典事例》卷一五八《户部·户口》。

3　郭松义：《清代人口流动与边疆开发》，载于马汝珩、马大正主编《清代边疆开发研究》，中国社会科学出版社，1990年。

4　（道光）《元江府志》卷九。

5　（道光）《广南府志》卷二。

6　爱必达：《黔南识略》卷三二。

7　林溥：《古州杂记》，载于《小方壶斋舆地丛钞》，第七帙。

存环境，另一方面，又潜移默化地影响、改变着边疆地区的社会风貌。原来只以畜牧业为生的蒙古地区，汉族移民大量涌入后，很快成为一个农业、牧业、手工业、商业多种经济形式并存的地区。乾隆十五年诗中云："蒙古佃贫民，种田得租多。即渐罢游牧，相将艺黍禾。"[1]形象地表达了农业和租佃关系对牧民产生的影响，也说明蒙古人放弃本业从事农耕者已经不少。在生活习俗和文化上，"蒙古游牧为生，初多肉食，近以汉民北耕，亦甘食五谷。"[2]并且"有酬酢而渐通婚姻，因语言而兼习文字"[3]，"内地民人渐集，汉文风气一开"[4]。汉人因久居蒙地，也有习骑马游牧，学蒙语，起蒙名的。民族之间的交流与合作在清代达到了前所未有的深度和广度。

第二节　中美边疆人口流动比较

一　清朝边疆人口流动与封禁政策

18 世纪，清朝统治者为了巩固新政权的统治秩序，安定边疆，消除边疆地区的不稳定因素，对整个边疆地区实行了程度不同的封禁，即禁止东南沿海人民渡海到台湾和其他海岛谋生，不许中原人民赴内陆边疆开垦种植、安家落户。

随着清朝在全国统治地位的稳定，清政府的治边政策也发生了变化。尽管其政策基点对外仍坚持保守封闭，对内实行民族隔离政策，但在日益高涨的移民潮的冲击下，清统治者不得不承认内地人民流向边疆的事实。因而对封禁政策也有所改变。有些地区鼓励移民迁入，有些地区承认落户的垦民。由于边疆各个地区

1　《热河志》卷九二。
2　《土默特旗志》卷八《风俗》。
3　《东三省政略·蒙务下·纪实业》。
4　《土默特旗志》卷四《法守》。

差异较大，各个时期的统治政策又紧松不一，从而使全国各个边疆地区的移民活动呈现出下列三种情况：

第一，鼓励移民迁入，实行“移民实边”政策，这主要是新疆地区。自 18 世纪中叶，清政府对该地区一直采取招民垦殖政策。

第二，移民禁令松弛，移民活动活跃。这种情况在东南台湾、西南滇、桂比较明显。清初，为对付郑氏集团武装力量，清政府颁布“禁海令”，勒令“山东、江、浙、闽、广海滨居民尽迁于内地，设界防守，片板不许入水，粒货不许越疆”[1]。禁止大陆人民流向台湾。

康熙二十三年（1684 年）以后，实行限额发给照票，出入盘查，比较严格。并只允许男子单身赴台，严禁携带家眷。结果造成这一时期的移民中，很多是“春时往耕，秋成回籍，只身来去”的不稳定人口。使台湾人口性别比例失调，全岛“男多于女，有村庄数百人而无一眷者”[2]。

雍正十年（1732 年）以后，禁令松弛，规定：凡渡台者有田产生业足可谋生，均可允许携眷入籍。从此，渡台人数急速上升。从这一时期至乾隆二十五年，政令又有所反复，总的说来，则趋于放松。

乾隆二十五年（1760 年），福建巡抚吴士功奏言：“台湾归隶版图，将及百年，久成乐土。居其地者，俱系闽、粤滨海州县之民，俱于春时往耕，秋成回籍。迨后海禁渐严，一归不能复往，其生业在台湾者，既不能弃其田园，又不能搬移眷属，别娶番女，恐滋扰害。”[3]经过地方官一再奏请，加之沿海诸省人口压力的日益增加，从这一年起，清政府便开始逐渐取消禁令。

1 夏琳：《闽海纪要》，卷上。

2 周钟瑄：《诸罗县志》卷一二。

3 连横：《台湾通史》上册，第 116 页、第 298 页，商务印书馆，1983 年。

乾隆五十五年（1790年），政府为减少私渡偷渡，决定开放鹿耳门至厦门、鹿港至蚶江、八里坌至南台的官渡。大陆人民入台有了合法的渠道。“闽粤之人至者更多，争垦番地，播稻植蔗，米糖之利，挹注他省，岁入各百数十万金，商务以兴，家富人给，莫不各立久远，为子孙计。”[1]出现了向台湾移民的高潮。

西南滇、桂等边疆民族地区，自雍正朝大规模地实行改土归流以来，打破了内地和边疆之间的地域壁垒，加强了内地和边区的交流，内地人民移往西南边疆的浪潮一浪高过一浪，“夷地招佃民开垦”，汉民“纷至沓来”，使当地人口迅速增加。

第三，清政府坚持“封禁政策”，移民活动受到限制，最突出的地区是东北和蒙古。

（一）蒙古地区

清初，顺治帝下令，内地民人“不得往口外开垦牧地”[2]，开边禁之端。以后各朝又相继颁布了一些禁令。随着《蒙古律例》《大清会典事例》《理藩院则例》等法律文书的编修，对北部边疆的封禁开始形成制度，涉及范围极广，包括农业、牧业、商业贸易、文化、风俗、宗教信仰等。顺治朝以后的封禁令可归纳为以下三个方面。

1. 人口的封禁

不准内地农民私入蒙地垦种。

不准内地商人随意到蒙古地区经商贸易。

不准内地民人携眷进入蒙古地区，不得在蒙古盖屋造房，不得定居，娶蒙古妇女为妻，取蒙古名字，入蒙古籍。

不准蒙古人随意往来内地。

不准蒙古人拐卖、容留和招致内地农民。

---

1 连横：《台湾通史》上册，第116页、第298页，商务印书馆，1983年。

2 《大清会典事例》卷一六六《户部·开垦》一。

不准蒙古旗互相买卖及馈送属下人丁、严禁互留逃人。

不准各旗蒙古人私行往来，私行联姻贸易。

严禁隐匿盗贼。

2. 地域的封禁

严禁私垦牧地。

严禁各旗越界游牧、畋猎。

严禁在牧地放火。

蒙古与俄国之间不得随意贸易，须按照清廷规定，进行交易。

3. 资源的封禁

严禁私自采伐树木。

封禁各处矿藏，禁止私自开采。

除日常生活所用金属器皿外，严禁把军器和其他铁器、金属携入蒙古。

以上的封禁政策可谓包罗万象，但重点是对人口的封禁，从这些封禁政策的内容，可以发现，禁令重点放在“不准私入”“不准随意进入”“严禁私垦”等方面，这意味着清朝内地人口进入蒙古地区有两条渠道：合法的进入和违法私自的进入。事实上，在整个 18 世纪，政府法令允许下的向蒙古地区人口迁移从未停止过。鉴于此，清政府的封禁政策只是为禁止内地汉人私自进入蒙古地区及蒙古人擅自招民人垦殖而言。

清代蒙古地区始行开垦的时间是在康熙十年，汪灏的《随銮纪恩》中说：“康熙十年后，口外始行开垦，皇上多方遣人教之树艺，又命给之牛种，致开辟未耕之地者皆成内壤。”从史料记载上看，一直到平定三藩战争结束之前，口外的开垦规模还是比较小，人口迁移的数量不多。平定三藩后，汉族人口开始较大规模地迁往蒙地。这与清政府对口外发展农业生产所采取的积极态度有关。

其一，清政府明文鼓励蒙古人从事农业。康熙二十二年（1683 年），康熙帝在对阿鲁科尔沁和翁牛特两旗的谕令中即说：

"……尔等若遵法守分，有一二牲畜者，择水草善地畜牧，能耕田者勤于耕种，则各得生理，天亦佑之。"[1]

其二，清政府举行了较大规模的屯田活动。康熙三十年（1691年），康熙帝在一道谕旨中说："朕观各处地亩肥瘠不同，朕巡视南方见彼处稻田，岁稔时一亩可收谷三四石，近京玉泉山稻田一亩不过一石，又见古北口外谷田，丰收之年一穗约三千粒，口外近边地方丰收之年穗几万粒。此皆土脉不同，故收获亦异。"[2]这段话历来被学者作为蒙古地区适宜发展农业的佐证。康熙帝说此番话的用意也是要向官员说明，在蒙古达尔河、呼尔河及席喇穆伦三处的垦种将"所费无几，而所获必多矣"。[3]

其三，对内地民人自发性出关采取较宽松政策。康熙三十六年（1696年），鄂尔多斯贝勒松阿喇布乞发边内汉人，与蒙古人一同耕种[4]。次年，乌珠穆沁亲王色登敦多卜奏恳将克勒和朔等地，给伊属下就食人耕种[5]。此外，康熙年间，喀喇沁三旗，也曾呈请内地民人前往耕种[6]。对于以上请求，清政府一一给予允准。康熙末年，"山东民人往来口外垦地者多至十万余"[7]，即是明显的例证。康熙年间，之所以在蒙古地区移民问题上采取较为宽松的态度，与当时特殊的政治、军事背景有关。

康熙二十二年至三十年（1683~1691年），清政府平定三藩之乱，收复台湾，南方局势基本稳定，而北方形势却日益告急，沙俄扩张步伐抵达黑龙江流域，准噶尔反清武装力量步步南进，危机迫在眉睫。自康熙三十年后，接连与准噶尔部进行了几次大的

1 《清圣祖实录》卷一一一。
2 《清圣祖实录》卷一五三。
3 《清圣祖实录》卷一五三。
4 《清圣祖实录》卷一八一。
5 《清圣祖实录》卷一八八。
6 《大清会典事例》卷九七九《理藩院·耕牧》。
7 《清圣祖实录》卷二五〇。

交锋。对于远离中原、深入大漠的清军来说，粮草供应成为当务之急，以康熙三十六年（1697 年）征准噶尔的大规模军事行动为例，清兵分三路大军，总共约近十万人出征，而动用的运粮车达五千辆，运输军粮辎重一千万斤，再加上兵伕、骡马所用的食物，财政支出巨大，由于路途遥远艰苦，骡马死亡、粮草损失的情况时有发生。这使得清政府意识到，在北部边疆发展农业，就地解决粮食问题，对取得平准战争的胜利意义巨大。于是康熙帝“敕所司留意赵充国三奏，至是。特命大臣，经理屯务，始则分兵耕种，继更募民田作”。[1]

另外，康熙四十年代，中原地区的人口问题开始出现，面对生齿日繁、耕地不足的现实，清政府既然无法从技术上加以解决，只能采取传统的鼓励垦荒的政策，对内地农民出口耕种的事实不予追究，甚至有意无意地加以鼓励。如康熙四十六年（1707 年），康熙帝曾说:“边外地广人稀，自古以来，从未开垦，朕数年避暑塞外，令开垦种植，见禾苗有高七尺，穗长一尺五寸者……且内地之田，虽在丰年，每亩所收止一二石，若边外之田，所获更倍之。可见地方不同，然人力亦不可不尽也。”[2]

初期的口外耕作，也确实给清政府带来了意想不到的收获，出关的农民不仅解决了自给自足问题，有时甚至可以接济内地。康熙四十八年（1709 年），谕曰:“今河南、山东、直隶之民，往边外开垦者多，大都京城之米，自口外来者甚多，口外米价虽极贵之时，秫米一石，不过值银二钱，小米一石，不过值银三钱，京师亦常赖之。”[3]

康熙朝虽然对内地民人出口耕种、贸易等采取了较为宽大的政策，但并不意味着完全放任不管、听之任之，而是尽量将之纳

1　《平定准噶尔方略》，康熙五十四年七月辛酉。
2　《清圣祖实录》卷二三一。
3　《清圣祖实录》卷二四〇。

入政府有效管辖之下。如康熙年间，喀喇沁三旗呈请内地民人前往耕种，政府虽予允许，但同时规定每年由户部给予印票八百张，逐年换给。晋陕沿边之民到鄂尔多斯蒙古界内垦殖，也以五十里为定界，不准逾越，且规定民人只能春去秋归，暂居塞外。“雁行”“伙盘”之名亦由此而来。康熙二十二年（1683年）又定：“凡内地人民出口，于蒙古地方贸易耕种，不得娶蒙古妇女为妻，倘私相嫁娶，查出将所嫁之妇离异，还给母家，私娶之民按地方例治罪，知情主婚及说合之蒙古人等，各罚牲畜一九。”[1] 此项规定，主要是为防止汉人成为蒙古地区的永久性居民。各民族之间通婚是民族文化共同体发生裂隙的重要因素，也是走向民族融合的一个途径。但在这一过程中，又往往会产生许多矛盾、冲突和纠纷，这是清政府坚决不希望看到的，通婚的结果使迁居汉人“概成蒙古”，更非清朝所愿，这与它始终强硬反对满汉之间融合的道理是一致的。

康熙以后的雍正帝是清代历史上一位极其重视垦政的皇帝，在位期间，劝垦令迭出。元年（1723年）四月即颁布命令：“朕临御以来，宵旰忧勤，凡有益于民生者，无不广为筹度。因念国家承平日久，生齿烟繁，地土所出，仅可赡给，偶遇荒歉，民食为艰。将来户口日滋，何以为业？惟开垦一事，于百姓最有裨益。……嗣后各省凡有可垦之处，听民相度地宜，自垦自报，地方官不得勒索，胥吏亦不得阻挠。”[2] 中国耕地面积在康熙末年已达到八亿五千万亩，雍正初年达到近九亿亩，这一数值在封建时代高居榜首，大量的熟荒地亩已被开垦殆尽，再能垦辟的只能是历代所未开垦的生荒边地了。因此，内地人口在雍正朝继续向四周边疆扩散，蒙古地区将雍正元年的那条命令称为“借地养民”

1 《清边政通考》，《婚姻·户丁》。

2 《清世宗实录》卷六。

令或曰“一地养二民”。

雍正朝，大量移往蒙古地区的人口是被政府有组织招募去的。这与对准噶尔战争仍在进行有关。此外，清政府虽表示“各省凡有可垦之处，听民相度地宜，自垦自报”，但只限于内地，边疆仍要得到政府的同意，如在喀喇沁蒙古地区，雍正帝曾令各旗蒙古王公容留谋生灾民，“欢迎入殖”者，“特许其吃租”[1]。对民人私自出口，或蒙古擅自招留现象，则明令禁止，如雍正八年（1730年）谕：“察哈尔地方原系蒙古游牧处所，若招民开种，则游牧地方必至狭隘，且民人蒙古杂居一处，亦属无益。著行文察哈尔总管等，查有此等擅行招民开垦之处，作速据实呈报，将前罪悉行宽免。倘仍复藏匿，一经发觉，加倍治罪。”[2]对蒙汉通婚也仍持反对态度。

康雍两朝，在对待向蒙古地区人口迁移问题上，较以后宽松，这主要是由于政府还能有效行使对移民的控制，即便如此，对民众私自出口及其他违反法令的现象，清政府仍保持高度的警惕性，时时发出谕令。随着移民的增多，其态度愈加谨慎小心，趋于保守。康熙帝在《山田·辛未》诗中云：“山田日以辟，刀耕火种之。所幸常有秋，不辞辛苦治。生齿日滋繁，地力讵有遗。赢此边外垦，稍救乏黎业。丁男相踵至，燕云逮晋齐。奚啻千万户，梯岩事耕犁。内外久一家，蒙古颇相资。更虑启纷争，治之良有司。亦知非远图，权以医燃眉。”[3]形象地表达了清政府对移民出关喜忧参半的心情，喜的是穷黎重拾生业，忧的是“启纷争”，这种忧虑在乾隆朝终于发展成为清入关以来最严厉的封禁令。

这道封禁令通常是指乾隆十四年（1749年）颁布的一道上谕：

“蒙古旧俗，择水草地游牧，以孳牲畜，非若内地民人，倚赖

1 《凌源县志》卷首三《经略》。
2 《清世宗实录》卷九八。
3 《钦定热河志》卷九二《物产》。

种地也。康熙年间，喀喇沁扎萨克等，地方宽广，每招募民人，春令出口种地，冬则遣回，于是蒙古贪得租之利，容留外来民人，迄今多至数万，渐将地亩降价出典，因而游牧地窄，至失本业。……著晓谕该扎萨克等，严饬所属，嗣后将容留民人居住，增垦地亩者严行禁止。至翁牛特、巴林、克什克腾、阿鲁科尔沁、敖汉等处，亦应严禁出典开垦，并晓示察哈尔八旗一体遵照。”[1]

乾隆十四年为何会颁布这道禁垦令？私招私垦现象并非在乾隆朝才出现，是不是这一时期导致人口移向蒙古的各项因素消失抑或减弱了？

事实上，造成人口流向蒙古地区的各种因素在乾隆朝依然存在，有的甚至在激化。如粮食问题，粮食作为人类最基本的生活资料，其价格的变动可说是社会经济变化的晴雨计。早在康熙年间，丰年粮食价格坚挺就引起清朝统治者的警惕，康熙五十二年（1713 年）曾说：“即如京师近地，民舍市廛日以增多，略无空隙，今岁不特田禾大收，即芝麻棉花，皆得收获。如此丰年而米粟尚贵，皆由人多地少故耳。”[2]

在封建社会里，粮食短缺确为人口过剩的一个标志。据有的学者考证，康熙中叶以来，特别是雍正年间，从总体上看，中国粮价相当平稳，而且数度出现谷贱伤农的现象，而到了乾隆年间，则开始上涨，并呈现出长期上升的趋势[3]。乾隆二年（1737 年），虽各省关税减收百余万两，但“京师货物价值，日见腾贵，而外省亦复不减于前”[4]，乾隆三年（1728 年）发现，“近日钱价转昂”[5]；粮价的连年告警，使政府紧张不安，终于在乾隆十二年

1 《清高宗实录》卷三四八。

2 《清圣祖实录》卷二五六。

3 高王凌著：《十八世纪中国的经济发展和政府政策》，中国社会科学院出版社，1995年。

4 《清高宗实录》卷三四、卷三六。

5 《清高宗实录》卷七一。

底，引发了一场著名的对粮政和粮食问题的大讨论。造成乾隆年间粮价持高不下的原因固然很多，而人口增加是一个不容忽视的重要因素，同时，粮价增高也使破产农民及破产的手工业者、商人队伍扩大，后果只能是更加刺激人口向口外迁移。

再者，乾隆前期，虽与准噶尔部暂时规定疆界，两不相扰，然而双方都在厉兵秣马，待机而发，所以清政府在北疆的军事准备活动一直在进行，口外屯田也一直没有停止，从政治、军事意义出发，清政府对口外汉族劳动力是不应排斥的。那么，乾隆十四年禁垦令的发布又该如何解释呢？

唯一的解释只能是在清政府法令允许之外私自流入蒙古地区并定居下来的人口数已对政府构成了相当的压力，并产生了令其不安的后果——蒙古社会秩序受到了不安定因素的威胁。清政府禁止汉人随意前往蒙古的原因，历来有很多种解释。但主要原因在于清朝维持蒙古社会秩序安定的考虑。一个政权若想达到长治久安，就必须首先稳定全国的秩序，任何一个地区发生动乱都可能产生意想不到的后果，危及整个国家的安定，尤其是涉及民族关系的地区。蒙古高原历来为游牧民族生息繁衍的处所，农耕民族进入此地的历史可以追溯很远，但到清代以前，农耕民族栖息的地域都极其有限。康熙朝以后，中原的汉族人口以前所未有的规模深入草原游牧地带，在蒙汉民族文化交流活跃的同时，一种引起清政府不安的社会不安定因素也在悄然滋生。农耕民族要在草原定居下来，就需要有种植作物的土地，而这样的土地只能从牧民手中得到，农田增加一分，牧地就要消失一分，这看起来是简单的土地之争，实际上是关系到两个民族生存与繁荣的大问题。随着移民的增多，隐忧也就越大。土地之争，即争夺基本生存资料的斗争也就越明显。对于清政府来说，并不需要什么大道理的说明，恐怕几起小小的争斗事实即可使它意识到问题的严重性，况且，在蒙地即使一件丝毫不牵涉民族关系的蒙汉诉讼小事也可能上升为民族问题。

蒙古地区的土地所有制形式一直是部族共有制，清代建旗也只是按旗划分牧场范围，尚未形成土地私有制，而随着土地的开垦和农业的推广，以游牧为基础的土地共有制不断遭到破坏，代之以土地私有制和官有制，蒙人中得利受益者仅为一部分王公贵族，他们："贪得银钱，则无论合营蒙古房基熟地竟敢捏为己业，概行写入四至之内，令民人尽力耕种。"[1] 大批中小台吉及牧民失去土地，甚至转而向汉人租佃，如热河地区蒙民曾向都察院呈控土默特贝子将大凌河御牧场之地典与民人，得受银两，致使牧场兵丁无处养马，每次木兰行围兵丁等俱向民人买马用[2]。蒙古内部阶级矛盾不断激化，为蒙地局势动荡打下了伏笔，促使清政府采取某些断然措施。

康雍两朝，封禁政策较为和缓，究其原因，则在于这一时期移往蒙地的汉人，即真正定居下来的并不多，对蒙民生活尚未产生太大不利影响，出去求归的方式使汉人不能在口外形成自己的势力集团，清政府受蒙汉关系问题的困扰很少。一个很有趣的事实就是，乾隆朝以后的谕令中，屡屡责备汉人抢夺蒙人牧地，造成蒙人生计无着，而在康熙三十六年（1697 年）的一个上谕中则说："……日后倘有争斗，蒙古欺凌汉人之事，即令停止"[3]，说明当时汉人在蒙古地区尚属少数分子，还需政府的法律保护才能居留下来。正因为这样，康熙帝也才能有，"朕观往古，因边疆之事，致扰生民者甚多，宁辑边疆，原以为民，岂可反以累之"[4] 的气魄。

然而，自雍正后期起，清政府开始不断受到蒙汉纠纷事件的

---

1 中国第一历史档案馆所藏：《宫中档朱批奏折》，民族类，珠隆阿奏，4/327/3。
2 《宫中档朱批奏折》，民族类，"具呈都察院为恳恩代众除害事"，4/347/1。
3 《清圣祖实录》卷一八一。
4 《清圣祖实录》卷一九九。

困扰。

雍正九年（1731年），与鄂尔多斯蒙古接壤的宁夏横城口及黄甫川边外地方，发生民人越过地界耕种，而蒙古等私索租价的事情，每至生事互争，令地方政府应接不暇。

农耕民族和游牧民族具有不同的价值观念、道德规范，从而使他们的社会传统和风俗体现出极大的差异。牧民风尚淳朴，热情好客，头脑中私有观念淡漠，经过清初一段时间的治理，“终年无杀伤人命之事”[1]，并鲜有盗窃事发生。但汉族地区则不同，私有制观念充斥整个社会，商品意识较为发达，加上北移的汉人中良莠不齐，中间难免有不良分子兴风作浪，从而使蒙古社会秩序发生波动。如鄂尔多斯地区“风气素称浑朴，近日（雍正十三年）多有内地民人指引进口夷人，偷盗牲畜，窝藏分利，而神木口开店民人熟悉夷情，多端欺诱，或不肖弁兵，通同容隐，或该管衙门模糊了事，致夷人无从申诉”。[2]

乾隆初年，在沿边省份与蒙古相连、蒙汉杂处的地区，多有发生“民人刁诈，每多欺侮蒙古，或重利盘剥哄骗财物，或霸占田地欠租不还，互竟互控，日渐多事，地方各官心存袒护，兼以口外之事无足重轻，不肯加意办理”等情况[3]。

从康熙朝担忧蒙古欺凌移入之汉人发展到汉人欺侮蒙古，移民所带来的负面效应开始显示出来，虽然这时显露的苗头还比较微弱，可是已足以引起清政府的注意。

最早注意到这种负面效应并敦促清政府采取行动的是那些在沿边省份任职的官员。早在乾隆五年（1740年），川陕总督尹继善针对沿边地区蒙汉冲突在奏折中就提到：“臣受圣主深恩畀以三省之任，边疆事务关系重大，虽日夕图维，精神专注西域而于附近

1 《承德府志》卷一《诏谕》。

2 《清世宗实录》卷一五四。

3 《宫中档朱批奏折》，民族类，乾隆五年川陕总督尹继善奏，4/323/1。

蒙古各处番夷亦不敢不心思周到……臣伏思边外蒙古世受深恩，输诚向化，中外一家，实为古来未有，当加意抚恤，使之永远倾心，方可倚为藩篱之固，乃文武各员无远虑者一味苟且因循，即稍有心思者亦惟以地广兵单，止求添营汛而于根本之处不能防微杜渐，终于边防无益。”[1] 奏折中所提“根本之处”，即指蒙古社会可能发生的动乱而言。

从整个清前期看，骁勇善战的蒙古骑兵始终是清朝维持内地社会秩序、保卫边疆的重要依靠力量，也是清政府一直努力加以安抚、优待的对象。蒙古各部的特殊地位，使得清朝君臣对该地区发生的事情极为关注。乾隆六年（1741 年），直隶总督孙嘉淦也提出，出边民人“如内地本有田亩者，轻去其乡，反致抛荒故业，如系无业之民，而听其出口，五方聚处，旗民交界，易滋事端”。[2] 八年（1743 年）山西巡抚喀尔吉善又奏请“将土默特蒙古典给民人地亩年满赎回，分给贫乏蒙古”。[3]

这些督抚的建议，促使乾隆帝开始对移民问题重视起来。五年（1740 年）谕大学士，“沿边省份，与蒙古地界相连者，夷民杂处，互相贸易耕种，闻地方官，凡遇夷民交斗事件，心存袒护，并不秉公剖断，兼以口外之事，无足重轻，不肯加以办理，实为向来积弊，蒙古各部落，世受国恩，输诚向化，中外一体，岂容歧视，各该督抚将军，应严饬地方文武官员弁，以后约束兵民，不许欺凌蒙古，办理夷民事件，务令彼此公平，以免生端构衅。”[4]

至乾隆十三年（1748 年），开始从民人手中有计划收回蒙古地亩，“民人所典蒙古地亩，应计所典年份，以次还给原主。土默特贝子旗下，有地千六百四十三顷三十亩，喀喇沁贝子旗下，

1 《宫中档朱批奏折》，民族类，乾隆五年川陕总督尹继善奏，4/323/1。
2 《清高宗实录》卷一五五。
3 《清高宗实录》卷一九八。
4 《清高宗实录》卷一二三。

有地四百顷八十亩，喀喇沁扎萨克塔布囊旗下，有地四百五十一顷八十亩，其余旗下，均无民典地亩，以上地亩，皆系蒙古之地，不可令民占耕，应令扎萨克等查明某人之地，典与某人，得银若干，限定几年，详造清册，送该同知、通判办理。"[1]紧接着在乾隆十四年（1749年），颁布了那道著名的封禁令，主旨在于禁绝新移民的迁入及新地亩的开垦。为落实禁令，清政府令理藩院选派司官二人，会同地方官对蒙古进行巡查，规定"该扎萨克蒙古等若再图利，容留民人开垦地亩，及将地亩典与民人者，照隐匿逃人例，罚俸一年；管旗章京、副章京，罚三九；佐领、骁骑校，皆革职，罚三九；领催、什长等鞭一百；其容留居住开垦地亩典地之人，亦鞭一百，罚三九。所罚牲畜，赏给本旗效力之人，并将所垦之地撤出，给予本旗无地之贫苦蒙古。其开垦地亩及典地之民人，交该地方官从重治罪，递回原籍，该管同知、通判，交该部察议"[2]。

由此可见，乾隆十四年禁垦令的发布，是当时形势发展的结果，但当时清政府的主要目的是为"防微杜渐"。根据史料记载，乾隆一朝还未有蒙旗公开抗垦事件发生。

（二）东北地区

顺治十年（1653年），清政府颁布了《辽东招民开垦条例》。条例规定：应招者各给口粮、籽种、耕牛；招领人授以各类官职，诸如知县、守备、州同、州判等。招民数多者，每百名加升一级[3]。顺治十三年（1656年）、十四年和十七年又颁诏天下，以封官赐爵的方法鼓励各省招民开垦荒地。

清初，对东北地区实行自由开垦的原因在于，1644年，东北大部分八旗官兵和旗人跟随清朝统治者举宅内迁，大量旗田和庄

1　《大清会典事例》卷九七九《理藩院·耕牧》。

2　《大清会典事例》卷九七九《理藩院·耕牧》。

3　《盛京通志》（乾隆本）卷三五《户口》。

田抛荒，而关内战争仍在进行，土荒丁亡，政府财政陷入困境。在这种情况下，清政府决定开放社会秩序相对稳定的东北地区，招民垦种，以保证军粮和田赋收入。

在招垦令的带动下，至顺治末年，宁远、锦州、广宁、奉天、辽阳、海城一带，人口逐渐增加，垦地增多。顺治十八年（1661年），仅奉天、锦州二府，即开民田609顷33亩有奇。

但辽东招民开垦条例仅实施了十四年，至康熙七年，清政府开始封禁东北。下令：山海关、喜峰口及九处边门，皆令守边旗员沿边州县禁止通行，庶此后流民出口，可以杜绝[1]。奉天境内的汉民，强令取保入籍，不愿入籍者，限期十年，勒令回籍。在开垦条例实行阶段，东北的垦殖虽取得了一定的成绩，但成绩有限。如康熙元年奉天府尹张尚贤在奏议中提到：盛京之形势……可分为河东与河西两部。……河东城堡虽多，皆归荒废，惟奉天、辽阳、海城三处，稍具规模，而辽海两处，仍无城池，至若盖州、凤凰城、金州等地，每处不过数百人，铁岭、抚顺，只少数流遣者居之，不能望以耕种与生聚，就中只身单口者；大半皆逃亡而去，其有家口者，则在此间束手待毙，其于地方殊无裨益，此河东内部之大略也。试将河东、河西两部合而观之，沃野千里，有土无人，惟几处荒城废堡，败瓦颓垣，点缀于茫茫原野之中而已。至康熙元年，辽东招民开垦条例已实行了八年之久，然而作为东北开垦形势最好的盛京一带，却依然残破如此。可见，康熙七年禁垦令的颁布与开垦进度没有直接关系。

那么，封禁东北的原因是什么呢？国内学者对这个问题进行了很多讨论，其中一种说法颇有道理。随着内地移民在东北的增多，当地旗民的生计受到了威胁。即“山海关外，系东三省地方，为满洲根本重地，原不准流寓人民杂处其间，私垦地亩，致碍旗

1 《大清会典事例》卷一三四。

人生计”[1]。东北为满洲根本之地，要保住这块根据地，就得大力扶持旗人在这里的绝对统治地位。旗人在东北都拥有土地，东北放垦后，不少旗人将地租给汉人，自己坐收地租之利。康熙初年，已有旗人将田地典给汉人的事件发生。另外，清初，由于财政困难，清政府一直对东北特产人参、东珠等的采捕采取垄断政策，对民人侵盗事件防范甚严，不断颁布命令加以禁止。考虑到这些因素，康熙七年宣布了封禁令。

整个康雍时期，封禁令在实施过程中并不严格。愿往东北的民人，只需事先起票过关记档，仍可过关。路票上写明出关者姓名、籍贯、职业、住址、应征税额，每张路票纳钱 17 文。返回者，至山海关，呈交路票放行。如果无路票私自出关者，则按律问处。其他边门也照此例。所以，封禁令下达后，汉民出关困难不是很大。

乾隆时期是封禁东北最严厉的时期，乾隆五年（1740 年）令，辽东流民除有保证准入籍者外，限十年内返回原籍，商贾向官府申请执照，允许入籍。十五年（1750 年）谕令山东、江苏、浙江、福建及两广各督抚，取缔商船私带汉民入东北。同时命令奉天沿海地方官，杜绝流民上岸。四十五年（1780 年）又命令严厉查办奉天、山东沿海州县官员违抗禁令情况。另外，严禁旗人子女嫁给汉族人为妻，不许旗人再租地给流民耕种。

乾隆朝之所以实行严格的封禁令，与当时社会情况有直接关系。至乾隆中期，国家统一大业完成，政权虽已相当稳固，但民间秘密会党、教门活动频仍。清朝统治者唯恐内地这些势力延伸到东北，动摇其“龙兴之地”的根本，因此决定加强对东北的封禁。另外一个重要原因是，自康熙末年起，京中八旗兵丁的生计问题开始提上日程，乾隆初期确定了京旗移垦东北的策略。乾隆

1　《清仁宗实录》卷一一三。

九年（1744年）九月，第一批京旗闲散余丁750人到达拉林，翌年又有50人移住拉林。为了保证旗人在东北的权益，制止汉民出关开荒争地，乾隆朝三令五申禁止汉民入垦东北，乾隆四十六年下令增加吉林民田的地丁钱粮时，曾清楚地表达："并非计钱粮之轻重，惟此地乃满洲之根本，所有之田若皆为流民占有，实关旗人生计。"[1]

清政府虽然三令五申禁止内地农民向东北和蒙古地区迁移，但移民的潮流还是难以遏制，如清政府对山海关、古北口、喜峰口等地稽查严密，内地民人就从海上乘船而北。路上设卡盘查，他们就翻山越岭，辗转而行。移民对两地的开发取得了显著的成效。

康熙五十一年（1712年），"山东民人往来口外垦地者，已多至十万余"[2]。乾隆十二年（1747年），仅八沟、塔子沟等处蒙古牧场，由于"贫户络绎奔赴，垦地居住"，达"二三十万之多"[3]。至嘉庆五年（1800年），清政府稽查东北蒙旗移民人口，发现郭尔罗斯长春堡一带已有居民2330户，垦成熟地26.5648万亩[4]。

二　18世纪美国人口西迁及其政策

早在17世纪，英籍美洲人就越过阿巴拉契亚山脉向西部推进，但这并不是真正的"西进运动"。美国的"西进运动"是伴随着美国的独立战争兴起的。

当然，18世纪初在北美洲也曾出现殖民地人向西迁移的趋势，但英王于1763年颁布了禁止殖民地人民到西部开发的"宣告令"，规定阿巴拉契亚山脊以西之地不准前往定居。因而到达西部的移民只有三块定居地：第一块是田纳西的瓦陶加殖民地；第二

1 《三姓副都统衙门档》卷七，第94页。
2 《清圣祖实录》卷二五〇。
3 《清高宗实录》卷三〇四。
4 《大清会典事例》卷九七八《理藩院·户丁》。

块是俄亥俄河的支流福克斯河一带；第三块是肯塔基的绿草地带。尽管有英王的“宣告令”的限制，英属北美殖民地人还是冲破禁令一批又一批的来到西部。到1765年底，约有两千户人家已在俄亥俄河叉口沿岸定居下来。到1780年时，已有五万五千人穿过阿巴拉契亚山进入肯塔基和田纳西。从而揭开了美国“西进运动”的序幕。

美国的“西进运动”快速推进，是与美国政府的政策密不可分的。美国国会于1784年、1785年和1787年公布了三个土地法，这也就成为美国政府最早制定的西部政策。其中1785年5月20日通过的法令规定：所有政府的土地划分成一个个六英里见方镇区。这些镇区再细分成36个编号的分区，每个分区为一平方英里或640英亩。镇区可以整个出售，也可以分区出售这样既满足了想得到大片土地的新英格兰人，也满足了愿买小块地的南方人[1]。当时的售价是每英亩一美元。

1787年，美国国会讨论通过了新的法令，该法令分三个部分：第一部分把“俄亥俄西北领地”建成一个临时地区，规定它最后将被分成不少于三个或不多于五个领地。第二部分规定，每个领地发展成为州分三个阶段进行。第三部分法令保证西北领地的人们有信仰自由、比例代表制、陪审制、习惯法特权、人身保护法以及私人契约的保障，禁止奴隶制。美国国会的三项法令明确了美国在西部实行的是过渡性的“领地制度”；将西部“公共土地”对自由移民开放。

西北领地开放后，大批的拓荒者开始源源不断地涌入俄亥俄河以北地区。整个1790年代，向西迁移的人数每年在增加，到1800年出现了大规模的迁徙。1797年的一位旅行者统计，经过奥

1 〔美〕雷·艾伦·比林顿：《向西部扩张——美国边疆史》，第283页，商务印书馆，1991年。

尔巴尼的各条公路上每天有500辆车。另据一位旅行者观察在巴塔维亚附近“森林里到处都是新移民，斧头伐木声到处回响。到1812年，已有20万人住在纽约州西部。拓荒者中新英格兰人超过了三分之二，大部分来自马萨诸塞、康涅狄格或罗得岛。1800年的土地法推动了西部地区正式建州。据J.布卢姆统计，1810年美国人口中只有七分之一住在阿巴拉契亚山脉以西一带，而到1840年，住在那里的人就超过全国人口的三分之一。由下表可以看出1810年至1840年间西部新建各州人口增长的情况[1]。

	1810年	1840年
俄亥俄州（1803年）	230760	1519467
路易斯安那州（1812年）	76556	352411
印第安纳州（1816年）	24520	685866
密西西比州（1817年）	40352	375651
伊利诺伊州（1818年）	12282	476183
亚拉巴马州（1819年）		590756
密苏里州（1821年）	20845	383702
阿肯色州（1836年）	1062	97574
密执安州（1837年）	4762	212267

美国独立后实行了土地国有化和向移民开放政策，从1784年至1832年联邦政府连续颁布了6个出售西部土地的法令。1862年政府颁布了“宅地法”，规定移民只要交纳10美元证件费，便可在西部占有160英里荒地，耕地5年后，就获得合法的所有权。1873年联邦国会颁布了“育林法”，规定凡愿植树40英亩者（后改为10英亩），除宅地外可再获得160英亩土地。1877年政府通过“荒地法”，规定大平原地区，每个移民每英亩先付25美分，就可占地640英亩荒地，但必须保证3年内对其中一部分荒地进行灌溉。1870年政府颁布“木材和石料法令”，1862年通过“太

1 〔美〕J·布卢姆：《美国的历程》上册，第321页，商务印书馆，1988年。

平洋铁路法”对移民实行各种鼓励和支持。尤其是 1864 年成立了“移民局”，通过了“鼓励移民法案”，在西部各州相应设立了“移民推进局”，到欧亚大陆各地招徕移民[1]。由于美国政府实行鼓励移民开发西部的政策，在 1821 年至 1825 年间，有四万一千人进入西部，而在 1826 年到 1830 年的五年间，达到十万三千人。19 世纪，由于运输条件的改善和政府土地政策的进一步放宽，掀起了更大的移民浪潮。1831 年到 1835 年进入美国的移民有二十五万二千人，1846 年至 1850 年增达一百二十八万三千人，而 1851 年到 1855 年更增达一百七十四万八千人，从 1861 年至 1910 年期间，来自欧亚大陆和其他各洲的大约有两千两百万移民进入美国境内，其中的大部分移民涌入西部地区[2]。

三　清朝内地人口流向边疆的方式、流向和数量

18 世纪清朝内地人口向边疆地区流动，基本上可分为两种方式，一是由于政治、军事等方面的原因，由国家组织的人口流动；一是内地人口自发性的迁移。

由国家组织的向边疆地区的人口流动，有以下几种情况：

组织东北各民族戍守边疆。东北地区的各民族向来以长于骑射、骁勇善战而闻名。清朝历代统治者都将其视为军事上的骨干力量委以重任。乾隆二十七年（1762 年）新疆底定后，决定在达斡尔、鄂温克民族中抽调青壮年组成“索伦营”，连同其家属共计 2000 余人，远戍新疆。乾隆三十年（1765 年），这批人到达新疆后，定居在伊犁霍尔果斯河畔。乾隆二十九年（1764 年），清政府又抽调锡伯族官兵 1000 余人，连同家属共 3000 余人，驻防新疆伊犁。

1　参见徐玮：《内战后每个对西部边疆的开放及其作用》，载《北方论丛》，1985 年第三期。

2　刘宏谊：《美国移民的发展演变》，载《复旦学报》，1984 年第 6 期。

京旗移垦东北。1644 年，东北大部分清军携眷入关。为保证八旗官兵的生活及满洲贵族对土地的要求，清朝统治者发出了圈占土地的命令。在分配土地的同时，八旗供奉制度也建立起来，将按九品文官级别领俸，兵分五个档次领饷。八旗兵丁依靠所得土地和俸银，过着较为优越的生活。随着时间的推移，一些旗人由于“不士、不农、不工、不商、不兵、不民”，贪图安逸享乐，挥霍无度，加上人口的自然滋生，生计日见窘迫。当时在北京的法国传教士白晋写道：“在北京为数众多的八旗兵中，有一大部分由于债台高筑而陷于极度贫困，他们军饷的大部分都付了债款的利息”，连皇帝的禁卫军官“也是债台高筑”[1]。

清朝历来视八旗为国家根本，因此解决八旗生计问题立刻提上日程。康熙十二年（1673 年）号召京旗中有愿回奉天“守护坟墓者”，可退出在京分地，准给熟地；愿意移居，不肯退地者，给予荒田。二十五年，锦州、凤凰城八处荒地，皆分给旗民开垦[2]。雍正元年（1723 年）六月，在热河、喀喇和屯、桦榆沟三处屯田，从京城满洲、蒙古八旗中，择助没有产业的旗丁 800 名，前往移垦[3]。

乾隆帝即位后，继续实施这一政策。当时许多大臣也纷纷奏议此事。其中以乾隆二年（1737 年）舒赫德的意见最有代表性。他认为“旗人所赖以为生者，惟有房地，别无他项。若房地不充，虽百计以养之，究不过目前之计，终非久远之谋”。为此，他建议，盛京、黑龙江、宁古塔三处，“为我朝兴盛之地，土脉沃美，地气肥厚，闻其闲旷处甚多，概可开垦。虽与八旗满洲不可散在地方，而于此根本之地，似不妨迁移居住。且八旗之额兵将及十万，复有成丁闲散数万，老稚者不在内，若令分居三处，不惟京城劲旅原无单弱之虞，而根本重地更添强壮之卒，事属两便。由

1　白晋：《康熙大帝》，载于《清史资料》，第 1 辑。

2　《清朝文献通考》卷五《田赋考五》。

3　《清世宗实录》卷八。

是合计，京师及三处地亩均匀摊给，务使家有恒产，人有恒心，然后再教以俭朴，返其初风，则根本绵固，久远可计矣。”[1]乾隆帝采纳了移垦东北的建议。乾隆九年至十年（1744~1745 年）京旗闲散余丁共 1000 人移往东北中部的拉林垦种。二十一年到二十四年间（1756~1759 年）又有 2000 户京旗闲散迁移到此地垦殖。清政府对前往屯种的旗人采取优惠政策，赏给治装银两，沿途供给车辆草束等，尽管如此，移垦活动还是遇到了很大的困难。首先，多数旗人不肯移居。京旗长住北京，过惯了优越的城市生活，大多数人不懂稼穑，因此一般都不愿回到艰苦的关外。其次，旗人迁到东北后，由于平时疏于农耕，常常出现牛只倒毙，庄稼歉收的情况，至少在开始的几年，旗人的日子相当难过，仍需政府的补贴。这些困难并未动摇清政府的既定移垦政策，政府明文规定，对那些不愿就地安生，潜逃回京者，一经捉获，立即就地正法，绝不姑息。

边疆流人是清政府有组织实施移民的另一种方式。清代刑法沿袭了前代笞、杖、徒、流、死五种刑罚手段。规定“罪莫重于死，死罪之次即为流”。[2]除这五种正刑外，在律例之内还有辅助正刑的闰刑，其中与流人有关的是迁徙、充军和发遣。迁徙比流为轻，是将流犯由本地起强制安置于千里之外。充军比流为重：“清初裁撤（明朝）边卫，而仍沿充军之名。后遂以附近、近边、边远、极远、烟瘴为五军，且于满流以上，为节级加等之用。附近三千里，近边二千五百里，边远三千里，极边、烟瘴俱四千里。”[3]发遣比充军还为重，就是将犯人遣往边疆地区，“初第发尚阳堡、宁古塔，或乌喇地方安插，后并发齐齐哈尔、黑龙江、三姓、喀尔喀、科布多，或各省驻防为奴。乾隆年间，新疆开辟，

1　《皇清奏议》卷三四，舒赫德《敬筹八旗生计疏》。

2　《清朝续文献通考》卷二五〇《刑九》。

3　《清史稿》卷一四三《刑法二》。

例又有发往伊犁、乌鲁木齐、巴里坤各回城分别为奴种地者。”[1]

流人遣戍的原因有很多，有反清斗争失败者，如各种类型规模的农民运动，失败后，一些参与者及其家属被遣戍。有的因科场案、文字狱受到牵连，如清初的《明史》案、《南山集》案等，使得一大批文人罹遭发遣。有的因参与清朝统治集团内部的派系斗争，像平定三藩、康熙后期储位之争、雍正年间年羹尧、隆科多案等，在这些斗争中失势而成为政治的牺牲品遭到遣戍。还有大批人因作奸犯科、贪污受贿、渎职舞弊、作战不利等而被遣戍。被流放的人物身份复杂，既有王公大臣，也有一般百姓；有汉人，也有满人和其他民族的人。由于在清代仍实行“一人犯法，祸灭九族”的“连坐”律，因此，流人的数量很大，往往不是一个人，而是几个人、几十人甚至上百人。如康熙十五年（1676年），曾迁徙直隶各省流人数千户到吉林乌喇，修造战舰，充当水兵，以备战俄国。有的学者估计，仅顺康雍三朝，被流放至东北者就不下10余万众[2]。

清政府还组织移民往漠北蒙古、河西及新疆一带屯田。

此外，清政府官方招垦、满蒙联姻下嫁公主、在大漠南北广建喇嘛庙等一系列政治措施对移民潮的出现也起了不可忽视的作用。如在蒙古归化城而后察哈尔，各种官地的招垦就占了很大的比重。顺治元年，清政府设立了分隶内务府、镶黄、正黄、正白三旗的官庄132所，其中若干设在喜峰口、古北口外[3]。康熙八年（1669年），清政府提出以古北口外的空地拨给无地旗人耕种。次年，正式确定将古北口、罗文峪、冷口、张家口外的土地拨给正黄、镶黄等七旗，作为宗室、官员和兵丁的庄田。按定制，归化城土默特兵丁无饷，拨给“户口地”为生。《土默特旗志》载：

1 《清史稿》卷一四三《刑法二》。

2 参考张玉兴：《清代东北流人诗选注》，辽沈书社，1988年。

3 《清文献通考》卷五《田赋考五》。

“弁兵无俸饷，马皆字备，均给田有差，每兵一名种地一顷，官弁递增。”康熙三十四年（1695年），归化城土默特添设粮庄十三所。康熙年间，下嫁给蒙古贵族的“敬安固伦公主”，得到归化城土默特“效纳地亩数千顷”。上述为清朝圈占的大量蒙古牧场，或因差役无暇自耕，或因不熟悉农耕，大部分都租佃给了汉民。

但在边疆移民大军中充当主流和重心的，则是那些自发迁移的人口，他们肩挑手携，冲破层层困难，聚集在各边疆地区，形成了一个又一个农业村落和城镇。他们在数量上和开发区域上都远远超过清政府组织实施的移民。

就人口流动的流向而言，中国疆域广阔，人口流动是多方位进行的。大致上可分为北方、南方两个相对独立的地区体系，每个体系又包括若干迁出—迁入的区域性组合。

北方区以中原数省为迁出源地，分别向东北、北方口外及西北新疆流动，大致有如下三种迁移组合：

第一，直鲁两省迁往东北三省。山东、直隶均为全国人口密度较大的省份，山东尤居中原各省之首，人口向外流动最多。宣统《新民府志》称，“民人则隶山东者多，言顺治三年移民实边，迁徙以至也”。清政府顺治年间曾颁布辽东招民开垦令，但康熙七年即宣布停止，实行封禁。但由于东北土地肥沃，地广人稀，距两省较近，陆路经由山海关、喜峰口等处，海路乘船即可到达，因此移民趋之若鹜，势不可挡，使封禁的成效大打折扣。“直隶民人，虽当丰收之年，亦多出关、出口谋生。”[1]

第二，直鲁晋陕迁往口外蒙古地区。四省民人到口外谋生，也首推山东人，康熙晚年，山东民人往来口外垦地者，多至十万余，其次是直隶、山西两省。民人进入蒙古地区，分两路，一路于闯关东后由东北向西辗转进入东蒙，一路出古北口、杀虎口进入察哈尔、热河、土默特等地。

1　孙嘉淦：《孙文定公奏疏》卷四《安插流民疏》。

第三，陕甘迁往新疆。18世纪，新疆是唯一由政府出面倡导并组织人口迁移的边疆地区，但由于新疆与内地路途遥远，自然条件远不及东北及口外，所以农业移民主要来自距离最近的陕甘两省，以农耕条件较差的甘肃贫民最为踊跃，并逐渐从有组织迁移过渡到自动迁移。

南方区没有北方那样明显和比较稳定的人口迁出中心，人口流动更加多极和多样化。有如下几种情况：

第一，从东南和中南省份流向西南。清初曾有“湖广填四川”的移民运动。四川并非边疆，但因明末清初的战乱而遭到严重破坏。“田地荒芜，人口稀少，野兽成群，数年来虎豹大为民表，有全县之民被虎食尽者。”[1]这一运动在18世纪三四十年代渐告停止，代之而起的是湘鄂赣粤诸省及四川人口大量流向云贵地区，尤以云南的采矿业吸引人口最多，广西在改土归流后也接纳了大批广东客民在此经商或垦荒种地。稍后又出现了外来人口在云贵川几省间穿梭流动的情况。有学者把西南地区在元明时期由政府组织的移民称为历史上第一次大移民，而把清代康熙末年以后长江流域各省向西南地区的自发性移民潮流，称作历史上第二次大移民，认为，“第二次大移民在现代学术文章中被人们普遍忽视了。不像第一次大移民，它（指第二次移民）在数量上自愿的意向占绝对多数，所以这一次在政府档案中就更难找到大量资料，然而从规模上看大大超过了他们的前辈……18、19世纪以来，数量极多的各方县志都可以进一步证实当时西南各地的绝大多数移民都来自长江中上游地区。”[2]官府对自发流向西南的大批人口原则上予以认可，力求借助州县保甲等基层政权严加控制，防患于未然。

第二，从闽粤两省流向台湾和海外。广东、福建均为人口稠

1 《明清史料》甲编，第六本，沈旬蔚《蜀难叙略》。

2 〔美〕李中清：《1250~1805年西南移民史》，载于《社会科学战线》，1983年第一期。这里所提西南地区，不包括广西，是指云南、贵州等地。

密、山多田少的省份，与台湾隔海相望，随着人口日繁，两省人口除一部分流向川贵滇黔，更以相当规模涌向台湾和海外。赴台移民中，福建人数最多，又以漳泉二府为主，其次是广东东部的潮州、惠州二府。郑光策在《上福节相论台事书》中曾说："按全台大势，漳泉之民居十分之六七，广民在三四之间。"[1]

18世纪内地人口大量涌向边疆，对于边疆开发进程产生了巨大的推动作用。人类是开发活动的主体，在开发建设中起主导的作用，对于地广人稀、经济发展相对迟缓的广大边疆地区而言，保证人口达到一定的数量、具备相当的素质，更是开发的基本前提。据有关研究，从清初到道光朝中叶，中国边疆地区的人口变化很大，除了当地土著人口的自然增长外，大部分是内地移民。关外东北地区至少有移民150万人，蒙古地区约计移入内地民人100万人，新疆地区约计迁入50万人，云南、广西合计约有200至300万人之间，台湾和东北三省相差不多，也约有150万人。这样，至鸦片战争前后，内地各省约有700至800万人迁移到边疆、海岛[2]。他们"担担提篮，或东出榆关，或北渡渤海，成群结队出关觅食"，形成了一股股由中原向东南、西南、西北、北、东北四面八方辐射状的移民浪潮[3]。

第三节　清朝边疆开发

——以蒙古地区为例

一　地理、气候、资金、技术条件与开发

中国疆域广阔，各个边疆地区在地理环境、经济结构、民族

1　《皇朝经世文编》卷八四，"兵政"，"海防"。

2　参见马汝珩、马大正主编：《清代的边疆政策》，第102~103页，中国社会科学出版社，1994年。

3　参见赵文林、谢淑君：《中国人口史》，人民出版社，1988年。

构成及气候等方面具有极大的差异。因此，在内地人口大规模流向边疆的总趋势下，不同地区又呈现出不同的态势。

就自然环境而言，边疆地区少有内地那种土壤肥沃、水源丰富、气候适宜、开发历史悠久的大面积的冲积平原，而多为草原、山地、岛屿和荒地。

蒙古高原是北部边疆的一个显著的地理景观。这里世代居住着游牧民族。蒙古高原在气候、土壤、生物条件上，总的特点是温带草原占绝对优势，地带性土壤分别为栗钙土和棕钙土，绝大部分地区海拔高度都不超过 1500 米，地表起伏和缓、平坦，夏季虽短促，但热量相当丰富，这些因素对农业生产并不存在明显的不利影响。对农业生产起关键作用的是气候条件，尤其是降水条件。蒙古地区纬度较高，深处内陆，向海一面又有山地阻隔，所以大部分地区属于中温带干旱、半干旱气候类型，只有大兴安岭北段属于寒温带湿润气候类型。在降水不足的状况下，地表水系对蒙古农业生产具有重要意义。其中，沿长城近内地地区，如河套平原、阴山丘陵地区、土默特平原及靠近东北的西辽河中下游平原、嫩江流域一带，土壤、气候特别是水源条件较其他地区要优越。康熙帝曾说："蒙古田土高，而且腴，雨雪常调，无荒歉之年，更兼土洁泉甘，诚佳壤也。"[1]就是指这样的地区。

但从整体上看，蒙古区域虽然辽阔，适合农业耕作的土地并不多。土默特平原是蒙古开发较早的地区，农业生产环境与其他蒙古地区相比可谓上乘，其自然环境与内地差异还是很大。清初，该地的情况是："立春后必有大风……立夏坚冰始消，草木甲坼，夏至后虽三伏盛暑，早晚不离棉衣，立秋，天已苦寒，处暑夏田始热，白露前后即有严霜，野无遗禾，寒露百草枯萎，人皆衣裘，霜降雨雪，百工不兴，立冬冰结不解，地冻数尺，山南如是，山

1 《清圣祖实录》卷二二四。

北可知。”[1]自然条件之艰苦，可见一斑。

新疆古称西域，清朝乾隆年间，将其纳入版图之后，视为新开辟的疆土，故称“新疆”。

新疆地处欧亚大陆中心，四周高山环绕。阿尔泰山是北部和东北部的屏障，帕米尔高原屹立于西部，喀喇昆仑山、阿尔金山、昆仑山雄峙在南方，横亘中央的天山，将新疆分为自然景观各异、风貌迥然不同的南北两大部分，习惯称天山以南为南疆，天山以北为北疆，把吐鲁番、哈密一带称之为东疆。

新疆的地形轮廓是阿尔泰山、天山、昆仑山三大山系包围准噶尔盆地和塔里木盆地，山脉内部又有许多山间盆地和谷地。

新疆深处内陆，气候干燥，雨量稀少，属于典型的干旱农业地区，虽然北疆的降水量比南疆稍多，相对农业的需要，仍是微不足道，一块土地能否耕种，先决条件是有无灌溉水源和水量的多少，终年积雪的天山山脉每年冰雪消融，流入平川，形成众多内陆河流，当地农业主要依靠融化雪水灌溉。沿河流形成了块块绿洲，水草肥美，新疆的农牧业主要在绿洲上进行。

东北地区相对于蒙古和新疆而言，农业生产环境较为优越。三面环山，西有大兴安岭，北有小兴安岭，东有长白山和辽东丘陵。东北河流密布，有黑龙江、松花江、嫩江、牡丹江、乌苏里江、辽河、鸭绿江和图们江等。其地势，西北高，东南低，除辽东半岛外，其他地区均为大陆性气候，冬季漫长寒冷，夏季炎热潮湿。地形分为草原区、平原区和森林区。大部分地区属于暖温带和温带，北部小部分地区属寒温带，降水自东南向西北递减，水热同季，降水多集中在夏季，占全年60%。总体上来说，东北地区气温偏低，热量稍感不足，无霜期短，春旱和低温冻害是影响农业生产的不利因素。

1　《归绥识略》卷二《天部·天气》。

在清代，东北地区除齐齐哈尔一带是沙碛之地外，奉天“土地肥美”[1]，宁古塔地区也是土地肥沃，“虽山蔬野蔌，无不佳者”[2]。但在18世纪前期东北仍号称荒徼。尤其是黑龙江、吉林两地，更是人迹罕至，荒凉异常。宁古塔地区“弥望无庐舍，常行数日，不见一人”。[3]“八月龙沙雪花起，橐驼垂腰马没耳。白骨皑皑经战垒，黑河无船渡者几。……大鱼如山不见尾，张兕为风沫为雨。日月倒行入海底，白昼相逢半人鬼。”[4]伯都讷至康熙后期仍是“满地荒草，沙漠无际，黄羊山雉群集，古木怪石嵯峨”[5]。至于辽东地区，历代多为中原王朝所直接管辖，与内地声气相通，无论在文化，还是在经济上都远远高于黑龙江、吉林两地。但由于明末长达数十年的明清战争主要以此地为战场，使这里的社会经济遭到严重破坏，在清初同样是满目疮痍。

南部边疆的显著特点是山地、岛屿众多，平原少。滇桂地区位于青藏高原和云贵高原向沿海平原过渡地带上，其地形的总体特点是自西北向东南逐渐倾斜，山地众多又是其显著特色。滇西北横断山脉、三大峡谷地区的地势最为高崇，由此朝东、南两面渐次低缓，但总的说来，整个云南境内四处丛山密布，峡谷深切，不但交通十分不便，而且农业生产颇受局限。广西西部作为云贵高原的延伸部分，其农业和交通条件与云南相似；但是自桂西北向桂东南次第下降的地势，使广西东部地区的农业和交通的自然条件变得十分优越起来，特别是东南部的浔江、郁江、柳江等大河的冲积平原上，既富舟楫之利，又有山地、水利和气候等发展农业生产的优势条件。因此，清代的云南常有粮食不足之苦，而

1 王一元：《辽左见闻录》。

2 吴振臣：《宁古塔纪略》。

3 杨宾：《柳边纪略》自序。

4 转引自谢国桢：《清代流人开发东北史》，第34页，上海，1948年。

5 魏声和：《鸡林旧闻录》。

广西不但粮食自给有余，且成为商品经济发达和人多地少的广东省的粮食补给基地。

如果说清代广西以丰富的粮食生产为该省经济发展之一大特色，那么云南则以丰富的矿产、特别是铜矿开采成就而在清代经济史上留下重要的一页。因为云南尽管地形复杂，可耕地面积狭小，不利于农业开发，但该省地质构造多矿藏，是为广西所不及的得天独厚之处。总之，在自然条件的规定下，清代的广西和云南各有其不同的资源优势。

同样位于中国西南的西藏在自然条件上与滇贵地区又有很大的差异。西藏位于著名的青藏高原上，平均海拔 4000 米，气候寒冷、干燥、空气稀薄、日照强烈，是有名的高寒区。其中，北部是寒带寒漠景观，植被稀少；中部属亚寒带高山草甸景观，是人烟稀少的纯牧区；南部是雅鲁藏布江等外流河侵蚀冲积形成的山原宽谷区和深谷区。雅鲁藏布江宽谷地区属于温带高山草甸、山地灌丛草甸景观，无霜期较长，降水量相对较多，土壤肥沃，昼夜温差大，是西藏主要农业区。藏东南察隅一带，地势急剧下降，受西南季风影响，气候温暖湿润，呈现出亚热带风光。但因受横断山脉阻隔，使得西藏农业区与中国内地联系非常困难。

位于东南沿海的台湾、海南两岛屿是两个较大的热带岛屿，山多林密，物产丰富，气候温热多雨，适宜农业生产的地区较多。台湾岛比海南岛开发历史更为悠久，农业生产环境也更为有利。台湾岛东临太平洋，南与菲律宾相望，北通琉球、日本，西隔台湾海峡与大陆相接。岛上河流纵横，纵贯南北的中央山脉将全岛分为东西两部。岛的中部和东半部大部分是海拔 1000~3000 米的高山，100 米以下的海岸平原占全岛面积的三分之一。台湾岛全年都属生长季节，丘陵、台地以红壤土为主，呈强酸性反映，肥力不高，适合热带林木和经济作物的生长，但海岸平原则主要是南方水稻土，土壤肥力较高，对于水稻种植极为有利。

18世纪清朝边疆开发最主要的方式是移民开发。

清代的移民分为自发性移民和官府有组织移民两种。对于前一种移民而言，资金主要靠自筹，后一种清政府则提供一定的迁移费用及物品。对于整个18世纪清政府针对边疆开发一共提供了多少资金，很难统计清楚。我们只能对一些局部地区作一些分析。如对新疆地区的开发上，乾隆二十六年（1761年），清政府命陕甘总督杨应琚招募甘肃无业贫民前往乌鲁木齐垦种立业，就规定“酌量官为料理前往”。为使移民活动能够顺利进行，清廷对招募、转送、安置各个环节都作了妥善安排。实施优惠的迁移政策，像官费资送，凡举家出嘉峪关赴新疆者，官方发给途中盘费、车辆费、口食银及皮衣、铁锅等生活用品的购置费。据记载，乾隆二十九年至三十五年（1764~1770年）六年中，为办盘费等项，共动用银两二十八万一千七百余两，平均每户用银约九十两[1]。在移入地，每户拨给土地三十亩，六年起科，代为建房和贷给牲畜、农具、籽种及当年口粮。使之“到屯即有房间栖止，又有口粮度日，得领地亩、农具、马匹、籽种，尽力田亩，不致周章”。[2]另据《清高宗实录》记载，从乾隆二十六年（1761年）至乾隆四十五年（1780年），清政府共招募民户六千五百余户[3]，若按上述每户给银九十两计算，清政府至少资助银两五十八万五千两。

针对新疆干旱少雨，农业生产需要人工灌溉的情况，清政府在各个开垦区大力开修水渠，进行水利建设。如乾隆二十二年（1757年），垦复巴里坤兵屯，在筹划修复南山水利的时候，为解决土质多沙，水道渗漏问题，清政府特从内地调去工匠物料，加

1 中国社会科学院经济研究所所藏地丁题本，甘肃，第155页。

2 中国第一历史档案馆所藏《朱批奏折》，屯垦类，乾隆四十二年八月十二日索诺木策凌奏。

3 详细记载见《清高宗实录》，卷六四七，卷六五三，卷六六九，卷七一一，卷七二一，卷七四二，卷七四八，卷八五一，卷八五二，卷九二八，卷一〇一五，卷一〇八三，卷一一〇九。

以修复[1]。如此工程只有在政府组织下，提供资金，集中充足的人力、物力才能完成。

中国是一个传统的农业国家，数千年来，虽然囿于封建社会的局限，农业生产技术，特别是农业生产工具，一直没有质的突破。但在农艺学上积累了丰富的经验。18世纪，内地农业生产逐渐恢复正常，农业技术继续向前发展。

首先，在耕作制度上，表现为轮作复种制在南北各地普遍推广，间套方式继续朝多样化发展。明代，北方地区虽已采用轮作复种制，但不普遍。清前期，轮作复种的二年三熟制在黄河下游地区得到推广，成为一种基本的农作制度，一年一熟地区也发展了轮作休闲之法。即："若沙碱则用休闲法，每年耕作一分，休闲一分；至轮作法最为普遍，即高粱、谷子、黄豆之类，每三年轮作一次，又名翻荐。"[2]间作方式有麦豆间作、粮菜间作等，套作则有麦棉套作、稻豆套作等。这些都大大提高了耕地利用率，对和解内地地少人多的矛盾起了一定的作用。

其次，在土壤耕作、选种、施肥和灌溉等方面也有了一些进步。例如，北方土地干旱，强调深耕，故山西寿阳一带犁田，"有特用深犁者"[3]，在南方，由于稻麦两熟制的发展，整地排水技术不断改进。康、雍、乾几朝除进行了黄、淮、江浙海塘、宁夏水利等较大的水利工程外，各省还同时兴修改造了一些小规模的水利工程。在北方，主要发展了井灌，南方兴修了一批沟渠、塘堰等。无论南北，在选种、藏种、种子预措、育秧、移栽、中耕除草、追肥、防治虫害及收割，都积累了一套较科学的技术。如在耕耘除草方面，讲究一月之内锄三遍，即数日之内头遍，10多日后二遍，20多日后三遍，既除去了杂草，又保持了墒情。清

1 《朱批奏折》，屯垦类，乾隆二十二年十月四日黄廷桂奏。

2 《黑龙江志稿》卷一六《物产》。

3 祁寯藻：《马首农言》。

前期，一些总结性的农书像康熙四十七年（1708年）编著的《广群芳谱》、乾隆七年（1742年）编成的《授时通考》及张履祥所著《补农书》，陆续流行于世。对推广农业生产技术、提高农业操作水平起了重要作用。

由于中国封建社会的移民大多属于“保守型”移民，即他们迁移的目的是为了保存他们占有的东西，是为了能够保持或改善其传统的生活方式，而绝不是通过迁移去寻找新的生活方式和新的行为方式。因此，移居到边疆地区的内地人口在当地多数所从事的仍然是农业。他们把内地的农业生产技术带到边疆，竭力按照原来的生活模式建立新的家园。

18世纪边疆大部分地区农业生产水平还是非常落后，农业生产区域稀少零落。如喜峰口蒙古地区，“土极肥沃，居者懒于耕耨，仅种俾谷，不设沟塍，播种之外，听其自生。”[1]齐齐哈尔附近的蒙古地区，也是如此，“蒙古耕种，岁易其地，待雨而播，不雨则终不破土，故饥者恒多。雨后相水坎处，携妇子、牛羊以往，毡庐孤立，布种辄去，不复顾。逮秋复来，草莠杂获，计一亩所得，不及民田之半。”[2]在海南岛，几千年来，一直沿用刀耕火种的耕作方式。“黎俗，四月晴霁时，必集众斫山木，大小相错，更需五、七日酷烈则纵火，自上而下，大小烧尽成灰，不但根干无遗，土下尺余，亦且熟透矣。徐徐锄转，种棉花，又曰贝花；又种旱稻，曰山禾……连收三四熟，地瘠，弃置之，另择他所。”[3]清初，海南岛黎民仍“不识耕种法，亦无外间农具，春耕时用群牛践地中，践成泥，撒种其上，即可有收”。[4]随着移民的迁入，内地较为先进的农业生产技术及农具也流传到边疆地区，

1 高士奇：《松亭行纪》。
2 方式济：《龙沙纪略·饮食》。
3 （明）顾岕：《海槎余录》。
4 张庆长：《黎岐纪闻》。

并最终形成了一个个与内地生产方式基本无异的农业村落。

二　多种形式的屯田和农业开发

屯田在中国有着悠久的历史，但清代屯田范围之广，数量之多为历代所无法比拟。18世纪，清政府在边疆地区的屯田主要集中在北部边疆地区。

蒙古地区的屯田始于康熙年间，康熙二十九年（1690年）与准噶尔战争开始以后，归化城成为攻打准噶尔的重要通道，为了保证军粮供应，免除运输之劳，清政府开始着手在这里组织屯田。康熙三十三年（1694年），下令将归化城大、小黑河下游的“善里”，“分划九区”，“每亩纳米一升七合二勺”，“招民认种”，[1]康熙三十四年（1695年），又在归化城南和大、小黑河流域划出约334顷的土地，定为粮庄地，分交三庄头承种，“每庄岁征米二百石，作为旗兵米粮”。[2]这两次屯田因康熙三十六年（1697年）对准战争告一段落，而被放置下来。康熙末年，由于同准噶尔的局势再度紧张起来，屯田又被重新提上日程。康雍时期的蒙古地区屯田主要集中在漠北蒙古的科布多、赛音诺颜和土谢图汗境内，各屯田区随着战争的变化而时废时兴。

康熙五十四年（1715年），清政府令傅尔丹等带领一千土默特人前往漠北蒙古科布多、乌兰古木等处屯田耕种，其中，乌兰古木屯田效果较为显著，康熙六十年（1721年），征西将军祁里德奏言：“今春三月，遣官兵在乌兰古木之特里河边耕种，每麦种一斗，收麦二石有余。乌兰古木地暖土肥，请于来年多垦之，可望大收。”[3]

1　（民国）《归绥县志·金石志》。

2　（光绪）《晋政辑要》卷一九八。

3　《平定准噶尔方略》，康熙六十年十月乙亥。

雍正二年（1724年），清政府与准噶尔局势有所缓和，清朝驻军东移。雍正三年（1723年），清政府又选择了鄂尔昆和图拉进行屯田，并逐渐将垦地扩大到济尔玛台、扎克拜达里克和推河一带，这些地区的屯田一直延续到乾隆朝初年。

现按《平定准噶尔方略》的记载，将各屯点历年耕种收获情况列为下表：

时　间	地　点	奏报人	收获量
雍正七年（1729年）	鄂尔昆、济尔玛台、图拉	顺承郡王锡保	大麦、小麦、糜子共7550石有奇
雍正八年（1730年）	鄂尔昆、济尔玛台、图拉	顺承郡王锡保	大麦、小麦、糜子共6650石有奇
雍正九年（1731年）	鄂尔昆	顺承亲王锡保	麦糜共10630石有奇
雍正十一年（1733年）	鄂尔昆、济尔玛台	平郡王福彭	大麦、小麦、糜子共8600石有奇
	扎克拜达里克、推河		大麦、小麦共2100石有奇
雍正十二年（1734年）	鄂尔昆、济尔玛台	平郡王福彭	大麦、小麦、糜子共19700石有奇
乾隆二年（1737年）	鄂尔昆	定边副将军策凌	5445石有零
乾隆三年（1738年）	鄂尔昆	定边副将军策凌	8753石有零

从乾隆三年以后，随着清军南撤，漠北屯田相继停止。漠北屯田主要有绿旗兵屯和犯屯两种形式。绿营兵主要调自陕西、甘肃等地，三年换戍一次，平时一般只从事屯种，无戍防任务。康熙五十七年（1718年），开始下令遣有罪者前往科布多、乌兰古木种地。这些罪犯原来大多应发遣黑龙江，后因西部战事紧张，才改发于此。并有因表现良好，而被解除罪名，充入绿旗兵队伍效力者。

乾隆年间蒙古地区的屯田活动主要是在归化城一带进行的。归化城的屯田有户口地、粮庄地、大粮地三种。户口地就是兵丁的口粮地，清朝规制：归化城八旗官兵无俸饷，“计口授田”，“以资养赡”。共有兵五千，“每兵一名，种地五顷”[1]。乾隆八年（1743年），因兵丁失地太多，故又重新进行分配，人均一顷，占地多者将地抽补给无地和少地的。户口地属国家所有，兵丁只有使用权，不准买卖，本应由兵丁自耕，但由于旗人不善耕种，多招民垦种。后来由于旗丁的贫困化加剧，不少人将户口地典给了民人。粮庄地，又称“十三圈庄头地”，是康熙三十四年（1695年）为储备军粮而设立的。主要分布在归化城南和西南的大黑河流域。南边称“黑河庄头”，有三个庄，西南边称“浑津庄头”，有十个庄。庄头地属内务府，使用权在庄头，“每庄岁征米二百石”，“由归化城都统征收，储本处旗仓”，用作驻防旗兵米粮[2]。大粮地是由国家招徕民人承种，但租粮不交户部，而是交给归化城厅和绥远城用作军粮。大粮地归国家所有，来源有四：招民开荒地，出价收买的私人土地，官地丈放为民地者和民人私垦的升科地。

除这三种屯田形式外，还有“小粮地”，是为补助土默特旗丁粮饷不足，而丈放的牧地和官为赎回的民典旗地。它分为“代买米地”和“鳏寡孤独、养赡军丁家属地”两种，主要由民人耕种，征收银两。

与漠北屯田有所不同，归化城屯田的成果没有因对准战争的结束而废弃，这里的农业生产在以后继续得到了发展。

清代在新疆地区的屯田可以分为两个阶段，康熙、雍正至乾隆二十五年清军对准部战争结束之前，为第一阶段。这一时期，清政府屯田的目的主要是为了“裕军需，省传输”，保障清军在对准战争中的军事供给。乾隆二十二年（1757年），清朝对准战争告捷后，卫拉特蒙古人众非亡即散，损失殆尽，以致耕牧俱废，人

1 《土默特旗志》卷七，《职官》。

2 （民国）《归绥县志》，《经政志》。

烟稀少。清政府在“以武定功成，农政宜举”[1]方针的指导下，大力组织各种形式的移民，从乾隆二十二年至嘉道时期，为新疆屯田的第二阶段。

第二阶段进入新疆的农业人口主要来自五个方面：绿营屯兵，内地民户，南疆维吾尔族农民，内地遣犯，移驻北疆的部分八旗兵丁。与移入人口的身份相适应，屯垦活动亦有兵屯、户屯、回屯、遣屯、旗屯等不同形式。

三　边疆农业区和半农业区的形成

随着移民大量涌向边疆地区，18世纪，在口外蒙古长城沿边一线及新疆天山以北建立起了比较稳定的农业区和半农业区，经济格局从延续了上千年的完全游牧经济过渡到部分地区出现农牧相兼或牧业为主农业为辅的经济形态。

（一）喀喇沁等地区的垦殖

最早形成农业半农业区的是喀喇沁地区。

雍正、乾隆时期，喀喇沁农业以较快的速度发展，尤其是喀喇沁左旗和中旗。至乾隆十三年（1748年），喀喇沁中旗已有汉佃丁42924口，103屯，汉农佃种地774顷另40亩，喀喇沁左旗有400顷另80亩。[2]由于大片牧场开垦为农田，蒙古牧民无处放牧，不少牧民放弃传统的畜牧业，改营农耕业，开始了牧民向自耕农的转化。到乾隆四十三年（1778年），喀喇沁地区的农业规模扩大，人口增多，清廷将八沟厅改为平泉州，塔子沟厅改为建昌县。这标志着该地区接近或已经转变成为农业区。喀喇沁三旗中，喀喇沁右旗的农业比左、中旗起步晚，乾隆年间还处于半农半牧阶段。嘉庆、道光年间，内地农民携眷出关，移居喀喇沁者增多，

1　《新疆识略》卷六。

2　伪满地籍整理局编：《锦热蒙地调查报告》下卷所收喀喇沁中旗《乾隆十三年土地清册》。

即使口内丰稔之年，仍有“数百余户”[1]出关定居。至嘉庆十五年（1810年），“热河迤北一带”，“山厂平原，尽行开垦”。[2]道光年间，喀喇沁右旗因“商民日集，占垦地亩日广”，终至“蒙古人无地牧放牲畜”。[3]至道光年间，喀喇沁地区已完成向农业区的转化，完全成为了农业区。

喀喇沁以北的昭乌达盟各旗，自乾隆末年开始了相当规模的开垦，其中尤以敖汉旗开垦最多。嘉庆五年（1800年），清廷对来敖汉旗垦种的农民“免于驱逐撩荒，并定立章程，钉椿划界，严禁越界牧厂”[4]，当地种地户130户，耕地1390顷，有“大揽头一百六十余名，又有小揽头，渐次加增，即有数倍之多，辗转招种……遂致民人挟资携眷陆续聚居，数十年来生齿日繁，人烟稠密，实有数千口之多”[5]，清廷继续允许敖汉旗招垦，并将招民开垦之地，给予印照，按亩交租。

此外，昭乌达盟的克什克腾、巴林等旗也有一定规模的开垦，乾隆十六年（1751年），清廷只批准在克什克腾旗的157名民人垦种50顷19亩土地，到乾隆三十一年（1766年），即查出民人670名，显然垦地也相应地扩大了。

乾隆末年，东部蒙古的开垦已经延伸到辽河流域，有的到达松花江流域。哲里木盟东部几旗陆续开放，尤以科尔沁、郭尔罗斯前旗的开垦最为突出。

乾隆中叶，科尔沁地方已有内地农民流入开垦种植。乾隆四十九年（1784年）规定，在科尔沁地方种地民人，与蒙古有交涉事件，根据住址远近分别归铁岭县和开原县管理。嘉庆七年

1　《清仁宗实录》卷一一二。

2　《大清会典事例》卷一五八。

3　中国第一历史档案馆藏：《阿勒清阿奏喀喇沁王控商民不给抽分地铺银两》。

4　中国第一历史档案馆藏：《宫中档朱批奏折》，珠隆阿折，4/327/3。

5　中国第一历史档案馆藏：《宫中档朱批奏折》，直隶总督杨廷璋折，4/361/1。

(1802 年)，弛流民出边禁，准许四万流民在科左右旗昌图地段垦种，牧地渐垦。四年之后，流寓之民已有数万，农户有 3900 余户，于是清廷划定“东至吉林边栅，西至辽河一百余里，南至威远堡地界，北至白塔水河二三十里，四五十里不等”，设置昌图厅，办理流民事务。嘉庆十七年（1812 年），在昌图额尔克地方划出东西长 120 里、南北宽 52 里的地界招民开垦。道光十二年(1832 年)，准予库都力开垦地亩，并将“东至硕勒合硕，西至姑奈勒克，南至昌图，北至库都力甸子，划为开垦地”。嘉庆八年(1803 年)，清廷准许科左中旗容留 74 个流民村屯为合法，并同意续放八家镇荒地。道光三年（1823 年）至六年（1826 年)，科左中旗卓哩克图亲王自招流民 1000 多户，出放领地 3184 垧。科左前旗南境，也在嘉庆年间开放，后均划入法库厅和康平县。

郭尔罗斯前旗也是在乾隆年间开始有流民进入垦种，当时已有山东、河北农民到这里就食耕种。乾隆五十六年（1791 年)，郭尔罗斯前旗镇国公恭格拉布坦召内地民人垦种。嘉庆五年（1800 年)，长春堡地方民人开垦地亩，已有熟地 265648 亩，民户 2330 户，并划定自“东穆什河、西延巴延吉鲁克山 230 里；自吉林伊通边门，北至吉住窝铺 180 里”，作为租地垦种地界，并派设长春厅理事通判 1 员，巡检 1 员，办理刑钱事务。[1] 6 年之后，郭尔罗斯前旗的流民已增至 7000 余口之多。嘉庆十三年（1808 年）查，流民有人户 3010 户，2 年后，长春厅通判在安置了该境流民后，又查出流民 6953 户。[2] 清廷每查禁一次，人口和耕地反而有新的增加，“道咸以降，垦者日众，逐渐增至六七十万垧。”

（二）张家口外的垦殖

张家口外牧地，由于招垦，也形成了大片的农业区和半农业区。据《归绥道志》载:“民粮牧地，雍正年接收直隶张理厅拨归

1 《大清会典事例》卷九七八、卷一六七、卷一五八。

2 中国第一历史档案馆藏：《宫中档朱批奏折》，赛冲阿、松宁折，4/383/1。

经营，并陆续开垦，共地四千零三十一顷三十八亩”，“二道沟等处旗租地，乾隆年招垦共九百五十六顷二十亩”，“太仆寺改折牧地，乾隆年间开垦升科，共地一万三千五百七十一顷七十四亩”，“太仆寺折色牧地，乾隆年间开垦升科，共地五千二百七顷五十八亩”，“五字图庙旗租地，乾隆年认领，共地三百三十六顷二十六亩”，“礼亲王牧地，乾隆年招佃升科，共地一千三百三十二顷三十九亩”，“永安牧地，乾隆年招民认垦，共地二千五百六十四顷二十一亩”，“距墙口外旧马厂地亩，于道光年间升科，共地七百四顷五十六亩”，“白塔沟牧地，道光年招垦升科，共地五十二顷五十六亩”，“顺承郡王牧地，道光年间开垦升科，共地九百二十顷五十亩”。[1]“乾隆三十七年开垦宗室纳木谨旧厂地六百六十九顷四十五亩……军宏晌厂地一百七十顷九十七亩”，“开垦克勒郡王旧厂地四百二十三顷三十三亩……公恒禄旧厂地一百七十二顷一十亩……公松椿旧厂地九十一顷三十四亩”，“乾隆五十年开垦宗室德齐奉恩将军恒林旧厂地四百九十一顷九十五亩。”[2]上述垦地，不计私垦，仅张家口、独石口两厅，就有垦地 4707.96 顷。[3]归化城土默特地区乾隆二年至光绪十三年（1737~1887 年），仅有数可查的垦地约有 57606.95 顷。[4]

清初至乾隆初年，蒙古西部地区的农业尚属初步发展阶段，内地农民相对较少，而且分散。该地区虽土地肥沃，但地旷人稀，时值清廷用兵西北之际，急需军粮驼马，因而乾隆十四年（1749 年）的禁垦令对这里影响不大，对于山陕农民赴蒙地垦种，清廷也以“无碍游牧”为由给以默许。于是，有“陕北临套诸县农民，起初春去秋归（谓之雁行）到蒙古地区种地。在耕地附近‘伙盘’

1 《归绥道志》卷一八《丰镇厅田赋考》。
2 《归绥道志》卷一八《宁远厅田赋考》。
3 《口北三厅志》。
4 《土默特志》卷五。

居住……暂时伙聚盘居之名，犹内地之村庄也……所垦者愈广，距边愈远，生聚于斯，渐忘主客矣”。[1] 每年春季，清廷对于陕省榆林、葭州、怀远、神木、府谷、靖边、定边等七州县沿边农民出边耕种，借给牛具籽种给以资助。乾隆年间，黄河改道，南河由支流逐渐变成主流而为黄河，北河由主流变成支流而成为乌拉河（上游）和乌加河（下游）。北河及其各流渐至淤塞，其沿岸之田多成肥田沃壤，利于农耕。出现了“自（黄）河南徙以后，地愈广衍，山陕人民争趋佃种”的局面。

西部蒙古地区农业发展起来以后，一方面鄂尔多斯的“东部与南部毗连晋陕处，则有河曲、神木、府谷等县，农民沿套边开垦，渐成村落。于是县政所及亦往往与东南数旗生连系焉”[2]，形成一定规模的农业区。另一方面，为了开放更多的土地以发展农业，道光五年（1825 年），赴蒙经商的商号雇用农民在刚目河西黄河湾子开了一段进水口，又把旧河道稍加挑挖，修了一条河套地区开挖最早的人工干渠——缠金渠，渠长 50 里，宽 1 丈，与刚目河相通。人工开渠后，河套地区耕地扩大，人户日多，产粮亦盛。

与伊克昭盟毗邻的阿拉善旗大约在嘉庆年间，为了安置晋、陕等地流民，也进行了放垦。至道光十五年（1835 年），阿拉善定远营地方，已有久经开垦的熟地 1190 顷 67 亩。

（三）“借地养民”令与农牧矛盾

雍正朝“借地养民”令后，更多的内地农民沿边墙向北流徙，与蒙古游牧民族频繁接触，在“各札萨克地方贸易种地，娶蒙古妇人，生育子嗣”。蒙古地区原本是单一的游牧经济，人口也是较为单一的游牧民。大量的内地农民涌入，农业、商业、手工业等不同类型产业的增加，促使游牧民族的经济活动范围扩大，生活来源增加。但是，多种经济形式也带来了新的问题和新的矛盾，

1 《河套图志》卷四《屯耕》。

2 《绥远通志稿》卷一。

出现了诸如“内地民人，越界耕种，而蒙古等私索租价，每至生事互争”的情况。[1]至雍正末年，由于土地开垦而引起的农牧矛盾尚不明显，但一些地区发生的争执事端已引起地方官吏和清廷的注意。这主要表现在一些农民进入蒙地后，任意开垦，毁坏牧场；与蒙民杂居，盗窃牲畜，牧民“不敢夜牧”。而盟旗札萨克对内地农民又管理不力，因而使清朝统治者不得不逐渐加强对流入蒙地的内地农民的管理。

首先，规定内地农民出口种地，“于地方官处领票”，方准出边，以此来控制出边人数。并要求各旗札萨克查明来蒙地垦种农民的“年貌、姓名、籍贯，造册移交稽查”，“一面安插，一面移咨本籍……准其居住耕种，年终册报部”。

其次，仍遵照清初设保甲之法，设牌头、乡长，定乡约进行约束。对此，乾隆帝曾有较明确的阐述，“热河地方辽阔，山沟险僻，远来垦荒就食之民，散处其中，复逾边境，与蒙古错处。向例设牌头、乡长、乡约约束。其蒙古地方敖汉、奈曼、翁牛特、土默特各处流寓民人，附近归八沟、塔子沟所管辖，亦设乡牌，互相稽查”[2]。

再次，设置专门管理内地农民的官吏。康熙四十七年（1708年），改宁夏城守都司等职为理事官，在都司衙门驻扎，铸给办理蒙古内地人民等关防字样，凡系沿边地方蒙古事件，均由该理事官和札萨克处理。康熙五十一年（1712年），在古北口六路种地民人处酌设副将同知管理，负责办理内地农民在蒙古垦种事宜。

雍正初年，因流民引起的各种蒙汉纠纷事务越来越繁杂，清廷又设置了几处管理已垦地区内地农民的地方行政建置。雍正元年（1723年），在归化城置理事同知，隶山西朔平府。在热河设热河直隶厅，管理卓索图盟和昭乌达盟部分蒙旗的蒙汉事务。雍正

1　《清世宗实录》卷一一〇。
2　《清高宗实录》卷四三〇。

二年（1724年），在张家口设张家口直隶厅，辖察哈尔总管八旗东翼镶黄一旗，西翼正黄半旗以及口内蔚州、怀安、万全、宣化、保安、西宁、蔚县等七州县的旗民事务。

雍正朝颁行“借地养民令”后，垦民骤增，村落棋布。以垦民聚集较多的塔子沟为例：塔子沟东境在喀喇沁左翼旗地有村庄23个；塔子沟南境在喀喇沁左翼旗地有村庄17个；西境在喀喇沁左翼旗地有村庄5个；北境在喀喇沁左翼旗地有村庄4个；塔子沟东北境在土默特右翼旗地有村庄70个；塔子沟最西北境在敖汉旗地有村庄30个；塔子沟最北境在奈曼旗有村庄15个。上述各村庄最初分别归喀喇沁旗、土默特旗、敖汉旗和奈曼旗所管。[1]当内地农民与蒙民发生矛盾时，往往出现地方官“办交涉事件，心存袒护，不秉公剖断，兼以口外之事无足重轻，不肯加意办理”的现象。为此，清廷逐渐增设或改设管理内地农民的地方行政建置。

《承德府志》中记载了乾隆四十七年和道光七年汉族移民的人口数，通过这两组数字的比较，可以看出这一地区的农业化趋势。

	乾隆四十七年		道光十年	
	户	口	户	口
承德府	8979	41496	16339	110171
平泉县	29315	154308	20449	158055
滦平县	5230	106630	6914	45769
丰宁县	20871	72079	22198	115973
建昌县	23730	99093	31996	163875
赤峰县	6324	22378	14996	112604
朝阳县	15356	61220	31751	77432

1 《塔子沟纪略》卷二。

也就是说，在乾隆四十七年（1782年），承德附近移民人口数已达70余万人，而据统计，乾隆三十五年（1770年），卓索图盟和昭乌达盟蒙人合计才有235248人[1]。

在察哈尔，除张家口直隶厅外，雍正七年在多伦诺尔地方设多伦诺尔直隶厅，辖察哈尔东翼正蓝、镶白、正白、镶黄四旗等旗民事务。雍正十二年（1734年），在独石口地方，置独石口直隶厅，分辖察哈尔东翼正白、镶白、镶黄、正蓝四旗及口内延庆、怀来、龙门、赤城四州县旗民互讼案件。张家口、独石口、多伦诺尔三厅均隶口北道，合称"口北三厅"。乾隆元年（1736年），再于察哈尔东翼正白、镶黄、镶白、正蓝四旗置四旗直隶厅。

(四) 归化城一带的农业

归化城土默特地区隶属清朝内属总管旗，同准部战争期间，因其处于军事中心地位，很早便得到开垦。康熙三十四年（1695年），清政府在归化城置粮庄十五所[2]。定额234顷，乾隆二年（1637年），实际开垦2600顷[3]。雍正十三年（1735年）六月，归化城都统丹津、协半尚书通智等奏请，将土默特境内闲旷膏腴之地八处，作为大粮官地，饬交地方征粮，以备军食。奉旨饬厅丈放，征收赋役在案：一曰善岱，垦地一千五百顷，原交托厅，后归萨厅，征米五千仓石；二曰西尔格，三曰补退，四曰什拉乌苏，此三处共地七千顷，交萨托二厅，征米二万仓石；五曰清水河，垦地二万七千顷，交清厅，征米八万仓石；六曰特穆尔昂力行，七曰浑津，此二处垦地二千五百顷，交归厅，征米七千仓石；八曰厂木哈克，垦地二千五百顷，交和厅，征米八千仓石。以上八处共垦地四万顷，每亩以三升征米，共

1 张植华：《清代至民国时期内蒙古地区蒙古族人口概况》。

2 《大清会典事例》卷一一九六《内务府·屯粮》。

3 《土默特旗志》卷五《赋税》。

征米十二万仓石。

该项计划在乾隆年间得以实现：

归化厅于乾隆二年、七年、九年、十六年、五十四年奏放浑津、黑河二里官地四百三顷六十七亩六分五丝。

萨拉齐厅于乾隆二年奏交丈放长春、宁善四里官地一千九百三顷七十四亩五分八厘二毫五丝。

托克托厅于乾隆二年奏交丈放安兴遵三里官地一千一百一十八顷十七亩四分。

和林格尔厅于乾隆二年奏交丈放物阜、民安上下七里官地三千二百五十四顷三十七亩一分。

清水河厅于乾隆二年奏交丈放时和、年丰、家室、盈宁八里官地一万三千四百二十六顷一亩九分二厘。

以上五厅共放粮地二万一百五顷九十八亩六分五厘二毫五丝[1]。

归化城土默特地方，乾隆六年（1741 年），升归化城理事同知为厅，置抚民理事同知，分理蒙汉事务，隶于山西归绥道。乾隆四年（1739 年），在绥远城置绥远城厅，设理事同知一人，也隶山西归绥道。此外，还在萨拉齐、清水河、和林格尔、托克托置协理通判，办理当地蒙汉交涉事务。

土默特蒙古定制兵丁无饷，拨给户口地。户口地或因差役无暇自耕，或因不熟悉农业耕作，所以大部分都租佃给了汉民。据乾隆八年（1743 年）统计，归化城土默特共有土地 75048 顷，已垦土地 60780 顷，牧场仅剩 14268 顷，仅约占总数的五分之一[2]。所谓“生计在租不在牧”，可见农业在当地经济中所占的比重。乾隆六十年（1795 年）和嘉庆二年（1797 年），清政府又丈放山后八旗牧厂地 6955 顷[3]。大量丈放的结果，使土默特地区很快变成

1 《土默特旗志》卷五《赋税》。

2 《清高宗实录》卷一九八。

3 《土默特旗志》卷五《赋税》。

农业区和半农业区。

从土默特蒙汉两族的人口数量来看，清太宗崇德元年（1636年），土默特部归附清朝，被编为左右两翼，六十佐领，每一佐以正户一百五十丁（户）编审，共有蒙古人九千丁，每户以五口计，则为45000人左右。乾隆三十五年（1770年），土默特蒙古族人口数大约为42120人[1]。而此地的汉族人口，在19世纪初，据统计六厅共有120776人[2]，远远超过蒙古族人口数量。

河套地区，自明中叶以来，为蒙古鄂尔多斯部所占据，该地区的农业是在康雍两朝所谓"界地"内蓬勃发展起来的。康熙三十六年（1697年），贝勒松拉普奏请准许内地民人入套种地，开边自此开始。最先以三十里立界，界内之地，准民租种，每年一犋，准蒙古收取地租糜子五斗。至雍正八年（1730年），定以五十里为界，十年（1732年），鄂尔多斯荒歉，因此清政府准许蒙古情愿找招民越界耕种，收租取利者，听其自便，从此，内地民人，"以口外种地为恒产，蒙古亦资地租为养赡"[3]。界地也自五十里向外扩展。乾隆初年，清政府曾一度资助种地民人，"陕省榆林、葭州、怀远、神木、府谷、靖边、定边等七州县沿边农民，每遇春耕出口种地，向于司库岁拨银内借给牛具籽种，秋收后照时价收粮，抵补仓储。"[4]于是"伊盟七旗境内，凡近黄河、长城处，所在有汉人足迹"。[5]以后虽陆续颁布禁令，私垦仍是屡禁不止，逐渐形成专门的农业区。

土默特旗以东的察哈尔部，同样属清朝的内属旗。康熙年间，

1　张植华：《清代至民国时期内蒙古地区蒙古族人口概况》，载于《内蒙古大学学报》，1982年第3、4期。

2　《嘉庆一统志·山西统部》，转引自《中国人口·内蒙古分册》，第49页，中国财政经济出版社，1990年。

3　《河套图志》卷四。

4　《清高宗实录》卷三二九。

5　潘复：《调查河套报告书》，第219页。

该部亲王布尔尼叛乱被平息后，其部众被迁到宣化、大同边外，原来的牧地隶属内务府太仆寺。因而，该地区是清朝的主要牧场，有官庄 132 所，康熙八年（1669 年），又把罗文峪、冷口、古北口、张家口外的土地拨给外移京旗作为庄田，近边河北、山西、山东等省的农民也随之纷纷涌入察哈尔左右两翼。雍正二年（1724 年）丈量得察哈尔右翼四旗地亩共计 29709 顷 25 亩，皆为私自出边民人所垦，并且民人“自张家口至镶蓝旗察哈尔西界各处山谷僻隅所居者万余”[1]。乾隆年间，人口有了进一步的增长，张家口同知属下，共有 286 个村窑，其中旗户 526 家，民户 5178 家，铺户 368 家；独石口同知属下，共 227 个村窑，旗户 104 家，民户 1975 家[2]，内地民人数量超过旗人十余倍。

蒙古地区农业区、半农业区形成的另一个重要标志就是一系列厅、府、州、县的设立。清朝以一个边疆民族入主中原，统治一个民族复杂、文化各异、人口众多、疆域辽阔的国家，长达 268 年之久，其中有过一百多年的鼎盛时期，究其原因，重要一点即在于它采取了“修其教不易其俗，齐其政不易其宜”的方针。在各地因俗而治，如在中原各行省沿袭明朝建置，继续实行府、州、县制。在蒙古地区，建立了盟旗制，国家只是名义上拥有对土地和人口的控制权，实际操纵权掌握在扎萨克手中，保留了元代以来的“君国子民”制。盟旗制与州县制在一定程度上是区分游牧社会与农耕社会的标志。随着内地汉人在蒙古的增多，设立管理汉人日常事务及处理蒙汉民纠纷的机构成为形势所需，厅、府、州、县在草原便应运而出现了。

第一批这样的机构出现在雍正年间。雍正元年（1723 年），在归化城设置理事同知，隶山西朔平府，在热河设热河直隶厅，

1 《口北三厅志》卷一《地舆志》。

2 《口北三厅志》卷五《村窑·户口》。

管理卓索图盟和昭乌达盟部分蒙旗的蒙汉事务。雍正二年（1724年），在张家口设直隶厅，七年（1729年），设多伦诺尔直隶厅，十二年（1734年）设独石口直隶厅。厅的设立，说明一些地区汉族人口已达到相当的数量，农业生产发展到一定规模，若再由蒙旗兼管或设立旗屯，已不合时宜。厅的设立，又表明清政府在法律上承认了移民在这些地区居住及开垦种植的合法性。因此，每增加一个厅，就意味着蒙古地区多了一个农业点，随着内地人口的不断迁入，农业点就逐渐增多、扩大，最后连成一片，形成农业区。清前期蒙古各地区仿内地设治沿革情况如下：

1. 卓索图盟、昭乌达盟所在的热河地区

时　　间	建　　置
雍正元年	热河厅理事同知
雍正十年	八沟厅理事同知
雍正十一年	设承德州知州管民务，同知管旗务
雍正十三年	四旗厅理事通判
乾隆五年	塔子沟厅立理事通判
乾隆七年	承德州改为热河厅
乾隆十三年	喀喇河屯厅理事通判
乾隆三十九年	乌兰哈达厅理事通判
乾隆四十三年	热河厅改为承德府 喀喇河屯厅改为滦平县 四旗厅改为丰宁县 八沟厅改为平泉州 乌兰哈达改为赤峰县 塔子沟厅改为建昌县 三座塔厅改为朝阳县 分别以理事通判管知县事

2. 察哈尔地区设治沿革表

时　　间	建　　置
雍正二年	张家口理事同知
雍正十年	多伦诺尔理事同知
雍正十二年	独石口厅理事同知
乾隆年间	于右翼四旗地设丰镇厅和宁远厅

3. 归化城土默特地区及西二盟设治沿革表

时　　间	建　　置
雍正元年	归化城理事同知
乾隆四年	绥远城理事同知，并协理通判
乾隆六年	设归绥道，辖两城同知及归化城、和林格尔、托克托、萨拉齐、清水河、善岱、昂都伦等七协理通判
乾隆二十二年	改协理通判为理事通判，裁善岱及昂都伦两缺
乾隆二十七年	裁归化城通判及左右两翼都统，仅留副都统一人驻归化

4. 哲里木盟设治沿革表

时　　间	建　　置
嘉庆五年	长春厅理事通判
嘉庆十一年	昌图厅理事通判

随着蒙古地区农业区、半农业区的日趋内地化，清政府的管理措施也越发严密。除设立厅、府、州、县外，又强化了保甲制度。乾隆八年（1743年）议准："山西、陕西边外蒙古地方，种地民人甚多，设立牌头总甲，令其稽查，即于种地民人内，择其诚实者，每堡设牌头四名，总甲一名"，专司举报"种地民人内，有欠地租，并犯偷窃等事，及来历不明之人"[1]。二十二年（1757年），又将此制度推广到所有汉人移入的蒙古地区。

厅、府、州、县及保甲组织，这些汉族地区的地方职能机构在蒙古地区的出现，说明一种新的经济形态——农业，开始在蒙古地区确立，并已显示出它的影响力，而这些机构的设立，反过来又保证和带动了蒙地农业区的发展。

仓贮制度的建立，是漠南蒙古农业发展的一个重要标志。据《清代边政通考》所记，"每年秋收后，各佐领下壮丁每丁输粮一斗存仓，以为歉收赈济之用。"[2]清初，蒙古地方无存粮，遇灾荒

1 《大清会典事例》卷一五八《户部·户口》。
2 《清代边政通考》，《优恤·赈济》。

要调运内地仓贮给以赈济，常常动用宣府、大同、张家口、杀虎口、喜峰口、古北口、独石口、神木、榆林乃至宁夏、齐齐哈尔等地的仓米，路途遥远，运输不便。康熙朝后期，漠南蒙古部分地区已有余粮，尤其是卓索图盟和归化城土默特，“连岁收成颇丰”，“年来五谷丰登”，有些旗开始设仓贮米，“以备水旱赈济之用”。据记载，至康熙五十七年（1718 年），除归化城与喀喇沁各旗已建立了仓贮外，克什克腾察拜、湖滩河朔（今内蒙古托克托县东南）、热河、八沟、科尔沁各旗、巴林、昭乌达博罗额尔吉、布尔哈图等都建有仓廒，贮粮较多。雍正朝初，哲里木、昭乌达、卓索图三盟所属游牧旗，每旗各设一仓，仓贮制度一直沿袭到清末。

至乾隆前，仓储数量已经相当可观，据乾隆四十九年（1784 年）统计，哲里木十旗，卓索图五旗，昭乌达十一旗等各旗存谷数字，总计有 445269.80 石，其中仅喀喇沁右旗额存谷数就有 44000 石。

清人称盟旗的仓廒为“公仓”。在素以游牧经济为主的地区出现这样的粮仓，确实是蒙古社会经济生活中的一件大事，也发挥了很大的作用，在荒歉之年能够救济乏食的蒙古部众。而后，凡遇灾荒乏食，基本上不用南粮北运，由当地自行解决。

第四节　中美边疆开发比较研究

边疆开发并非是中国特有的历史现象。在几乎与清代中国边疆开发的同一历史时期，美国有对其西部地区的开发，俄国有对西伯利亚地区的开发；在本世纪，日本有著名的北海道开发，巴西也对其富饶而贫困的西北部进行了大规模的开发。美国西部开发在各国边疆开发中最引人注目，是人所公认的较成功的边疆开发活动。

一　边疆开发的前提和条件

18世纪是我国统一多民族封建国家的疆域版图最后奠定时期，而它的疆域版图正是继承以前各代历史发展、演变的结果。在清代幅员广袤的疆域版图上，不仅有陆路边疆而且还有海路边疆。这些边疆地区是我国神圣领土不可分割的一部分，世代生息在这些边疆地区的各民族人民和内地的汉族人民都是我国统一多民族国家的缔造者，也是开发和建设这些边疆地区的主要力量。18世纪的边疆开发是在继承历代各民族边疆开发的基础上，进一步发展的，汪昭声曾说过："以历史论，美国之开发西部，即为单纯之开发，而我国之西北，本为我民族发祥之所在地，过去曾有辉煌光大之史迹，故吾人之于西北，仅可谓之再进，而不能视为拓殖。"[1]这番话虽然仅仅用我国西部地区的开发与美国西部开发进行比较，但对我们研究18世纪我国边疆地区的开发与美国西部开发的异同不乏启迪。

18世纪我国各个边疆地区的开发是我国各族人民在此以前开发建设边疆历史的延续和发展。在清代以前，无数名不见经传的劳动人民手足胼胝，默默无闻地谱写了中华民族开发边疆的宏伟历史；另一方面，许多才干卓异的封建皇帝、官吏对边疆开发也起了积极的作用。18世纪，我国边疆开发事业承接着前代边疆开发的流绪，进入了一个更加波澜壮阔的时代。因此，18世纪的边疆开发，应该说是我国各族人民自古以来就已开始在边疆地区从事开发活动的宏伟历史画卷中的一个片段。

美国的西部地区并不是美国过去早已据而有之的领土，其西部开发带有暴发式扩张领土的特征。换言之，美国的西部开发是名副其实的开疆拓土的活动，与我国清朝政府统一边疆地区后进行的开发活动存在着明显区别。美国建国之初仅有阿巴拉契山以

1　汪昭声：《西北建设论》，第8页，青年出版社，1943年。

东的大西洋沿岸十三州。然而，随着国势日趋强大，美国逐渐走上了扩张领土的道路，并产生了所谓的“天定命运”的领土扩张理论[1]。

18世纪，中国的边疆地区众多民族聚居的格局，形成了在开发建设过程中所遇到的较美国更为错综复杂的民族关系，使清朝边疆开发的难度大于美国西部开发。由于开发边疆必然对边疆地区既存的社会结构冲击，潜藏着引起各种矛盾的不稳定因素，因而清朝政府有时在对边疆地区进行开发的决策过程中往往踟蹰不决、摇摆不定，或者仅以维持地区社会安定为目标。乾隆帝就曾不主张采取积极的措施开发西藏经济，他说：“西藏乃极边之地，非内地可比，其生计风俗，自当听其相沿旧习，毋庸代为经理。”[2]

美国西部开发是以印第安人的苦难为代价的，美国西部的繁荣昌盛是在印第安人的累累尸骨上建立起来的。在美国人进入大西部以前，印第安人千百年来都在那里生活和劳动，他们分为契普瓦、苏族等部落，生产极为落后。在美国西进运动中，美国殖民者公然提出了“除了死的印第安人，没有好的印第安人”的口号，对印第安人发动了千百次疯狂的军事围剿。美国西部开发无处不出现过这样两幅图像：一幅是美国移民自东向西推进，势不可挡；一幅是印第安人步步退却，自西向东一路上留下一片血泪哀声。无怪乎印第安人把他们向西退却的道路称为“眼泪的道路”！正是美国政府的血腥政策强制之下，大量印第安人被驱入贫瘠不毛的保留地，人口锐减，境遇之惨，实不堪言状。上述状况的形成是美国西部开发的基本前提或条件。

1　“天定命运”论，可以追溯到本杰明·富兰克林、托马斯·杰斐逊和约翰·亚当斯。1845年，民主党人约翰·奥沙利文在《民主评论》中正式提出。

2　《清高宗实录》卷二六一。

二　地理环境

地理环境对社会发展有着促进或延缓作用，因而人类的开发活动任何时候总要受到地理环境的制约与影响。我国边疆地区的自然条件与美国西部的自然条件存在着差异性，这是两者开发具有难易之别的外部客观因素。

其一，我国边疆地区的地理环境较诸美国西部的地理环境相对复杂。清代我国边疆地区最显著的特征是地理环境的多元化，各地区都可以构成各具特色的相对独立的自然地理单元。其中既有世界上最高峻的山峰——海拔 8848 米的珠穆朗玛峰，又有最低海拔为−154 米的吐鲁番盆地；既有全年长夏无冬的海南岛，又有全年无夏的黑龙江北部；既有雨量充沛的台湾东部山区，又有常年旱魃肆虐的新疆戈壁滩。总之，无论从地形、气候、自然景观还是从土壤结构等方面来看。我国边疆地区南北各异，东西不同，其复杂多样绝非三言两语所能赅备无遗。并且，一个相对独立的自然单元内部还可以划分为相对来说层次较小的自然单元。以蒙古地区为例，我们可以将蒙古高原视为一个完整的自然地理单元，但蒙古的东部与西部的地理环境并不相同：东部草原宽广，西部戈壁纵横。地理环境的复杂性形成了清代我国边疆地区开发的不平衡性，造成了清代边疆地区社会经济发展面貌的差异性。

美国西部有得天独厚的自然条件。在地理上，可以把整个美国划分为六个地区：1.东部沿海低洼或平原区；2.正西面的阿巴拉契亚山区；3.墨西哥湾流域的低洼区；4.密西西比河流域平原区；5.科迪勒拉和落基山区；6.太平洋沿岸低山地带。六个地区中，后四个地区属于西部地区。由此可见，美国的地形远比中国边疆地区简单。阿巴拉契山地以西是中央低地。中央低地西起大平原，北到五大湖，南临墨西哥湾，绝大部分海拔在 300 米以下，地势平坦。中央低地以西是一望无际的大平原。大平原向北与加拿大境内的大平原连成一片，只有极个别地方稍有起伏，其气候属温带草原气候。大平原的西部边界是落基山脉。在落基山脉以西、喀斯喀特—内华达山以东的地区是一个山间高原盆地。这个地区的北部是高度大体不超过海拔 1000 米的哥伦比亚高原，东南部是海拔 2000 米左右的科罗拉多高原，其余部分总称为大盆地。一般来说，哥伦比亚高原、科罗拉多高原、大盆地都比较平坦。在喀斯喀特—内华达山以西、海岸山脉以东的地区有两个狭长的山间陷落谷地，一为北部的威拉麦特谷地，一为南部的加利福尼亚谷地。美国本土面积约 300 万平方英里，其中可耕地面积高达 40%，中国的领土面积与美国大致相仿，但中国的可耕地仅占整个领土的 10%。更重要的是，美国的可耕地绝大部分都集中于“大西部”。在美国西部，矿产资源十分丰富，尤其是煤和铁。除了煤和铁外，其他矿藏也极为丰富。美国西部的另一个重要资源是草原。整个辽阔无垠的中部大草原，堪称世界上最好的“天然牧场”。美国西部的地形复杂程度比起我国边疆地区来远远不迨，这样便容易给人们形成一种相对简单的关于美国西部的概念，使当时大量迁往美国西部的移民把整个西部视为展示自己才能的自由天地，即使局部地区的地理环境并非他们听到的那般美好，也不能泯灭其对整个西部的强烈向往。

其二，我国边疆地区存在着许多难开发的自然障区，而美国西部的绝大部分地区都适宜开发。我国边疆地区固然蕴藏着丰富的矿藏资源和动物、植物资源，然而，在进入实际开发过程中却遇到地理环境复杂所造成的难以开发的自然障区。

以西藏为例。西藏的面积为约 122 万平方公里，相当于美国全部领土的七分之一，但整个西藏高原地势高亢，气候严寒，空气稀薄，许多地方是人类根本无法生存的禁区，整个西藏可耕地比率不大。再以新疆为例。新疆的面积为约 166 万平方公里，可是北疆的古尔班通古特沙漠和南疆的塔克拉玛干沙漠、白龙堆沙漠便占了相当大的比例。由于新疆深居欧亚大陆，距海遥远，周围几乎为高山所环抱，因此新疆的农业是一种绿洲农业，在既定的社会生产力下不可能容纳过多的人口。而美国绝大部分地区都具有良好的自然条件，容易对外部移民产生拉力。我们且不说中央低地河流密布、森林翳蔽天日，天地平坦开阔，也不用说加利福尼亚等地金矿是如何使移民们如痴如狂，就以被人们视作最荒凉的落基山区中的高原和大盆地来说，这里的绝大部分地区发展农业和畜牧业的自然条件也和我国新疆绿洲地区大致相仿，更何况这一地区的矿产资源的丰富在当时足以使人们对此倾心向往。拉尔夫·亨·布朗的《美国历史地理》一书就这样记载说，在西进运动期间，“圣路易谷是落基山区一个更有希望发展农业的地方，这是一片辽阔的、椭圆形的偏南盆地。它的位置偏南，所以就处于一个气候比较温和的地带，已经有人定居的一小块面积上种植的小麦、燕麦和马铃薯就可以表明这种情况”[1]。从总体上看，美国西部尽管自然条件不尽相同，开发难度各有大小，但几乎所有地区在当时的生产力水平下都有近期开发的价值。而我国边疆地区虽然面积广大，但难开发的自然障区在整个边疆地区中所占比例远远超过美国西部中难开发地区所占比例。

三　劳动力、资金和技术

18 世纪，清朝国泰民安，农业、手工业、商业得到全面发展，社会经济出现了空前繁荣的局面，边疆开发获得了长足进步。与此同时的美国西部却仍为印第安人所控制，一直处于原始状态。从生产技术上看，当美国最初开采加利福尼亚金矿时，其技术与我国西藏地区的采矿技术相差无几。为什么美国西部开发能够以急骤的速度迅速完成呢？这里，我们将以结构分析的方法，通过社会经济组成因素的对比，阐明这些因素的互动关系，以探究两

1　拉尔夫·亨·布朗：《美国历史地理》，第 35 页，商务印书馆，1984 年。

国边疆开发中社会经济运行机制的差异。

（一）劳动力

我国清代史籍虽然有内地人民“趋之若鹜”“日积日多”地前往东北、蒙古、新疆、云南和台湾等地谋生的记载，但我们从总体上看就会发现，清代我国移民不像美国移民那样自东向西呈单向流动，而是多方位地向边疆地区如水银泻地般扩散。明代中叶流民现象与清代边疆移民活动有很大关系。明代中叶流民的主要活动范围是，陕甘南端、鄂西北、豫西南的汉水流域和江西、广东等省交界的南岭山区。在清代前期，上述两个地区仍然是大量移民的迁入地，此外四川在顺治初年到道光年间也是重要的移民接受地。但是，清代人口增长迅速，于乾隆六年（1741年）突破一亿大关，又于道光二十年（1840年）达到41280万。这样，明代以来存在的内地流民活动区对解决清代人口危机已无济于事，于是“走西口”“闯关东”、赴台湾便日益盛行起来。据有的学者估算，在咸丰年间，我国人口分布明显具有由沿海向内地递减的趋向。具体地说，在华南，从广东经广西到云南，由每平方公里172人递减到16人；在长江南岸，从江苏经安徽、湖北到四川，由每平方公里448人递减到84人；在黄河两岸，从山东经河南、山西、陕西到甘肃，由每平方公里225人递减到32人。从这一估算可知，清代人口压力比较大的地区是东部，而西部则相对来说不甚严重，是经济稀疏区，故而清代边疆移民西少东多。

美国西部移民活动和清代我国边疆地区的移民活动都是环境移民。不过美国西部移民一般属于变革性环境迁移，清代我国边疆地区的移民活动一般属于保守型环境迁移。美国西部移民不仅是一种横向社会流动，而且对不少移民来说是一种纵向社会流动的机遇。美国没有经历封建社会，标榜人人平等的美国资本主义社会为社会成员的纵向流动提供了极大的可能性，加剧了社会成员为争取更高的社会地位和获得威望、影响与财富的竞争。在美国西部开发中，不少移民并非因为生活所迫而背井离乡踏上西进的征程，而是为了爬上社会阶梯的高层、实现自己追求名利的抱负。

清代边疆移民迁徙的主要目的是为了满足生存的需要，而不是为了满足移民主体的社会需要和精神需要。有清一代，我国人口总量基本上保持增长趋势，使人口再生产与生活资料再生产的不协调关系日益恶化。然而，由于土地成本增加定律的限制，我国长期以来精耕细作的生产增长达到极限，从而使再向那些精耕细作的土地追加投资已经成为“不经济”。鸦片战争后，外国资本主义势力的入侵加速了我国自给自足的封建自然经济的瓦解，中国那种可以容纳较多劳动力的传统农业和手工业受到强烈冲击，出现严重的社会劳动力的结构性失业现象，而近代的中国民族资本主义发展又十分缓慢，城市无法吸收大量的过剩人口，所以鸦片战争后中国人口危机进一步加剧。在这种内地许多地区人满为患的情况下，一些内地人民不得不到谋生相对容易的边疆地区寻觅出路。从我国清代边疆移民的推因和拉因可以看出，我国移民迁往边疆往往是为了谋求生路而出于无奈，并不像一些美国西部移民那样追求冒险性的开拓事业。

我国边疆环境移民的保守性和美国西部环境移民的变革性还可以从下面的事实得到证明。在美国西部开发中，许多西部移民“奋力前进好像是受到时间的催促，唯恐找不到用武之地”[1]。他们一踏上西进的征程便义无反顾，勇往直前。他们西进的队伍好像由诸色人种组成的拼盘，没有明显的移民来源界限。我国人口分布的惯性远远大于美国人口分布，人们在正常情况下绝少迁移活动，即使迫不得已向边疆地区迁移，也多选择邻近省区为迁移

1 斯蒂尔著、张禹九译：《美国西部开发纪实》，第 246 页，光明日报出版社，1988 年。

目的。山东、河北等省和皖北的移民多渡海或出关前往东北；河北、山西、陕西等省的移民多以内蒙、宁夏为迁移目的地；甘肃、陕西的移民多以新疆为迁移目的地；华中和四川的移民多向云南、贵州流动；福建、广东等省的移民迁徙目的地多是台湾。

（二）资金

边疆地区的开发建设既需要开发主体进行数量较大的一次性先期投资，也需要开发主体进行逐年的累积投资。中国边疆移民绝大部分是贫困农民，所携资金往往是区区微数，甚至除自身劳动力以外一无所有。在清代，我国建设资金的重要来源的生产力长期停滞、人均土地量的下降、诸子平分家产的传统继承习惯等造成中国农民收入的普遍微薄。并且，我国内地移民到边疆后多受到封建剥削，他们必须向封建官府、边疆各民族王公贵族、汉族豪强业主交租纳赋，极不容易像美国西部移民那样成为腰缠万贯的富豪。在我国边疆地区，蒙藏等地区的封建农奴制经济长期陷于停滞状态，各民族人民衣食不周，生活水平极低。总之，我国边疆开发主体的收入普遍较低，资金稀缺是限制边疆开发的一大因素。

在美国西进运动中，土地投机商、奴隶主、农场主是推动美国领土扩张的决定性力量，小农和其他劳动者则是西进运动的基本力量，人数众多。据美国历史学家 C.古德里治等人的研究，在“新英格兰公司”的指导下移往堪萨斯的 3000 个家庭和个人中，留下了在老家的职业记录的有 727 人；在这 727 人中，农场主占 32.9%，商人占 9.8%，专职人员占 8.4%，独立工人和挣工资者占 48.9%。可见美国西部移民中有一个热衷于储蓄而且有能力进行生产投资的社会群体，即土地投机商和农场主，等等。美国西部大片未垦土地的存在，使农业资本家不必为支付高昂的地价而减少直接生产投资，有利于吸引农业资本家对西部土地的投资，有利于西部土地以及土地上的资源得到充分开发。由于美国西部移民中存在着具有雄厚资金的社会阶层，因而美国西部的农业、采矿业部门都比较容易形成规模经济。

（三）生产技术

一位美国学者这样写道："在 1790 年，我们的制造业大部分还很陈旧。"在美国独立之初，美国工业基础薄弱，生产技术落后，而英国在这时独着先鞭，发生了工业革命，并对美国实行技术封锁以保持自己的领先地位。但美国竭力从英国吸收先进生产技术，积极创新，因此大大缩短了技术吸收时差，提高了劳动生产率。美国的西部开发与美国的农业革命和第一次、第二次工业革命密不可分，层出不穷的技术进步是美国西部开发的强大引擎。每当美国西部开发在遇到自然壁障而呼唤相应的科学技术这一神奇法宝时，应运而生的科学技术便被创造出来，成为征服自然壁障的利器。

19 世纪后期，美国西部山区的采矿业开始转变为以资本主义企业形式、使用先进技术的深层开采，继续带动农业等产业部门乃至整个经济的全面发展。与此相对照，我国云南地区的采铜业在乾嘉时期如日中天，形成了"滇铜几遍天下"的壮观局面，然而到近代以后却光灿全无，出现了"铜老山空"的景象。揆其原因，很重要的一条就是云南采矿业到近代后进入深层开采，而生产技术停滞不前，资金不足。在美国西部农牧业开发中，有三项技术进步似平凡却意义重大，即：犁、风车和刺铁丝网。当西部移民为大草原土壤中植物根茎繁芜而不知所措时，各种尖利的犁具的发明和运用使大量荒地得以辟为良畴；当西部移民为大草原雨量不足所困扰时，大量小型而廉价的金属风车使移民能够战胜干旱的威胁；刺铁丝网的发明和运用则解除了移民缺乏廉价围篱材料的苦恼。在美国西部开发的生产技术日新月异的同时，我国边疆开发的生产技术却长期处于徘徊状态。尽管我国局部边疆地区在清末开始引进近代生产技术，但这些生产技术在整个边疆开发中所起的作用比较有限。在美国西部开发中，生产技术的发明数量大、模仿率和模仿比例高，是其开发事业迅猛发展的重要原因。而 18 世纪我国边疆开发的生产技术陈旧而落后虽然是由文化障碍等诸多因素所致，但资金障碍是其中最重要的根源。这种情况，使开发主体无力投资生产技术的改进，只能勉强维持简单再生产，更不像美国西部的企业和农场那样形成规模经济并在竞争机制的作用下加速生产技术的进步及其在不同产业部门之间的传递，故而技术较低。

(四) 交通

中国和美国都是版图辽阔的国家，所以两者边疆开发都依赖于交通的发达。在 18 世纪我国边疆地区的交通道路主要是驿站。19 世纪中叶以后，随着西方列强的入侵，近代交通手段逐渐传入我国。光绪十九年（1839 年），由我国自行集资、自行筹办的第一条铁路在台湾建成。此后，俄国、日本、法国为了实现其侵略中国的目的，修建了中东、南满、滇越铁路。尽管外国侵略者在我国边疆地区投资修建铁路使我国人民蒙受了严重屈辱，但对于这些边疆地区的开发是起到了一定促进作用的。

美国交通运输业的发展对西部开发的作用是不容忽视的。在此期间，美国西部的交通运输业先后经历了水道时代、汽船时代、铁道时代三个阶段，交通运输业的变革如同后浪推前浪一般彼此衔接，将美国西部开发推向高潮。1811 年“新奥尔良”号从匹兹堡到新奥尔良的处女航，揭开了美国西部开发汽船时代的第一页。1825 年的伊利运河通航是美国西部交通开发史上的一个重要里程碑。到 19 世纪末，中央联合太平洋、圣他菲、北太平洋、南太平洋、大北方等五条横贯大陆的铁路先后建成，萦绕于西部移民耳际的汽笛声标志着占据美国最后西部的日子的到来，更像号角般召唤着更多移民奔赴西部。美国西部交通运输业迅速发展的压力源在于大批移民涌向西部后产生的客观形式需要。技术的进步、资金的供给比较充足则为美国西部交通开发提供了必要。由于“对那些希望向西迁移和有剩余农产品运往市场销售的人来说，交通运输已经不是什么问题”[1]，因而，移民以更加磅礴的态势不断朝着日落的方向涌去，美国东部和欧洲资金的雨点更加急骤地倾泻、浸灌于美国西部，城市则如雨后春笋般从美国西部的土地上蓬勃发展起来。

(五) 市场

随着我国内地经济的不断发展和边疆开发水平的逐步提高，18 世纪我国边疆地区的商业较诸前代是不可同日而语的。18 世纪，打箭炉商业的繁荣昭昭载入史册，云南大理“三月街”的庞大规模令人不可小觑，旅蒙商的活跃在有清一代久盛不衰。史书中记载伊犁的商业情况时说:“内地之民争趋之，村落连属，烟火相望。巷陌间羊马成群，皮角毡褐之所出，商贾辐辏。甚至如绍兴之酒，昆腔之戏，莫不岔至。”[2]然而，我国边疆地区的市场商品经济基本上是一种维护各社区之间社会经济机制平衡的辅助手段，并没有成为导致新经济结构出现的革命力量。我国边疆地区生产力水平低，社会储备少，生产技术层次低，交通困难，造成市场发育不成熟。边疆各族人民把产品投入流通，主要是为了弥补个体经济单位的经济短缺并实现再生产过程的平衡而已。横贯美国大陆的铁路修建和运输费的降低，为美国西部市场的扩大开辟了广阔的前景。据统计，在 1879 年至 1899 年间，圣他菲铁路运费下降了 42%，北太平洋铁路运费下降了 46%。美国西部生产技术的进步使劳动生产率大大提高、产品成本逐步降低，并且社会中经济人格普遍得到承认，市场机制越来越成为调整各微观经济主体之间相互联系的决定性力量，因此美国西部的工农业

1　约翰.M.布卢姆著：《美国的历程》上册，第 323 页，商务印书馆，1988 年。

2　赵翼：《皇朝武功纪盛》卷二。

商品率日趋上升，东部与西部的经济贸易日益密切，使美国全国性商品市场于 19 世纪 70 年代最终形成。此外，美国西部的农场主和牧场主还努力开拓，形成了以商品交换为基础的农牧业专业化生产格局，积极参与国际经济循环，使美国西部经济逐步向外向型经济转变。

四　政府的开发政策

就经济活动而言，边疆开发的一个重要内容是使闲置的或利用率不高的各种资源充分发挥功效。资源既包括自然资源、人力资源、技术资源等经济资源，也包括组织、政策等社会资源。一般说，政府在边疆开发过程中的服务供应是否充足、政府所实行的各项政策能否优化边疆地区物质资源之间的组合运作，等等，都在边疆开发过程中起着举足轻重的作用。

18 世纪清朝的封禁政策阻碍了边疆开发的发展，往往为学者们所诟病。雍正、乾隆和嘉庆年间，清政府曾多次颁布不许汉族内地农民进入东北和蒙古地区开垦地亩的禁令。清政府在统一台湾之后，也曾不准汉族农民携眷属入台承佃耕作，禁网重重。清政府的封禁政策是一种社会短期行为，它片面追求近期和局部的社会控制目标，忽视和否定社会发展的长期、整体目标。不可否认，内地移民向边疆地区的迁徙并未因清政府的封禁政策而中止。但政府的封禁措施对边疆移民的限制并不是丝毫不起作用。有人指出，由于封禁政策的实施，东北边区许多地区在清后期土旷人稀，封堆垒垒。尽管清前期的几代皇帝都是我国历代封建君主中的佼佼者，殚精竭虑，惶惶求治，但他们受中国传统儒家文化的影响，以“天下太平，长治久安”为最重要的目标，因而往往不能够将边疆地区经济开发置于与安定边疆同等的地位，造成了历史时机的浪费。此外，18 世纪我国边疆危机潜存不显，也是没有引起清政府对边疆开发具有足够重视的原因。

也许有人会问：18 世纪新疆的农业屯垦开发轰轰烈烈，岂能说清政府当时在开发边疆方面未曾大有作为呢？其实，18 世纪清朝统治者当时主持新疆地区大规模的农业屯垦开发是有一定缘故的。在有清一代，我国边疆地区由政府主持的大规模开发活动往往都是追求政治和军事力量的副产物。18 世纪新疆的农业屯垦开发如此，清后期边疆一些地区实行新政亦然。清政府在平定准噶尔后急需解决驻守新疆的庞大军政力量的粮糈供应问题，这便是清政府最初在新疆采取屯垦开发、以边养边的方针的肇因。

在中国近代史上，外国列强对我国边疆地区的蚕食和侵略使我国的边疆危机日益加剧，迫使具有严重惰性的清政府对此做出相应的反应。从中国近代史的发展过程中可以看出，每当外国列强发动一次企图吞噬我国边疆地区的侵略战争之后，清政府为了巩固国防，都要采取一些开发边疆地区的措施。在从俄国手中收复伊犁之后，清政府于光绪十年（1884 年）在新疆正式建省，加强了对这一地区的开发建设。鸦片战争后，由于外国列强屡屡侵扰我国神圣领土台湾，所以清政府于光绪十三年（1887 年）正式设立台湾省，克服重重困难，在台湾开垦荒地、修筑铁路、设置厂矿，从而使台湾经济出现了蓬勃发展的可喜局面。日俄战争之后，清政府在东北亦有改革官制和加强经济开发之举。英国侵略者于光绪三十年（1904 年）发动第二次侵藏战争。正如英国侵略分子贝尔（Charles Bell）《西藏的过去与现在》一书所说："1904 年远征军返回印度之后，力图使中国恪守已订立的条约。但这次远征彻底震醒了中国政府，他们决心致力于中国在西藏权力的恢复。"[1] 于是，清政府委派张荫棠和联豫在西藏举办新政，使西藏地区开发建设的局面为之一新。可见，由于外国列强强行楔入，

1　贝尔：《西藏的过去与现在》，第 38 页，1924 年伦敦版。

清政府在近代逐渐取消了封禁政策，并采取各种措施开发建设边疆，以加强国防综合实力。对于美国移民向西迁徙，美国政府从未像清政府那样实行封禁政策。起初，美国联邦政府为了解决财政困难，于 1785 年颁布的土地条例规定：西部已有的国有土地由政府分块向移民出售，出售土地的最小单位不得少于 640 英亩，每英亩最低售价为一美元，买者必须在一个月内将款交清。1862 年，美国总统林肯颁布《宅地法》是一个具有历史意义的壮举，它造就了美国西部大批独立的小农，有力地推动了美国西部移民的浪潮。据记载，堪萨斯、内布拉斯加、明尼苏达和达科他各科在 1863 年至 1880 年间新建的 24 万户农场中，有一多半是按照《宅地法》获得土地的。尽管美国联邦政府的西部土地政策有一个逐步民主化的过程，但美国政府始终是鼓励向西移民。并且，在美国资本主义民主制度下，移民向西迁徙始终具有合法性，因此美国当时的人口转换率极高。

清政府的政治体制属于封建中央集权制，美国的政治体制属于资本主义民主联邦制。其实，在边疆开发的实践活动中，无论中央集权制还是民主联邦制都具有各自的优势。中央集权制有利于不同的开发行为主体粘合起来形成一种合力，克服边疆开发过程中的分散性；民主联邦制有利于使社会经济运行机制具有灵活性。在 18 世纪我国边疆开发中，由于国民无力进行大规模的开发投资，因此政府必须具有双重身份：既是边疆经济开发的行政管理者，又是边疆经济开发的重要投资者之一。从清政府作为边疆开发活动的行政管理者的身份来看，清政府始终存在着腐败因素，而且愈演愈烈，直至将清王朝送入坟墓。清代许多驻藏大臣尸位素餐，不理政事；清末丈放蒙地的贻谷贪污被杀，就是典型的例证。从清政府作为边疆开发的重要投资者之一的身份来看，清政府的财政制度结构使其不可能承担大规模的边疆开发建设投资。清政府的财政收入主要来源有田赋、关税、盐课等，财政支出主要是用于维持国家行政官员和军队的俸降等消费性支出，鲜有建设性的支出。并且，在清后期，战争赔款、贸易入超等因素使清政府的财政更加绌紧，颇有捉襟见肘之势。清政府的财政结构表明，其政府功能主要是进行政治统治，而不是发展经济。当然，乾嘉年间新疆农业屯垦和清末赵尔丰开发川边藏区期间，清政府都曾为移民提供种子、农具等方面的资助，但清政府进行这种投资在某种程度上是为了巩固国防等非经济目标。由于清政府的行为准则首先是政治利益，其次才是经济利益，所以 18 世纪我国边疆开发活动具有明显的政治化倾向。可惜的是，清政府由于其财政结构的缘故并未能胜任边疆开发主要投资者的职责。

在美国西部开发中，美国政府基本满足了边疆开发活动对政府的角色期望。由于美国当时受“廉洁政府”的资产阶级思想影响，联邦政府对经济较少有直接干预。在西进运动中，美国移民的投资费用往往都是个人自筹解决，没有出现过我国边疆开发中由清政府直接组织的那种移民活动。可是美国联邦政府对边疆开发的措施却切中肯綮。首先，美国以共有土地出售收入款项作为财政补贴用于西部交通开发。据统计，在 1850 年至 1871 年间，联邦和各州政府共拨给各家铁路公司的土地约二亿英亩，为铁路建设发放贷款近 6500 万美元。其次，美国政府注重发展教育，鼓励技术发明创新。1862 年林肯总统签署《国家赠送土地创办大学法案》就足以说明这一点。正是在美国政府大力资助下，美国在 19 世纪 40 年代进入了“教育觉醒时代”，到 1900 年时，美国中学生已达 519 万。美国政府投资于交通、教育虽然不像投资于西部的农业和工矿业那样可以取得明确而迅速的经济效益，但它在美国西部开发中向社会提供了必要的公共服务，促进了全西部社会经济宏观总效益的提高。

五　文化

历史唯物主义认为，社会存在决定社会意识，社会意识对社会存在具有反作用。在社会大系统中，文化子系统能够通过信仰、社会规范等引导或控制着人们的经济活动。

18世纪中国边疆开发和美国西部开发中，移民往往都是当时社会中传统束缚较少的社会群体。不过，中国国民性中有着安土重迁的传统，因此清代中国人的迁移意向不如美国人那样强烈。在清代，中国的社会基层结构是一种以自然经济为基础、家族血缘为本位、儒家思想为伦理规范的封建宗法专制社会结构。在这种以自然经济为基础的社会基层结构中，土地是农民实现自身价值和保障自身生活安定的基础，因此农民对自己生于此、长于此、老于此的土地具有依恋情感，不愿舍弃桑梓旧地而远走他乡。在清代，中国以宗法血缘为本位的社会基层结构中，宗法血缘关系是把社会成员组织起来的天然纽带，自然经济的脆弱性又导致了个人依赖于家族的文化模式，而且清政府往往以宗族制度作为社会基层统治工具，因此农民的主体意识缺乏，一般不愿游离于家族之外。此外，交通不发达固化了农民安土重迁的观念；反过来，安土重迁的观念又成为清代我国农民的一种众趋人格，成为边疆移民的一种后曳力。

在美国成长过程中，个人主义、自由主义等资产阶级价值观都得到了充分尽致的发展。尤其在美国西部开发过程中，拓荒者们“不与自然妥协。他们的任务不是去适应而是去征服。他们将大陆上的森林和草原视为必须征服的障碍。千万亩的原木被他们的斧子剥去了皮，千万亩的草泥被他们的犁所翻起”[1]。美国当时那种富于进取而讲求实效、生气勃勃而崇尚自由的社会精神风尚对美国西部开发产生了巨大的推动作用，而美国西部开发又使这

1　毕灵顿：《向西扩张：美国边疆史》，第5页，纽约1960年。

种社会精神风尚得到进一步升华和发扬光大，使西部的拓荒精神成为美国独特文化中的一笔宝贵财富。我国已故的著名科学家竺可桢先生曾经这样写道:“归根起来讲，中国农村社会的机构和封建思想，使中国不能产生自然科学。”[1]虽然我国的劳动人民曾经以四大发明而著称于世，但我国传统文化存在一个严重的弱点，即：注重经验知识而往往不能形成完整、严密的近代科学体系。在自然经济占统治地位的清代中国社会里，广大农民只是周而复始地简单循环农业再生产过程，可以完全凭借于自己在生产劳动中探索出来的直接经验和从祖宗先辈继承下来的间接经验，这样便在农民的文化心理结构中形成了尊重经验而缺乏逻辑实证分析的思维传统。正是在这种中国传统社会普遍存在经验思维的历史背景下，清朝统治阶级往往把科学技术视为奇巧淫计而不予以足够的重视。不言而喻，中国传统文化以经验代替科学的认知心理倾向又会因为清政府轻视科学技术的价值取向而更加成为一种定势。美国不仅具有西欧近代文化重视科学的特色，而且具有更浓厚的实用主义文化氛围。《美国精神》一书说：美国人“对各种情况的反映多半是很实际的，当他们找到具体问题的办法时就欢欣若狂。轧棉机、汽船、收割机、六响枪、装倒刺的栅栏以及成百上千的其他发明，到头来使美国人以热衷于小玩意儿而闻名于世”[2]。由于该书作者是美国人，所以这段话因民族自豪感的关系而有点言过其实，但美国文化与中国传统文化的区别是灼然可见的。

中国传统文化往往重农轻商、重义轻利。在这种文化背景下，商人往往饶于资财但政治、社会地位不高。而美国则受西欧重商主义的影响，将发财致富视为个人成就的标志，对经商牟利、投

1 《科学》第28卷，第137~141页，1945~1946年3期。

2 H.S.康马杰著、南木等译：《美国精神》，第8页，光明日报出版社，1988年。

机活动予以社会文化价值观上的认可和激励，因而使商业活动不仅在美国西部开发而且在整个美国初期经济发展过程中发挥了重要作用。在中国传统文化和美国文化中，勤俭都被视为美德，但两者同中有异：美国人奉行勤俭的经济伦理规范主要是为了扩充和发展经济生产，中国农民以勤俭为美德的目的在于使传统的匮乏型社会经济的适应性、自我抑制性原则，因此社会消费水平低下，市场需求量小，进而导致社会经济低水平发展的循环怪圈。

在清代中国边疆地区，文化因地区、民族不同而具有多元化的特征。蒙藏地区人民信奉藏传佛教，新疆的维吾尔等民族信奉伊斯兰教，萨满教等一些原始宗教在我国边疆若干地区也有一定影响。宗教文化对我国边疆若干地区的开发不能说没有产生消极影响。我国一些边疆地区的民族宗教文化浸润于该地区人民的意识深层，使该地区在宗教文化涵育下的各民族人民安于现状，使该地区的社会结构长期难以出现内发变迁或外启式变迁。

美国西部开发是美国资产阶级上升时期的历史现象。在此期间，美国社会结构中的经济、政治、文化三大子系统呈现出一种精微的统一和自然的整合，使这种社会结构下的人们的生产、经营能动性得到比较充分的发挥，从而使美国西部开发得以急骤进行并使美国西部实现了经济上的起飞。在清前期，我国封建社会已经开始走下坡路。因为在一定结构下，社会发展并不是无限制地处于上升状态，所以当社会发展的潜在可能性大部分实现之后，其速度就会趋于缓慢。清代中国封建社会晚期发展停滞、徘徊的历史趋势决定了清代中国边疆开发的发展缓慢性。虽然边疆开发促进了清代边疆地区落后经济面貌的改变，但这种开发多属于内地社会、经济和文化模式在边疆地区的复植。在鸦片战争后，中国社会受到西方列强的强行楔入，国门轰然洞开，社会结构呈现出一种新旧势力激烈交锋并互相对峙的矛盾、混乱状态。清政府因外国列强侵略日益加剧而被迫采取了一些开发边疆的措施，使边疆开发的速度较前明显加快，但是清王朝统治者已是日薄西山，并未能使中国走上近代化的道路，对当时边疆开发所起的推动作用比较有限。我们对18世纪中国边疆开发和美国西部开发进行比较研究并不是贬此褒彼，而是为了从两者的特质与其共性中寻找出一些对历史现象发生的原因的客观解释。18世纪，中国各民族人民创榛辟莽，大力经营、开发边疆地区，使中国边疆地区的开发建设取得了超越前代的成就。美国西部开发固然取得了令世人惊叹不已的成就，但它是马克思所说的“国内殖民地”形式的疆土开拓，具有资本主义原始积累的性质，故而呈现出血腥的征服性。在美国西部开发中，大批印第安人陷入灾难的深渊，而无数迁往西部的普通移民在资本主义的经济规律驱使下所受的生理上和精神上的痛苦也是十分严重的。社会经济的开发活动总是在一定空间中进行的，总要落实到一定的地域空间，因此开疆拓土乃系边疆经济开发的必要前提，它本身是边疆开发的初始阶段部分，但不能涵盖边疆经济开发的内容。从清代中国边疆开发与美国西部开发的历史中可以看出，一个地区或国家经济的全面启动是多种因素互相影响的结果，社会整体结构的合理与优越是边疆开发成功的关键之所在。18世纪中国边疆开发是封建生产方式的开发，美国西部开发是资本主义生产方式的开发。

参考书目

一　档案文献资料

《满洲实录》，台北华文书局，1964年影印本。
《清实录》，中华书局，1986年版。
《东华录》，中华书局，1980年版。
康熙朝《大清会典》，康熙二十九年刊本。
雍正朝《大清会典》，雍正年间刊本。
乾隆朝《大清会典》，乾隆二十九年武英殿刊本。
嘉庆朝《大清会典》，嘉庆二十三年武英殿刊本。
光绪朝《大清会典》，光绪二十五年刊本。
嘉庆朝《大清会典事例》，嘉庆年间刊本。
光绪朝《钦定大清会典图》，光绪二十五年刊本。
《钦定理藩院则例》，道光六年刊本。
《钦定理藩院则例》，光绪十七年刊本。
《蒙古律例》，嘉庆年间刊本。
《清朝文献通考》，商务印书馆万有文库本。
《钦定回疆则例》，光绪三十四年印本。
《大清律》，康熙年间刊本。
《西宁青海番夷成例》，民国二年《大河日报》铅印本。
《亲征平定朔漠方略》，康熙四十七年殿刊本。
《亲征平定准噶尔方略》，清抄本。

《平定两金川方略》，乾隆内府刻本。

《钦定外藩蒙古回部王公表传》，乾隆六十年殿刻满汉合璧汉文本。

《钦定续纂外藩蒙古回部王公表传》，咸丰年间刊本。

《平定回疆剿擒逆裔方略》，道光武英殿刊本。

《大清一统志》，乾隆年间刊本。

《圣驾亲征噶尔旦方略》，刊本。

《优恤土尔扈特部众记》、《土尔扈特全部归顺记》、《喇嘛说》（碑刻）。

《新疆识略》，松筠道光元年刻本。

程廷恒等撰：《呼伦贝尔志略》，呼伦贝尔督办公署志书编辑处，1923年版。

和珅等纂：《热河志》，辽海丛书本。

成格、海忠纂：《承德府志》，道光九年刻本。

高赓恩纂：《绥远旗志》，光绪三十四年印本。

徐宗亮撰：《黑龙江述略》，观自得斋丛书本。

徐世昌撰：《东三省政略》，宣统三年铅印本。

《乌里雅苏台志略》，嘉庆年间抄本。

钟广生撰：《新疆志稿》，湖滨补读丛刻本。

姚明辉撰：《蒙古志》，中国图书公司，光绪三十三年铅印本。

张鹏一撰：《河套图志》，民国六年刊本。

傅恒撰：《西域图志》，杭州便宜书局，光绪十九年石印本。

沈鸣诗等撰：《朝阳县志》，民国十九年铅印本。

黄可润编：《口北三厅志》，木刻本。

贻谷修、高赓恩纂：《土默特旗志》，光绪年间印本。

《卫藏通志》，西藏人民出版社，1982年版。

徐松撰：《西域四种》，道光九年石印本。

边疆政教制度研究会编：《清代边政通考》，1934年版。

姚锡光撰：《筹蒙刍议》，光绪三十四年铅印本。

赵翼撰：《皇朝武功纪盛》，怡兰堂刊本。

萧爽撰：《永宪录》，光绪三十四年铅印本。

魏源撰：《圣武记》，中华书局，1984 年版。

张穆撰：《蒙古游牧记》，同治六年刊本。

祁韵士撰：《皇朝藩部要略》，筠渌山房道光二十六年刊本。

李元度撰：《国朝先正事略》，循陔草堂同治八年刊本。

祁韵士撰：《西陲要略》，筠渌山房道光十七年刊本。

祁韵士撰：《西陲总统事略》，嘉庆十六年刻本

昭梿撰：《啸亭杂录》，中华书局，1980 年版。

何秋涛撰：《朔方备乘》，直隶官书局刊本。

《大义觉迷录》，载中国社会科学院历史研究所清史研究室编《清史资料》，第四辑，中华书局，1983 年版。

图理琛撰：《小方壶斋舆地丛钞》，《异域录》。

俞正燮撰：《癸巳类稿》，商务印书馆，1957 年版。

曹廷杰撰：《辽海丛书》本，《东北边防辑要》。

方式济撰：《小方壶斋舆地丛钞》本，《龙沙纪略》。

吴振臣撰：《渐西村舍汇刻》本，《宁古塔纪略》。

《西藏志》，《西藏研究丛刊》本。

松筠撰：《西昭图略》，上海书局石印本，1898 年。

傅恒等主修：《钦定皇舆西域图志》，光绪十九年石印本。

黄沛翘辑：《西藏图考》，西藏人民出版社，1982 年版。

松筠撰：《西藏图说》，道光二十七年刊本。

徐松撰：《西域水道记》，台北文海出版社《中国边疆丛书》本。

顾山介：《纪录汇编》本，《海槎余录》。

龚自珍撰：《定庵文集》本，《蒙古图志》。

袁大化撰：《新疆图志》，东方学会重校增补本，1923 年版。

椿园撰：《西域闻见录》。

《清高宗御制诗文十全集》，中国人民大学出版社，1993年版。

林谦纂：《小方壶斋舆地丛书》本，《国地异名录》，1881年版。

妙舟撰：《蒙藏佛教史》，上海佛学书局，民国二十四年铅印本。

《蒙古源流》，光绪年间刻本。

邹代钧撰、曾寅校补：《中俄界约记》，上海编译局铅印本，1902年版。

王锡祺撰：《小方壶斋舆地丛钞》本，《中俄交界记》，1881年版。

李毓澍、沈云龙辑：《中国边疆丛书》，台湾文海出版社影印本。

中国第一历史档案馆藏宫中档朱批奏折民族类。

中国第一历史档案馆藏：《蒙文老档》。

中国社会科学院经济研究所藏地丁题本。

中国第一历史档案馆藏朱批奏折屯垦类。

中国第一历史档案馆藏军机处录副奏折农业屯垦类。

中国第一历史档案馆藏刑科题本。

必勒衮达赖著：《内齐托音一世传》，蒙文清刻本。

〔蒙古国〕纳楚克道尔济著：《喀尔喀史》，乌兰巴托，1963年蒙文版。

拉特纳勃哈特勒著：《咱雅班第达传》，乌兰巴托，1959年蒙文版。

噶尔丹著《宝贝念珠》，乌兰巴托，1960年蒙文版。

《哲布尊丹巴传》，蒙文抄本。

善巴著：《阿萨喇克齐史》，民族出版社。1988年蒙文版。

拉特纳勃哈特勒著：《咱雅班第达传》，载罗卜藏巴勒丹《托忒文历史文献集》，乌兰巴托，1976年版。

噶班沙喇布著：《四卫拉特史》（托忒文），载《汗腾格里》，1985年版。

巴图尔乌巴什图们著：《四卫拉特史》（托忒文），载罗卜藏巴勒丹《托忒文历史文献集》，乌兰巴托，1976年版。

智贡巴·衮楚克丹巴喇布杰著，吴均、毛继祖、马世林译：《安多政教史》，甘肃民族出版社，1989年版。

二　研究论著

钱实甫著：《清代的外交机关》，三联书店，1959年版。

陶克涛著：《内蒙古发展概述》，内蒙古人民出版社，1957年版。

余元盦著：《内蒙古历史概要》，上海人民出版社，1960年版。

陈复光著：《有清一代中俄关系》，国立云南大学文法学院丛书。

戴逸主编：《简明清史》，人民出版社，1980年版。

李毓澍著：《外蒙政教制度考》，台北，1962年版。

札奇斯钦著：《蒙古与西藏历史关系之研究》，台北正中书局，1978年版。

吕一燃主编：《南沙诸岛——地理·历史·主权》，黑龙江教育出版社，1992年版。

白寿彝主编：《中国通史》，上海人民出版社，1989年版。

《中国历代民族政策研究》，青海人民出版社，1993年版。

费孝通著：《中华民族多元一体格局》，中央民族学院出版社，1989年版。

《中华学术论集》，中华书局，1981年版。

吴晗辑：《朝鲜李朝实录中的中国史料》，中华书局，1980年版。

《沙俄侵略中国西北边疆史》，人民出版社，1979年版。

何顺果著：《美国边疆史》，北京大学出版社，1992年版。

曾问吾著：《中国经营西域史》，上海商务印书馆，1936年版。

吴丰培辑：《清季筹藏奏牍》，商务印书馆，1938年版。

谭其骧主编：《中国历史地图集》，地图出版社，1987年版。

杜荣坤等编：《准噶尔史略》，人民出版社，1985年版。

《沙俄侵华史》，中国社科院近代史所人民出版社，1976年版。

韩儒林主编：《元朝史》，人民出版社，1986年版。

魏良弢著：《叶尔羌汗国史纲》，黑龙江教育出版社，1994年版。

王森著：《西藏佛教发展史略》，中国社会科学院出版社，1987年版。

王辅仁著：《西藏佛教史略》，青海人民出版社，1982年版。

王戎生等著：《清代全史》，辽宁人民出版社，1991年版。

王彦威、王亮纂辑：《清季外交史料》，故宫博物院，1934年版。

《中外历史问题八人谈》，中共中央党校出版社，1998年版。

马大正著：《边疆与民族——历史断面研考》，黑龙江教育出版社，1993年版。

《郑成功史料选编》，福建教育出版社，1982年版。

《明清史料》，中国科学院编商务印书馆，1951年版。

《喇嘛法师宝记碑》，辽阳市文管所编《辽阳碑志选》。

五世达赖喇嘛著：《西藏王臣记》，民族出版社，2002年版。

牙含章著：《达赖喇嘛传》，人民出版社，1984年版。

赵云田著：《中国边疆民族管理机构沿革史》，中国社会科学出版社，1993年版。

苗普生著：《伯克制度》，新疆人民出版社，1995年版。

郭成康等：《乾隆皇帝全传》，学苑出版社，1994年版。

徐晓光著：《清代蒙藏地区法制研究》，四川民族出版社，1996年版。

中国第一历史档案馆编：《清代中俄关系档案选编》，中华书局，1981年版。

王庆云著：《石渠余记》，北京出版社，1985年版。

李之勤著：《西北史地研究》，中州古籍出版社，1994年版。

赵云田著：《清代蒙古政教制度》，中华书局，1989年版。

赵文林、谢淑君著：《中国人口史》，人民出版社，1988年版。

任美锷等编：《中国自然地理纲要》，商务印书馆，1979年版。

黄宗智著：《华北的小农经济与社会变迁》，中华书局，1986年版。

王会昌著：《中国文化地理》，华中师范大学出版社，1992年版。

戴逸著：《乾隆帝及其时代》，中国人民大学出版社，1992年版。

史志宏著：《清代前期的小农经济》，中国社会科学出版社，1994年版。

马汝珩、马大正主编：《清代边疆开发研究》，中国社会科学出版社，1990年版。

乌云毕力格、成崇德、张永江著：《蒙古民族通史》（第4卷），内蒙古大学出版社，1993年版。

高王陵著：《十八世纪中国的经济发展和政府的政策》，中国社会科学出版社，1995年版。

张玉兴著：《清代东北流人诗选注》，辽沈书社，1988年版。

谢国桢著：《清代流人开发东北史》，上海民国三十七年版。

华立著：《清代新疆农业开发史》，新疆人民出版社，1992年版。

《中国人口·内蒙古分册》，中国财政经济出版社，1990年版。

周清澍主编：《内蒙古历史地理》，内蒙古大学出版社，1993年版。

成崇德、张世明著：《清代西藏开发研究》，北京燕山出版社，1996年版。

马汝珩、马大正著：《飘落异域的民族——17至18世纪的土尔扈特蒙古》，中国社会科学出版社，1991年版。

葛剑雄著：《统一与分裂》，生活·读书·新知三联书店，1994年版。

潘志平著：《中亚浩罕国与清代新疆》，中国社会科学出版社，1991年版。

宁骚著：《民族与国家》，北京大学出版社，1995年版。

葛剑雄、曹树基、吴松弟著：《简明中国移民史》，福建人民出版社，1993年版。

《卫拉特蒙古简史》（上册），新疆人民出版社，1992年版。

《卫拉特蒙古简史》（下册），新疆人民出版社，1995年版。

北京师范大学清史研究小组著：《一六八九年中俄尼布楚条约》，人民出版社，1997年版。

王希隆著：《中俄关系史略》（1917年前），甘肃文化出版社，1995年版。

徐景学著：《俄国征服西伯利亚纪略》，黑龙江人民出版社，1984年版。

王锺翰主编：《中国民族史》，中国社会科学出版社，1994年版。

史松、林铁钧著：《清史编年》第1卷（顺治朝），中国人民大学出版社，1985年版。

史松、林铁钧著：《清史编年》第2卷（康熙朝），中国人民大学出版社，1988年版。

史松、林铁钧著：《清史编年》第3卷（康熙朝），中国人民大学出版社，1988年版。

史松著：《清史编年》第4卷（雍正朝），中国人民大学出版社，1991年版。

郭成康著：《清史编年》第5卷（乾隆朝）上，中国人民大学出版社，1991年版。

李孝聪著：《欧洲收藏部分中文古地图叙录》，国际文化出版公司，1996年版。

王贷等译：《美国扩张与发展史话》，人民出版社，1984年版。

吕一燃著：《中国北部边疆史研究》，黑龙江教育出版社，1991年版。

尤中著：《中国西南边疆变迁史》，云南教育出版社，1987年版。

萧德浩、黄铮编：《中越边界历史资料选编》，社会科学文献出版社，1992年版。

张羽新著：《清代前期西部边政史论》，黑龙江教育出版社，1995年版。

王希隆著：《清代西北屯田研究》，兰州大学出版社，1990年版。

刘远图著：《早期中俄东段边界研究》，中国社会科学出版社，1993年版。

步平等著：《东北国际约章汇释》，黑龙江人民出版社，1987年版。

王庸著：《中国地理学史》，商务印书馆，1956年版。

王庸著：《中国地图史纲》，三联书店，1958年版。

中国科学院自然科学史研究所地学史组主编：《中国古代地理学史》，科学出版社，1984年版。

〔法〕加恩著：《早期中俄关系》，商务印书馆，1961年中译本。

〔法〕加恩著：《彼得大帝时期中俄关系》，商务印书馆，1980 年中译本。

〔苏〕符拉基米尔佐夫著：《蒙古社会制度史》，中国社会科学出版社中译本。

〔日〕矢野仁一著：《近代蒙古史研究》，弘文堂书房昭和十年日文版。

〔苏〕兹拉特金著：《蒙古近代史纲》，莫斯科 1957 年版。

〔美〕吉尔伯特·罗兹曼主编，“比较现代化”课题组译沈宗美校：《中国的现代化》，江苏人民出版社，1995 年中译本。

〔美〕毕林顿著：《向西部扩张——美国边疆史》，商务印书馆，1991 年中译本。

〔美〕西蒙斯著：《美国早期史——从殖民地建立到独立》，商务印书馆，1994 年中译本。

〔美〕费正清赖肖尔著，陈仲丹等译吴世民等校：《中国：传统与变革》，江苏人民出版社，1992 年中译本。

〔苏〕伊·亚·兹拉特金著马曼丽译：《准噶尔汗国史》，商务印书馆，1980 年中译本。

〔英〕巴德利著：《俄国·蒙古·中国》，商务印书馆，1981 年中译本。

苏联科学院远东研究所编，黑龙江大学俄语系翻译组、黑龙江哲学社会科学研究所第三室合译：《十七世纪俄中关系》，商务印书馆，1975 年中译本。

中国人民大学俄语教研室译：《俄中两国外交文献汇编（1619~1792）》，商务印书馆，1982 年中译本。

〔苏〕H.沙斯季娜著，北京师范大学外语系译：《17 世纪俄蒙通使关系》，商务印书馆，1977 年中译本。

〔日〕佐口透著，凌颂纯译：《18~19 世纪新疆社会史研究》，新疆人民出版社，1983 年中译本。

〔法〕莫里斯·古朗著：《17 世纪和 18 世纪的中亚细亚》，载《厄鲁特历史译文集》，第 14 集中译本。

〔美〕何炳棣著，葛剑雄译：《1368~1953 年中国人口研究》，上海古籍出版社，1989 年中译本。

〔日〕田山茂著，潘世宪译：《清代蒙古社会制度》，商务印书馆，1987 年中译本。

〔美〕J.布卢姆著：《美国的历程》，商务印书馆，1988 年中译本。

〔美〕费正清编，中国社会科学院历史研究所编译室译：《剑桥中国晚清史》，中国社会科学出版社，1985 年中译本。

〔美〕拉尔夫·布朗著，秦士勉译，徐式谷校：《美国历史地理》上下册，商务印书馆，1990 年中译本。

〔美〕福克纳著，王锟译，许乃炯校：《美国经济史》，商务印书馆，1989 年中译本。

后　记

本书原为《18世纪的中国与世界》（边疆民族卷），1999年出版。本次修订，补充了《清代边疆开发》中关于蒙古地区经济开发的一些内容，参考利用了张永江、张世明、孙喆、宝音朝克图、吕文利、张双智、萨茹拉、那仁朝克图等人的一些研究成果，在此一并表示衷心感谢。

成崇德

2013年9月北京

明清纪元简表

皇　帝	年　号 （在位年限）	元年干支 （公元纪年）
太祖（朱元璋）	洪武（31）	戊申（1368）
惠帝（朱允炆）	建文（4）*	己卯（1399）
成祖（朱棣）	永乐（22）	癸未（1403）
仁宗（朱高炽）	洪熙（1）	乙巳（1425）
宣宗（朱瞻基）	宣德（10）	丙午（1426）
英宗（朱祁镇）	正统（14）	丙辰（1436）
代宗（朱祁钰）	景泰（8）	庚午（1450）
英宗（朱祁镇）	天顺（8）	丁丑一（1457）
宪宗（朱见深）	成化（23）	乙酉（1465）
孝宗（朱祐樘）	弘治（18）	戊申（1488）
武宗（朱厚照）	正德（16）	丙寅（1506）
世宗（朱厚熜）	嘉靖（45）	壬午（1522）
穆宗（朱载垕）	隆庆（6）	丁卯（1567）
神宗（朱翊钧）	万历（48）	癸酉（1573）
光宗（朱常洛）	泰昌（1）	庚申八（1620）
熹宗（朱由校）	天启（7）	辛酉（1621）
思宗（朱由检）	崇祯（17）	戊辰（1628）
* 建文四年时成祖废除建文年号，改为洪武三十五年。		
太祖（爱新觉罗·努尔哈赤）	天命（11）	丙辰（1616）
太宗（爱新觉罗·皇太极）	天聪（10） 崇德（8）	丁卯（1627） 丙子四（1636）
世祖（爱新觉罗·福临）	顺治（18）	甲申（1644）
圣祖（爱新觉罗·玄烨）	康熙（61）	壬寅（1662）
世宗（爱新觉罗·胤禛）	雍正（13）	癸卯（1723）
高宗（爱新觉罗·弘历）	乾隆（60）	丙辰（1736）
仁宗（爱新觉罗·颙琰）	嘉庆（25）	丙辰（1796）
宣宗（爱新觉罗·旻宁）	道光（30）	辛巳（1821）
文宗（爱新觉罗·奕詝）	咸丰（11）	辛亥（1851）
穆宗（爱新觉罗·载淳）	同治（13）	壬戌（1862）
德宗（爱新觉罗·载湉）	光绪（34）	乙亥（1875）
爱新觉罗·溥仪	宣统（3）	己酉（1909）
1616年，努尔哈赤建立后金；1636年，改国号为清；1644年，清入关。		

◆ 制表参考《现代汉语词典》（第6版，商务印书馆，2012年）。

◆ 年中改元时，在干支后用数字注出改元的月份。

编后说明

《明清史学术文库》旨在整合出版上世纪以来，明清史学研究领域中学术影响深远的专题论著（暂未包括专有出版权与其他出版机构有合同约束的论著）。

由于所选书稿在此前分别由不同的出版社出版，因此在编辑制作过程中，我们尤其注重构建本丛书的体例。特作说明如下。

一　内容

为保持与相关领域学术发展同步，本丛书出版前，各册书稿内容均请作者、作者家属或相关学者在原著基础上作了厘正。

二　结构

丛书各册内容按照章、节等体例安排层级关系，图表按章排序。

三　文字

文献名、引文、年号、姓名等文字中，如遇异体字或无对应的现行简化字，则保留原字。

四　注释

1. 相同文献的相同版本信息，只在第一次出现时予以标注（该文献如在书中出现其他版本信息，则逐一标注；如来稿每则注释皆信息完整，且体例统一，则不予改动；如信息查询未果，则维持缺项）。

2. “二十四史”等常见古籍，如无特殊需要，皆不注明版本信息。

3. 古籍卷数用“卷”与汉字表示，如卷一九、卷一三五等。

五　年代换算

明清两朝的干支纪年或未逐一换算成公元纪年，对于原著未附纪元表的专著，附以《明清纪元简表》，以便参考。

六　寄语

本丛书各册作者皆为相关领域学术大家，故每册卷首均设作者寄语。寄语或为约请作者提供，或从其专著中援引。

官廷历史编辑室

二〇一二年七月

图书在版编目（CIP）数据

清代边疆民族研究 / 成崇德著. — 北京 : 故宫出版社，2015.6

（明清史学术文库）

ISBN 978-7-5134-0757-1

Ⅰ. ①清… Ⅱ. ①成… Ⅲ. 边疆地区-少数民族-研究-中国-清代Ⅳ. ①K28

中国版本图书馆 CIP 数据核字（2015）第 134262 号

清代边疆民族研究

著　　者：成崇德

责任编辑：冯印淙　伍容萱

特约编辑：何纯谱

封扉设计：李　猛

出版发行：故宫出版社

地址：北京市东城区景山前街 4 号　邮编：100009

电话：010-85007808　010-85007816　传真：010-65129479

网址：www.culturefc.cn　邮箱：ggcb@culturefc.cn

制　　版：保定市万方数据处理有限公司

印　　刷：保定市中画美凯印刷有限公司

开　　本：787 毫米 × 1092 毫米　1/16

印　　张：31.5

字　　数：330 千字

版　　次：2015 年 6 月第 1 版

2015 年 6 月第 1 次印刷

书　　号：ISBN 978-7-5134-0757-1

定　　价：160.00 元